AUTHOR entry For Loan Form		Accession Number
		7719343

PSYCHOLINGUISTIQUE EXPÉRIMENTALE ET THÉORIQUE

PSYCHOLINGUISTIQUE EXPÉRIMENTALE ET THÉORIQUE

Sous la direction de

ROBERT SARRASIN

1977
LES PRESSES DE L'UNIVERSITÉ DU QUÉBEC
C.P. 250, Succursale N, Montréal, Canada, H2X 3M4

LA TRADUCTION EN FRANÇAIS DE CERTAINS ARTICLES A PU ÊTRE
EXÉCUTÉE GRÂCE À UNE SUBVENTION DU CONSEIL DES ARTS DU CANADA.

La conception graphique de la couverture
et des figures est de LOUIS L'ABBÉ.

ISBN 0-7770-0193-4

Les Presses de l'Université du Québec

Dépôt légal — 2ᵉ trimestre 1977
Bibliothèque nationale du Québec

LISTE DES AUTEURS

William J. BAKER, Département de linguistique, Université de l'Alberta (Edmonton).

Ronald A. COLE, Département de psychologie, Université Carnegie-Mellon (Pittsburgh).

Bruce L. DERWING, Département de linguistique, Université de l'Alberta (Edmonton).

Cheryl GOODENOUGH-TREPAGNIER, Département de linguistique, Université du Québec à Montréal.

Angela HILDYARD, Département de psychologie appliquée, The Ontario Institute for Studies in Education (Toronto).

David R. OLSON, Département de psychologie appliquée, The Ontario Institute for Studies in Education (Toronto).

P.G. PATEL, Département de linguistique, Université d'Ottawa.

Élyse PIQUETTE, Département de linguistique, Université McGill (Montréal).

Gary D. PRIDEAUX, Département de linguistique, Université de l'Alberta (Edmonton).

Zenon W. PYLYSHYN, Département de psychologie, Université du Western Ontario (London).

S.R. ROCHESTER, Clarke Institute of Psychiatry (Toronto) et Département de Psychiatrie, Université de Toronto.

Michael R. SEITZ, School of Human Communication Disorders, Université d'Halifax.

Brian SCOTT, Central Institute for the Deaf (Saint-Louis).

AVANT-PROPOS

Le but de cette anthologie est d'offrir en un minimum de textes, un panorama de certaines tendances significatives de la recherche psycholinguistique sur l'adulte normal. Peu de textes ont été choisis mais beaucoup mériteraient de l'être. Afin de réduire la difficulté, la sélection a été restreinte aux recherches effectuées au Canada. Les critères de sélection étaient l'originalité de l'étude et l'extension de la matière de référence — l'article offrant, le cas échéant, une récapitulation des recherches accomplies jusqu'à présent. Les travaux qui constituent ce recueil sont des inédits ou des articles dont la publication n'est pas antérieure à 1970*.

La plupart des travaux récents en psycholinguistique ont été et continuent d'être le fait de chercheurs anglophones, ou travaillant en milieu anglophone. On s'explique donc facilement que la majorité des publications soit en anglais. Cette situation a cependant eu comme conséquence de privilégier l'anglais également comme objet d'étude. Cela signifie qu'une grande partie de nos connaissances en psycholinguistique est fondée sur les réactions de sujets anglophones, à des tests qui portent sur l'anglais. Il suffit d'entreprendre la plus petite recherche sur une autre langue pour se rendre compte jusqu'à quel point il s'agit là d'une limitation réelle et sérieuse. Mon espoir le plus vif est que cette anthologie contribue à inciter les psycholinguistes francophones à combler cette lacune, dans la mesure de leurs moyens.

La traduction des articles a été subventionnée par le Conseil des Arts du Canada. Mentionnons que toutes les citations ont été traduites ; lorsque la citation est extraite d'un ouvrage déjà traduit en français, la référence renvoie

---

* Pour un aperçu des recherches précédant cette période, on pourra consulter le recueil publié sous la direction de J. Mehler et G. Noizet, ainsi que l'ouvrage de J.M. Peterfalvi et celui de T. Slama-Cazacu.

à la pagination du texte français. Si le passage ne correspond pas mot à mot à la version donnée dans ce texte, c'est que la traduction est de nous. Elyse Piquette a traduit elle-même son article et Renée Baillargeon a collaboré à la traduction de l'article de R. Cole et B. Scott.

Enfin, nous remercions tous les auteurs qui ont contribué à ce recueil pour leur entière collaboration.

ROBERT SARRASIN

Montréal, 1977.

INTRODUCTION

L'étude de la compétence est souvent qualifiée de théorique, par opposition à l'étude de la performance qui serait, elle, empirique ou expérimentale. Cette caractérisation contient une part de vérité mais aussi, une part de simplification déformante qui résulte d'une interprétation trop restrictive de la notion de compétence. Cela apparaît avec évidence quand on saisit bien le concept d'intuition.

Dans *Structures syntaxiques*, Chomsky introduisit en linguistique le concept d'intuition comme instrument d'analyse. Dans ce contexte, une intuition n'est pas le fruit d'une quelconque activité introspective sujette au caprice personnel, mais un fait *objectif* qui dépend de l'organisation même du mécanisme qui produit cette intuition (ici, la faculté de langage). Ainsi, tout sujet parlant d'une langue donnée possède l'intuition de ce qui est ou n'est pas un énoncé correct de cette langue. Cela constitue un fait au même titre que n'importe quelle mesure expérimentale. Mais les intuitions ne sont pas équivalentes aux données expérimentales. Pylyshyn souligne que bien au contraire, elles relèvent d'un type d'évidence irréductible à toute procédure. Par exemple, aucune expérience ou mesure physique ne nous fera découvrir que c'est «le pacha» qui a la fonction de sujet dans «le pacha est assez gras», ou bien que la coupure syllabique se fait après la première voyelle dans «assez», ou encore que l'accent de phrase tombe sur la syllabe finale du dernier mot, etc. Les intuitions de cette espèce fournissent donc la base d'interprétation de tous les autres types de données sur le langage.

Dans *Current Issues in Linguistic Theory*, Chomsky a généralisé la notion d'intuition en lui donnant un caractère plus systématique, ce qu'il a appelé la compétence. Il oppose celle-ci à la performance, qui englobe tous les aspects concernant les conditions dans lesquelles ces intuitions sont mises en œuvre, c'est-à-dire l'usage. Le but de la linguistique est alors d'élaborer une théorie de la compétence, c'est-à-dire une théorie des faits distributionnels reposant exclusivement sur les intuitions que possède sur la structure de sa langue le sujet parlant. C'est en ce sens que la linguistique est dite théorique, par opposition à des sciences faisant appel à des techniques expérimentales, comme la psychologie. À ce stade, la distinction est certainement fondée; cependant, elle se révèle de moins en moins praticable à mesure que s'accroît la diversité de phénomènes considérée.

En effet, les intuitions ne forment pas un bloc de réalités homogènes, loin de là. Nos intuitions sur la langue n'ont pas toutes la même force et il est notoire que moins elles sont fortes, plus elles varient d'un individu à l'autre. Le petit test de Prideaux sur l'acceptabilité de certaines phrases tirées d'un article de Postal le démontre très bien. Qu'arrive-t-il dans ce cas? On essaiera de découvrir quels sont les facteurs qui rendent moins général le consensus sur l'acceptabilité, les intuitions étant des phénomènes complexes qui résultent de l'interaction d'un ensemble, sans doute très riche, de mécanismes divers. Mais ce faisant, on peut être amené à des arguments qui ne reposent plus sur des intuitions. Par exemple, on peut invoquer des «stratégies perceptives» ou des principes d'organisation sémantique indépendants du langage proprement dit, comme les règles d'inférence logique. Or, la découverte de ces stratégies n'est souvent possible que par voie d'expérimentation. Ainsi, Goodenough-Trepagnier montre que les locuteurs de l'anglais sont influencés par l'ordre des mots dans leur jugement sur la localisation du «foyer»; Élyse Piquette estime que l'interprétation préférentielle de certaines ambiguïtés de construction peut dépendre de la distinction entre sujet spécifié et non spécifié. Sans doute, l'idée d'une connexion entre l'ordre des mots et l'intonation n'est pas nouvelle, de même que la dichotomie sujet spécifié et non spécifié. Mais l'expérimentation dévoile un aspect de la structuration de ces notions inaccessible à l'observation intuitive (ou en tout cas, que l'intuition seule serait impuissante à justifier).

D'après ce qui précède, il est évident que si l'on identifie trop exclusivement l'étude de la compétence à une démarche théorique, c'est-à-dire fondée sur l'intuition, et l'étude de la performance à l'expérimentation, on risque de priver la «théorie de la compétence» d'une source précieuse de données et l'on crée une opposition tout à fait artificielle. Il faut donc insister sur le fait que ce qui caractérise l'étude de la compétence, c'est la mise à jour des intuitions que le sujet parlant possède sur sa langue, et de savoir si l'on fait usage ou non de procédures expérimentales n'a pas de portée théorique. Mais cela n'implique pas pour autant qu'il y ait entre les intuitions et les procédures une relation de confirmation.

C'est peut-être la phonologie qui illustre le mieux la nature du rapport entre l'étude de la compétence et l'expérimentation. Lorsqu'un linguiste veut procéder à l'analyse phonologique d'une langue, il tâche d'acquérir les «intuitions» sur la phonétique, la morphosyntaxe et la sémantique qui vont lui fournir les critères de segmentation du signal sonore en unités. Pour identifier les propriétés de ces unités, il recourt aussi à ses connaissances – non linguistiques – sur le système articulatoire et, depuis Jakobson, Fant et Halle (1952), aux connaissances que lui apporte la phonétique acoustique. Or, la spécification des aspects articulatoires et acoustiques des unités phonologiques relève de l'expérimentation. Cependant, le phonologue n'en vise pas moins à la construction d'une théorie de la compétence (phonologique) et les propriétés acoustico-articulatoires ne servent pas de «confirmation» à un ensemble de règles donné.

La syntaxe et la sémantique, disciplines beaucoup plus jeunes en tant que domaines d'investigation de la linguistique contemporaine, connaîtront vraisemblablement une évolution analogue. En syntaxe, par exemple, la démarche du linguiste est de déterminer les unités, ou constituants, et les règles d'assemblage de ces unités, en comparant des phrases qui, selon son intuition, sont bien formées et acceptables ou, au contraire, inacceptables. À mesure qu'il en appelle à des intuitions de plus en plus subtiles, idiosyncratiques, ses démonstrations perdent de leur force et de leur généralité. Il aura donc tendance à chercher des critères moins soumis aux fluctuations individuelles; c'est ici qu'entreront en ligne de compte les données empiriques ou expérimentales de la psycholinguistique, grâce auxquelles se précisent les propriétés (définitionnelles et distributionnelles) des unités syntaxiques. Cependant, pour ce qui est du concept même d'intuition, il constitue en soi un type de démonstration, qui peut se révéler plus ou moins englobant et convaincant, mais qui n'est pas réductible à un autre type d'argument; c'est-à-dire qu'il ne peut être «démontré» par un autre mode d'explication. De cela découle qu'il n'y a pas à chercher de confirmation empirique aux faits linguistiques et que cette absence de corrélation n'est pas due à des questions de formulation ou de raffinement expérimental. Pour voir que cette conclusion est motivée méthodologiquement et non autrement, on n'a qu'à considérer le genre de problème qui surgit lorsqu'on essaie d'établir un lien **direct** entre une expérience (ou plusieurs) et un modèle linguistique donné.

Par exemple, Baker, Prideaux et Derwing démontrent que dans une tâche de formation de concept, les sujets identifient plus facilement la modalité et le mode que la voix, et ils attribuent cette disparité au fait que le passif est caractérisé par plusieurs indices distincts (inversion du sujet et de l'objet, modification de l'auxiliaire et du verbe). Faut-il y voir un argument en faveur d'une représentation syntaxique de la voix plus complexe que celle du mode et de la modalité? et en admettant que oui, par quoi s'exprimerait cette différence de complexité? par le nombre de règles ou de symboles? ou par une métrique de complexité cognitive? mais c'est précisément ce qu'on cherche à établir. Sur ce point, Derwing soutient que la notion de règle telle que définie dans la grammaire générative empêche toute confirmation empirique de ce modèle. En fait, même si la notion générative de règle était définie de manière moins abstraite, le modèle demeurerait tout aussi imperméable à la confirmation expérimentale directe puisque dans le cadre chomskyen, la linguistique se définit comme étant l'étude des faits révélés **uniquement** par les intuitions, lesquelles constituent par elles-mêmes, répétons-le, un mode de démonstration. Mais concédons que ce genre d'inférence empirique soit possible. Dira-t-on que par le fait même, la confirmation s'étend aux postulats théoriques qui sous-tendent la formulation du modèle linguistique soumis à vérification? Par exemple, les résultats d'Hildyard et Olson fournissent-ils la preuve que les modèles d'analyse de surface sont préférables aux modèles faisant appel à une structure profonde? Si l'on admet que les modèles bâtis sur les intuitions puissent être directement vérifiables par expérimentation, ce genre de question devient inévitable, puisque c'est la validité de la théorie linguistique dans son ensemble qu'il s'agit de confirmer finalement; autrement, l'entreprise d'expérimentation ne rime à rien. Mais en cernant de près le sens de la question, on s'aperçoit qu'elle mène à une réponse contradictoire. En effet, si la confirmation s'étendait à des postulats qui ne font pas partie comme tels de l'hypothèse, cela équivaudrait à dire que l'expérience prouve plus que ce qu'elle prouve. Cette contradiction devient encore plus flagrante quand l'expérience a trait à des concepts, comme le **foyer**, qui se retrouvent dans plusieurs théories: les résultats confirmeraient alors simultanément des postulats théoriques différents. Sans doute que la formulation sur lesquels porte l'expérience, de même que l'interprétation des résultats, fait intervenir des **postulats implicites** et des **hypothèses secondaires**; celles-ci n'en sont pas moins distinctes de l'hypothèse expérimentale proprement dite. Donc, on ne peut pas établir de conclusion d'ensemble sur la validité des modèles de surface et de structure profonde d'après les résultats d'Hildyard et Olson ni d'après aucun autre résultat d'ailleurs. Les résultats de Goodenough-Trepagnier non plus, ne confirment ni n'infirment le modèle de Halliday. Tout ce qu'on a le droit d'affirmer, c'est que le modèle qui a servi de pourvoyeur conceptuel de l'expérience a fourni, le cas échéant, les notions pertinentes pour l'interprétation des données; de là, on en déduit que le modèle est psychologiquement plausible et qu'il peut donc inspirer d'autres expériences valables. Extrapoler davantage à ce niveau serait méthodologiquement injustifiable. Quoique de caractère limité, cette conclusion est loin d'être triviale car tout le concept linguistique n'a pas nécessairement un contenu psychologique potentiel. L'illustration classique de cela est le concept de «complexité dérivationnelle» (définie d'après Chomsky 1957 ou 1965), qui s'est révélé tout à fait inadéquat pour l'interprétation de résultats d'expériences sur la complexité des énoncés. De même, seule l'expérimentation pourrait déterminer si l'hypothèse de «préservation de structure» est psychologiquement plausible, comme l'affirme Emonds (1976, préface).

Cette notion de plausibilité n'équivaut pas à une confirmation: elle signifie seulement que dans ce cas, l'analyse intuitive a eu recours à un principe de description qui coïncide vraisemblablement avec des opérations psychologiques réelles. Dans quelle mesure et de quelle façon? C'est ce qu'il revient à un modèle psycholinguistique de préciser. Pour parler de confirmation il faudrait, en effet, que le modèle linguistique permette de faire des prédictions sur tous les aspects pertinents de la performance liée au concept (par exemple, le concept de «foyer»). Or, les représentations linguistiques ne visent justement pas à prédire tous les aspects de la performance puisqu'elles se veulent, par définition, indépendantes de l'usage. Autrement dit, le linguiste cherche avant tout à établir la représentation du «sens littéral» des énoncés, alors que la réalisation effective des énoncés lors d'un acte de parole concret met en jeu d'autres variables que le sens littéral (non contextuel), variables que doit intégrer un modèle psycholinguistique.

Cependant, même si l'on parvenait à justifier que l'accomplissement d'une tâche par des sujets confirme un modèle grammatical établi sur des intuitions, il resterait à évaluer le statut de cette confirmation. Soit, par exemple, deux modèles linguistiques différents (donc, reposant sur des présupposés théoriques au moins partiellement différents) qui induisent des prédictions exactes, mais contraires, pour deux tâches différentes respectivement — notons que c'est un problème de ce genre qui a motivé l'expérience d'Hildyard et Olson. Les deux modèles sont-ils simultanément confirmés (pour conserver au problème sa signification d'«expérience cruciale», supposons que les deux modèles aient déjà induit des prédictions semblables pour diverses tâches)? Pour trancher la question, il faudrait pouvoir assigner aux deux tâches un degré de complexité cognitive distinct. Mais sur quoi fonder cette évaluation? La complexité cognitive étant elle-même mesurée par le type de tâche, on se trouve dans un cercle vicieux. Par conséquent, il est clair que l'idée d'une confirmation expérimentale des faits d'intuition conduit invariablement à des impasses d'interprétation, indice non équivoque comme quoi la question était mal conçue.

Jusqu'ici, nous avons attiré l'attention principalement sur trois points : la spécificité de l'intuition et sa primauté sur les autres types de données, l'autonomie des modèles grammaticaux fondés sur l'intuition par rapport aux données expérimentales et enfin, la complémentarité de l'intuition et de l'approche expérimentale dans la constitution d'une théorie de la compétence. Les deux derniers points (le troisième n'étant nul autre que le thème de la réalité psychologique de la grammaire, formulé dans des termes un peu différents) risquent peut-être de paraître contradictoires, après toute l'insistance mise sur le deuxième point. Il n'en est rien. La réalité psychologique de la grammaire constitue un problème légitime et fondamental (donc, qui ne se pose pas uniquement lorsque, et parce que, l'on cherche à «isomorphiser» coûte que coûte les règles de grammaire et les données expérimentales). Mais seul un élargissement de la base des données servant à l'élaboration d'une théorie de la compétence (Peters et Ritchie, 1969) permet de l'aborder dans une perspective fructueuse. Cela ressort clairement quand on examine les implications du concept de compétence.

On a souvent tendance à perdre de vue que la distinction entre compétence et performance est d'ordre méthodologique, qu'elle n'est donc pas immuable et que même lorsqu'on l'accepte, il reste encore à définir le contenu de l'un et l'autre terme. Tant qu'on identifie la compétence exclusivement à une théorie des intuitions il s'ensuit une séparation très nette d'avec les autres types de données, qui sont identifiés, eux, à la performance. Mais on a déjà vu que les intuitions étaient de «force» variable et que, passé un certain degré d'idiosyncrasie, on se tournait vers d'autres modes d'explication aux faits linguistiques, les contraintes de perception, par exemple. Aucune raison ne nous empêche de faire intervenir de tels principes pour élaborer une théorie de la compétence. Dans ce cas, on ne peut plus continuer de restreindre la compétence à l'étude des seules données de l'intuition. Dans cette perspective, il paraît fondé de distinguer linguistique de psycholinguistique en fonction des moyens d'analyse utilisés, plutôt que selon l'objet d'étude et le but poursuivi. Désormais, l'accent n'est plus mis sur la «distinctivité» des données intuitives par rapport aux autres types de données, mais sur l'interaction des sous-systèmes, ou si l'on veut des diverses compétences, qu'on parvient à identifier en tant qu'ensembles de données cohérents, par exemple le système des contraintes perceptives sur les constructions grammaticales ou sur les suites de sons de la langue. Pas plus qu'auparavant il ne s'agit de confirmer directement un type de données par un autre, mais de faire en sorte que chaque système soit **compatible** avec les autres. Pour reprendre le parallèle avec la phonologie, l'introduction d'un système de traits binaires, expérimentalement définis, n'a pas entraîné dans la description phonologique la mise en suspens des données fournies par l'intuition ; elle a exigé, cependant, une réorganisation de ces données en des termes qui soient compatibles avec la formulation des traits acoustiques. En ce sens, on peut parler de la réalité psychophysiologique des systèmes phonologiques (voir Maran, 1973).

Mais une telle reformulation des faits suppose une condition préalable : ces faits (phonologiques et acoustiques) doivent pouvoir être systématisés selon certains principes théoriques. Autrement dit, la compatibilité s'établit entre des ensembles cohérents de faits et non entre des faits isolés, sans quoi la compatibilité qu'on pourrait malgré tout établir aurait une valeur explicative très faible, voire nulle. Si l'on avait tenu compte davantage de cette exigence pourtant élémentaire, bien des discussions oiseuses sur les bases empiriques de la grammaire n'auraient jamais eu lieu. Précisons cependant que lorsqu'on impose un degré de théorisation minimal aux données dont on veut montrer la compatibilité avec, disons, les faits d'intuition, cela ne signifie pas que ces données doivent déjà faire l'objet d'une théorie pleinement élaborée (tant mieux si c'est le cas), mais simplement qu'elles doivent relever d'un ordre de phénomènes qui peut être théorisé, c'est-à-dire systématisable par des principes explicatifs susceptibles d'être formulés ou découverts avec les moyens techniques et les concepts déjà à notre disposition.

La compatibilité entre deux ordres de faits n'indique rien quant à la représentation qu'on doit en donner. Le choix d'un système de règles est toujours fondé sur des considérations ultimes de simplicité et d'optimalité, car lorsqu'on a identifié les données intuitives et, s'il y a lieu, expérimentales, qui vont entrer dans le modèle, c'est cela qui devient le champ interne de la théorie : est argument formel tout ce qui concerne la façon de formuler l'objet de la théorie. Les justifications formelles ne peuvent donc jamais être éliminées. Mais la diversité des types de données soumis à un traitement formel peut s'accroître sans limite, pourvu qu'il y ait compatibilité, et à cause de cela il est impossible de définir une fois pour toutes une mesure de simplicité et d'optimalité ; cette mesure varie selon la nature des données, ce que les conventions de notation doivent justement refléter. Par conséquent, le formalisme est un problème inhérent à tout modèle non probabiliste et non statistique, qu'il s'agisse d'une grammaire ou de quoi que ce soit d'autre. Il s'ensuit que l'autonomie formelle des diverses composantes de la grammaire, par exemple de la syntaxe et de la sémantique, constitue une question majeure (Chomsky, 1974) dans l'élaboration d'un modèle de la compétence.

L'affirmation que la syntaxe et la sémantique finiraient par modeler leurs relations avec les données empiriques d'après le même schéma que la phonologie avec la phonétique, n'est pas un exercice de prophétie. En syn-

taxe proprement dite, Grosu, 1972, Erteschik, 1973 et Kuno, 1974, constituent des exemples détaillés de ce type d'interaction. Mais en sémantique
comme en syntaxe et en phonologie, on peut reconnaître deux courants de
recherche sur les assises empiriques de la grammaire : celui qui explore les
fondements biocognitifs du langage et celui qui cherche à retracer dans les
conventions de l'usage et les actes de parole les conditions universelles de
toute communication. On trouve une illustration du premier courant chez
Jackendoff, 1976, qui élabore un système de représentation sémantique des
verbes selon une hypothèse qu'il pose comme étant de nature cognitive, à
savoir que les verbes abstraits reproduisent la même structure que les verbes
exprimant des actions ou états physiques. Au deuxième courant se ratta-
chent des études comme celle de Kempson, 1975, qui tente de démarquer
le domaine d'une sémantique linguistique et les faits relevant de l'organisation du discours. Ces deux approches sont d'ailleurs complémentaires,
comme dans l'analyse d'Olson, qui essaie de démêler l'enchevêtrement des
aspects perceptifs et contextuels de la référence dans la paraphrase, la synonymie et la pronominalisation. D'une façon générale, s'il est un point sur
lequel les recherches actuelles en psycholinguistique se distinguent de celles
des années soixante, c'est bien sur l'importance accordée à la sémantique et
à la pragmatique, comme en témoignent les études de ce recueil qui portent
sur le traitement de l'information au niveau de la phrase.

Assez curieusement, cet intérêt pour les bases empiriques de la grammaire n'a pas, jusqu'à présent, incité tellement de linguistes et de psycholinguistes à prendre en considération les progrès pourtant spectaculaires de
la phonétique acoustique. Peut-être qu'aux yeux de plusieurs, l'intégration
des données phonétiques va de soi et qu'à la longue elles ne sont plus perçues
comme relevant de la phonétique. Mais cette attitude est probablement impu-
table avant tout à ce qui est devenu un véritable préjugé relativiste que certaines extrapolations abusives de la grammaire générative ont encore accentué.
Selon ce préjugé, il y aurait une absence à peu près complète de correspondance entre la structure proprement linguistique (tant phonologique que syntaxique) et la structure phonétique, laquelle ne relève donc plus de la linguistique. Il faut reconnaître que ce postulat a été une hypothèse de travail fructueuse et qu'on peut le considérer comme vrai, eu égard à l'observation intuitive. Mais la phonétique acoustique est maintenant en mesure sinon de démontrer décisivement l'existence d'une correspondance systématique entre
structure linguistique et structure phonétique, du moins de garantir l'intérêt
et la vraisemblance de cette nouvelle hypothèse. Ainsi, au niveau phonologique Cole et Scott établissent que l'identification des phonèmes consonantiques (en anglais) repose presque toujours sur la présence d'indices invariants

qui, combinés aux indices transitionnels, constituent le fondement de notre perception des syllabes en tant qu'unités. En ce qui a trait à la syntaxe, Patel réfute l'opinion — qui a largement cours depuis *Aspects de la théorie syntaxique*, sous des formes plus ou moins atténuées — selon laquelle la perception de la structure syntagmatique de l'énoncé serait complètement indépendante de sa structure acoustique, la connaissance innée des principes de la grammaire universelle étant censée assurer une segmentation appropriée du message ; opinion que réfute également l'expérience de Dooling (1974) sur le rôle de la syntaxe et du rythme dans la perception.

Pareilles conceptions s'accommodent bien de l'idée qui veut que la performance concerne essentiellement des phénomènes irréguliers et imprévisibles, du fait que l'usage est toujours individuel et particulier, tandis que la compétence aurait le monopole de la régularité et de l'universel. Certes, la performance est conditionnée par des éléments qui tiennent à la situation particulière dans laquelle se déroule l'acte de performance et qui nous paraissent impondérables. Mais l'ambition de toute science est précisément de dégager la règle ; l'impondérable, l'accidentel, l'individuel doivent dissimuler la régularité, par définition. Lorsque ce postulat est mis en doute, c'est la possibilité même de la connaissance scientifique qui est en cause. Cette «ambition» de la science, on la voit dans les recherches sur les pauses et les hésitations que Rochester passe en revue. Malgré la multiplicité des points de vue — cognitif, structural, contextuel, facteurs pathologiques — ces phénomènes défient actuellement toute explication. La conclusion qui s'impose n'est pas qu'il n'existe aucune régularité, mais que les différents points de vue doivent être «mis en compatibilité» dans un modèle unitaire plus large.

Ces considérations nous permettent de circonscrire un peu mieux la notion de performance. Si l'on entend par là l'étude purement prédictive du comportement linguistique (tests de langue, d'audiologie, examens neurologiques, etc.) sans aucune référence aux mécanismes sous-jacents, aucune théorie de la performance n'est possible (c'est la position étayée par Chomsky, 1975, chapitre premier en particulier) et la notion même de performance devient inutile, puisque tout est performance. Mais sitôt qu'on se préoccupe de comprendre ces performances, on en arrive forcément à postuler des éléments d'explication attribuables soit aux structures cognitives du sujet parlant, soit à la «structure de communication» régissant l'usage social du code (à cet égard, il est significatif qu'on ait senti le besoin de forger l'expression «compétence d'usage» au lieu de se contenter de «fait d'usage» ou de parler simplement de la communication) et même, soit à des états de conscience caractérisables en termes de dispositions émotives. Et puisque *a priori*, il semble raisonnable de penser que la représentation abstraite de l'information littérale donnée par une théorie de la compétence ne coïncide pas avec la représentation que le sujet se fait de l'énoncé au moment où il en fait usage (y compris comme auditeur) et en ce sens, il y a lieu de parler d'une théorie de la performance. La controverse entre Tanehaus et Col (1976) et Carpenter et Just (1976) sur la nature de ce que nous apprennent les expériences d'appariement de phrase et d'image, met en relief ces deux modes de représentation : non contextuelle (spécifiée par une théorie de la compétence) et contextuelle (spécifiée par une théorie de la performance), le contexte pouvant être défini par une tâche expérimentale. Dans ce sens, le degré de raffinement technique constitue certainement un facteur primordial. La recherche de Saetz est assez probante à cet égard. C'est ainsi que dans un premier temps, la théorie de la performance pourrait se fixer comme objectif pratique de dresser une taxonomie des «comportements» en fonction des types de tâches. Cependant, quel que soit son contenu et ses priorités, une théorie de la performance, comme toute théorie, vise à exprimer la régularité. Il en découle que les notions de stratégie, d'heuristique ou de procédure, souvent invoquées pour caractériser la performance, doivent d'une façon ou d'une autre se rapporter à un quelconque concept de règle. Mais alors, faut-il encore maintenir une distinction entre la **théorie** de la **compétence** et la **théorie** de la **performance** ? Pylyshyn juge qu'il serait prématuré de vouloir apporter dès maintenant une réponse définitive à cette question.

Résumons notre argumentation : la construction d'une théorie de la performance ressortit incontestablement à la psycholinguistique, mais celle-ci intervient aussi dans l'élaboration d'une théorie de la compétence, dans le sens élargi que nous avons donné à ce terme.

LISTE DES ARTICLES

LE RÔLE DES THÉORIES
DE LA COMPÉTENCE EN PSYCHOLOGIE COGNITIVE*

Zenon W. Pylyshyn

Cet article discute de plusieurs méprises courantes en ce qui a trait aux théories de la compétence. Ces théories sont caractérisées par le fait qu'elles portent sur l'aspect épistémologique de la psychologie cognitive et qu'elles sont fondées principalement sur un type de preuve spécial : les intuitions des sujets compétents. Nous examinons la nature de cette preuve en rapport avec la question de l'objectivité. Nous discutons en nous plaçant à plusieurs points de vue de la conception selon laquelle la compétence peut être décrite en termes de règles implicites. Nous considérons un certain nombre d'objections empiristes à l'égard de la notion de compétence : en particulier celles qui reposent sur l'argument selon lequel les théories de la compétence sont «infinitudinales», déterministes et formellement complètes, tandis que l'observation de la performance réelle suggère que cette compétence se décrit de façon plus appropriée comme étant finie, probabiliste et organisée heuristiquement. Enfin, nous discutons de la question de la réalité psychologique des formalisations de la compétence ; nous soutenons qu'on ne peut affirmer la réalité psychologique d'un mécanisme, en tant que s'opposant à une description structurale, que lorsque le mécanisme rend compte de façon économique du champ de phénomènes empiriques le plus vaste possible.

Pour tenter de comprendre la nature de l'intelligence, il est utile de faire ressortir deux aspects de la question. L'un concerne ce que les gens

---

* Version révisée de l'article «The Role of Competence Theories in Cognitive Psychology» paru dans *Journal of Psycholinguistic Research*, vol. 2, n° 1, 1973.

connaissent et la façon dont cette connaissance peut être représentée dans l'esprit. L'autre a trait à la manière dont les gens peuvent, malgré un certain nombre de limitations cognitives, utiliser cette connaissance pour agir dans le monde. Il n'y a pas de doute que ces deux aspects sont liés intimement ; il existe entre eux quelques différences importantes, cependant, qui font penser qu'il y a avantage à les démarquer pour comprendre la cognition. Nous discuterons dans cet article de quelques-unes des raisons qui justifient ce postulat méthodologique.

McCarthy et Hayes (1969) font une distinction analogue lorsqu'ils parlent des problèmes épistémologiques et heuristiques dans la conception des automates intelligents. Alors que des progrès considérables ont été accomplis dans la compréhension de l'aspect heuristique du processus de résolution de problème (ex., Newell et Simon, 1972), il n'est pas sûr qu'on puisse en dire autant de l'aspect épistémologique. La difficulté tient en partie à ce que la question épistémologique doit être abordée de façon plutôt indirecte et abstraite si l'on veut en arriver à une solution satisfaisante : nous n'avons pas accès par la conscience à la connaissance tacite qui sous-tend les diverses aptitudes cognitives. De plus, si l'on dispose de plusieurs méthodes pour étudier, moment par moment, ce que font les gens pendant la résolution d'un problème (par exemple, en observant leur comportement externe ou en recueillant des protocoles de «pensée à haute voix»), il n'existe par contre aucun moyen simple d'atteindre la connaissance tacite, plus générale, et l'aptitude cognitive qui sous-tend ce type d'activité intelligente dans de nombreux problèmes. On sait peu de chose sur la nature des représentations mentales qui rendent possible l'élaboration de procédures et moyens heuristiques appropriés dans la résolution des problèmes, à mesure qu'on en a besoin. Ce sont de telles lacunes qui ont inspiré certaines critiques générales sur les fondements de l'intelligence artificielle et de la psychologie cognitive (par ex., Dreyfus, 1972).

Ce que nous appelons une théorie de la compétence, c'est une théorie qui porte précisément sur ce problème épistémologique. Ce terme a été introduit par Chomsky (1964) pour distinguer les théories qui visent à caractériser la représentation des systèmes conceptuels dans l'esprit de celles qui visent à rendre compte du comportement observé. Ce n'est pas simplement une distinction entre processus et produit. Les théories du comportement comme celle de Hull n'étaient pas plus orientées vers la description de corpus naturels que ne le sont les théories de la compétence. Cependant, leur but a toujours été de rendre compte du type de comportement tel qu'il se manifeste réellement dans des expériences représentatives, et non des intuitions des sujets ni de types idéalisés plus abstraits comme c'est le cas pour les théories de la compétence.

Dans cet article, nous nous intéressons à la notion de théorie de la compétence en général. Mais puisque l'idée a d'abord été élaborée en rapport avec la compétence linguistique, il convient peut-être de commencer notre discussion par quelques brèves remarques sur ses antécédents linguistiques.

Dans leur développement en tant que disciplines scientifiques, la linguistique et la psychologie ont subi des influences semblables venant des courants philosophiques dominants (par ex., toutes les deux ont connu une période de positivisme très marqué durant les dernières années). Néanmoins, la linguistique a été associée de près à un mouvement intellectuel appelé structuralisme, qui n'a eu que peu d'impact sur la psychologie contemporaine, à l'exception notable de l'école gestaltiste, d'individus comme Piaget et de certains psychologues contemporains qui favorisent une approche par «système». Bien que cette tradition ait pris une orientation beaucoup plus positiviste durant ces dernières décennies, elle a mis la linguistique sur un plan plus favorable devant la renaissance de certaines notions classiques chez des théoriciens enclins au formalisme, comme Chomsky.

C'est ainsi que la distinction compétence-performance est étroitement liée à la distinction posée par Saussure au début du siècle, entre les systèmes de signes et de conventions qui constituent la langue et les actes de parole ou énoncés des locuteurs, c'est-à-dire la parole. Saussure soutenait de façon convaincante (Saussure, 1974) que la langue doit être conçue comme un système possédant une structure et une existence indépendantes des caprices et des aptitudes des membres individuels de la communauté linguistique. Cette position est largement acceptée en linguistique structurale contemporaine.

Plus récemment Chomsky a fait prendre conscience aux linguistes que, dans leur désir de débarrasser la linguistique du mentalisme et de rendre la discipline empiriquement rigoureuse, ils avaient poussé le programme de Saussure jusqu'à l'extrême, et qu'il en résultait une science purement d'observation et taxonomique; une science qui, par exemple, ignorait l'une des propriétés les plus fondamentales du langage: sa productivité ou créativité, autrement dit la capacité des locuteurs à produire et comprendre de nouveaux énoncés.

Les linguistes de la tradition classique avaient tenté de décrire les régularités du langage par une combinaison de procédures rationnelles et empiriques. Ultérieurement, les linguistes structuralistes, attachés à la stricte objectivité, avaient décrété que les seules régularités valables étaient celles qu'on pouvait démontrer par une analyse morphologique et distributionnelle des transcriptions des sujets parlants (y inclus les échantillons de langage recueillis auprès d'informateurs). La critique de Chomsky a été de dire qu'en procédant ainsi, les linguistes avaient exclu une source de connaissance importante sur la structure de la langue, à savoir les intuitions des locuteurs de la langue (nous discuterons plus en détail cette notion d'intuition dans une autre section). De cette façon, les linguistes avaient borné le niveau de réussite le plus élevé de leurs théories à ce que Chomsky appelle l'adéquation d'observation, c'est-à-dire la description taxonomique de certaines unités de la langue. La linguistique a un objectif plus important, soutenait-il, celui de développer une théorie linguistique capable de rendre compte également des intuitions du sujet parlant. Ce savoir-faire intuitif comprend l'aptitude à distinguer les suites grammaticales des suites non grammaticales, l'aptitude à percevoir les relations aussi bien entre différentes phrases qu'entre les parties d'une phrase et l'aptitude à reconnaître les phrases anormales et ambiguës. Une théorie linguistique qui rend compte de ces aspects du langage atteint ce que Chomsky appelle l'adéquation descriptive.

Bien que ce qui précède, ainsi que plusieurs des exemples à venir, concerne la compétence linguistique, il devrait être clair que les mêmes remarques s'appliquent à toutes les autres capacités cognitives. Ainsi, on pourrait avoir des théories de la compétence perceptive, de la compétence de raisonnement, de la compétence spatiale ou de toute autre compétence cognitive. On retrouve une étude de la compétence perceptive dans certains travaux des psychologues de la gestalt et même, jusqu'à un certain point dans certains travaux en intelligence artificielle (*i.e.*, la perception par machine). La compétence intellectuelle a aussi été étudiée d'un point de vue génétique par Piaget. On pourrait encore arguer que les mathématiques (particulièrement de la façon dont les mathématiciens grecs percevaient et, plus récemment, de la façon dont les mathématiciens intuitionnistes perçoivent leur discipline) constituent une théorie de la compétence du raisonnement humain. En tout cas, dans cet article l'expression «théorie de la compétence» doit être interprétée comme s'appliquant à toute capacité intellectuelle suffisamment délimitée.

TYPES DE PREUVES

Une théorie de la compétence se distingue d'une théorie de la performance sous deux angles principaux : elle a pour but de caractériser les représentations mentales plutôt que le comportement observé et elle est fondée principalement sur un genre de preuve quelque peu différent. Afin d'illustrer le second point, considérons un exemple hypothétique.

Illustration

Supposons que nous ayons un échantillon de suites de comportements. Référons-nous y comme à un corpus d'un langage très simple, quoi qu'il n'est pas nécessaire que ce soit un langage mais n'importe quel type de comportement structuré dans un domaine donné. De plus, assumons qu'un échantillon de 341 observations, par exemple, a donné le tableau suivant (pour simplifier, l'ensemble des symboles terminaux est limité aux deux éléments a et b).

ab	200 cas
aabb	100 cas
aaabbb	30 cas
aaaabbbb	10 cas
aaaaabbbbb	1 cas

Si l'on veut construire un modèle pour rendre compte de ce corpus, on peut y parvenir avec succès de plusieurs manières. Une des méthodes pourrait être de décrire les suites comme les segments d'une chaîne de Markov à trois états (a, b, et un état frontière #). Une telle description serait résumée par une matrice de transition donnant la probabilité de transition entre deux paires de symboles quelconques. Nous aurions donc :

deuxième symbole

		#	a	b
premier symbole	#	0	1	0
	a	0	0,36	0,64
	b	0,64	0	0,36

Cela fournit une caractérisation très simple du corpus mais il y a certaines lacunes. Par exemple, s'il est prédit que ab sera la suite la plus fréquente, il est prédit aussi que aab et abb devraient survenir avec une plus grande fréquence que aabb. On peut remédier à cela en faisant correspondre les états du processus de Markov à des paires de symboles (par ex., #a, aa, ba, #b, ab, bb, a# et b#) ou même à des suites plus longues. Tout accroissement de l'«ordre d'approximation» du modèle augmente la proportion de variance décrite. Le modèle commence cependant à perdre son homogénéité et dépend à présent de paramètres empiriques de plus en plus nombreux. Mais la lacune est encore plus sérieuse si ce qui suit est vrai. Supposons que l'investigateur lui-même soit familier avec le comportement en question, en tant que participant (par exemple, si l'on conçoit les suites comme des échantillons de phrases, on peut alors supposer que l'investigateur est un sujet parlant). Supposons aussi que l'investigateur sache intuitivement que chaque a «va avec» un b particulier «correspondant», indépendamment de ce qui survient entre les deux. À titre d'exemple non linguistique, on pourrait avoir quelque chose comme «entrer par une porte» comme valeur d'un des a, tandis que «sortir par une porte» serait la valeur d'un des b. Dans ce cas, l'entrée et la sortie sont intuitivement reliées l'une à l'autre en tant que parties du même niveau d'action, quoiqu'elles puissent être séparées par n'importe quel genre d'activité. Ainsi, elles feraient partie de la même sous-structure, dans la description hiérarchique du comportement de l'individu selon Miller *et al.* (1960). Pour que les intuitions de notre investigateur imaginaire conviennent au présent exemple, nous devons poser aussi que non seulement il perçoit les symboles comme «allant ensemble» par paires, mais qu'il sait intuitivement que les suites doivent être symétriques advenant que les paires connectées soient enchâssées l'une dans l'autre; en d'autres termes que ce corpus possède, tout comme les langues naturelles, des structures récursives (voir Chomsky, 1957). Remarquons que si de telles propriétés paraissent importantes aux yeux de l'investigateur, c'est pour des raisons qu'on doit décrire comme étant intuitives ou perceptives. Aucune méthode objective n'assignerait de priorité à des propriétés comme la symétrie, par rapport à d'autres propriétés des suites du corpus — par exemple, le fait que chaque séquence ne contienne pas plus de dix symboles. Il en est ainsi parce que c'est la structure qui nous intéresse ici et lorsque nous parlons de structure, cela implique toujours un contexte de comparaison. Sinon, toute suite ou ensemble de suites constituerait une structure unique, sans qu'aucun ensemble soit plus structuré que n'importe quel autre. Si toutes les propriétés ont une force égale (de sorte que, par exemple, «symétrie» et «limité en longueur» soient des propriétés structurales aussi importantes), le concept de structure cesse alors d'avoir une signification.

Nous pouvons exprimer assez facilement un des aspects de cette symétrie et améliorer aussi nos prédictions en formulant le modèle sous forme d'un automate probabiliste fini à deux branchements comprenant cinq états. Cet automate serait une version élargie de la chaîne de Markov décrite plus haut. Partant à l'état d'arrêt-départ #, il passerait au premier des cinq états a et compterait les a. À chaque décompte, il continuerait à l'état a qui suit ou bien il sauterait aux états b selon une probabilité qui dépend du décompte à ce moment-là. S'il sautait à un état b, cependant, il produirait une suite de b de longueur égale au nombre de a atteint au moment du saut.

Avec 11 états, un tel modèle non seulement prédit exactement le corpus, mais il exprime la symétrie importante des suites. Ce qu'on pourrait exprimer de façon explicite en faisant engendrer, comme output à l'automate, des symboles indexés. Les indices communs indiqueraient alors l'existence d'une relation (cela est possible dans ce modèle parce qu'il y a un état distinct pour chaque symbole d'output). L'automate produirait ainsi $a_1 a_2 a_3 b_3 b_2 b_1$ pour montrer la propriété d'enchâssement de la structure symétrique.

Comme extension naturelle, on pourrait incorporer au modèle l'autre intuition dont nous avons déjà parlé, concernant la nature récursive de l'enchâssement. Une description possible serait de dire que si P est une suite acceptable quelconque, alors aPb en est une également. On peut donner de cela une expression symbolique en termes des deux règles de «réécriture». P $\longrightarrow$ aPb et P $\longrightarrow$ ab. Notons que le a et le b d'une suite donnée aPb sont reliés par la propriété de symétrie, de sorte que cet aspect structural est conservé. Cependant, la récursivité ne peut pas être représentée par un automate à états finis, comme c'était le cas avec nos modèles antérieurs, car un tel mécanisme est intrinsèquement incapable de représenter un enchâssement récursif illimité.

D'autre part, les règles de réécriture ne prédisent pas la fréquence relative des diverses suites. Pour tenir compte de la distribution de fréquence des suites apparaissant dans l'échantillon, on pourrait assigner des probabilités aux règles de réécriture. Afin d'obtenir des approximations plus poussées, il serait recommandable de créer des symboles non terminaux additionnels et un plus grand nombre de règles (les symboles non terminaux sont des symboles qui, comme P, interviennent lors des stades intermédiaires de l'engendrement mais qui n'apparaissent pas dans les suites finales). Plutôt que d'élaborer ces détails, arrêtons-nous pour examiner les types d'arguments que nous développerions dans un modèle de ce genre et voyons si l'on ne pourrait pas établir quelques distinctions utiles.

Il y a deux genres d'arguments passablement différents dont nous essayons de rendre compte. L'un (dont nous avons parlé en termes de symétrie et de récursivité) découle principalement des intuitions des locuteurs. Ni la récursivité ni la symétrie ne sont présentes dans les suites de manière objective ; elles existent seulement dans la façon dont l'usager perçoit la structure de ces suites. Cette structure est vraisemblablement universelle chez les locuteurs de la langue en question ; elle ne dépend pas du contexte où les phrases ₋ont énoncées, ni du type de relation qu'elle entretient avec d'autres aptitudes cognitives ou des exigences qu'elle impose à celles-ci.

Cela contraste avec l'autre classe d'arguments dont nous avons tenté de rendre compte en ajustant nos modèles à l'échantillon de données empiriques. La forme des données dépend non seulement des propriétés structurales que possèdent les suites pour l'usager de ce langage hypothétique, mais également de facteurs comme le degré de difficulté ou d'exigence imposé aux fonctions cognitives et, ce qui est encore plus significatif, des circonstances où l'échantillon a été recueilli. La fréquence des différentes suites ainsi que les suites spécifiques qui forment l'échantillon (c'est-à-dire celles qui ont 10 symboles ou moins), dépendent étroitement (a) de facteurs particuliers qui varient d'un contexte à l'autre et d'un individu à l'autre et (b) de facteurs qu'on peut conceptuellement identifier comme étant des variables essentiellement non linguistiques (lorsque les suites sont des échantillons de phrases) et par conséquent, relevant d'une variété d'autres fonctions cognitives. Cette dernière distinction implique que si l'on éliminait ce genre de considération, on aurait affaire à un sujet idéalisé qui conserverait la capacité d'utiliser le langage hypothétique, et dont les énoncés seraient semblables à ceux que décrivent les règles de réécriture données plus haut.

Chomsky (1957) a supposé qu'il serait extrêmement utile pour comprendre le langage de maintenir une distinction nette entre les deux types d'arguments. Une théorie qui rend compte de la seconde classe d'arguments (ce qui inclut les modèles en chaîne de Markov) s'appelle un modèle de **performance**. Lorsqu'un tel modèle est bon, il satisfait à l'exigence d'adéquation d'observation. Une théorie qui rend compte uniquement de la première classe d'arguments (les intuitions sur la structure) s'appelle un modèle de **compétence**. Lorsqu'un tel modèle (qui correspond dans notre exemple aux règles de réécriture) est bon, il satisfait à l'exigence d'adéquation descriptive.

Intuitions et objectivité

Le recours à l'intuition comme source d'arguments constitue une rupture par rapport à la méthodologie contemporaine. Il y a peut-être lieu de faire une brève digression pour situer ce type d'argument.

Pour commencer, remarquons qu'il y a une certaine relation entre le concept de compétence et le courant philosophique qu'on appelle la phénoménologie. Bien que les phénoménologues s'opposent vigoureusement en général au type d'approche rationaliste qu'illustre la notion de compétence, il n'en existe pas moins une base commune entre ces deux conceptions.

Kohler (1929) a soutenu magistralement dans son ouvrage classique sur la psychologie de la forme que les phénomènes — c'est-à-dire la façon dont le monde apparaît à l'observateur naïf dans des situations quotidiennes — ne sont pas objectifs ou subjectifs selon qu'ils se produisent à partir d'événements extérieurs ou intérieurs, puisque dans un sens tous les événements connaissables sont intérieurs (résultant d'expériences internes et d'événements neurophysiologiques). Kohler affirmait que l'objectivité est un attribut de l'expérience tout comme peuvent l'être la grandeur ou la couleur. Cette affirmation contient une certaine part de vérité (en effet, la conviction qu'une expérience est réelle ou objective semble être indépendante de facteurs comme la vivacité ou la netteté de l'objet de l'expérience ou même, jusqu'à un certain point, de la connaissance de fait que l'individu en possède), mais néanmoins la notion d'objectivité contient davantage. Il faut aussi considérer la signification qu'on donne aux phénomènes, ou ce qu'ils impliquent au-delà de l'expérience elle-même et se demander s'il serait possible d'invalider une telle implication. Prenons, par exemple, les énoncés suivants :

(1) *J'ai une douleur dans la jambe.*
(2) *Je vois l'image d'une maison* (dans mon esprit).
(3) *La ligne de dessus est plus longue que la ligne du bas.*
(4) *Si A est identique à B et B identique à C, alors il faut que A soit identique à C.*
(5) Bien que *Jean est facile à satisfaire* paraît semblable à *Jean est désireux de plaire*, la première phrase peut être paraphrasée par *Il est facile de satisfaire Jean* tandis que la seconde ne peut être paraphrasée par *Il est désireux de plaire à Jean.*

Dans des circonstances appropriées, les énoncés (1) à (3) peuvent être émis à la suite de ce que Kohler appellerait des «expériences objectives» — c'est-à-dire qu'ils ont un statut objectif pour la personne qui les énonce. Cependant, si (1) est énoncé dans le bureau d'un médecin, le médecin peut avoir des raisons pour ne pas le considérer comme l'indice d'un trouble organique dans la jambe du patient. Cette décision n'est pas déraisonnable car on sait qu'une douleur «objective» dans la jambe peut être éprouvée sans cause organique — en fait, la sensation peut se produire même après l'amputation de la jambe. De même, bien que (2) soit «objectif» au sens de Kohler, il peut être réfuté sous certaines interprétations de l'expression «voir une image» lorsqu'il y a lieu de croire que les processus présumés ne pourraient se dérouler dans le cerveau (voir Pylyshyn, 1973). C'est vrai aussi pour (3) si l'on prend cet énoncé comme étant un certain type d'assertion sur la ligne elle-même. On pourrait réfuter (3), par exemple, pour la raison que lorsqu'on juxtapose une règle aux deux lignes, il devient évident qu'elles ont la même longueur.

Il faut remarquer que dans ce cas les raisons pour rejeter l'assertion originale sont aussi de nature phénoménale, quoique la réfutation ait un statut «objectif» plus marqué. Ce statut plus marqué pourrait résulter simplement du fait que l'expérience a montré que les comparaisons au moyen d'une règle constituent des indices de longueur plus sûrs. Il est probable, cependant, que même sans ce genre de vérification et même s'il était démontré que le jugement original sur la longueur est très sûr, nous accepterions intuitivement la comparaison directe au moyen de la règle comme étant plus objective, l'objectivité ayant ici un sens qui se rapproche de la définition de Kohler.

Considérons maintenant l'énoncé (4). Pouvons-nous le réfuter pour des raisons analogues à celles qui servaient à réfuter les énoncés (1) à (3)? Il semble constituer une assertion «objective» très semblable à (3), mais nous avons établi que (3) pouvait être réfuté. Alors comment pourrait-on le réfuter? La réponse est que malgré que nous sachions intuitivement que (4) doit être valide, nos intuitions n'ont pas toutes le même poids. Donc, pour réfuter (4) il faudrait procéder de façon analogue à la façon utilisée avec (3); autrement dit, il faudrait prendre des exemples spécifiques de A, B et C et les soumettre à des tests dont la «validité objective» reposerait sur des intuitions encore plus fortes.

Les mêmes observations valent pour l'énoncé (5). Alors qu'on pourrait croire intuitivement que les deux premières phrases ont des structures identiques (à savoir, des relations identiques entre les termes parallèles), les deux phrases dérivées montrent immédiatement que le parallélisme ne tient pas. Intuitivement, la seconde démonstration est plus puissante (et donc plus «objective» au sens où nous l'entendons) que la première.

Il est important de saisir, à l'instar de Kohler, qu'il n'est pas question de mesures physiques ou d'observations sur le comportement qui seraient objectives dans un sens absolu signifiant «extérieur à l'observateur». Toutes les observations sont également «internes» et toutes doivent être ultimement confirmées de façon semblable — c'est-à-dire par des tests dont la validité est liée à la force de nos intuitions. Incidemment, le fait de parler en termes de force relative des diverses intuitions plutôt que de quelque chose de simplement intuitif, contribue à dégager certaines voies de rapprochement entre les méthodologies linguistique et psychologique. Certaines intuitions sont si fortes et si communément partagées que l'élaboration de tests expérimentaux serait une perte de temps. Dans ces cas-là, si l'expérience ne confirmait pas les intuitions nous devrions conclure que l'expérience ne portait pas sur ce que nous voulions vérifier. Supposons, par exemple, que nous soumettions les assertions (4) et (5) données plus haut à la vérification expérimentale — disons, en demandant à des étudiants débutants en psychologie de remplir un questionnaire ou une échelle d'évaluation. Que faudrait-il conclure, si une proportion significative de nos sujet affirmait que si A est identique à B et B identique à C, alors il ne s'ensuit pas que A est nécessairement identique à C? À moins qu'ils puissent fournir un contre-exemple convaincant (c'est-à-dire faire appel à une intuition plus forte), nous conclurions certainement qu'ils ont mal compris la question, ou qu'ils étaient mal intentionnés ou que le test était mauvais. De même pour une expérience qui porterait sur (5). Mais il n'en va pas ainsi pour toutes les intuitions linguistiques. Certains travaux linguistiques récents (par ex., Ross, 1972) reposent sur des intuitions beaucoup plus faibles et qui, par conséquent, pourraient bien être idiosyncratiques (leur origine étant peut-être due à l'idiolecte du linguiste ou à l'influence de quelque exigence théorique). Ce genre de recherche pourrait recourir à la force des intuitions et à la généralité des intuitions comme à deux sources indépendantes de corroboration, en s'inspirant des méthodes de la psychologie empirique.

Nous utilisons ici le terme «intuition» car il réfère traditionnellement à un savoir qui n'est pas soumis à des processus rationnels, qui se justifie par lui-même et qui s'accompagne d'une forte conviction. Cela n'implique pas que l'intuition est innée (la plus grande part ne l'est certainement pas), non modifiable par l'expérience, ni même qu'elle est nécessairement correcte (c'est-à-dire en conformité avec d'autres intuitions plus fortes). Les diverses écoles philosophiques sont en net désaccord quant à ces dernières propriétés (voir le bref compte rendu dans Wescott, 1968). C'est en mathématiques qu'on a le plus clairement évalué le rôle de l'intuition. Même les formalistes les plus intransigeants admettent franchement que si les axiomes et règles d'inférence d'un système logique peuvent déterminer la forme d'une démonstration, le passage des étapes de la démonstration à l'acceptation de la vérité d'un théorème doit être intuitif. Pour ceux qui en doutaient, une amusante parabole de Lewis Carroll (1956) illustre les conséquences du fait d'avoir certaines personnes qui ne partagent pas cette intuition fondamentale.

Le problème crucial du point de vue de l'investigation scientifique est d'élaborer des méthodes sûres pour détecter les intuitions du sujet. D'habitude, on ne peut pas lui demander simplement de décrire ses intuitions (ni lui demander comment ou pourquoi il fait ce qu'il fait), car on doit distinguer les intuitions d'avec les idées que les gens en ont.

Parmi les méthodes utilisées pour rendre ces intuitions explicites, il vaut peut-être la peine de mentionner l'une d'entre elles à cause de l'importance qu'elle a eue en linguistique et en psychologie. Cette méthode, qui a une tradition honorable également en mathématiques et en philosophie, nous y avons fait allusion antérieurement. Elle repose sur l'élimination de structures possibles par la construction de contre-exemples. En linguistique, on se fonde sur un premier examen pour énoncer une propriété structurale particulière, dont on vérifie ensuite la généralité en fabriquant des exemples qui illustrent cette propriété (voir, par exemple, Koutsoudas, 1966). Si l'on parvient à trouver un exemple intuitivement inadmissible, cette structure est rejetée. On a beaucoup fait usage d'une procédure analogue en psychologie de la forme. Dans ce cas, les intuitions sont de nature perceptive et les exemples typiques consistent en illustrations visuelles douées de certaines propriétés pour celui qui perçoit.

La caractéristique des bons linguistes transformationnalistes ou des bons psychologues gestaltistes réside dans leur facilité à produire des exemples appropriés pour illustrer les structures postulées ou des contre-exemples pour nier l'existence de ces structures. Cette méthode est tellement étrangère aux approches conventionnelles en psychologie qu'elle a créé un malaise considérable chez les psychologues. En fait, on a parfois dépeint les linguistes sinon comme de purs rêveurs, du moins comme des scientifiques non empiristes. Comme nous l'avons dit plus haut, il est évident que c'est une conception tout à fait fausse. Même les mathématiques intuitionnistes, qu'on pourrait considérer comme une théorie de la compétence mathématique de l'humain, reposent — ainsi que la linguistique — sur un fondement empirique. Comme un des plus éminents théoriciens de l'intuitionnisme (Heyting, 1966, p. 10) l'a affirmé en comparant les mathématiques à la philosophie, à l'histoire et aux sciences sociales: «En fait, du point de vue intuitionniste, les mathématiques sont l'étude de certaines fonctions de l'esprit humain et comme telles, elles s'apparentent à ces sciences.» Cependant, le monde empirique dont traitent la linguistique et les mathématiques est un monde de structures mentales qui s'explorent par le moyen des intuitions (non de l'introspection) des sujets-expérimentateurs (voir, par exemple, Luchins et Luchins, 1965, pour une discussion de l'intuitionnisme en mathématiques et en psychologie).

CONNAISSANCE ET RÈGLES IMPLICITES

Les gens ont des intuitions sur tous les aspects de leur fonctionnement cognitif. Ils «savent» beaucoup de choses sans savoir comment ils le savent. La notion de compétence est intimement liée à l'idée que c'est par un ensemble de règles implicites ou par une procédure qu'on peut le mieux caractériser ce qui sous-tend ces intuitions. Si l'on pouvait amener une personne à nous révéler ses intuitions suffisamment en détail, cela nous fournirait la base à partir de laquelle on pourrait inférer ces règles ; cette base serait beaucoup plus sûre que la description de son comportement, puisque ce dernier dépend également beaucoup de ses autres facultés psychologiques tout comme des conditions dans lesquelles le comportement a été observé.

Cette conception de la compétence cognitive est fondamentalement une position rationaliste. Elle assume qu'il existe un système sous-jacent à toute activité cognitive, plus perfectionné que celui qui se dégage de l'observation du comportement lui-même et que, de plus, ce système peut être caractérisé adéquatement par un ensemble de règles logiques formelles ; que toute compréhension de la cognition au sens scientifique consiste précisément dans sa description en termes d'un tel système formel. Cette conception, qui est à peu près universelle dans les sciences physiques, a été attaquée par les phénoménologues, mais nous devons laisser les contre-arguments pour une autre occasion (Pylyshyn, 1974).

La conception selon laquelle c'est en termes de règles ou de procédures qu'on caractérise le mieux les processus cognitifs ou, pour employer l'expression de Simon et Newell (1964) «les processus d'information élémentaires», a eu une large diffusion en psychologie cognitive (voir Miller *et al.*, 1961). Dans la plupart de ces travaux, cependant, l'aspect épistémologique du problème — ce que j'ai appelé le problème de la représentation cognitive (Pylyshyn, 1973) — n'a pas lui-même été décrit en termes de procédure. Autrement dit, le «modèle d'univers» auquel ont accès les processus d'information élémentaires a été défini généralement comme une structure plus ou moins statique. L'importante recherche de Winograd (1972) constitue une exception notable à cela. Nous ne considérerons pas ici l'approche de Winograd, excepté pour noter qu'il y a de bonnes raisons de penser que les représentations elles-mêmes sont procédurales. Par exemple, il semble clair que dans ce que nous apprenons lorsque nous acquérons un certain savoir, il y a non seulement une structure conceptuelle, mais aussi comme une sorte de manuel implicite concernant le mode d'usage de ces concepts et la façon dont les cas particuliers doivent être assignés à ces concepts. Cependant, il y a un argument encore plus déterminant, selon lequel les concepts que les gens maîtrisent couramment peuvent être décrits seulement de façon procédurale ou, comme Chomsky l'a soutenu, de façon générative (cela comprend des concepts tels que nombre premier, figure symétrique ou phrase grammaticale). Ayant déjà discuté ailleurs de ce sujet (Pylyshyn, 1972), je ne le développerai pas davantage.

Il nous faut encore soulever un autre point sur la nature procédurale de la cognition. C'est le fait que dans les théories du traitement de l'information, même les représentations de structures de données les plus statiques en apparence, sont dynamiques dans un sens qu'on ne retrouve pas dans certaines théories du comportement ni dans certaines descriptions phénoménologiques.

Cet aspect dynamique repose sur le fait que les structures de données ne sont pas simplement un code arbitraire s'appliquant à un type d'événement extérieur. Les psychologues ont parfois été induits en erreur par le vocabulaire de la théorie de l'information, en pensant que les représentations étaient des codes internes plus ou moins arbitraires. Mais un code est simplement la sélection d'un certain objet interne distinct (symbole), à partir d'un quelconque ensemble d'objets défini à l'avance ou par convention. Chaque code, ou symbole, de ce genre est alors associé univoquement à chaque type de stimulus **distinct**. Il surgit immédiatement un problème, cependant, du fait qu'il y a un nombre illimité de (différents types de) figures ou phrases distinctes, de sorte qu'il doit y avoir un nombre infini de codes internes distincts. Mais n'importe quelle théorie empirique serait anathématisée si elle exigeait qu'il y ait un nombre infini de termes ou symboles différents. Tant qu'on nous impose de projeter des types de stimuli distincts sur les éléments d'un ensemble préétabli de codes arbitraires, on doit postuler que l'organisme possède déjà un ensemble infini de ces codes internes. Le seul moyen de contourner cette difficulté semble être d'abandonner l'exigence selon laquelle ces codes doivent déjà être accessibles à l'organisme, attendant que les types de stimuli leur soient assignés (à la façon dont tous les codes de caractères individuels sont assignés dans les ordinateurs digitaux). Mais cela semble conduire à un paradoxe : comment peut-on projeter un type de stimulus sur un code unique à moins que l'organisme ne possède le code à l'avance ? Ou encore, comment un organisme peut-il percevoir un phénomène comme la manifestation d'un concept particulier à moins d'avoir une connaissance préalable de ce concept (c'est-à-dire d'en avoir une représentation) ? En fait, c'est précisément à cause de cette difficulté qu'on doit rejeter la notion d'un code et d'un processus de codage (ou symbolisation) du genre que décrivent certaines théories sur l'association, dans lesquelles le code consiste en un «médiateur» et où le processus de codage consiste à évoquer le médiateur par l'intermédiaire d'une liaison associative existante. C'est pour une raison similaire que j'ai critiqué ailleurs (Pylyshyn, 1973) l'idée que la représentation grossière d'un stimulus, qu'on appelle son image, pouvait servir de représentation mentale.

Mais il existe un moyen d'échapper à ce dilemme. Il consiste à concevoir la représentation non comme un code arbitraire préétabli, mais plutôt comme une structure qui se construit à nouveau chaque fois que survient un stimulus. Toutefois, pour que cela soit possible, on ne peut pas assigner ou identifier chaque nouveau type à une représentation globale : le stimulus doit être analysé en parties constitutives et relations, et ensuite la représentation doit être construite à partir de cette analyse (pour simplifier, nous disons que c'est l'analyse elle-même qui produit la représentation). Pour pousser cette analyse plus loin, nous devons postuler que tout stimulus est analysable (à un certain niveau de description) en termes d'un certain ensemble fini d'éléments distincts et d'un ensemble fini de relations distinctes. Par exemple, dans la perception des figures les éléments peuvent être des entités comme des angles, des lignes, des arcs ou des surfaces. Dans le cas du langage ces éléments peuvent consister, au niveau phonétique, en unités appelées phonèmes ou, au niveau syntaxique, en unités comme les morphèmes ou les mots. Chaque stimulus de l'ensemble infini peut alors être analysé selon un mode fini, ce qui donne une représentation structurale dotée de toutes les propriétés voulues. Une telle représentation n'est alors nullement arbitraire. La structure et les sous-parties de la représentation, aussi bien que la représentation dans son ensemble, sont reliées de façon **systématique** aux éléments et relations dans le stimulus – le système étant déterminé par la manière dont est analysé le stimulus et construite la représentation de chaque nouveau type de stimulus. Ainsi, dans tous les modèles de simulation par ordinateur de processus cognitifs, il y a un aspect procédural implicite dans la représentation – à savoir, dans la caractérisation de la structure conceptuelle en termes de relations entre ses éléments primitifs, caractérisation qui elle-même illustre la relation formelle entre un concept et ses manifestations. Une telle relation est exprimée sous la forme d'une procédure.

Il y a plusieurs points délicats soulevés dans cette discussion sur lesquels il faut insister, à cause des méprises qu'ils ont occasionnées. Le premier point concerne notre façon de parler des concepts comme étant décrits en termes de structure d'éléments primitifs. Si l'on veut avoir une théorie formelle, la nécessité d'une description finie nous oblige à caractériser n'importe quel concept qui couvre un nombre d'occurrences illimité, en termes de procédure opérant sur un ensemble fini d'éléments primitifs. C'est simplement une exigence envers les théories formelles : elles doivent être énonçables d'une façon finie. Par conséquent, aucune liste infinie de paires concept-occurrence ne peut se qualifier comme théorie formelle. Mais à ce stade il n'y a aucune obligation comme quoi les éléments primitifs d'une théorie de ce genre devraient être empiriques, au sens de traits physiques. En linguistique, aucun élément primitif n'est de ce type : on ne connaît pas d'instrument pour identifier un phonème donné, encore moins un morphème ou un élément lexical, à partir du signal acoustique correspondant. D'autre part, dans la mesure où les gens classent les événements physiques en catégories conceptuelles lorsque le schéma physique leur est présenté (avec un contexte), il est hautement intéressant d'élaborer une théorie pour relier les propriétés physiques aux propriétés conceptuelles. Toutefois, le problème est extrêmement difficile et dans bien des cas, il n'est pas près d'être résolu. En attendant, de telles difficultés ne nous dispensent pas de la tâche d'élaboration de théories cognitives, de haut en bas — c'est-à-dire des théories de la compétence qui caractérisent formellement des catégories conceptuelles en termes d'éléments primitifs, lesquels peuvent ne pas avoir de corrélats physiques indépendants du contexte (comme dans le cas des phonèmes[1]).

Le second point qu'il faut clarifier a trait à la notion de procédure ou règle formelle. Les philosophes s'impatientent souvent à cause de la façon dont les psychologues (et les linguistes) utilisent le terme «règle» dans le sens où une personne a appris (ou intériorisé) une règle tacite. Ils se demandent dans quel sens on peut affirmer que quelqu'un a appris une règle s'il n'est pas capable de nous dire quelle est cette règle. Obéit-il à une règle à la manière dont on dit qu'une pierre «obéit à la loi de la gravité», ou bien est-ce plutôt à la façon dont un joueur d'échecs «obéit» aux règles du jeu d'échecs ? Cette dichotomie est liée à la distinction philosophique entre le «savoir que» et le «savoir comment». Les débats de ce genre peuvent cependant devenir plutôt stériles, comme le montre la discussion entre Chomsky et Harman, dans Hook (1969). Les règles ou procédures dont parlent les linguistes n'entrent pas exactement dans l'une ou l'autre catégorie. Le fait que les gens ne soient pas conscients des règles grammaticales (ou autres règles cognitives) implique que ces règles pourraient n'être qu'un cadre de description fictif dont le théoricien a besoin (de sorte que la compétence linquistique devient un «savoir comment» et que les règles ne sont pas plus une description de la «connaissance» que ne le sont les lois de la physiologie). D'autre part, il reste que les gens peuvent être rendus conscients qu'ils ont «transgressé une règle

---

1.   À ce sujet, voir l'article de Cole et Scott. (N.d.t.)

de grammaire» et les intuitions que possèdent sur leur langue les sujets parlants, révèlent un type de connaissance intellectuelle qui ne ressemble en rien aux lois (ou règles) de la physique ou de la biologie auxquelles ils sont aussi soumis. De plus, comme Fodor (1968) l'a observé : «Contrairement à des processus inconscients comme la contraction capillaire, les types d'événements qui se révèlent nécessaires dans la compréhension du langage sont tels que s'ils étaient conscients, l'on n'hésiterait pas à les qualifier de performances intelligentes ... (p. 87). Dans ce contexte, il n'est donc pas sûr que le terme de «règle» soit mal choisi, en dépit de certaines de ses connotations indésirables. En tout cas, le terme apparenté de «procédure» décrit très exactement les éléments constitutifs d'une théorie cognitive imbriquée dans le dispositif de traitement d'information, et sa signification est tout à fait neutre en ce qui concerne le «savoir que» et le «savoir comment».

LA CRITIQUE EMPIRISTE CONTRE LA COMPÉTENCE

La notion de théorie de la compétence a été la cible d'une grande variété de critiques ces dernières années — les points de vue qui s'y opposent allant de la phénoménologie au marxisme (sans parler des attaques vides de sens par des auteurs dont l'incompréhension des questions fondamentales engendre plus de chaleur que de lumière, par ex., Salzinger, 1970 ; Verhave, 1972). La seule critique que nous considérons ici est celle qui reflète le point de vue empirique, car c'est le plus pertinent pour la psychologie contemporaine. Ces critiques ont été publiées à plusieurs endroits dans les années passées — tant dans la littérature linguistique que psychologique (Hockett, 1968 ; Braine, 1965 ; Osgood, 1968 ; Sutherland, 1966). On trouve dans une brève discussion de Crothers et Suppes (1967) l'une des formulations les plus claires du point de vue du psychologue.

Ci-dessous, nous donnons deux arguments principaux avec la conclusion qui en découle :

(1)   Une théorie de la compétence est incapable de décrire la façon dont les gens accomplissent certaines tâches, car les gens ont recours à une variété de raccourcis heuristiques et suivent rarement le cours de la caractérisation formelle.

(2)   Une théorie de la compétence est incapable de décrire la structure du comportement réel ou même potentiel, car elle porte sur des ensembles infinis de comportements idéalisés et ne tient pas compte de la probabilité relative des différents comportements.

(3)   Il découle de (1) et (2) qu'étant incapable de décrire le quoi ou le comment du comportement, une théorie de la compétence n'apporte rien à la psychologie.

Dans ce qui suit, nous considérons ces trois points individuellement, en nous reportant principalement aux arguments avancés par Crothers et Suppes.

Compétence et heuristique

Il semble y a voir un accord général chez la plupart de ceux qui ont étudié les processus cognitifs — des behavoristes aux chercheurs en intelligence artificielle — pour dire qu'une théorie de la compétence ne décrit pas la façon dont les gens s'y prennent pour faire les choses (par ex., résoudre un problème), car les gens s'en remettent généralement à divers moyens heuristiques ou recettes mécaniques, qui ont été fort bien décrites par Polya (1954) pour les mathématiques et par de Groot (1965) pour le jeu d'échecs. Cependant, puisque nous avons déjà décrit les théories de la compétence comme étant centrées sur l'aspect épistémologique de la cognition plutôt que sur sa mise à exécution, il serait tentant de dire qu'une telle critique est mal dirigée. Néanmoins, on assume fréquemment (d'habitude implicitement) que si l'on décrit adéquatement les procédés heuristiques utilisés dans la résolution d'un problème particulier, l'on aura alors rendu compte des processus psychologiques pertinents et résolu, par conséquent, le problème de la représentation de la cognition. Autrement dit, le problème épistémologique disparaît puisque ce que les gens apprennent, lorsqu'ils parviennent à maîtriser une certaine capacité cognitive, constitue simplement un ensemble de procédures heuristiques puissantes.

Paraphrasons une illustration donnée par Crothers et Suppes (1967, p. 10-11), en transposant leur exemple de la logique à l'algèbre pour plus de commodité. L'une des choses qu'a apprises l'étudiant qui connaît l'algèbre élémentaire, c'est la différence entre une suite arbitraire de symboles et ce qu'il appellerait une équation ou une formule. En d'autres termes, il a appris le concept de formule algébrique bien formée. En général, ce concept est enseigné implicitement, sans mention de règles syntaxiques, et rarement en termes d'un genre de définition récursive que le mathématicien considérait comme une définition formelle du concept. Une telle définition (légèrement simplifiée) pourrait, par exemple, s'énoncer comme suit :

(1)   les lettres de l'alphabet (avec ou sans indices) a, b, c, . . . sont des expressions ;

(2)   si E et F sont des expressions, alors (E), − (E), E + F, E x F et E/F le sont aussi ;

(3)   aucune suite n'est une expression à moins de pouvoir être construite avec un nombre fini d'applications de (1) et (2) ;

(4)   si E et F sont des expressions, alors E = F est une formule (ou équation).

Interrogeons-nous maintenant sur la nature de la connaissance dont dispose l'étudiant et qui lui permet de décider si oui ou non une suite de symboles est une formule ; cela revient au problème de la représentation du concept de «formule algébrique». Crothers et Suppes abordent cette question en se demandant comment quelqu'un déciderait dans un cas particulier si une suite est une formule. Par exemple, supposons qu'on présente à l'étudiant la suite

$$(x + y) / z = 2 + ($$

et qu'on lui demande s'il s'agit d'une formule. Comme le soulignent Crothers et Suppes, «Même le novice n'a pas besoin d'appliquer la définition formelle d'une formule, en partant de l'intérieur et en vérifiant chaque étape. Au lieu de cela, il peut reconnaître instantanément que la suite n'est pas une formule. Pourquoi? Parce qu'il va immédiatement remarquer la parenthèse gauche à l'extrémité droite de la suite et il n'aura pas besoin de chercher plus loin. Si les gens recourent à des procédés heuristiques même lorsque la caractérisation formelle est relativement simple, alors on devrait s'attendre a fortiori à ce qu'ils adoptent des stratégies lorsqu'ils sont confrontés à un langage possédant une grammaire générative complexe» (p. 11).

Mais cette description soulève un certain nombre de questions importantes. Elle vise à rendre compte de ce que le sujet fait réellement (dans un sens non spécifié de réalité qui pose lui-même de sérieux problèmes) et pourtant, elle réfère à des processus comme «reconnaître instantanément» ou «remarque immédiatement» qui eux-mêmes demandent à être expliqués. L'explication logique de ces processus n'impliquerait-elle pas qu'on fasse intervenir des procédures génératives?

Mais supposons que nous concédions (et il y a des raisons pour ce faire auxquelles nous retournerons plus loin) que l'étudiant n'ait pas expressément «utilisé» la définition récursive, mais qu'il ait plutôt appris un procédé heuristique indiquant que les formules algébriques ne doivent pas se terminer par une parenthèse gauche. Vraisemblablement, il rejettera aussi la suite «x −) (y + z) = w» pour la raison que la première parenthèse dans une suite ne doit pas être une parenthèse gauche (ou quelque principe heuristique du genre), la suite « x + y = » pour la raison qu'une formule ne doit pas se terminer par le signe d'égalité, la suite «x − ( ) = y» pour la raison que la paire «( )» n'est pas permise dans une formule, la suite «x = / y» pour la raison qu'une barre oblique ne doit pas être précédée par un signe d'égalité, etc. Supposons qu'on fasse l'expérience de présenter des suites et d'enregistrer les «principes heuristiques» en nous fondant sur ce sur quoi le sujet fonde sa décision (notre postulat étant que sa décision reflète ce qu'il «fait réellement» dans chaque cas). Demandons-nous à présent : Qu'est-ce qui caractérise pareille liste et, encore plus à propos, est-ce qu'une telle liste répond à la question épistémologique, c'est-à-dire est-ce qu'elle nous dit ce que l'étudiant connaît et qui lui permet de porter ses jugements ?

En ce qui concerne la première partie de la question, il n'y a pas de raison de s'attendre à ce qu'il y ait une limite au nombre de principes heuristiques, s'ils sont du genre de ceux qui interviennent dans les exemples ci-dessus. Si l'étudiant a appris le concept correctement (quelle qu'ait été la méthode d'enseignement), il peut certainement continuer à forger d'autres principes décrivant les propriétés significatives sur lesquelles il a fondé sa décision dans chaque cas particulier. Si les suites deviennent plus longues et plus complexes, il peut inventer des procédures encore plus astucieuses ; il peut s'aider de divers moyens externes tels que papier et crayon pour retenir ses décomptes ou pour réécrire la suite en ajoutant des espaces et des annotations, ou il peut imaginer de nouvelles méthodes graphiques ou mécaniques. En fait, il peut même trouver utile d'écrire un programme d'ordinateur pour faire le travail.

Ce qui le rend possiblement créateur en élaborant de telles procédures, c'est qu'il doit avoir maîtrisé un concept de bonne formation complètement indépendant de toutes ces procédures. Ce que l'étudiant connaît est cela même qui lui permet d'engendrer créativement des procédés heuristiques appropriés à mesure que le besoin s'en fait sentir. Et s'il a correctement appris son algèbre, «ce qu'il connaît» est décrit précisément par définition récursive, laquelle peut alors être considérée comme définissant sa compétence sous-jacente.

Remarquons que si l'on voulait soutenir que les procédés heuristiques dont s'est servi l'étudiant sont d'un genre plus général – par ex., que les parenthèses doivent apparaître par paires appariées – alors on pourrait s'en tirer avec une liste finie de ces procédés. Cette liste servirait alors à définir ce que le sujet connaît. Mais on note que la condition à laquelle doit satisfaire cette liste de procédés heuristiques afin d'être adéquate, c'est d'être formellement équivalente à la définition récursive. Autrement dit, toute description de la représentation du concept de «formule bien formée» doit être formellement équivalente (en ce sens que la définition doit comprendre le même ensemble et les mêmes relations structurales) à la formulation de la compétence. Mais c'est justement la signification que nous attribuons à la théorie de la compétence. Comme nous allons arguer plus loin, il existe un nombre illimité de façons de décrire la compétence, toutes équivalentes formellement mais pas nécessairement équivalentes psychologiquement.

Il ne fait aucun doute que les gens se servent de divers genres de procédés heuristiques pour agir dans leur environnement. Rien dans la notion de compétence ne contredit cela. Une théorie de la compétence caractérise la connaissance qui permet aux gens de développer ces procédés et définit les conditions nécessaires que doit remplir tout ensemble de procédures postulé en vue de spécifier comment un concept comme celui de phrase grammaticale ou de formule bien formée est représenté.

Cette discussion fait surgir un aspect intéressant concernant la notion de PLAN développée par Miller *et al.* (1960). Il faut mettre en relief – car on s'est parfois mépris sur ce point – qu'une des propriétés essentielles des plans consiste, à l'instar des procédés heuristiques, en ce qu'ils sont engendrés dans le cours du comportement. Il n'est pas plus raisonnable de croire qu'un plan hiérarchique détaillé se trouve présent avant que le comportement commence à se produire, que de croire qu'une structure de phrase complète est instantanément créée avant que l'individu commence à parler. Même s'ils ne sont pas explicites quant au mécanisme possible, il est clair que la compétence sous-jacente au type de comportement décrit par Miller *et al.* doit avoir comme propriété essentielle une capacité générative, comme toutes les espèces de compétences considérées jusqu'ici. Donc, même s'il est vrai, comme le remarquent Miller et Chomsky (1963), que les plans sont isomorphes à des graphes orientés, on ne peut certainement pas décrire ainsi la compétence qui permet d'engendrer les plans. Nous mentionnons ce point ici, car Suppes (1969) a montré que les plans sont «isomorphes asymptotiquement à un quelconque modèle de stimulus-réponse», puisque chacun d'eux est isomorphe à un automate fini. Bien que cela soit vrai pour un plan individuel pleinement développé, il est faux d'en conclure qu'un modèle de stimulus-réponse ou qu'un automate fini, rend compte adéquatement de la compétence de l'individu à se comporter de la façon décrite dans la monographie de Miller, Galanter et Pribram. Ce n'est pas plus vrai que la supposition que, parce que la description de la structure de constituants d'une phrase (structure représentable aussi par un graphe orienté) est isomorphe à un automate fini, ce dernier peut engendrer ou même constituer une caractéristique adéquate de la classe des langages à structure de constituants. Aucun mécanisme à états finis ne peut se révéler adéquat pour aucun de ces langages, à l'exception d'un très petit nombre d'exemples de compétence qui présentent un intérêt pour les psychologues. Il faut une description au moins aussi puissante qu'une grammaire générative. D'autre part, s'il s'agit simplement de caractériser un corpus observé, probablement qu'une description à état fini — en particulier si elle implique des transitions de probabilité — demeure satisfaisante. Il importe cependant de garder à l'esprit que cela constitue un objectif différent et, du point de vue de la discussion présente, plus superficiel.

Les autres critiques sur les théories de la compétence que nous allons examiner concernent le deuxième argument général mentionné auparavant — à savoir, que les théories de la compétence sont incapables de décrire des propriétés importantes du comportement réel (ou même potentiel).

L'une de ces critiques, sur laquelle nous allons passer très brièvement, car elle est suffisamment commentée dans la littérature linguistique, est que la grammaire (et par conséquent la théorie de la compétence linguistique) traite uniquement des phrases grammaticales alors que les gens ne s'expriment pas du tout par phrases, de sorte que la grammaire n'a rien à voir avec la performance verbale. Saussure a été le premier, il y a plus de 50 ans, à affirmer la pertinence des phrases grammaticales pour les énoncés réels et depuis, ce postulat a été le fondement de la théorie linguistique (voir par exemple la discussion dans Lyons, 1968). Que l'on adopte à ce sujet une position idéaliste (où les phrases sont les «formes idéales» à partir desquelles les phrases réelles sont dérivées) ou une position empirique comme celle de Bloomfield, il est clair que la notion même de «structure grammaticale», qui est indispensable à l'analyse structurale des énoncés même les moins élégamment normatifs, est intimement liée à la phrase en tant qu'unité linguistique. Une des contributions des travaux accomplis en grammaire générative contemporaine est de montrer comment la notion de phrase bien formée constitue la base de l'explication du fait que les énoncés «non grammaticaux» peuvent être compris (voir par exemple Katz, 1964). Ces idées ne devraient pas paraître inhabituelles aux psychologues. Les psychologues gestaltistes ont avancé des conceptions analogues sur la perception et la mémoire et ils mentionnent fréquemment des notions comme la «schématisation avec correction» (Woodworth et Scholsberg, 1938, p. 74).

Ensembles infinis

Le fait que les théories de la compétence définissent des ensembles infinis a été une source perpétuelle d'incompréhension et de discussion quant à leur pertinence (voir Hockett, 1968). Avant d'examiner cette question, rappelons une fois de plus qu'une théorie de la compétence ne porte pas sur le comportement observé (comportement-O) mais sur les représentations mentales. Puisque la théorie se décrit en termes de **règles** (par nécessité logique, comme on l'a vu), l'application de ces règles engendre des suites d'éléments primitifs, qu'on peut considérer dans un sens comme la description d'un quelconque comportement idéalisé (désignons-le par comportement-R). De même que l'ensemble des phrases grammaticales, l'ensemble des comportements - R (qu'on pourrait concevoir plus justement comme des comportements «virtuels» ou normatifs) est effectivement illimité.

À cause de la cardinalité infinie de l'ensemble des comportements-R, on a fréquemment soutenu que non seulement le comportement-R est psychologiquement non pertinent, mais que certains résultats mathématiques dérivés de théories de la compétence n'ont pas de statut épistémologique en science — c'est-à-dire qu'ils ne peuvent en aucune façon être interprétés comme des assertions scientifiques sur le monde réel. Les résultats sur l'indécidabilité, ainsi qu'on les appelle, établissant que certains problèmes sont en principe insolubles, se révèlent particulièrement vulnérables. Par exemple, les théorèmes mathématiques de Church et Godel, considérés par certains (voir Myhill, 1952) comme faisant partie des quelques démonstrations psychologiques irréfutables sur les limites de la cognition, relèvent de cette catégorie. Dans ce contexte, une proposition est dite indécidable si sa vérité ou sa fausseté ne peut être démontrée alors que la connaissance pertinente est représentée dans l'esprit du sujet sous une forme structurale donnée (spécifiée par la théorie de la compétence).

Les démonstrations de Gold (1967) et Feldman (1969) concernant l'impossibilité, en principe, d'apprendre correctement certaines classes de langages dans certaines conditions de présentation de l'information, ont un lien encore plus direct avec notre sujet. Dans ce cas, ce qui est connaissable équivaut à ce qui est identifiable dans les limites d'une classe de langages. Cela signifie qu'il est possible de concevoir une machine telle que si un langage quelconque faisant partie de cette classe est choisi comme langage-cible, alors les prédictions de la machine vont être identiques après un nombre fini d'essais (qui impliquent chaque fois une présentation de stimulus et une prédiction de la machine sur ce qui constitue le langage-cible) et cette prédiction sera la bonne. Pour illustrer ce qui est en cause, prenons à titre d'exemple le théorème de Gold (1967), qui énonce qu'aucune classe infinie de langages autre que celle qui contient uniquement les langages à cardinalité finie n'est identifiable à partir des seules présentations de phrases du langage-cible. Nombre de définitions et de postulats sont incorporés à ce résultat, mais nous ne pouvons pas nous y arrêter ici. Il y a cependant un postulat à considérer, selon lequel toutes les grammaires possibles du langage peuvent, à l'origine, constituer la grammaire correcte. Par conséquent, si certains mécanismes innés chez l'homme rendent inéligibles quelques-unes de ces grammaires par un processus que Chomsky (1969), s'inspirant de Pierce, appelle l'**abduction**, le théorème pourrait ne plus être valide.

Selon certains critiques, ce résultat n'a absolument aucune pertinence pour la psychologie, étant donné que la preuve est fondée essentiellement sur l'infinité des phrases dans les langages en question (de même que sur l'infinité des langages contenus dans l'ensemble). Si les langages étaient finis, les problèmes de décidabilité seraient triviaux. Mais les critiques insistent sur le point qu'un langage-O est fini, de sorte que le résultat n'a pas de conséquence pour les langues naturelles.

Essayons d'éclaircir la question en examinant la signification de la cardinalité infinie du comportement-R dans ce contexte. Le problème se ramène à savoir quelle est la représentation mentale la plus plausible du comportement-O fini. Puisque le sujet est capable de produire ce comportement (dans ce cas, il s'agit de l'acte de parler) et de le comprendre, il doit être doté de certaines aptitudes à traiter cette information. Cela implique l'existence d'une fonction quelconque reliant une représentation mentale interne au comportement observé extérieurement. Il y a trois possibilités de représentation de cette information : (1) comme une liste finie de comportements stockée mécaniquement (par ex., une liste de phrases) ; (2) comme un ensemble de règles générales qui spécifient comment le comportement peut être produit ou analysé ; (3) comme un ensemble de règles générales telles que (2) mais avec des limites imposées à leur application.

On peut exclure (1) comme étant psychologiquement inadéquat, sauf pour les listes les plus simples de comportements appris par cœur (même les listes de paires de syllabes sans signification ne sont que difficilement conciliables avec cette représentation). Notons qu'on pourrait élargir quelque peu le champ de la possibilité (1) en permettant que des listes finies de catégories s'ajoutent à des structures composées de séquences de catégories, pour constituer un système taxonomique ou combinatoire fini décrivant la liste finie de comportements-O. Bien que ce raffinement réduise la longueur de la liste mécaniquement stockée et introduise un minimum de structuration dans la liste, du point de vue psychologique cette méthode d'emmagasinage demeure inadéquate excepté pour de courtes listes. Et elle est complètement inadéquate pour le langage ou tout autre comportement productif puisque ceux-ci ne pourraient être produits avec un ensemble fixe de structures : cela empêcherait l'individu de manifester spontanément un comportement adapté à une nouvelle structure.

La possibilité (3) n'est pas non plus très satisfaisante du point de vue psychologique. Si la structure décrite par la règle même est habituellement partie intégrante de l'intuition du sujet sur son comportement, les limites ne le sont pas. Par exemple, on pourrait conclure, en se fondant sur un échantillon de transcription de corpus, que la capacité linguistique d'un sujet comporte la règle selon laquelle deux phrases peuvent être concaténées avec le mot «et» pour donner une nouvelle phrase, à condition que la règle ne s'applique pas plus que cinq (ou n) fois pour n'importe quelle phrase.

Nonobstant le fait qu'on peut produire des phrases avec six (ou n + 1) occurrences de «et» qui seraient quand même jugées «conformes aux règles du français», ce n'est évidemment pas une façon très satisfaisante de décrire ce que signifie «savoir comment créer de nouvelles phrases par la conjonction de phrases déjà existantes».

Cela nous laisse la possibilité (2) : de décrire la représentation mentale de la structure sous-jacente du comportement-O comme un ensemble de règles générales qui spécifient comment le comportement en question peut être engendré lorsque le besoin s'en fait sentir — c'est-à-dire comme un algorithme de procédure récursive. Si nous adoptons cette approche, la notion d'un ensemble infini de comportements perd alors tout son mystère. Il reste simplement des règles générales qui décrivent un ensemble infini, à savoir, l'extension de ces règles en tant que comportement-R. Du moment qu'on accepte qu'une représentation mentale consiste en règles récursives générales, on admet une théorie qui implique un ensemble infini de comportements-R — même si dans le cours de la vie d'un individu les règles s'appliqueront pour n'engendrer qu'un ensemble fini de comportements-O.

Pour terminer cette section, disons qu'il serait sage de ne pas attacher trop de portée aux résultats sur la décidabilité, que nous avons évoqués comme exemple de conclusion découlant des théories de la compétence. Ces résultats n'ont qu'un faible impact pour le psychologue car ils disent tellement peu — bien que les résultats soient très forts. Par exemple, ils ne donnent aucune indication sur la durée que peut prendre une tâche ou sur la complexité que cette tâche peut représenter pour un sujet, en supposant qu'elle soit résoluble en principe. Dans une section ultérieure nous considérerons comment on peut obtenir ce genre d'information à partir des théories de la compétence, par l'élargissement de la base de données qui entrent dans leur conception.

Probabilités et comportement-R

L'un des traits les plus saillants du comportement-O est de pouvoir être caractérisé au moyen de certains paramètres statistiques. À cause de cela, on a soutenu que, pour être utile en psychologie, une théorie devait contenir des éléments probabilistes qui la rendissent apte à produire un comportement compatible avec les propriétés statistiques du comportement-O. Sans cette caractéristique, une théorie n'est pas sujette à la vérification empirique directe. Considérons quelques aspects de ce formalisme de rechange.

En premier lieu il n'est que trop facile, lorsque nous faisons usage de schèmes probabilistes, de se laisser aller à décrire directement le comportement-O sans rien révéler de la structure sous-jacente — sans, par exemple, tenir compte des intuitions que nous avons sur la structure de ce comportement (comme c'était le cas dans l'exemple décrit auparavant). Si l'objectif principal est d'obtenir une bonne approximation du comportement-O, alors l'approche statistique par «adaptation de courbe» donnera d'excellents dividendes prédictifs pour un investissement minime de compréhension des propriétés structurales. Cet aveuglement devant la dimension structurale n'est pas une conséquence nécessaire de l'usage d'éléments probabilistes, mais c'est une conséquence qu'on observe fréquemment — spécialement en sciences sociales. En second lieu, faire passer le comportement-O avant le comportement-R dans l'étude des processus psychologiques est tout simplement un mauvais choix de priorités. Même l'empiriste le plus radical admettra que ce n'est pas n'importe quel comportement-O qui constitue un fait approprié pour l'élaboration d'une théorie — autrement il serait obligé de prendre note et de rendre compte d'une quantité illimitée d'activité qu'il sait intuitivement (car même les behavioristes se fient à leur intuition!) n'être pas pertinente. La question est alors de savoir où établir la démarcation entre comportement pertinent et non pertinent, ou plus précisément, entre les aspects pertinents du comportement — étant donné que les aspects pertinents peuvent en fait consister en de quelconques propriétés abstraites.

En traçant la ligne de démarcation, cependant, il est important de garder à l'esprit ce qui motivait notre intérêt au départ. Pour le psychologue de la cognition, la motivation **minimale** comporte assurément le désir de comprendre la nature de la capacité cognitive dont l'individu a acquis la maîtrise et qui rend possible l'existence d'un comportement donné – c'est-à-dire ce que l'individu **connaît** dans le domaine cognitif concerné. Cette question est fondamentale non seulement pour la compréhension de la cognition, mais aussi pour l'étude empirique du comportement virtuel dans les contextes **les plus variés possible**; elle se justifie également par l'ampleur et la généralité des constructions théoriques qu'elle exige. Toutefois, la capacité cognitive n'implique en elle-même aucune notion de probabilité puisqu'elle se rapporte à ce qui **peut** être accompli – non à ce qui sera accompli. Certes, le psychologue s'intéresse aussi à d'autres facettes (voir plus loin), y compris ce qui se produira **effectivement** dans diverses conditions. Le point sur lequel nous attirons l'attention est simplement que si l'on accorde la priorité à ce dernier aspect, l'on parviendra peut-être à une réussite d'observation, mais non à une réussite de description. Comprendre la capacité sous-jacente signifie que l'on comprend ce qui constitue pour le sujet les aspects et structures pertinents de son comportement. Cela ne signifie pas la description de ce qu'on a observé qu'il faisait. Les psychologues de la gestalt ont fortement et fréquemment insisté là-dessus (par ex., Kohler, 1929).

La dernière remarque sur la conception probabiliste de la représentation de l'ensemble fini des comportements-O est que cette conception ne désamorce pas la critique envers les théories déterministes de la compétence en tant qu'elles servent à dériver certaines conditions limitatives sur la compétence (comme les théorèmes sur la décidabilité). En fait, des problèmes encore plus ardus surgissent dans ce cas. Notons qu'il demeure possible d'obtenir de telles démonstrations sur les limites, car les processus stochastiques ne convergent pas nécessairement, ce qui prouve que certains résultats ne peuvent être atteints dans ces limites. De plus, avec des définitions plus faibles de ce qui est réalisable (nommément, en termes de vraisemblance statistique), on pourrait conclure qu'en toute probabilité certaines situations ne se réaliseront pas malgré qu'elles soient théoriquement possibles. Cependant, puisque la théorie ne fournit aucune indication sur les raisons pour lesquelles ces situations sont irréalisables ou improbables, nous ne savons pas dans quelle mesure il s'agit d'une limitation sérieuse. Cette difficulté est plus grande qu'on ne croirait à première vue. Du fait que la théorie est conçue pour se mouler au comportement-O, nous n'avons aucun moyen de distinguer les limitations dues à la compétence (c'est-à-dire à notre connaissance implicite de la structure de la tâche) de celles qui sont dues aux conditions dans lesquelles le comportement-O a été observé. Si, par exemple, le sujet avait été plus motivé, moins distrait, muni d'un crayon et de papier, ou qu'il avait disposé d'un temps illimité et de l'aide d'un transcripteur, le comportement aurait pu être fort différent ainsi que les limitations qu'on en aurait déduites. En regard de ces faits, ceux qui recourent à des conceptions probabilistes ne se penchent jamais, ou rarement, sur ces problèmes de limitation des capacités cognitives telles qu'ils se manifestent dans leurs théories.

En résumé, on peut dire que la faiblesse fondamentale des conceptions probabilistes réside non pas dans les propriétés intrinsèques de ces théories – comme de contenir des variables aléatoires – mais dans le fait qu'elles portent sur le comportement-O plutôt que sur le comportement-R. Évidemment, si notre objectif est de prédire le comportement plutôt que de comprendre les processus psychologiques, cette lacune devient alors un avantage.

LA QUESTION DE LA «RÉALITÉ PSYCHOLOGIQUE»

Une théorie de la compétence se présente sous la forme d'un mécanisme d'engendrement formel. En tant que tel, on peut se l'imaginer comme une machine (ou un programme d'ordinateur) qui calcule une certaine fonction récursive. Cette fonction consiste en l'énumération d'un ensemble de séquences de comportements appelé l'ensemble des comportements-R et de deux types de description structurale (équivalant en gros aux structures syntagmatique et paradigmatique). L'une des descriptions structurales relie divers éléments à l'intérieur d'une séquence comportementale, tandis que l'autre relie ces éléments et séquences à l'ensemble des comportements-R.

Toutefois, il y a un nombre infini de machines qui calculent toute espèce de fonction du genre et par conséquent, il existe un nombre infini de théories de la compétence qui peuvent remplir la tâche requise. Toutes sont équivalentes par rapport au calcul qu'elles accomplissent, mais elles diffèrent sous d'autres aspects – tels que le nombre d'états qu'elles admettent, le nombre de cycles qu'il leur faut pour effectuer chaque opération, la quantité maximale de mémoire qu'elles exigent, et la relation entre ces paramètres et la séquence comportementale qui fait l'objet du calcul (*i.e.*, la durée ou mesure de complexité d'emmagasinage attribuée à chaque opération). Naturellement, il est souhaitable que la théorie soit caractérisée par la plus grande simplicité et la plus grande cohérence compatible avec la fonction désirée. Bien qu'il soit difficile de déterminer ce qui constitue en pratique une mesure de complexité de la description d'une machine, il est clair que de telles considérations sont d'un intérêt majeur dans le développement de la théorie. Attribuer formellement une quelconque mesure de complexité à une classe de machines se révèle assez facile, mais les facteurs qui interviennent dans l'évaluation que nous faisons de l'optimalité, ou de l'homogénéité, ou de l'attrait esthétique, sont malaisés à découvrir. Néanmoins, les considérations internes de ce genre jouent un rôle important dans la sélection d'une formulation donnée de grammaire transformationnelle parmi plusieurs formulations (voir Chomsky, 1965 ; Halle, 1961).

Donc, la forme exacte que prend une théorie de la compétence qui est compatible avec une certaine base de données, est déterminée par des principes de cohérence et d'économie internes, indépendamment des conséquences que cette forme peut avoir sur les autres aspects du processus de calcul. Si nous imposions d'autres contraintes sur la sélection d'une machine équivalente quant au calcul effectué, les mêmes principes pourraient fort bien donner à la théorie une forme très différente. Cela indique qu'on ne doit pas faire trop de cas de la forme exacte de la théorie de la compétence quand on entreprend d'élaborer une théorie psychologique plus vaste.

Ce qui vient d'être dit dans le paragraphe précédent paraît assez évident. Malgré cela, l'incompréhension sur ce point a été la cause d'une grande confusion — chez les psychologues en particulier — quant au rôle qu'une théorie de la compétence devrait jouer dans la construction d'une théorie plus large de la cognition. En fait, Chomsky (1965) lui-même affirme que : «Sans doute, un modèle plausible de l'usage du langage devra incorporer, parmi ses composantes fondamentales, la grammaire générative qui exprime la connaissance du langage que possède le locuteur-auditeur . . . (p. 20). L'expression «incorporer . . . la grammaire générative» est quelque peu ambiguë dans ce contexte. Si l'on suggère qu'un modèle de l'usager de la langue doit, en décrivant une plus grande variété de données, rendre compte également du type de structure exprimé par la grammaire générative, alors nous sommes d'accord. Mais si l'on veut faire admettre qu'un modèle de l'usager doit contenir dans quelque recoin un système de réécriture indépendant du contexte, qui engendre une composante de base selon une certaine ordonnance (du P initial à la suite terminale), après quoi s'appliquent des transformations ordonnées cycliquement, et ensuite des règles morphophonémiques, alors nous ne sommes plus d'accord.

Bien sûr, il y a plusieurs positions intermédiaires entre ces deux interprétations. L'essentiel est que la forme de la grammaire (ou de n'importe quelle théorie de la compétence humaine) est justifiée par d'excellentes raisons — mais des raisons qui se limitent exclusivement aux intuitions linguistiques primaires. Si, au départ, le modèle avait été conçu pour rendre compte de ces données et en plus, d'autres types de données, la forme du modèle (et tout spécialement les relations de succession temporelle) aurait très probablement été assez différente.

Par exemple, une théorie de la compétence linguistique est neutre en ce qui concerne le statut des règles récursives et transformations individuelles, sauf lorsqu'une certaine ordonnance est requise pour des questions de simplicité formelle. L'observation psychologique la plus élémentaire montre pourtant qu'il existe une asymétrie considérable dans l'ensemble des règles : en fait, à chaque règle est associée un certain degré de difficulté. Ainsi, les règles d'auto-enchâssement entraînent une plus grande complexité perceptive que les règles de branchement (Miller et Chomsky, 1963) ; il y a des transformations qui semblent être acquises avant d'autres (Menyuk, 1969) ; certaines exigent une plus grande capacité de mémoire que d'autres (Savin et Perchonock, 1965), etc. Même le lexique révèle des asymétries psychologiques, alors que des considérations logiques et les formulations de la compétence laissent plutôt prévoir une symétrie (Clark, 1969). Il faut retenir de ces données (a) qu'elles n'appartiennent pas à la classe des faits sur lesquels est fondée la forme d'une théorie de la compétence et (b) qu'elles pourraient entrer en ligne de compte dans l'élaboration de la machine qui calcule la même fonction que celle de la théorie de la compétence. Si ce type de fait intervenait dans la conception de la machine, l'on s'orienterait alors vers la construction d'une machine dont la structure interne aurait quelque «réalité psychologique». Sans cette base élargie, on ne peut en aucune façon voir dans la structure de la machine la représentation de processus psychologiques. Ceci résulte du fait que c'est uniquement pour déterminer la forme de l'output (autrement dit, pour engendrer le comportement-R et sa description structurale) qu'on a recours aux faits psychologiques que nous avons mentionnés (à savoir, les intuitions sur la structure du comportement), laissant par contre une liberté complète dans le choix d'une machine parmi toutes celles qui effectuent le calcul de la fonction requise. Par conséquent, la structure de la machine est largement arbitraire par rapport à toute considération psychologique, tandis que l'output de la machine représente les structures ou éléments perçus comme «psychologiquement réels» qu'on postule être sous-jacents au comportement.

Il suit de cette argumentation que l'élaboration d'une théorie plus générale de la cognition devrait se faire en essayant de rendre compte de la structure qui constitue l'output d'une théorie de la compétence, ainsi que des autres types de données psychologiques, plutôt qu'en incorporant la théorie de la compétence telle qu'elle est formulée. Ainsi, la contribution essentielle de la théorie de la compétence réside dans la mise en évidence d'une classe importante de faits qui ne relèvent pas du comportement et qui doivent trouver place dans une théorie psychologique de la cognition plus englobante. Remarquons que même si les jugements intuitifs des informateurs en constituent la source, cette classe de faits n'est pas pour autant d'ordre comportemental, au sens strict. La raison est qu'on interprète ces jugements non pas simplement comme des réponses (telles que la pression exercée sur un bouton, par exemple), mais aussi comme des assertions valides sur la structure du comportement en question (c'est-à-dire la structure du langage).

Il ne faudrait pas croire que la forme de la compétence n'a pas de valeur heuristique importante pour le développement de théories plus générales. Nous avons donné plus haut des exemples de découvertes reliant certaines propriétés formelles des grammaires, comme celles qui impliquent le calcul du nombre de transformations dans la dérivation d'une phrase, à des mesures psychologiques de la compréhension, de la mémoire et de l'acquisition. En même temps, souvenons-nous qu'on ne doit pas s'attendre à ce qu'une théorie adéquate de l'usager de la langue contienne des éléments qui correspondraient directement à ces propriétés formelles. Tout ce qui est requis, entre autres, c'est que la théorie essaie de rendre compte de la même structure que celle qui est décrite par la grammaire. La forme de théorie la plus économique pour la description de données X n'est pas nécessairement celle qui se révélera la plus économique pour la description simultanée de données X et Y.

CONCLUSION

Nous avons affirmé antérieurement que si le but de la psychologie est de chercher à expliquer la structure des processus psychologiques, donner priorité au comportement-O sur le comportement-R constitue alors une erreur. En d'autres termes, c'est une erreur d'accorder la priorité à la prédiction de la forme que manifeste le comportement observé. La recherche des principes abstraits de la structure sous-jacente doit être la préoccupation première. Cela signifie qu'il faut recourir à toutes les ressources disponibles pouvant jeter quelque lumière sur ces principes – en particulier les intuitions des sujets sur la structure de leur comportement. Le psychologue doit explorer les intuitions qui nous renseignent sur ce qui «va avec» quoi; il doit tenter de déterminer quelles étaient les intentions du sujet en fonction d'un acte donné (par exemple, en quoi il est relié à d'autres actes, selon un mode hiérarchique peut-être); il doit dégager le genre de structure qu'un comportement tend à manifester à mesure qu'on supprime diverses contraintes; il doit étudier comment la structure observée émerge au terme d'un apprentissage ou de la maturation; il doit se demander si les principes inférés ne seraient pas universaux et, de façon générale, essayer d'abstraire à partir des observations une classe de comportement plus typique que ce que n'importe quelle observation peut révéler. Voilà ce que nous avons appelé le comportement-R.

La forme la plus abstraite de comportement-R est celle qui est caractérisée en termes d'une «théorie» idéalisée dont on postule l'existence dans l'esprit du sujet et qui explique sa façon de comprendre la tâche, ses intuitions sur la structure de la tâche et sa capacité d'accomplir la tâche. C'est la forme la plus abstraite, parce que fondée sur des données minimales : les seuls faits dont elle rende compte sont ceux qui se révèlent indispendables à la conception d'un système qui puisse représenter les propriétés structurales de la tâche conformément à ce que fait le sujet — même lorsque son comportement extérieur dévie de cette forme.

En élargissant la base des faits de façon à inclure des données psychologiques plus conventionnelles, nous avons proposé une façon de procéder formellement. Ce qui est important ici, c'est qu'en nous orientant vers une théorie des processus, nous ne nous tournons pas pour autant vers le comportement-O. La théorie doit continuer à rendre compte de la structure du comportement telle que le sujet la conçoit. Nous ne faisons qu'introduire d'autres données à considérer dans l'élaboration de la forme de la théorie — passant d'une théorie de la compétence, qui rend compte du comportement-R par des moyens dont l'efficacité se mesure uniquement en fonction des intuitions, à une théorie des processus plus générale qui rend compte du même comportement-R, mais par des moyens dont l'efficacité se mesure en fonction des contraintes additionnelles imposées aux processus formels dans la boîte noire (par exemple, les mesures de complexité inférées d'études empiriques). Dans ce dernier cas, d'autres types de données interviennent dans l'élaboration de la théorie — y compris certaines données tirées du comportement-O et des données qui dérivent d'aspects distincts reliés au comportement-O. En ce sens, la théorie élargie rend compte d'un plus grand nombre de facteurs du comportement-O — c'est-à-dire qu'elle prédit davantage le comportement observé. Mais il serait erroné de voir dans ce développement théorique une croissance asymptotique vers une prédiction plus exacte du comportement-O. Outre que cela ne constitue par le but de la théorie, la majeure partie du comportement-O demeure non pertinente pour la théorie, de même que dans toute étude scientifique la plupart des observations sur ce qui survient dans le monde ne sont d'aucun intérêt pour les théories. Les théories sont l'expression de ce qu'on pense qui se trouve derrière l'apparence des mouvements qui stimulent les sens.

Cette conception n'est certainement pas la seule qu'on pourrait adopter à l'égard de la construction des théories psychologiques en général, ou à l'égard du problème qui consiste à aller au-delà des théories de la compétence en particulier. Il y a évidemment beaucoup de circonstances où la prédiction exacte est l'objectif principal, tout comme il y a beaucoup de perspectives dans lesquelles le «Verstehende» ou l'évaluation de la richesse et de la capacité illimitée de l'esprit humain constituent le but essentiel. Nos remarques ne visent pas à dévaloriser de telles approches. Il serait en effet difficile de prétendre qu'elles n'ont pas une signification pratique plus grande. Mais si nous nous restreignons aux objectifs scientifiques et intellectuels de compréhension des phénomènes psychologiques, nous pouvons, certes, affirmer qu'il est nécessaire d'abandonner les modèles superficiels d'«adaptation aux données» et de se concentrer sur des théories structurales plus profondes.

Autres réflexions sur la distinction
compétence-performance et le statut de la grammaire

Les distinctions du genre de celles qu'on fait entre les théories de la compétence et les théories de la performance ont pour but de clarifier la méthodologie. Ce sont essentiellement des schémas heuristiques qui réussissent à faire progresser un domaine de recherche dans la mesure où ils parviennent à compartimenter les problèmes en classes révélatrices ou naturelles. Lorsque notre compréhension d'un ensemble de problèmes a dépassé un certain niveau, beaucoup de distinctions valables auparavant perdent leur utilité — et même leur validité. À ce propos, on peut soulever deux questions : la distinction compétence-performance a-t-elle constitué une contribution valable et a-t-elle maintenant perdu son utilité ?

Je crois qu'il est encore trop tôt pour donner une réponse claire à l'une ou l'autre question. Les effets de la distinction sont mitigés, à la fois en linguistique et en psychologie. D'une part, les idées de base qui vont de pair avec la notion d'une théorie de la compétence — la primauté des données constituées par les intuitions fortes et l'idéalisation de l'usage réel du langage — se trouvent à présent fermement implantées en linguistique. D'autre part, la distinction n'a eu qu'un impact minime sur la pratique en psychologie[2]. Pire

---

2.   Bien que les psychologues du traitement de l'information et les chercheurs en intelligence artificielle aient été très conscients de l'importance qu'il y a à établir une distinction similaire entre les aspects épistémologique et heuristique du processus de résolution de problème. Par exemple, Newell et Simon (1972) ont vigoureusement soutenu que la compréhension du processus de résolution de problème exige qu'on sache comment le sujet se représente la tâche ou structure du problème. Cette connaissance est analogue à l'objet d'une théorie de la compétence, mais il ne nous est pas loisible ici d'exposer en détail cette correspondance.

encore, des linguistes s'en sont parfois servi comme justificatif pour ne pas tenir compte des facteurs cognitifs (sous prétexte que la performance ne fait pas l'objet de l'analyse linguistique) et les psychologues, pour ne pas tenir compte des découvertes faites par des linguistes ou de données fondées sur les intuitions et l'analyse formelle (sous prétexte que les psychologues ne s'intéressent qu'à la performance).

En ce qui concerne la seconde question — celle de savoir si nous avons suffisamment progressé dans la compréhension des problèmes du langage et de la cognition pour que la distinction compétence-performance en soit devenue caduque (quoique pas nécessairement invalide) — la réponse est certainement qu'aucun progrès semblable n'est survenu.

Malgré que le terme de «théorie de la compétence» soit d'usage beaucoup moins fréquent dans la littérature et que bien des discussions se réduisent à des disputes terminologiques, certains problèmes résiduels demeurent. Je vais faire quelques commentaires sur l'une de ces questions, celle qui concerne le statut psychologique de la grammaire (pris au sens général et non au sens d'une formulation particulière).

Peu à peu, on formule des hypothèses de plus en plus fortes quant à la pertinence de la grammaire pour les processus cognitifs. La littérature contient d'abondantes discussions sur ce sujet (voir Fodor, Bever et Garrett, 1974; Watt, 1970). L'hypothèse qui sera considérée ici — parce qu'elle a acquis récemment une certaine popularité — énonce que la grammaire est simplement un artifice formel qui reflète une variété de «statégies de traitement» psychologiquement réelles et assez différentes les unes des autres. On peut peut-être établir une analogie avec le calcul d'une fonction au moyen de différentes méthodes par une machine. Par exemple, on pourrait dire d'un ordinateur qu'il calcule la fonction racine carrée, où la racine carrée de Y est définie comme étant le nombre réel X tel que $X \times X = Y$. La méthode de calcul réelle, d'autre part, peut faire intervenir une série de divisions ou quelque autre algorithme de convergence. Cette analogie est inappropriée dans la mesure où la machine n'a pas accès à sa représentation de l'opération «division» autrement qu'en l'appliquant pour diviser (c'est-à-dire que dans ce cas il n'y a pas lieu de distinguer compétence de performance); mais elle exprime un aspect de l'hypothèse que la grammaire consiste en «stratégies», en ce sens qu'on distingue la caractérisation formelle de la fonction calculée et le processus réel par lequel le calcul s'accomplit, et qu'on affirme que c'est uniquement ce second processus qui se trouve représenté. C'est la position que Lakoff et Thompson (1975) ont ainsi énoncée, à propos du langage: « . . . à notre avis, les grammaires ne sont que des amalgames de stratégies de compréhension et de production des phrases. De ce point de vue, les grammaires abstraites n'ont en soi aucune réalité mentale ; ce ne sont que des artifices commodes pour représenter les aspects de la structure linguistique. Suivant notre perspective, la structure linguistique est entièrement déterminée par la représentation cognitive du sens, par la forme du signal linguistique et par les mécanismes de traitement qui relient les deux».

À première vue, cette position semble assez prometteuse. Elle va dans le sens des données empiriques établissant clairement que les descriptions structurales engendrées par les grammaires ont des conséquences empiriques dans le cadre des expériences psychologiques. Elle s'accorde avec le fait qu'on n'ait pas réussi à confirmer expérimentalement la théorie de la Complexité dérivationnelle, ni à établir de preuve directe du processus d'engendrement des grammaires ou du statut psychologique des stades intermédiaires (comme les structures d'arbres antérieures à l'application des transformations obligatoires).

Le problème avec l'«amalgame de stratégie» est précisément que cette approche omet la distinction entre compétence et performance. Elle n'offre aucune possibilité d'intégrer la notion intangible d'«erreur», ce que Newell et Simon (1972) appellent une «déviation d'une intention rationnelle». Ce n'est pas dire que cette perspective épouse l'objectif d'un empirisme radical orienté vers la description de corpus plutôt que vers les idéalisations comme le concept saussurien de «langue». Ce qu'elle omet de différencier, cependant, c'est ce qu'on pourrait appeler la connaissance de la structure de la langue par opposition à l'usage réel de cette connaissance. Dans la terminologie des ordinateurs, on dirait que toute connaissance linguistique est «compilée» par des procédures inaccessibles. L'argument à opposer à cela est qu'en identifiant la grammaire à des «compilations de procédures», on ne rend pas compte d'un type d'évidence qui paraît crucial à beaucoup de gens. Esquissons brièvement quelques considérations à ce sujet.

I)   L'identification de la connaissance tacite de la structure à des stratégies ne permet pas l'engendrement créateur de nouvelles stratégies de reconnaissance ou de production dans des circonstances nouvelles ou inhabituelles. Plus haut dans cet article, nous avons donné un exemple dans le domaine des formules d'algèbre pour montrer que la connaissance de ce qui constitue l'appartenance à la classe «formule d'algèbre» ne peut être exhaustivement représentée par aucun ensemble de stratégies particulier. La démonstration en est que les gens peuvent, s'ils doivent le faire, inventer toutes sortes de façons ingénieuses − jusqu'à des programmes d'ordinateur − pour décider si une suite est une formule.

II)   Un point connexe est que l'approche par «stratégie» est impuissante à discriminer les données tirées de la production et de l'engendrement, et celles qui proviennent des intuitions. Sans cette distinction, le passage suivant, (voir p. 42-43) pourrait être interprété comme un assentiment à la position de Lakoff : «Ainsi, la contribution essentielle de la théorie de la compétence réside dans la mise en évidence d'une classe importante de faits qui ne relèvent pas du comportement et qui doivent trouver place dans une théorie psychologique de la cognition plus englobante.»

Bever (1975) donne des exemples qui montrent que certaines suites qu'on sait intuitivement être bien formées sont inutilisables et inversement ; cela implique que bonne formation et interprétabilité (par usage de stratégies), entre autres facteurs, sont indépendants. Ainsi, (1) *The dog the cat the cricket chirped at meowed at barked at me*[3] ne se laisse pas comprendre facilement mais n'en est pas moins un énoncé bien formé, car (a) par une analyse attentive nous **pouvons** voir l'auto-enchâssement et l'interpréter ; (b) il y a des phrases structuralement identiques à la phrase précédente qui sont aisément comprises ; comme (2) ci-dessous :
(2) *The reporter everyone I met trusts had predicted the outcome of the election*[4].

De même, il y a beaucoup d'exemples analogues et très simples de phrases qui **sont** utilisables mais intuitivement mal formées. Il y a aussi des faits anecdotiques persuasifs (mais non cruciaux) comme quoi les enfants, et aussi les adultes, en savent plus que ce qu'ils se contentent habituellement de dire. Bever (1975) rapporte le dialogue suivant :

L'enfant : *Mommy goed to the store.*
(Maman est allée au magasin.)
Le père : *Mommy goed to the store ?*
L'enfant : *No, daddy ; I say it that way, not you !*
(Non, papa ; c'est *moi* qui parle comme ça, pas *toi* !)
Le père : *Mommy wented to the store ?*
(Maman est allée au magasin ?)
L'enfant : *No.*

---

3.   «Le chien après qui le chat après qui le criquet a grésillé a miaulé a jappé après moi.»
4.   Le journaliste à qui tout le monde que j'ai rencontré fait confiance avait prédit le résultat des élections.

Le père : *Mommy went to the store?*
L'enfant : *That's right, Mommy wen . . . Mommy goed to the store*[5].
(C'est ça, Maman est . . . est allée au magasin.)

III) *Asymétrie de production et de reconnaissance.* Le dernier exemple illustre le fait bien connu que les enfants reconnaissent la forme «correcte» (et qu'ils peuvent se rendre compte que la forme qu'**eux-mêmes** utilisent est incorrecte) avant d'être capables de l'utiliser.

Les stratégies de production et de reconnaissance doivent être très différentes puisque les tâches qu'elles accomplissent sont très différentes. C'est une illusion de croire que les stratégies peuvent fonctionner à rebours. Une stratégie du genre de celle que l'analyseur de Woods (1970) représente dans son réseau élargi de transitions récursives (*Augmented Recursive Transitions Network*) *peut* servir à engendrer des phrases — mais pas des phrases conçues pour exprimer une idée spécifique ! La notion de «fonctionnement à rebours d'une stratégie» n'est même pas définie pour le moment. Mais alors le problème se pose d'expliquer comment les deux aspects pourraient être liés — par exemple, comment l'apprentissage de la compréhension d'une nouvelle construction se trouve transféré au système de production? Une explication possible serait qu'en plus du mécanisme de production et du mécanisme de reconnaissance, il existe une représentation autonome de la structure linguistique (ou un quelconque processus de mise en réserve de la connaissance linguistique). Ce en quoi consiste cette connaissance est décrit par une stratégie indépendante de la grammaire, c'est-à-dire une structure mentale qu'une théorie de la compétence a pour but de caractériser.

Même en convenant de la nécessité d'un processus de mise en réserve de la connaissance linguistique qui soit indépendant des stratégies de production et de reconnaissance (ou du moins qui leur soit complémentaire), il subsiste encore des questions très ardues quant à la méthodologie, quant à la forme de cette connaissance et la façon dont elle peut être exploitée par des processus cognitifs d'application spécifique ou d'application générale. Personne n'est actuellement en mesure d'apporter autre chose que des réponses spéculatives (voir, par exemple, Fodor, Bever et Garrett, 1974, p. 367-372). Cependant, on commettrait une erreur en concluant de la difficulté de l'entreprise qu'il n'existe pas de «grammaire mentale» intériorisée.

---

5. «*Goed*» et «*wented*», par analogie avec la déclinaison des verbes réguliers. La forme du passé du verbe irrégulier «*go*» est «*went*». [N.d.t.]

LES TYPES DE CONTRAINTES
SUR LES DESCRIPTIONS GRAMMATICALES*

Gary D. Prideaux

---

1. *Introduction*

J'aimerais commencer mes remarques par un énoncé de principe sur la linguistique. Je vois la linguistique comme étant l'étude du langage humain et
le but de cette étude est l'éclaircissement de notre compréhension du langage
humain. De plus, comme n'importe quelle autre science, la linguistique doit
répondre à des critères de la méthodologie scientifique sans quoi, loin d'être
une science, elle n'est plus qu'un exercice ésotérique.

C'est dans ce contexte que je vais explorer le problème général de la
nature des contraintes sur les descriptions grammaticales en linguistique.
Je m'interrogerai en particulier sur le genre de contraintes, ou conditions
d'adéquation, auxquelles doit satisfaire une description linguistique pour
être valable.

J'ai choisi d'aborder la question du point de vue historique, car dans une
telle perspective, on peut suivre le développement et discerner l'importance
des contraintes qu'on imposa peu à peu aux grammaires à mesure que la
théorie générale s'élaborait. Mais afin d'aborder un tel problème dans sa
dimension historique, il est commode de découper l'histoire en une série
de périodes chronologiques, en essayant de donner les caractéristiques de
chacune d'elles. Évidemment, ce genre de compartimentation est quelque

---

* Conférence donnée à l'université McGill en février 1973.

peu artificiel, car il n'est souvent pas facile de percevoir la façon dont une théorie donnée aboutit à une théorie ultérieure. Néanmoins, un découpage grossier a son utilité.

Notre attention se portera sur les développements de la grammaire générative depuis la parution de *Structures syntaxiques* en 1957 jusqu'à aujourd'hui, et nous tâcherons de définir chaque étape selon les types généraux de contraintes qu'on y proposa pour les grammaires.

De ce propos, je conclurai que les seules véritables contraintes sur les grammaires qu'on ait proposées ont été des contraintes internes. C'est donc dire que, malgré qu'on ait admis qu'une description grammaticale doit en principe rendre compte des intuitions du sujet parlant, dans le cadre de la linguistique proprement dite très peu d'études ont été entreprises sur cette question. Par conséquent, on a entièrement tort d'affirmer que nous disposons d'une abondance de données sur une langue comme l'anglais et que ce qu'il nous faut, c'est une théorie pour en rendre compte. Bien que durant les quinze dernières années environ, nous nous soyons faits un aperçu de certains aspects de quelques langues, nous sommes encore loin de posséder le genre de données solides que nous pensions peut-être avoir. En particulier, on se doit de faire appel aux méthodes des sciences empiriques et de voir comment et jusqu'à quel point elles peuvent assurer la validité des données que nos grammaires ont à décrire, car les descriptions fondées sur des données qui tendent, sous des apparences de vérité, à induire en erreur, sont par conséquent erronées elles aussi.

Les grandes périodes historiques que j'ai établies sont les suivantes. Il y a eu d'abord la période de *Structures syntaxiques* (1957) et *Une conception transformationnelle de la syntaxe* (1962) de Chomsky, *The Grammar of English Nominalizations* (1963) de Lees et œuvres semblables — l'époque allant de 1957 jusqu'au début des années soixante. La seconde période, marquée principalement par la publication d'*Aspects de la théorie syntaxique* (1965), s'étend de 1964 environ jusqu'à la fin des années soixante. C'est la période où l'on a commencé en grammaire transformationnelle, à tenir compte de la sémantique et où d'étranges spéculations psychologiques ont fait leur apparition en linguistique. La troisième période, qui va de la fin des années soixante jusqu'à aujourd'hui, présente une fragmentation considérable, avec l'avènement de la sémantique générative, de la grammaire des cas, de la sémantique interprétative et d'une légion d'autres théories.

C'est dans ce cadre très général de trois périodes que je vais considérer le problème de la nature exacte des contraintes qui doivent être imposées à une description grammaticale.

2. *La période de* Structures syntaxiques

Les débuts de la grammaire transformationnelle générative ont été proclamés par la publication de *Structures syntaxiques* en 1957. Cette période initiale se caractérise par un optimisme exubérant et elle a été considérée comme une phase révolutionnaire en linguistique (Bach, 1965), avec ses «jeunes turcs» en révolte ouverte contre la vieille garde. Chomsky affirmait non seulement que ses maîtres structuralistes avaient tort sur plusieurs points dans leur traitement de la syntaxe mais — ce qui est beaucoup plus important — il offrait une solution nouvelle. Il me semble que l'enthousiasme avec lequel fut accueillie la nouvelle théorie syntaxique reposait en grande partie sur le fait que Chomsky avait proposé un moyen de combler ce qu'on pourrait appeler le vide syntaxique de l'époque. Il fournissait une méthodologie grâce à laquelle on pouvait décrire les structures syntaxiques d'une langue et il proposait une théorie qui, en plus de permettre l'énumération des phrases, prétendait aussi établir la relation entre différents membres de familles de phrases. Cependant, Chomsky traitait toujours des propriétés structurales de la phrase et, à cet égard, il était structuraliste. Par exemple, dans *Structures syntaxiques*, il admettait ne pas être intéressé par la sémantique, en maintenant qu'il faut d'abord résoudre les problèmes syntaxiques avant de pouvoir s'attaquer aux problèmes sémantiques. Dans son plaidoyer pour une linguistique formelle au lieu d'un ensemble de procédures d'analyse, Chomsky observait, en préface à ses *Structures syntaxiques,* que: «Des notions obscures et liées à l'intuition ne peuvent pas conduire à des conclusions absurdes; elles ne peuvent pas non plus fournir des conclusions nouvelles et justes; par conséquent, elles échouent sur ces deux points.» Ainsi qu'il l'a mentionné dans le paragraphe d'introduction d'*Une conception transformationnelle de la syntaxe* (1962), ses travaux en syntaxe sont issus directement de l'œuvre de Zellig Harris, et «ont mis en lumière une lacune fondamentale de la théorie linguistique moderne, à savoir son incapacité à rendre compte des rapports systématiques entre les phrases, comme la relation actif-passif». Suivant en cela Harris, Chomsky postulait qu'une grammaire devait rendre manifestes les relations entre les ensembles de types de phrases. Cet objectif devait être atteint par une grammaire qui départage toutes les phrases en divers ensembles qui se chevauchent et qui sont définis d'après les relations transformationnelles entre les types de phrases. Tandis que chez Harris, la notion de «noyau» déterminait les types de phrases de base et que ses transformations reliaient les types de phrases, la conception chomskyenne de la grammaire innovait en ce qu'elle offrait un système formel selon lequel les phrases noyaux étaient engendrées et les autres types de phrases dérivés au moyen de transformations simples et généralisées.

Durant cette période, Chomsky formula plusieurs contraintes, ou conditions d'adéquation, pour les grammaires. En premier lieu une grammaire, en tant que théorie linguistique formelle, doit engendrer ou énumérer toutes et rien que les phrases d'une langue naturelle donnée. Puisque le nombre de phrases d'une langue donnée, l'anglais par exemple, est illimité, la théorie doit recourir nécessairement à un mécanisme récursif. Donc, la théorie linguistique se voit imposer une condition extrêmement importante – l'exigence que le mécanisme formel ait une propriété récursive. Mais de ces procédés récursifs, il y en a évidemment beaucoup et si l'on est persuadé, ainsi que je le suis (c'est peut-être une question de conviction), qu'une grammaire doit être récursive par nature, alors une telle exigence est une condition nécessaire, mais non suffisante, pour que la grammaire soit adéquate. Il faut mettre en œuvre d'autres critères pour déterminer ce qu'est une condition suffisante. À cette époque, le pouvoir récursif de la grammaire résidait évidemment dans la composante transformationnelle et, en particulier, dans les transformations généralisées. Naturellement, les phrases engendrées par la grammaire doivent être celles qui paraissent acceptables aux sujets parlants de la langue décrite. Cette exigence, qui va de soi et que la réflexion théorique de n'importe quelle école linguistique a toujours admise, Chomsky (1957) s'y réfère en parlant de «condition externe» sur la grammaire. Cette condition devint par la suite le niveau d'adéquation d'observation. De plus, certaines conditions générales furent proposées, c'est-à-dire (a) qu'une grammaire doit être construite selon une théorie explicite de la structure linguistique (comprenant des règles syntagmatiques, des transformations, etc.) et (b) qu'une théorie générale de la grammaire doit offrir tout au plus une procédure d'évaluation permettant de choisir, en termes d'économie ou de simplicité, une grammaire plutôt qu'une autre.

Mais en plus de l'exigence «toutes et rien que les phrases» et des conditions générales, Chomsky soutenait qu'une description grammaticale donnée doit refléter les intuitions des sujets parlants. Dans *Une conception transformationnelle de la syntaxe*, il observait que si l'on élargit une grammaire purement syntagmatique de façon à englober tout type de phrases de l'anglais, celle-ci devient extrêmement complexe et surtout, elle est incapable «d'exprimer un grand nombre de généralisations et de régularités ou d'expliquer beaucoup de phénomènes, concernant la structure de l'anglais, qui sont intuitivement évidents pour n'importe quel sujet parlant». Donc, en plus d'engendrer les phrases récursivement, la grammaire doit aussi refléter les intuitions de sujets parlants en ce qui a trait aux régularités, aux ambiguïtés et aux relations syntaxiques entre les phrases.

Il est évident qu'on peut mettre immédiatement en doute la nature des données fondées sur de semblables intuitions. Autrement dit, si l'on admet qu'une grammaire devrait, en principe, refléter les intuitions des sujets parlants à propos des phrases de la langue, on peut se demander s'il faut se fier à de telles données pour toutes les intuitions de ce genre. Cette question ne semble pas avoir été d'une importance décisive durant la période de *Structures syntaxiques*, sans doute parce que les intuitions dont on faisait état à ce moment paraissaient tellement évidentes qu'on considérait comme superflue toute confirmation supplémentaire. En outre, pendant quelque temps la linguistique s'était perpétuée dans une sorte de vacuum, indépendamment des progrès accomplis dans des domaines connexes, comme la psychologie, et l'on pensait généralement que les méthodes expérimentales de ces disciplines n'étaient pas du ressort de la linguistique proprement dite.

En résumé, il y a essentiellement deux genres de contraintes qui ont été proposées pendant cette période, les contraintes formelles (ou générales) que la théorie linguistique impose à toute description, et les contraintes dites externes en vertu desquelles la grammaire doit énumérer toutes et rien que les phrases de la langue et aussi, caractériser d'une façon ou d'une autre les intuitions du sujet parlant concernant les relations entre les phrases, les ambiguïtés et autres phénomènes semblables. On fonda les données sur la justesse des intuitions sans exiger concomitamment que ces intuitions soient scientifiquement sûres. Cette position semble être en contradiction avec la remarque de Chomsky citée plus haut et tirée de la préface de *Structures syntaxiques*, comme quoi les intuitions ne sont pas dignes de foi. Mais peut-être pouvons-nous comprendre ce que cela veut dire, à défaut de ce qui est dit. Les intuitions en jeu durant cette période étaient du genre de celles que reflète la différence entre actives et passives ou l'ambiguïté d'un segment morpho-phonologique (Chomsky et ses fameuses homonymies de construction, tel que *Flying planes can be dangerous*[1]). C'est seulement après coup, lorsque le con-

---

1. L'ambiguïté vient de ce que *flying* peut être pris comme adjectif, ce qui se traduit par *Des avions en vol peuvent être dangereux*, ou comme participe avec sujet implicite, qu'on traduit par *Piloter des avions peut être dangereux*. [N.d.t.]

cept d'intuition linguistique devint l'objet de discussions approfondies, qu'on trouve des tentatives de clarification de la notion.

Dans sa monographie *Constituent Structures* (1964), Postal semble avoir ajouté une contrainte de plus sur la description grammaticale. Il affirme que : «Une grammaire doit être un mécanisme formel explicite qui énumère toutes et rien que les suites bien formées et qui assigne *automatiquement* à chaque phrase une description structurale correcte [. . .] montrant quels éléments contient la phrase, leur relation l'un à l'autre, la relation de la phrase aux autres phrases», etc. (p. 3). Ici, la question qui se pose est évidente : comment savoir que la description structurale que nous avons d'une phrase est exacte ? Faut-il demander aux sujets parlants ? Au lieu de cela, on construit la grammaire de façon telle que les relations intuitives et les autres notions intuitives soient représentées dans la description et ensuite, on soutient qu'une telle grammaire assigne effectivement les bonnes descriptions structurales. Ainsi, l'exactitude des descriptions structurales est d'une certaine façon déterminée par la grammaire elle-même.

Il faudrait mentionner un dernier point qui fut débattu pendant cette période. Aussitôt qu'on eut proposé la condition «toutes et rien que les phrases», plusieurs critiques soulevèrent la question de savoir quoi faire avec les cas obscurs, c'est-à-dire comment traiter les phrases qui sont acceptables seulement de façon marginale, ou qui sont acceptables pour certaines gens mais pas pour d'autres ? La solution proposée consistait à laisser la grammaire décider. Autrement dit, notre description devrait être élaborée à partir des cas clairs et on laisserait ensuite la grammaire nous indiquer lesquels, parmi les cas obscurs, sont grammaticaux et lesquels ne le sont pas. De toute évidence, cette solution démontre un manque de confiance dans les intuitions des sujets parlants puisqu'elle exige qu'on donne la description grammaticale la plus simple des structures acceptables pour tous les sujets et qu'on laisse ensuite la grammaire décider des cas incertains. Une fois qu'on a suggéré que la grammaire peut trancher ce genre de question, il y a trahison d'allégeance envers la condition primordiale selon laquelle le sujet parlant sait ce qui est correct et ce qui ne l'est pas. Il n'y a maintenant qu'un pas, fatal selon moi, à franchir pour dire que les critères d'évaluation sont purement formels et internes à la théorie linguistique, de sorte que la grammaire est responsable des décisions et les sujets parlants, de façon importante, ne le sont pas.

3.   *La période d'*Aspects

Mais passons à la seconde période, celle qui fut le plus fortement influencée par *Aspects de la théorie syntaxique* (1965). Ce fut, bien sûr, l'époque où

Katz et Postal proposèrent leur sémantique interprétative (Katz et Postal, 1964), que Chomsky adopta dans *Aspects*. Ce fut aussi une période de révisions formelles importantes comme l'introduction de la récursivité dans les règles de base, l'introduction de traits syntaxico-sémantiques et l'élimination des transformations généralisées. Ce fut, plus près de ce qui nous concerne, la période où Chomsky aborda plusieurs problèmes méthodologiques dans le premier chapitre d'*Aspects*. On y trouve une insistance renouvelée sur l'exigence qu'une grammaire doit en fin de compte répondre de l'intuition des sujets parlants. Mais en même temps on y affirme que : «Il y a [. . .] très peu de procédures d'expérimentation ou de traitement des données auxquelles on puisse se fier pour obtenir une information significative concernant l'intuition linguistique du sujet parlant.» Par conséquent, alors que les données qu'une grammaire doit décrire sont essentiellement celles que constituent les intuitions du sujet parlant, on affirme aussi qu'il n'y a pas moyen de recueillir des données dignes de foi et reproductibles. En rétrospective, je trouve cette position tout à fait inacceptable, du seul fait de sa nature contradictoire. Chomsky poursuit en disant que : «Quoique peu de procédures opérationnelles sûres aient été développées, la recherche théorique (c'est-à-dire grammaticale) sur la connaissance du sujet parlant peut fort bien se poursuivre. Le problème crucial aujourd'hui pour une théorie grammaticale, ce n'est pas le manque de données mais plutôt l'inadéquation des théories actuelles sur le langage pour rendre compte de quantité de données qui sauraient difficilement faire question.» Afin de cerner le problème des contraintes sur la grammaire, Chomsky proposa ses trois fameux niveaux d'adéquation, qu'il semble avoir formulés pour la première fois dans *Current Issues in Linguistic Theory* (1964). Le premier niveau, celui de l'«adéquation d'observation», se ramenait essentiellement à la condition «toutes et rien que les phrases» de *Structures syntaxiques,* avec un léger changement d'emphase. Le deuxième niveau était celui de l'«adéquation descriptive» — le niveau que l'on assigne à une grammaire lorsqu'elle parvient à décrire correctement les intuitions du sujet parlant et à caractériser les données en termes des bonnes «généralisations linguistiquement significatives». Le troisième niveau, l'«adéquation explicative», traitait d'une théorie linguistique qui sélectionne la description correcte, celle qui est descriptivement adéquate, parmi toutes celles qui satisfont seulement à l'adéquation d'observation.

Dans *Aspects*, cependant, Chomsky semble avoir changé d'idée au sujet de l'adéquation explicative, car il y suggéra qu'une théorie explicativement adéquate doit choisir parmi des grammaires concurrentes quant à leur adéquation descriptive, en se fondant sur une mesure d'évaluation formelle. Avec la parution d'*Aspects*, l'idée apparaît qu'il peut exister plus d'une grammaire descriptivement adéquate, la description retenue devant être sélectionnée d'après une mesure d'évaluation fournie par la théorie linguistique. Une telle mesure d'évaluation constitue un engin plutôt compliqué ; Chomsky nous prévient qu'il ne s'agit pas simplement d'une notion générale de simplicité ou d'économie. C'est plutôt une sorte de constante physique, dont la valeur doit être empiriquement établie.

À ce stade, la notion de contrainte externe sur une grammaire est devenue très nébuleuse. Essayons de débrouiller quelques-uns des facteurs en nous demandant ce que nous pouvons faire au juste avec l'exigence que les grammaires doivent être régies par les intuitions du sujet parlant (lesquelles n'ont toujours pas été recueillies).

Voyons d'abord la notion de «généralisation linguistiquement significative» qu'une grammaire doit exprimer. L'exemple typique sur ce point est peut-être celui de la relation actif-passif. La signification est préservée d'une phrase à l'autre pour les phrases qui entrent dans cette relation, et l'on a appuyé des arguments là-dessus. Katz et Postal ont soutenu que des paires de phrases comme *Everybody in the room knows two languages* et *Two languages are known by everybody in the room*[2] sont toutes deux ambiguës, avec exactement les deux mêmes significations assignées à chacune (Katz et Postal, 1964, p. 72-73). Quelle est la généralisation qu'il nous faut exprimer? Est-ce celle selon laquelle deux phrases de formes[3]

$$\frac{(A)}{SN_1 \quad Vt \quad SN_2} \quad \text{et} \quad \frac{(B)}{SN_2 \quad be + en \quad Vt \quad by \quad SN_1}$$

respectivement sont structuralement reliées, ou bien est-ce celle selon laquelle les deux phrases ont la même signification, d'après une acception indéterminée de signification «principale», c'est-à-dire de signification «de base»? Assurément, plusieurs paires de phrases soumises à la transformation de passif semblent effectivement conserver le même contenu de base, mais d'autres souvent ne le conservent pas, spécialement quand il y a des SN contenant des quantificateurs (ainsi *Someone knew everyone in the room* et *Everyone in the room was known by someone*[4]).

---

2. *Tout le monde dans la pièce connaît deux langues* et *Deux langues sont connues de tout le monde dans la pièce.*
3. Vt = Verbe transitif ; be + en = être + morphème de participe passé ; SN = Syntagme nominal. [N.d.t.]
4. *Quelqu'un connaissait tout le monde dans la pièce* et *Tout le monde dans la pièce était connu de quelqu'un.*

La notion d'ensemble de paraphrases est fondamentale à cette discussion. Si les paraphrases de structure sont simplement des moyens syntaxiques différents pour exprimer la même signification de base, dans quel sens peut-on alors dire que toutes les paires actif-passif sont des paraphrases ? Dans certains cas ce sont des paraphrases et dans d'autres, ce n'en sont pas. Et comment savons-nous ce que pensent les sujets parlants à propos de tels ensembles ? Si l'on ne dispose d'aucun moyen sûr pour recueillir des données sur de telles relations, tout ce que nous avons, ce sont les affirmations personnelles des individus, habituellement les linguistes qui rédigent certaines descriptions dans lesquelles sont incorporées ces affirmations. C'est donc dire que même dans les cas présumément clairs, comme celui d'actif-passif, les intuitions peuvent différer beaucoup et être interprétées de diverses manières.

Le problème se ramène à ceci : on doit être certain de ce que sont précisément les intuitions avant de les décrire. Vraisemblablement, ce qu'il nous faut, du moins au début, c'est une description qui reflète les généralisations communément partagées par un groupe linguistique. Nous sommes donc coincés, car nous exigeons que nos descriptions expriment les bonnes généralisations en termes de procédures expérimentales. Chomsky propose comme solution à ce problème délicat qu'on laisse à la théorie grammaticale le soin d'indiquer quand une «généralisation linguistiquement significative» a été exprimée. L'exemple qu'il donne pour illustrer cela porte sur la formulation de la règle de l'auxiliaire en anglais. Le fait que le statut de constituant ait été, pour l'auxiliaire, rejeté par plusieurs linguistes ne ruine pas la valeur de cette illustration comme exemple du recours à des moyens internes, formels, dans le but d'établir une «généralisation linguistiquement significative». L'hypothèse est qu'il est plus économique de représenter la règle de l'auxiliaire comme un condensé de plusieurs règles plutôt que comme une liste des divers développements de la règle, laquelle se conçoit mieux comme Aux.⟶Temps (modal) (Parfait) (Progressif) que comme une série de règles Aux.⟶Temps, Aux.⟶Temps + Modal, Aux.⟶Temps + Progressif, etc. Les deux formulations produisent exactement les mêmes dérivations, mais l'une des représentations est plus simple que l'autre et l'interprétation est que la règle condensée exprime une «généralisation linguistiquement significative» que n'exprime pas l'autre représentation. Notons que les intuitions du sujet parlant ne concernent ici que les énoncés dérivés : on lui demande simplement si une certaine suite est acceptable ou non. Mais pour les deux représentations, ses réponses doivent être nécessairement identiques. Ainsi, l'économie de la représentation est une question purement formelle et c'est aussi un critère permettant de déceler une «généralisation linguistiquement significative». En particulier, ainsi que je l'ai soutenu ailleurs

(Prideaux, 1971), *tous* les critères proposés pour exprimer ces généralisations sont en réalité de nature formelle et non pas empirique. Il est bon de revoir brièvement ces arguments.

D'abord, une description doit évidemment fournir le bon énoncé ; elle doit satisfaire à l'adéquation d'observation. Par exemple, toute description qui engendrerait une phrase comme *I might ought to leave early for the party* serait probablement incorrecte puisqu'elle permet l'occurrence de deux modaux à temps fini. Cependant, une telle phrase est assez fréquente dans mon propre parler et dans le parler de beaucoup de gens du sud-ouest des États-Unis. Néanmoins, même si elle est acceptable pour certains locuteurs, elle est considérée non grammaticale. Il semblerait que les sujets parlant ce dialecte ont des intuitions passablement inutiles. Incidemment, la phrase signifie *I should perhaps leave early for the party*[5]. Mon collègue Bill Baker m'informe que des phrases comme *You should ought to get your grammar fixed* sont très répandues dans son dialecte brooklynien, de sorte que le phénomène n'est pas un cas isolé.

Mais retournons au sujet principal. Le premier critère auquel doit répondre une description adéquate, c'est celui d'engendrer uniquement les phrases appropriées. Le second critère, tel que Chomsky (1965, p. 64-65), le donne c'est celui mentionné plus haut: les diverses règles remplissant la même fonction doivent être «condensables» suivant certaines exigences de notation. Le troisième critère, abondamment exploité par des linguistes élaborant la description de différentes langues, c'est que la règle particulière qui est en cause doit, autant que possible, avoir une raison d'être indépendante: elle doit intervenir ailleurs dans la grammaire. Je vais illustrer ces critères par un exemple précis et relever ensuite certains problèmes. Prenons la règle, apparemment sans complication, d'extraposition. Plusieurs linguistes ont noté que des phrases comme

1) *It was quite apparent to the hostess that John was drunk ;*
2) *That John was drunk was quite apparent to the hostess*[6],

peuvent être considérées comme des paraphrases, ayant la même signification de base et se caractérisant seulement de façon «stylistique». On a affirmé que cette relation pouvait être exprimée en postulant une structure sous-jacente

---

5. *Je devrais peut-être partir de bonne heure pour la partie.*
6. *C'était très clair pour l'hôtesse que Jean était ivre.*
   Que Jean était ivre était très clair pour l'hôtesse.

qui aurait en gros la forme de (2) et en permettant qu'une transformation facultative extrapose la proposition en *That* à la fin de la phrase, avec un *it* neutre laissé en position sujet. Cette analyse se voit préférer à une autre où les deux phrases sont engendrées séparément parce que premièrement, elle est plus simple et deuxièmement, si des relations de paraphrase sont telles que deux membres d'un ensemble ont le même sens, ils devraient alors avoir la même structure sous-jacente. Bien sûr, une série de conditions doit s'appliquer à la description afin d'éviter des phrases comme

3) *That John was drunk was hungry (purple, round, etc.) to the hostess*[7].

Mais en supposant que le type d'adjectif contenu dans le prédicat impose à la proposition une restriction de sélection, on aurait ainsi rendu compte de la relation de paraphrase d'une manière élégante. Pour ce qui est de la raison d'être indépendante de la règle d'extraposition, Ross (1966) a remarqué que d'autres propositions, en particulier les propositions relatives indéfinies, peuvent aussi être extraposées. Par exemple, la même règle d'extraposition peut servir à relier des phrases telles que :

4) *A man who was drunk was dancing wildly;*
5) *A man was dancing wildly who was drunk*[8],

ou à déplacer d'autres types de phrases enchâssées, comme la paire :

6) *For John to complete the job was difficult;*
7) *It was difficult for John to complete the job*[9].

Incidemment, je trouve que (6) est beaucoup plus boiteuse et difficile à accepter que (7). Néanmoins, la grammaire dit que les deux sont grammaticales, s'il est vrai que la règle d'extraposition exprime une «généralisation linguistiquement significative». Les phrases suivantes seraient encore moins commodes à manier :

8) *That for John to leave is difficult is obvious;*
9) *It is obvious that for John to leave is difficult;*
10) *It is obvious that it is difficult for John to leave*[10].

---

7. *Que Jean était ivre était affamé (pourpre, rond, etc.) pour l'hôtesse.*
8. *Un homme qui était ivre dansait frénétiquement.*
   Un homme dansait frénétiquement qui était ivre.
9. *Pour Jean, compléter le travail était difficile.*
   Il était difficile pour Jean de compléter le travail.
10. *Que pour Jean, partir est difficile est évident.*
   Il est évident que pour Jean partir est difficile.
   Il est évident qu'il est difficile pour Jean de partir.

Selon l'analyse conventionnelle dans le genre d'*Aspects,* la phrase (8) ressemble beaucoup à la représentation linéaire des constituants en structure profonde et l'on affirme qu'elle est grammaticale, non pas tant par elle-même qu'en vertu du fait que (9) et (10) sont généralement acceptables et que, par conséquent, il faut que (8) soit aussi bien formée, compte tenu de la règle d'extraposition.

Donc, bien que le fait d'exprimer une «généralisation linguistique significative» soit tenu pour une façon de représenter les intuitions du sujet parlant, la méthodologie qui nous assure d'une telle généralisation est en réalité une procédure formelle. Si les règles engendrent quelquefois des phrases boiteuses ou bizarres, ça va quand même puisque ce sont les généralisations internes qui importent. En fait, le souci des contraintes externes sur les grammaires en termes des intuitions des sujets parlants est surtout une pétition de principe car, en dernier ressort, ce qui compte plus que tout le reste, c'est la structure interne de la description.

Pour compliquer l'histoire davantage, il est suggéré dans *Aspects* qu'on pourrait, en principe, avoir plus d'une grammaire descriptivement adéquate (Chomsky, 1965, p. 56), de sorte que le problème de la sélection se présente à nouveau. Dans cette éventualité, la grammaire descriptivement adéquate qui est la bonne est sélectionnée par la mesure de simplicité que fournit la théorie linguistique. Mais, alors qu'on a longuement débattu de ce que doit accomplir la mesure de simplicité, à ma connaissance une telle mesure n'a jamais été construite. Cette discussion n'en présente pas moins un intérêt parce que, selon Chomsky, la nature de la mesure de simplicité doit être déterminée empiriquement, par analogie à la détermination de la valeur d'une constante physique, celle-ci exigeant une preuve empirique. La mesure de simplicité doit être construite empiriquement de façon à sélectionner la bonne grammaire. Comment savoir que la grammaire ainsi sélectionnée est la bonne? Grâce à la mesure de simplicité qui l'a sélectionnée. Bref, la mesure de simplicité doit choisir la grammaire que nous savons intuitivement être la bonne et, en même temps, elle doit nous dire quelle grammaire est la bonne. Ici, cercle est vraiment vicieux, comme plusieurs l'ont signalé (Matthews, 1967; Derwing, 1973).

C'était peut-être à cause de la profonde confusion conceptuelle entourant la notion de procédure d'évaluation que celle-ci fut tout simplement abandonnée par beaucoup de linguistes, du moins en pratique sinon «en principe». McCawley (1968b) par exemple, dans sa critique de *Current Trends in Linguistics,* vol. III: *Theoretical Foundations* par Sebeok, affirmait qu'au départ, toute la notion de mesure d'évaluation était mal conçue et il la rejetait, ainsi que l'analogie chomskyenne selon laquelle le linguiste et l'enfant ont essentiellement la même tâche — celle de construire la grammaire optimale. Il serait juste de dire qu'aujourd'hui, à l'exception peut-être de Chomsky et ses proches adeptes, beaucoup de linguistes, voire même la plupart, ont à peu près laissé tomber la notion d'une mesure d'évaluation propre à une théorie. Il serait intéressant de savoir si la raison de cet abandon repose sur une analyse conceptuelle ou, plus vraisemblablement, sur une simple perte d'intérêt envers le sujet.

4. *La période après* Aspects

Cela nous amène à la période actuelle, qui témoigne d'un morcellement considérable à l'intérieur de la grammaire transformationnelle. On constate ici un vif intérêt pour la sémantique qui s'accompagne de l'avènement de diverses théories rivales, dont la sémantique générative, la grammaire des cas et la sémantique interprétative de Chomsky et sa «théorie standard élargie». La sémantique générative rejette la syntaxe autonome d'*Aspects* aussi bien que les notions de structure profonde et de règle d'interprétation. Les sémanticiens générativistes comme Lakoff (1971), McCawley (1968a, 1971), Postal (1970) et autres, ont soutenu que la représentation sous-jacente des phrases constitue en fait leur représentation sémantique, tandis que la grammaire des cas (Fillmore, 1968) considère les relations sémantiques casuelles comme étant fondamentales au niveau de la représentation sous-jacente. Chomsky (1971) maintient d'autre part la syntaxe relativement concrète d'*Aspects* et insiste sur la nature interprétative de la sémantique.

L'accent considérable mis sur l'intégration de la sémantique à la théorie linguistique semble avoir éclipsé l'intérêt antérieur pour les contraintes externes sur les grammaires. Rarement trouvons-nous dans les écrits d'aujourd'hui une préoccupation réelle de l'exigence en vertu de laquelle une grammaire doit refléter les intuitions du sujet parlant, bien que ce soit probablement encore pris pour acquis. Au lieu de cela, on consacre beaucoup d'efforts à maximiser les «régularités» dans la grammaire, sans doute en comptant que ces régularités reflètent vraiment les intuitions. La suggestion de McCawley (1968a) de rendre *tuer* équivalent à *causer la mort*, et plusieurs autres suggestions du même genre, montrent que la véritable ambition des sémanticiens générativistes est de rendre compte non seulement des relations de paraphrase systématiques, mais encore davantage des relations lexicales. Conséquemment, les structures «sémantiques» sous-jacentes tendent à être très abstraites et essentiellement non contraintes. De son côté, Chomsky (1970) semble avoir opté pour des structures profondes encore plus concrètes que celles dans *Aspects*. Mais peut-être aussi que cette régression de l'intérêt pour les contraintes externes sur les descriptions grammaticales s'explique d'un autre point de vue. Si, comme nous l'avons affirmé plus haut, les contraintes dites externes suggérées dans *Aspects* sont en réalité internes, alors il y a peu de raisons pour continuer à entretenir ces vaines prétentions sur la nature externe de la confirmation. Mieux vaut en effet oublier de telles hypothèses.

En tout cas, l'intérêt pour les contraintes externes sur les descriptions grammaticales semble maintenant désuet et l'attention se porte vers les structures sémantiques. Il ne nous appartient pas ici de peser de nouveau le pour et le contre de diverses théories rivales; de tels arguments me paraissent dénués de sens. Cependant, il est utile de relever une intéressante caractéristique, propre à une grande partie de l'argumentation courante en faveur d'analyses particulières, à savoir l'utilisation évidente de l'astérisque dans les exemples donnés. Pendant les périodes précédentes, beaucoup d'arguments étaient construits à partir des cas supposément clairs et les phrases présumément non acceptables étaient exclues automatiquement. Mais à présent les arguments semblent reposer de plus en plus sur certaines phrases souvent douteuses que l'auteur considère comme bien formées et sur d'autres phrases apparemment acceptables qu'il considère incorrectes pour une raison ou pour une autre. Naturellement, des arguments fondés sur des données douteuses sont eux-mêmes douteux. À titre d'exemple, examinons quelques phrases tirées de l'article de Postal (1970): «*On the surface verb* remind». Postal donne comme acceptable:

11) *Jack struck Betty to be like Bill* (p. 45)[11],

tandis que:

12) *This onion soup reminds me of 1943* (p. 60)[12]

est présentée comme étant douteuse. Finalement, les phrases suivantes sont données comme inacceptables:

13) **To whom was it obvious that Max was a Hungarian?* (p. 64);
14) **To whom was it most disgusting that Max quit?* (p. 66);
15) **Who did Max impress as being honest?* (p. 67)[13].

---

11. *Jean a frappé Betty comme étant comme Guillaume.*
12. *Cette soupe à l'oignon me rappelle 1943.*
13. *Pour qui était-ce évident que Max était hongrois?*
    Pour qui était-ce le plus écœurant que Max démissionne?
    Qui Max a-t-il impressionné comme étant honnête?

J'ai trouvé que mes propres jugements étaient très différents de ceux de Postal, pour les phrases mentionnées ici et pour beaucoup d'autres dans son article. Mes jugements sont-ils simplement bizarres? Ceux de Postal le sont-ils? Et comment obtenir des renseignements sur l'acceptabilité de ces phrases? J'ai fait ce que, de toute évidence, il fallait faire : j'ai pris les cinq phrases, je les ai ordonnées au hasard et soumises à l'appréciation de vingt sujets parlants de langue anglaise, à qui l'on demandait simplement de marquer d'un plus les phrases qu'ils considéraient comme acceptables, d'un moins les phrases inacceptables et d'un point d'interrogation les phrases douteuses. Tous les sujets étaient des linguistes recrutés parmi les professeurs et les étudiants. Bien sûr, les linguistes réagissent souvent aux phrases de façon plutôt bizarre, mais alors Postal est aussi un linguiste. Les sujets ignoraient la provenance des phrases et ne savaient pas non plus qu'elles avaient quelque chose à voir avec un ensemble d'arguments grammaticaux. Les résultats se présentent ainsi :

Phrase	Appréciation de Postal	Appréciation des sujets + - ?	Nombre de sujets d'accord avec Postal	Pourcentage d'accord avec Postal
11	+	4 11 5	4	20
12	?	18 0 2	2	10
13	–	20 0 0	0	0
14	–	17 1 2	1	5
15	–	20 0 0	0	0

D'après ce petit échantillon de vingt sujets, il est clair que les jugements de Postal sur les six phrases en question étaient peu corroborés. Pour deux des phrases, aucun sujet n'était en accord avec lui et c'est pour la phrase (11) que le consensus sur son jugement était le plus fort. L'article de Postal n'est pas du tout exceptionnel dans son emploi curieux des astérisques et on pourrait mentionner plusieurs autres articles manifestant le même syndrome. L'article de Postal est cependant intéressant du fait qu'il a suscité des commentaires sur beaucoup des exemples donnés (Kimball, 1970).

La morale de ce bref exercice est évidente : si les données utilisées pour appuyer une description linguistique ne sont pas sûres, quelle est la valeur de la description? Indubitablement, la réponse est qu'une telle description ne vaut pas cher.

5.   *Contraintes externes sur les descriptions linguistiques*

Ces considérations nous amènent au cœur de la présente discussion. Si les méthodes qui visent à rendre compte des intuitions des sujets parlants sont fondées en fait sur des procédures formelles internes, comme l'est certainement l'expression de généralisations linguistiquement significatives, comment s'y prendre alors pour recueillir des données dignes de confiance sur les intuitions linguistiques? Depuis maintenant plusieurs décennies, la linguistique s'est considérée comme autonome et indépendante des méthodes des sciences empiriques, surtout en ce qui touche certains aspects comme la sûreté des données. Afin de recueillir des données dignes de foi, nous devons faire usage de toute méthode imaginable qui garantisse leur reproductibilité.

Abordons le problème sous un autre angle. À mon avis, Chomsky a tout à fait raison d'insister sur le fait qu'une grammaire devrait refléter d'une façon ou d'une autre les intuitions des sujets sur des questions comme la similitude de sens, les relations de paraphrase, l'ambiguïté et autres questions semblables. Mais en même temps, nous ne disposons tout simplement pas de l'abondance de données que nous avons cru avoir. Pour recueillir de telles données, nous pouvons nous tourner vers les méthodes des disciplines connexes, la psychologie expérimentale par exemple. De plus, l'observation de Chomsky à l'effet que la linguistique est demeurée trop longtemps une entreprise isolée, me semble juste. Peut-être a-t-il raison de dire que la linguistique, tout au moins le type de linguistique qui traite des grammaires fondées sur l'intuition des gens, fait partie d'une psychologie cognitive plus générale. S'il en est ainsi et si nous prenons au sérieux le besoin d'avoir des données sûres, alors nous pouvons et devons, en tant que scientifiques responsables, nous servir des méthodes qui nous procureront ces données. Évidemment, comme dans toute investigation empirique, les données ne parleront pas d'elles-mêmes — elles doivent être interprétées — et leur interprétation est l'essence du développement d'une théorie linguistique valable.

On pourrait dire que depuis quelque temps, c'est justement ce que les psycholinguistes ont fait. En réalité, dans bien des cas ils ne l'ont pas fait. Dans beaucoup d'études antérieures en psycholinguistique, on prenait pour acquis la validité générale d'un modèle linguistique particulier et l'on menait des expériences pour interpréter ou vérifier ce modèle. Par exemple, une des premières interprétations psychologiques qu'on ait donnée de la grammaire transformationnelle est ce qu'on a fini par appeler «la théorie de la complexité dérivationnelle» où l'hypothèse était que plus une phrase est complexe en termes de son histoire transformationnelle, plus elle est complexe à traiter psychologiquement. La preuve à l'appui d'une telle interprétation se révéla cependant très peu concluante. Mais le fait d'avoir obtenu des preuves non concluantes n'a pas incité les psycholinguistes à mettre en doute les modèles linguistiques soumis à vérification. Critiquant certains résultats expérimentaux de psycholinguistique et leur relation à la théorie linguistique, Fodor et Garrett (1968) énonçaient que : «La confirmation interne en faveur des descriptions structurales engendrées par les grammaires modernes est si forte qu'il est difficile d'imaginer que ces descriptions puissent être invalidées par quelque réfutation purement expérimentale. Au contraire, il vaudrait mieux interpréter les données négatives comme étant la démonstration qu'une théorie acceptable sur la relation entre modèle de compétence et modèle de performance, devra représenter cette relation comme étant abstraite, le degré d'abstraction étant en proportion de l'absence de corrélation entre les traits de dérivation formels et les variables de performance» (p. 52). Autrement dit, étant donné que la confirmation interne des descriptions structurales des grammaires est aussi forte, alors lorsque la démonstration expérimentale ne réussit pas à confirmer la description grammaticale, c'est simplement parce que la relation entre la grammaire et ce que les gens font, ou la façon dont ils se comportent, est très abstraite. Si l'on appliquait la même logique à notre analyse des phrases de Postal, nous devrions conclure qu'il n'y a rien de suspect dans la description de Postal. Nous devrions plutôt déduire que la relation entre la description linguistique du verbe *remind* et la façon dont les gens évaluent les phrases est tellement abstraite, qu'on ne peut tirer de l'analyse aucune conclusion négative. Une telle logique rend toute description linguistique empiriquement invulnérable, tout simplement.

Mais j'incline à croire que l'affirmation de Fodor et Garrett ne serait pas prise trop au sérieux aujourd'hui, pour au moins deux raisons. D'abord, il y a maintenant tant de théories opposées, avec chacune leur description structurale différente assignée aux phrases, que s'il fallait en croire Fodor et Garrett, on devrait conclure que toutes les descriptions rivales sont correctes en vertu d'une confirmation interne. Ensuite, bien qu'il soit très clair que certaines techniques expérimentales peuvent se révéler imparfaites sous divers aspects, maintenir qu'il existe un lien très vague et très abstrait entre une description linguistique et la performance des sujets en situation expérimentale, c'est dénier à la linguistique tout fondement empirique et ériger cela en principe.

Il y a quelques indices comme quoi les choses s'améliorent, cependant. De récentes études (par exemple Bever, 1970; Gleitman et Gleitman, 1970; Baker, Prideaux et Derwing, dans ce volume; Reid, 1972) indiquent que l'attention est de moins en moins tournée vers la recherche d'une interprétation psychologique directe de divers modèles particuliers et de plus en plus orientée vers la découverte des relations, des connaissances, etc. dont font preuve les sujets dans des situations contrôlées.

Mais notre but n'est pas de commenter l'état de la recherche psycholinguistique. Les critiques extensives de Watt (1970), Fillenbaum (1971) et Johnson-Laird (1974) remplissent cette tâche admirablement. Notre objectif est plutôt de signaler le besoin de recueillir des données dignes de foi sur lesquelles les analyses grammaticales puissent se fonder. Les sujets ont vraisemblablement certaines intuitions à propos du sens des phrases, de l'ambiguïté, des relations de paraphrase, etc., mais il est fort improbable qu'ils aient quelque intuition que ce soit au sujet des indicateurs de phrase intermédiaires, de l'ordonnance des règles ou de la complexité dérivationnelle. Nous devons nous préoccuper de données qui sont sûres et construire des descriptions de ces données, mais on doit s'assurer que les généralisations que nous exprimons sont réellement fondées.

6. *Conclusion*

En conclusion, je prends pour acquis que la linguistique doit être une recherche scientifique sérieuse visant à élucider la nature du langage humain et pas simplement un jeu. À ce titre, la linguistique doit répondre des méthodes de la science empirique. Si nous voulons étudier le langage scientifiquement, nous devons fonder nos descriptions sur des données objectives. Je ne veux pas insinuer que toutes les données présentées dans les myriades d'analyses linguistiques sont incertaines, mais je soupçonne que bon nombre d'entre elles le sont. De plus, il semble tout à fait approprié qu'une description linguistique se doive d'expliciter la connaissance que possèdent les sujets parlants sur les relations de paraphrase, la signification, les similitudes, l'ambiguïté et autres. Mais, pour moi, il est assez clair que les méthodologies élaborées en linguistique depuis les quinze dernières années ne garantissent pas la réalisation de cet objectif. Ma position est que les descriptions grammaticales doivent être soumises aux données empiriques externes et dans l'éventualité où les généralisations exprimées par une grammaire reçoivent une confirmation empirique, c'est tant mieux. Mais si de telles généralisations ne sont pas valides empiriquement, c'est alors la grammaire — et non les sujets parlants — qui doit être modifiée. Notre devoir, c'est ainsi que je le conçois, est celui de tout scientifique et si nous négligeons ce devoir, nous nous abusons nous-mêmes et rendons un mauvais service à notre discipline.

LINGUISTIQUE AUTONOME ET PSYCHOLOGIE LINGUISTIQUE*

Bruce L. Derwing

La signification, voilà tout l'objet du langage. Si la «transmission de pensée» était d'un usage courant, l'homme n'aurait nul besoin du langage, car il pourrait communiquer ses pensées aux autres par des moyens plus directs et efficaces. Mais dans ce monde réel, il appert que si nous désirons divulguer nos pensées à quiconque, nous sommes forcés d'apprendre comment «encoder» ces pensées sous une forme plus facilement transmissible d'une personne à une autre (ex., les ondes acoustiques, les symboles orthographiques, le code Morse, le langage des signes, les expressions faciales et gestuelles, etc.); de même, pour capter ne serait-ce qu'une petite lueur de l'univers mental de quiconque, nous devons aussi apprendre comment «décoder» les messages linguistiques que cette personne daigne nous envoyer. Pour des raisons historiques en grande partie, il est évidemment assez naturel pour le linguiste de concentrer son attention sur le code même de la langue, c'est-à-dire sur le système de *moyens formels* utilisés dans diverses sociétés pour communiquer les idées d'un individu à un autre. Un grave problème surgit, cependant, lorsque cette concentration d'attention devient une préoccupation tout à fait exclusive; en effet, le langage lui-même est simplement un *outil*, qu'on ne peut comprendre qu'en prenant bien connaissance de sa fonction essentielle et de sa motivation psychologique.

---

* Cet article constitue la section d'introduction d'un rapport de recherche soumis au Conseil des Arts du Canada (Derwing et Baker, 1976), envers qui nous sommes reconnaissants de nous avoir donné une subvention. J'aimerais aussi remercier le professeur W.J. Baker de ses nombreux commentaires et suggestions pour la rédaction de cet article.

La linguistique contemporaine a eu tendance à considérer le langage et la structure linguistique comme quelque chose existant quelque part «en dehors» et se prêtant à une investigation scientifique fructueuse, indépendamment de l'étude psychologique et physiologique de *l'usager* de la langue. C'est précisément le même genre d'orientation que Jespersen avait décelé et contre lequel il s'éleva si vigoureusement en 1924, en commençant son livre *La Philosophie de la grammaire* avec les remarques suivantes :

> L'essence du langage est l'activité humaine − activité d'un individu en vue de se faire comprendre par un autre, et activité de cet autre individu afin de comprendre ce qui était dans l'esprit du premier. Ces deux individus, le producteur et le destinataire du langage, ou encore en termes plus appropriés, le locuteur et l'auditeur, et leurs relations réciproques, *ne devraient jamais être perdus de vue si l'on veut comprendre la nature du langage et de cet aspect du langage dont traite la grammaire*. Mais cela fut souvent négligé dans le passé, *et les mots et les formes furent souvent traités comme étant des choses ou des objets naturels dotés d'une existence autonome* − conception qui a pu dans une large mesure être entretenue par une préoccupation trop exclusive des mots écrits et imprimés, mais qui est fondamentalement fausse, comme on le verra facilement avec un peu de réflexion. [Jespersen, 1924, p. 13 ; c'est moi qui souligne.]

En dépit de cet avertissement, le «passé» dont parlait Jespersen allait bientôt s'imposer de nouveau avec force en linguistique, particulièrement en Amérique du Nord. Léonard Bloomfield fut le Thomas Jefferson du moment et décréta l'indépendance de la linguistique de la façon la plus prononcée et explicite : «Dans la division du travail scientifique, disait-il, le linguiste ne traite que du signal sonore. . . ; il n'a pas la compétence pour traiter des problèmes de psychologie ou de physiologie.» (1933, p. 35.) Ainsi fut coupé le cordon ombilical entre le linguiste frais émoulu et ses ancêtres naturels. La linguistique devint autonome par décret et personne ne sembla réellement s'en soucier[1]. Soulagés du fardeau de la responsabilité face aux disciplines mères, les linguistes étaient libres désormais de concentrer toute leur attention sur la chose qui les intéressait le plus : ces merveilleuses et fascinantes *formes* de langage que les locuteurs de diverses collectivités combinent de manière si différente et imprévisible, et pourtant toujours avec cohérence et selon des modèles donnés, dans une systématique intrigante.

---

1.   Là où St-Clair (1975) parle d'un «mariage forcé» entre psychologie et linguistique, je vois plutôt une séparation précipitée et irréfléchie qui, pour le bénéfice de toutes les parties concernées, devrait cesser sans autre délai.

Les linguistes furent attirés par ce programme surtout pour une raison : «Les langues constituent un casse-tête fascinant ; il est passionnant de les examiner et ensuite de les comparer, plus passionnant que les maths même, car c'est plus inattendu» (Householder, 1971, p. 1). Pourquoi s'occuper de cartilages, de muscles ou de nerfs, de conditionnements, de motivations ou d'états émotifs, de questionnaires ou d'élaboration d'expériences ou d'analyses de variance ? Qu'on me donne du langage, qu'on me donne des formes d'énoncés, qu'on me donne quelque chose sur quoi je puisse mettre la dent et que je puisse savourer. Mais par-dessus tout, qu'on me laisse tout seul et qu'on me laisse m'occuper de mes affaires !

La saison d'anarchie qui s'ensuivit fut une période heureuse pour tous les spécialistes de la discipline. Au milieu de tout ce plaisir, on fit aussi un certain nombre de découvertes très intéressantes. On catalogua soigneusement des énoncés d'une foule de langues et on les scruta à peu près sous tous les angles possibles avec un assortiment de techniques qui devinrent progressivement ce qu'on a appelé «la logique de l'analyse distributionnelle» (voir Harris, 1951). Les sons du langage furent non seulement isolés et identifiés, mais on découvrit aussi qu'ils se produisaient dans un ensemble d'environnements phonétiques dans une langue donnée, mais que leurs conditions d'occurrence différaient passablement dans une autre langue ; que certains sons différenciaient des mots dans une langue et que ce n'était pas le cas pour d'autres sons, mais que là aussi ces propriétés spécifiques variaient considérablement d'une langue à l'autre. C'est sur ce fondement que le concept de phonème avec ses allophones fut conçu et élaboré. Une analyse plus poussée d'échantillons d'énoncés révéla que certaines séquences de phonèmes étaient significatives et tendaient à se grouper, mais qu'une même séquence ne servait pas toujours à exprimer une même signification[2]. De ces observations naquit le concept de morphème avec ses allomorphes. On remarqua que ces unités morphologiques aussi avaient leurs propriétés distributionnelles, ce qui conduisit au concept de classe lexicale (qui est simplement la version contemporaine du concept traditionnel de «partie du discours» et progressivement au concept de syntagme, de type de proposition et de phrase, lorsqu'on découvrit que les classes lexicales obéissaient elles aussi à des patrons distributionnels définis. L'analyse linguistique s'élargit ainsi de plus en plus selon une hiérarchie de patrons superposés, d'un «niveau» de structure linguistique à un autre.

---

2.   Un distributionnaliste orthodoxe se serait évidemment interdit de référer à la «signification pour exprimer ce fait et se serait attelé à la tâche impossible de le formuler en termes purement distributionnels.

Durant cette période, d'autres linguistes commencèrent à observer d'autres genres de régularités qui transgressaient les frontières de ces classes définies distributionnellement. Les allophones de différents phonèmes avaient également des patrons de distribution communs. C'était non seulement le /p/ anglais qui avait, par exemple, une variante aspirée en position initiale de syllabe devant une consonne accentuée, mais aussi le /t/, le /č/ et le /k/ anglais. On pouvait ainsi formuler de façon économique la «règle allophonique» générale suivante: en anglais les occlusives sourdes sont toutes aspirées dans l'environnement indiqué. De même, on découvrit que les allomorphes de différents morphèmes variaient de manière systématique. D'un point de vue phonémique, la forme du temps passé du verbe *sit*, c'est-à-dire *sat*, se distinguait de la forme du temps présent de la même façon que *sang* se distinguait de *sing* et *swam* de *swim*, etc. Cette alternance pouvait donc être décrite comme une «règle morpho-phonémique» valable pour une liste restreinte de verbes particuliers: changer la voyelle /I/ de la racine en /æ/ pour former le temps passé. On trouva à peu près le même genre de phénomène dans les classes lexicales plus grandes et dans les types de phrases, et de cela émergea le concept de «règle syntaxique», ce qui complétait le tableau.

En bref, une «règle linguistique» était un énoncé exprimant une *régularité* donnée dont l'analyse avait observé l'occurrence dans un échantillon d'énoncés d'une langue quelconque, et une «structure linguistique» était généralement définie comme un *patron* distributionnel présent dans cet échantillon; la somme de ces régularités et patrons constituait alors le «système linguistique» complet de la langue en question.

Lorsqu'à la fin des années cinquante Chomsky fit irruption sur la scène linguistique, il critiqua vigoureusement cette conception de l'analyse du langage comme étant «restrictive» à l'excès et de caractère «taxonomique». La pensée du chercheur ne devrait pas, disait Chomsky, être confinée à ces patrons et régularités restreints qu'il parvient à extraire de ses données, mais elle devrait être libre d'*inventer* de nouveaux patrons et d'*imposer* de nouvelles régularités à ces données afin de leur conférer une systématisation plus complète et plus révélatrice. Ayant recours surtout à des matériaux empruntés aux vieilles théories et, crucialement, à quelques ingrédients de son invention, Chomsky entreprit alors de construire un nouveau cadre de description du langage et de le perfectionner avec un tel souci du détail et une telle ingéniosité de formulation que peu de linguistes purent résister longtemps à son programme. Il proposa un système descriptif qui était, tout d'abord, suffisamment *explicite* pour que ses redondances, lacunes et défauts soient au moins «relativement faciles à détecter» (Householder, 1971, p. xi). Mieux encore, en redéfinissant la notion de «transformation grammaticale» de Harris en termes plus généraux et abstraits, et en développant jusqu'à la limite chaque régularité à l'aide de moyens descriptifs aussi puissants que l'ordonnance spécifique des règles d'une langue, Chomsky put atteindre un degré d'*économie descriptive* bien supérieur à tout ce qui avait été imaginé antérieurement. Il y a toutefois un aspect que Chomsky n'a pas changé : de même que pour les structuralistes bloomfieldiens avant lui, le premier objet d'attention de Chomsky demeurait toujours les *formes* linguistiques (plus quelques types choisis de jugements ou «intuitions» de sujets parlants sur ces formes). Autrement dit, en dépit de toutes les affirmations proclamant le passage d'un mode inductif à un mode déductif d'investigation, les «données primaires» de la linguistique n'étaient pas si différentes après Chomsky de ce qu'elles étaient avant lui.

Cependant, Chomsky tenta aussi d'imposer à la linguistique une conscience scientifique, pour ainsi dire, dans le fait qu'il semblait vouloir ramener la discipline sous l'aile de la psychologie. Il affirmait que le but véritable de la linguistique ne devait pas être simplement de *décrire* la forme des énoncés, mais plutôt d'en donner une *explication* et d'expliquer en particulier leur «récursivité», ou caractère ouvert, puisque après tout c'est cet aspect «créateur» qui constitue leur «caractéristique la plus essentielle» (1964, p. 51). Chomsky ravivait là une idée qui était restée enfouie depuis le temps où Bloomfield s'était prononcé, c'est-à-dire durant la courte période de quelques 25 années où l'on évitait tout psychologisme en linguistique et où l'intérêt était centré sur l'étude des variétés de langues et sur leurs différences formelles. Mais la notion de créativité linguistique avait été très en vogue à la fin du XIXe siècle lorsque par exemple, Hermann Paul, le célèbre néogrammairien, déplorait exactement le même oubli dans la pensée de ses prédécesseurs :

> L'une des erreurs fondamentales de l'ancienne science du langage était de traiter tous les énoncés humains [...] comme quelque chose qui serait simplement reproduit de mémoire [...] Il est vrai cependant que W. V. Humboldt insistait sur le fait que parler est une création perpétuelle [...] Le fait est que la simple reproduction par la mémoire de ce qu'elle a déjà acquis n'est qu'un des facteurs dans les mots et groupes de mots dont nous faisons usage dans notre langage. (Paul, 1891, p. 97.)

Ce message n'a pas été ignoré non plus par Jespersen, trois décennies plus tard :

> Tournant notre attention vers l'aspect psychologique de l'activité linguistique, il faut mentionner immédiatement la grande différence entre les formules figées fonctionnant comme des unités et les expressions

libres [...] Dans le traitement des formules la mémoire, ou répétition de ce qui a déjà été appris, est suffisante, mais les expressions libres impliquent un autre genre d'activité mentale ; dans chaque cas elles doivent être recréées par le locuteur, qui choisit les mots convenant à la situation particulière. (Jespersen, 1924, p. 14-15.)

En fait, Bloomfield lui-même était bien conscient du phénomène, comme le montrent les remarques suivantes :

> On peut dire que toute forme qu'un locuteur peut prononcer sans l'avoir entendue auparavant, est régulière dans sa constitution immédiate et incorpore les fonctions régulières de ses constituants, et toute forme qu'un locuteur ne peut prononcer qu'après l'avoir entendue chez d'autres locuteurs, est irrégulière. Strictement parlant, tout morphème d'une langue est donc une irrégularité, puisque le locuteur ne peut l'utiliser qu'après l'avoir entendu utiliser, et que le lecteur d'une description linguistique ne peut en connaître l'existence que s'il l'a déjà identifiée.
>
> [...]
>
> Si nous faisons cette restriction, il est évident que la plupart des formes de parole sont régulières, en ce sens que le locuteur qui connaît les constituants et le patron grammatical peut les prononcer sans jamais les avoir entendues ; de plus, l'observateur ne peut espérer les énumérer car les possibilités de combinaison sont pratiquement infinies. (Bloomfield, 1933, p. 257-258.)

Il se dégage donc de cette discussion deux interprétations très distinctes de la notion de «règle linguistique». Selon la première, une règle consiste en toute espèce de *régularité* qui peut être extraite de, ou imposée à un échantillon de langue. C'est de cette notion de règle dont se sont presque exclusivement préoccupés les linguistes, y compris Chomsky. Mais malheureusement pour le programme «psychologique» de Chomsky, cette notion de règle est d'une pertinence douteuse pour le genre de recherche qui vise à établir quelles règles, s'il y en a, sont réellement apprises par les locuteurs et réellement appliquées dans des conditions d'usage habituelles. La raison de cela semble assez claire : la simple découverte ou invention par le linguiste d'une régularité dans un échantillon de langue, ne garantit pas du tout que cette même régularité ait été également extraite ou inventée par l'individu ordinaire qui apprend la langue ; ou encore, pour citer Kiparsky, «le fait que l'on puisse énoncer une généralisation ne suffit pas à lui conférer une réalité psychologique» (1968, p. 172).

À côté de ce concept purement formel de règle linguistique, nous avons une autre interprétation, *psychologique* cette fois, qui offre une possibilité de surmonter ces difficultés. Cette possibilité est de voir dans une règle l'expression, chez l'usager de la langue, d'un quelconque *mode de comportement systématique* qui dépasse la simple imitation. L'avantage d'une définition de ce genre est de fournir un fondement strictement empirique pour décider si un locuteur a ou n'a pas appris une règle donnée : afin de dégager de la simple imitation ce niveau d'organisation plus élevé, il nous faut déterminer si le comportement linguistique du locuteur est effectivement *productif,* dans le sens défini par la règle (voir Derwing, 1973, p. 311).

Malheureusement, même le terme «productivité» est devenu ambigu en linguistique contemporaine. Conformément à leur préoccupation traditionnelle pour les formes de parole, les linguistes sont enclins à aborder aussi cette notion en termes purement formels, selon quoi une règle suggérée peut être considérée comme productive uniquement en vertu du fait qu'elle se rapporte à un nombre de formes relativement élevé. Bloom adopte explicitement cette conception, comme lorsque dans son glossaire elle définit la «productivité» d'une structure en terme de sa *fréquence d'occurrence* dans un corpus (1970, p. 262). Cependant, il s'agit là d'une notion de la productivité passablement différente de la notion psychologique à laquelle Paul, Jespersen et même Bloomfield se référaient dans les passages cités plus haut. Pour eux (comme pour Searle, 1969, p. 42), ce n'étaient pas les considérations de fréquence qui primaient, mais plutôt la notion de «créativité», c'est-à-dire l'extension de la règle à de nouveaux cas. Dunkel établit très clairement la distinction dans un passage où le terme d'«analogie» doit être compris comme étant synonyme de «règle» :

> L'aspect le plus important du fonctionnement de l'analogie (aspect fréquemment négligé) est que nous en devenons conscients par observation naturelle *seulement lorsqu'elle s'avère un échec.* Lorsqu'un enfant ou un adulte dit *cows* [vaches], nous ne savons pas (et d'habitude il n'y a aucun moyen de savoir) s'il a formé ce pluriel par analogie sans jamais l'avoir entendu ou bien s'il répète une forme déjà entendue. Il en est de même pour tous les autres phénomènes morphologiques et syntaxiques : l'usage réussi de l'analogie (essai et succès pour ainsi dire) passe inaperçu en tant que forme de parole acceptable. C'est seulement en cas d'essai et erreur, lorsque la mère doit reprendre «*The dog* ran, *not* runned[3]», que nous devenons conscients du principe linguistique que l'enfant a découvert et qu'il applique. (1948, p. 25-6 ; voir Jespersen, 1924, p. 17, pour un exemple analogue.)

---

3.   Équivalent : *Le chien* courrait, *non* courirait. [N.d.t.]

Pour tester la *connaissance* d'une règle, par conséquent, nous ne devons pas nous en remettre uniquement aux formes de parole familières telles qu'elles sont utilisées dans des conditions normales d'emploi de la langue. Nous avons besoin d'informations supplémentaires sur la façon dont l'usager de la langue manipule les formes *non familières* qui sont *nouvelles* par rapport à son expérience linguistique, comme Berko l'a mentionné il y a plusieurs années (1958). On ne peut pas «démontrer» la productivité, dans cette acception psychologique, simplement en analysant sous forme de règles les données du langage adulte (voir Chomsky et Halle, 1968, p. 420, pour une opinion contraire).

Il est vrai que Bloomfield lui-même ne s'est évidemment pas engagé dans ce genre de vérification, pour la bonne raison qu'il ne considérait pas cela comme étant de son domaine. Il s'attachait à décrire les formes de parole, non les états ou processus psychologiques. Il ne s'intéressait qu'à *ce que le locuteur disait*, non au *pourquoi* ou au *comment* (c'est-à-dire par quels mécanismes) de ce qu'il disait. Mais le programme de Chomsky est très différent. Il demande qu'on *explique* les formes linguistiques et puisque toutes ces formes ont leur origine chez l'usager de la langue, ce programme aboutit éventuellement à une étude de l'intellect. Chomsky revient avec insistance sur l'importance de l'innovation dans le comportement linguistique normal ; cependant, il est étrange que cette conscience du phénomène n'ait pas eu d'impact méthodologique majeur sur son programme d'*évaluation* des règles linguistiques. En bref, Chomsky n'exige pas de vérification psychologique de la productivité, mais invoque plutôt un principe purement formel d'évaluation des règles, que j'ai qualifié de principe de régularité maximale (Derwing, 1973, p. 132). En linguistique formelle, les règles sont évaluées comme si leur rôle était de *simplifier la grammaire* plutôt que d'expliquer la créativité linguistique[4]. En d'autres termes, si Chomsky discute longuement de ce qu'il pense être les conditions qui justifient la *formulation* d'une règle par le linguiste, il n'a absolument rien à dire quant aux conditions qui justifient d'affirmer que le sujet parlant a *appris* une règle. Watt résume ainsi la question : «La vérité est que le «mentalisme» de la plupart d'entre nous, générativistes, est aussi peu pertinent pour notre pratique linguistique que nos préférences en cinéma.» (1974, p. 32.)

Je présume qu'il serait aujourd'hui quelque peu dépassé de faire remarquer qu'entre la déclaration de Bloomfield visant à libérer la linguistique de

---

4.   Chomsky et Halle (1968, p. 71) : «Dire que les règles peuvent être données sous une forme plus simple implique qu'elles *doivent* être données sous cette forme.»

son enchevêtrement psychologique et la tentative de Chomsky visant à réinsérer la linguistique dans la psychologie cognitive, il s'est développé une confusion grave et ruineuse entre le langage en tant que *produit* et en tant que *processus* (voir Broadbent, 1972, p. 79). Une description de la langue en tant que produit, si élaborée, raffinée et explicite soit-elle, ne constitue pas nécessairement une description de ce qui se passe dans l'esprit de l'usager. Il est vrai, certes, que les régularités apparaissant dans la langue comme produit y ont été introduites par les locuteurs de la langue. Mais les façons de décrire ces régularités sont nombreuses, infinies peut-être, et il n'y a rien dans la langue comme produit qui *en soi* nous force à choisir l'une ou l'autre description, en autant qu'elles sont toutes également précises (voir Derwing, 1974). On semble admettre moins volontiers le fait, pourtant apparenté, que beaucoup de descriptions de langue-produit inventées par les linguistes ne donnent lieu à aucune interprétation psychologique et débouchent encore moins sur des théories psychologiques ayant des conséquences empiriquement vérifiables. Considérons, par exemple, le cas des grammaires qui contiennent des règles *extrinsèquement ordonnées* avant d'autres règles. Du point de vue de la description, l'avantage qu'il y a à écrire des grammaires où les règles sont ainsi agencées consiste en ce que les règles peuvent être désormais formulées de façon plus simple (c'est-à-dire plus générale) que ne le permettraient les représentations phonétiques de surface d'une langue donnée[5]. De telles règles expriment donc des généralisations valables seulement à des niveaux de représentation plus abstraits. Cependant, puisqu'il n'y a pas *moyen de présenter aux sujets* ces niveaux abstraits, en principe on ne peut pas faire intervenir de données sur la productivité (psychologique) dans l'évaluation de ces règles. Des règles où l'on remplace simplement la complexité par l'ordonnance ne peuvent exprimer les régularités de *comportement* qui existent pour des mots même connus et familiers, encore moins les régularités qui pourraient aussi bien s'étendre au vocabulaire nouveau. Par conséquent, si l'on veut concevoir une règle linguistique comme un concept psychologique, nous devons restreindre le domaine des hypothèses concernant les règles «apprenables» à celles qui expriment des généralisations de surface réelles[6]. Autrement, en autant qu'on sache, nous serons incapables de vérifier nos règles empiriquement.

---

5.   Ce point est illustré et discuté par Derwing (1973, p. 145-149 et p. 208-218). Venneman est encore plus direct sur ce sujet: «Écrire des grammaires avec des règles ordonnées est une manière systématique de mentir sur le langage» (1974, p. 346).
6.   Voir Derwing (1973) pour d'autres considérations qui conduisent à cette conclusion. On remarquera aussi que la possibilité d'interpréter certains types de règles comme *intrinsèquement ordonnées* dans un modèle de production linguistique n'a *pas* été ici abandonnée (voir Derwing et Baker, 1976, pour plus ample discussion).

Rien n'empêche Chomsky ou tout autre linguiste de décider pour lui-même qu'il préfère, comme type de description du produit (ou «modèle de compétence»), celui qui satisfait à quelque chose comme la régularité maximum. Il est même possible (quoique peu plausible) d'avancer de telles descriptions à titre d'hypothèses sur un aspect quelconque de la vie mentale des locuteurs qui ont engendré le produit. Il n'est cependant pas possible de *justifier* semblables hypothèses par le même critère qui servait originalement de point de départ du système descriptif. Il y aurait circularité dans le procédé, comme le soulignent Schank et Wilks :

> Un cynique pourrait dire que la véritable fonction de la distinction entre compétence et performance en linguistique est de prémunir les théories linguistiques contre toute tentative de vérification empirique. Cela ressort clairement lorsque Chomsky (1957) définit ce en quoi consistent les données d'une théorie de la compétence : ce sont, par définition, les données grammaticales. Il s'ensuit, évidemment, que tout le processus est circulaire : une théorie de la compétence ne peut être vérifiée car elle est définie seulement par rapport aux données qui la confirment déjà. (1974, p. 315.)

En somme, le «linguiste autonome» est libre d'exprimer ses propres préférences et ses partis pris comme bon lui semble ; il peut choisir ses propres critères pour décider de ce qui constitue la «meilleure» analyse de la langue en tant que produit et à cette fin, il peut définir comme il le veut la notion de «simplicité». À moins qu'il ne préfère s'en tenir à une attitude d'indécision (voir Matthews, 1972, p. 78). Le «psychologue linguiste», cependant, n'a pas cette même liberté de choix. Les affirmations sur ce qui est réellement «appris» ou «connu» lorsqu'on apprend à utiliser une langue, exigent des arguments empiriques indépendants avant d'être acceptées par la communauté linguistique, et la psychologie linguistique est beaucoup plus que la détection de régularités et le dénombrement de symboles. La linguistique ne peut être à la fois «autonome» et «explicative», et le linguiste ne saurait suivre une orientation bloomfieldienne tout en la condamnant.

À cause du fait que la linguistique formelle n'a pas su dans l'ensemble reconnaître ses limitations à cet égard, l'aspirant psychologue linguiste se trouve aujourd'hui confronté à une situation tout à fait paradoxale. Malgré tant d'années passées à insister sur la créativité comme étant *l'aspect fondamental* du comportement linguistique normal et malgré des années d'effort soutenu en vue d'identifier les règles linguistiques dont dépend le phénomène, nous n'en savons guère davantage quant à l'ampleur de l'apprentissage des règles ou quant aux règles qui sont apprises et celles qui ne le sont pas. Tant que ces questions prioritaires n'auront pas reçu de réponse au moins partielle, il semble prématuré de poursuivre des études théoriques sur les prétendues propriétés formelles des règles. La question de savoir quelles sont les règles apprises (et celles qui ne le sont pas) est une question *primordiale*, à laquelle il faut répondre pour s'assurer que la poursuite des autres objectifs n'aille pas se perdre dans des problèmes purement imaginaires.

En dépit des affirmations vigoureuses et des prétentions scientifiques de la linguistique formelle contemporaine, on s'aperçoit que depuis la recherche pionnière menée par Berko il y a presque deux décennies, peu de progrès substantiels ont été accomplis concernant notre connaissance de «ce qui est appris lorsqu'on apprend une langue[7]». Tous les genres de règles linguistiques peuvent être conçus comme des descriptions appropriées ou satisfaisantes des formes de langage, mais aucun argument formel ne suffit à résoudre ne serait-ce qu'un seul problème empirique, comme par exemple les types de règles, s'il y en a, qui sont vraiment apprises et utilisées de façon productive par les usagers d'une langue donnée. La linguistique a tenté d'être «autonome», mais elle y a beaucoup perdu. Il est urgent à présent de revenir au point où le travail de Berko avait été si abruptement interrompu et de s'attarder à nouveau à comprendre non pas tant le langage *en soi*, mais plutôt *l'usager* de la langue, créateur et dépositaire unique de cette inconnue que nous appelons «le système du langage humain».

---

7. Brown en arrive à peu près à la même conclusion sur les études d'acquisition du langage en général: «nombre de courants de recherche vivants et prometteurs sont apparus et disparus, sans cependant laisser grand trace sous forme de connaissance nouvelle» (1973, p. xi). En toute justice, il faut également noter ici que l'importance du critère de productivité pour la confirmation expérimentale des règles linguistiques n'a pas été complètement négligée ces dernières années, comme en témoignent, par exemple, les travaux de Zimmer (1969), Hsieh (1970), Moskowitz (1973), Ohala (1974), Steinberg et Krohn (1975) et Ivimey (1975).

LANGAGE ET PENSÉE:
REMARQUES SUR L'INTERPRÉTATION COGNITIVE
DE LA SÉMANTIQUE[1] *

David R. Olson

L'argument exposé ici consiste en trois parties. Premièrement, en prenant comme illustration le rôle de la sémantique dans une grammaire transformationnelle, il est montré que ce ne sont pas les restrictions de sélection syntaxiques ou sémantiques qui déterminent les choix sémantiques, mais la connaissance que le locuteur possède du référent en cause. Deuxièmement, nous démontrons que les théories reçues concernant les relations mot-référent, sont impuissantes à déterminer ce sur quoi reposent ces choix sémantiques. Enfin, en nous fondant sur un exemple type, nous esquissons une théorie de la référence en termes d'une interprétation cognitive de la sémantique, où l'on montre que lorsqu'un choix sémantique s'accomplit, la sélection d'un mot par exemple, c'est afin de différencier un référent virtuel d'un ensemble quelconque de possibilités perçues ou implicites. Cela nous conduit à modifier le concept de signification, à spécifier l'information relative des mots et des images, à juger comme redondante la postulation d'une structure profonde et à réviser la conception de la relation entre langage et pensée.

1. Une portion de cet article a été présentée à la Conférence sur l'apprentissage humain, Prague, Tchécoslovaquie, juillet 1969. L'auteur est reconnaissant envers Frank Smith pour nombre d'idées qui apparaissent dans ce texte, envers les participants au séminaire, pour leurs suggestions et commentaires critiques, et envers de nombreux collègues avec qui il a discuté de divers aspects de l'article.
* Traduction de l'article «Language and Thought: Aspects of a Cognitive Theory of Semantics», paru dans *Psychological Review*, vol. 77, n° 4, juillet 1970.

La sémantique se trouve au carrefour de trois disciplines indépendantes : la philosophie, la linguistique et la psychologie. Bien qu'on s'entende assez peu sur la façon d'aborder la question, par contre on s'entend très bien pour admettre que les progrès ont été assez limités jusqu'à présent. Cet article constitue une tentative pour rendre compte de la sémantique en se fondant sur la connaissance du monde que possède le locuteur, c'est-à-dire sa cognition.

Le système sémantique comprend les catégories, les significations, les unités de sens et les éléments qui correspondent aux traits récurrents du monde réel. Ce système est étroitement lié aux référents, aux objets et aux événements de l'environnement et il reflète les besoins et intérêts de la collectivité linguistique – on s'explique qu'il y ait plus de mots pour «neige» chez les esquimaux et plus de mots pour «langage» chez les linguistes. Cependant, en dépit de cette corrélation assez évidente, les théories linguistiques de la sémantique ont eu tendance à laisser tomber le problème de la référence, c'est-à-dire la caractérisation du sens des mots en termes d'objets ou d'événements référentiels, au profit du problème de la signification, c'est-à-dire le sens des mots en termes d'autres mots ou unités de sens à l'intérieur du système de la langue.

Cette tendance n'est pas sans raison. Puisque les mots correspondent en quelque sorte aux objets et aux événements (les référents), et puisque beaucoup de ces événements sont universels, on devrait trouver un pourcentage élevé de signes ou de mots ou de classes conceptuelles qui sont universels. Mais «un tout petit peu de raffinement ethnologique nous convaincra que pour l'ensemble de la race humaine, il n'y a pas un très grand nombre de signifiés universellement répandus, peut-être seulement une centaine d'éléments.» (Weinreich, 1963, p. 147.) Et même ces termes ne sont pas identiques. Ainsi que Weinreich le fait remarquer, malgré que toutes les langues semblent avoir un mot pour «œil», dans une langue «œil» possède un deuxième sens qui est «voir», dans une autre un deuxième sens qui est «milieu». De plus, un même référent peut être désigné par plusieurs mots – tel homme sera appelé père, psychologue, animal, dieu, machine, Georges, etc. Par conséquent, la signification ne peut pas être équivalente à la référence.

Pour ces raisons et d'autres encore les linguistes ont, pour une grande part, ignoré le problème de la référence et essayé de rendre compte du sens d'un mot en termes d'unités de sens, elles-mêmes étant constituées d'autres mots de la langue bien souvent. D'un point de vue philosophique, on a porté une attention considérable au problème de la signification et de la référence.

Ogden et Richards (1923), par exemple, ont élaboré une théorie de la signification qui a fortement influencé les descriptions psychologiques du processus de signification en termes de réponses comportementales aux objets et aux événements, comme Osgood (1963, 1968) et Brown (1958) les ont formulées. Cependant, il est apparu récemment une tendance marquée à décrire le langage, y compris la signification, dans la perspective de la linguistique transformationnelle chomskyenne, indépendamment du problème de la référence.

Cet article montre en premier lieu qu'une théorie sémantique implique nécessairement la connaissance non linguistique chez le locuteur, du fait que le choix des mots dans un énoncé n'est pas en fonction des restrictions de sélection, strictement définies, d'ordre syntaxique ou sémantique, mais en fonction de ce que le locuteur connaît de leurs référents. En second lieu, après avoir démontré la pertinence de la connaissance des référents dans le processus des choix sémantiques, nous passons en revue quelques tentatives théoriques en vue d'exprimer la relation mot-référent. Finalement, nous esquissons une description de la référence sous forme d'une théorie cognitive de la sémantique.

La référence dans la théorie sémantique

Dans sa formulation originale du problème de la relation entre syntaxe et sémantique, Chomsky (1957) a montré que les phrases qui n'avaient pas de sens pouvaient néanmoins être grammaticales et que des phrases qui avaient du sens pouvaient ne pas être grammaticales. De cela, il concluait que la grammaire est «autonome et indépendante du sens» (p. 19). Il poursuivit dans cette voie jusqu'à soutenir que la grammaire était prioritaire, en ce sens que la signification ne pouvait être attribuée tant que la phrase n'avait pas été segmentée ou analysée par la grammaire. Cela était représenté formellement dans le modèle par le fait que la structure de base du langage fournissait la matière à la composante sémantique. Plus précisément, le modèle de Chomsky (1965) postulait une composante de base de la grammaire qui spécifiait l'appartenance d'une classe de structures profondes bien formées telle que sujet-verbe-objet, et une composante sémantique qui reliait ces structures profondes à leur représentation sémantique. Nous n'avons pas besoin de considérer ici la composante transformationnelle de la grammaire, qui réorganise la structure de base en une structure de surface appropriée à la représentation phonologique du langage parlé.

Le point crucial est la relation entre la composante de base syntaxique et la composante sémantique. L'hypothèse est que cette influence se produit par l'intermédiaire des restrictions de sélection syntaxiques ; une fois que des ∪nsembles de traits inhérents comme humain ou animé ont été attribués au nom dans la composante de base, ils ont pour effet de restreindre la sélection du verbe ou de l'objet à un élément lexical compatible avec ces mêmes ensembles de traits. McCawley (1968) a récemment démontré que ce ne peut être le cas ; la grammaire ne peut pas déterminer les traits sémantiques des mots susceptibles d'apparaître. Son exemple est qu'un verbe comme «dénombrer» peut sembler requérir un objet pluriel ; ainsi, *J'ai dénombré les garçons* et non *J'ai dénombré le garçon*. Cependant, il y a des phrases analogues avec un objet grammaticalement singulier : *J'ai dénombré la foule.*

Donc, la restriction de sélection de dénombrer n'est pas que l'objet grammatical doit être au pluriel, mais plutôt qu'il doit dénoter, ou se référer à un ensemble d'objets, non à un seul. Ainsi que McCawley en a conclu, le choix du mot «dénombré» dépendait de l'aspect pluriel du référent et non du trait pluriel de l'objet grammatical. Mais la perception d'un événement référentiel est un processus cognitif et non linguistique. Roger Brown[2] en a fourni un bon exemple. Eve[3] disait : *Je mange mon chandail*, produisant de ce fait une anomalie par la violation des restrictions de sélection pour manger. Néanmoins, sa phrase était la description appropriée de son comportement.

Cependant, McCawley va jusqu'à affirmer, de façon similaire à Katz et Fodor (1963), que les restrictions de sélection qui restreignent le choix des mots qui peuvent être employés dans une phrase sont de nature sémantique. «Les restrictions de sélection sont définissables seulement en termes de propriétés des représentations sémantiques et [...] pour décider si un constituant satisfait à une restriction de sélection ou la transgresse, il faut recourir à la représentation sémantique et rien d'autre.» (McCawley, 1968, p. 135.) Pour que cette conclusion soit vraie, il faudrait que la connaissance du référent constitue de l'information sémantique. Comme on l'a indiqué cependant, les théories sémantiques ne sont généralement pas conçues comme des théories de la référence. Katz et Fodor (1963) rejettent explicitement la réfé-

---

2.   Roger Brown, conversation personnelle, août 1969.
3.   Petite fille dont Brown a décrit l'acquisition du langage. [N.d.t.]

rence en postulant que la connaissance du monde commune aux locuteurs échappe à la systématisation et il s'ensuit qu'une théorie fondée sur cela n'est pas éligible en tant que modèle sémantique. McCawley (1968) semble réserver son jugement sur cette question en soutenant à la fois que les restrictions de sélection sont sémantiques et qu'elles peuvent dépendre d'informations non linguistiques.

L'étude de l'utilisation des pronoms et des réflexifs apporte une autre confirmation quant au rôle de la connaissance du référent dans les choix sémantiques. À quelles conditions un pronom peut-il se substituer à un syntagme nominal ? Dans les phrases

J'ai acheté la pomme et j'ai mangé la pomme ;
J'ai acheté la pomme et je l'ai mangée ;
L'homme a tué l'homme ;
L'homme s'est tué.

La seconde tournure de chaque phrase peut s'employer si le deuxième syntagme nominal est identique au premier. Mais comment interpréter cette identité ? Ça ne peut pas être simplement une question d'identité de la rubrique lexicale «l'homme», par exemple, car cela donnerait le réflexif même si l'homme était en réalité deux individus différents. Chomsky (1965) a donc ajouté la condition que les syntagmes nominaux devaient être marqués du même indice, un indice étant un signe d'identification attribué au syntagme nominal par la composante de base de la grammaire. Pour qu'un pronom ou un réflexif puisse suppléer, les indices des deux syntagmes nominaux devaient être identiques. McCawley (1968) a considérablement élargi le problème en montrant que les traits qui correspondent au syntagme nominal «l'homme», comme humain, masculin, adulte, et qui sont vraisemblablement indiqués par l'indice, n'étaient ni syntaxiques, c'est-à-dire introduits par la structure de base, ni sémantiques, c'est-à-dire introduits par la rubrique lexicale. C'est plutôt le fait que l'indice qui assure l'identité des deux syntagmes nominaux «l'homme» désigne ou possède le même référent virtuel. McCawley donne aussi des exemples pour montrer qu'en anglais le choix parmi des pronoms comme *he, she* et *it,* ou entre *who* et *which* dépend souvent, non des éléments lexicaux dans le syntagme nominal, mais du référent du syntagme (p. 139). Ici encore, le choix sémantique est donc fondé sur la cognition, la connaissance du référent, non sur les règles internes de la langue.

En troisième lieu, l'argument peut servir à montrer que non seulement indices et restrictions de sélection requièrent une connaissance des référents, mais aussi que les problèmes considérés par Katz et Fodor (1963) comme cruciaux pour une théorie sémantique – les jugements d'ambiguïté, d'anomalie et de paraphrase – dépendent tout autant de la connaissance référentielle.

Considérons la phrase ambiguë discutée par Katz et Fodor (1963) *The stuff is light* où «*light*» peut signifier ou bien la teinte ou bien le poids. Selon eux, elle est désambiguïsée en précisant ainsi le contexte linguistique : *Le matériel est assez léger pour être transporté*, parce que l'un des traits sémantiques de «transporter» est compatible avec (sélectionne) le sens de «*light*» marqué par rapport au poids mais pas avec le sens marqué par rapport à la clarté.

Cependant, un contexte perçu (connaissance du référent) peut avoir précisément le même effet. Ainsi, si l'on offre son aide à quelqu'un qui porte des colis et que l'on entend la phrase en question, elle est déjà non ambiguë. À notre avis, c'est exactement ce que fait la phrase plus élaborée de Katz et Fodor. L'énoncé détermine un contexte perceptif qui a alors comme effet de supprimer une des possibilités (poids, teinte), désambiguïsant par conséquent l'énoncé. Si cela est vrai, il s'ensuit que l'ambiguïté est fonction de ce qu'on peut percevoir comme référent possible par opposition au référent en cause, et non des règles du langage. En généralisant, la phrase ambiguë est celle qui laisse subsister plus d'une possibilité de référent parmi toutes celles qu'admet l'énoncé du locuteur, c'est-à-dire qu'elle ne parvient pas à déterminer le référent voulu.

On peut donner un exemple plus convaincant en montrant que les énoncés jugés ordinairement «non ambigus» peuvent être ou ne pas être ambigus selon le contexte perçu. Supposons qu'un parent en colère demande à un témoin *Qui a lancé la balle dans ma fenêtre?*; *Le garçon a lancé la balle* constitue une réplique ambiguë s'il se trouve deux garçons sur la rue, tandis qu'elle est non ambiguë s'il n'y a qu'un garçon et une fille.

Les exemples du «garçon» et de «*light*» pourraient être définis d'après le critère intuitif que le second mot a deux «sens». Reste à voir si la distinction est de quelque utilité pour rendre compte de l'ambiguïté d'un énoncé. Souvenons-nous que «*light*» est ambigu seulement dans la mesure où il renvoie à plus d'une possibilité, précisément de la même façon que «garçon» est ambigu seulement en autant qu'il réfère à plus d'une possibilité – pourvu que ces possibilités soient pertinentes aux yeux du locuteur ou de l'interlocuteur, ou bien qu'elles fassent partie de l'intention du locuteur. De même, parmi les trois phrases qui sont énoncées à la page suivante,

L'Empereur a construit le pont;
Napoléon a construit le pont;
Napoléon, empereur des Français, a construit le pont,

seule la troisième serait non ambiguë si, pour le locuteur, il existait une possibilité que le constructeur ait été ou bien Constantin ou bien le voisin du locutur, Napoléon Schwartz.

Il s'ensuit que c'est impossible de déterminer sans ambiguïté le sens d'un mot ou d'une phrase à moins de connaître le contexte et, par conséquent, l'ensemble des référents possibles du point de vue de l'auditeur.

Une difficulté semblable se pose au sujet de la paraphrase. Dans certains contextes, *Le grand arbre est une épinette* peut être une paraphrase de *L'arbre à gauche est une épinette*, si le grand arbre est à gauche. Dans d'autres contextes ou pour d'autres motifs, ça peut ne pas être une paraphrase. Évidemment, ce n'est pas la connaissance des propriétés sémantiques de «grand» qui aurait pu engendrer ou déterminer le choix de «gauche». La règle générale d'acceptabilité d'une paraphrase ressemblerait beaucoup à celle que nous avons donnée pour l'ambiguïté; une paraphrase est un énoncé qui désigne le même référent que l'énoncé auquel il est substitué. Nous allons revenir sur cette question.

Pour ce qui est des phrases anormales telles que *L'honnête balle de neige...*, on peut affirmer que semblables anomalies ne relèvent pas tant d'une incompatibilité entre composants sémantiques comme des limites de l'expérience ou de l'imagination. Les phrases suivantes sont-elles anormales?

Il a deviné soucieusement;
Le cheval volant ...
De vertes idées incolores ...

Il est raisonnable de penser que l'anomalie dépend de l'expérience et de l'imagination de l'auditeur, l'imagination étant ici conçue comme la capacité de réorganisation intellectuelle de notre expérience perceptive. Une phrase est anormale lorsque l'auditeur ne peut pas imaginer de contexte où cette phrase désignerait un référent quelconque. L'hypothèse est donc que l'anomalie est en fonction de la connaissance réelle ou imaginaire des référents, non des traits attachés aux rubriques lexicales dans le dictionnaire.

En quatrième lieu, le rôle de la cognition, ou la connaissance des référents, dans le processus du choix sémantique, peut être étendu aux significations des éléments lexicaux eux-mêmes. Considérons l'hypothèse que les traits sémantiques ou les composantes qui sont censés constituer le sens d'un mot, ne se trouvent pas eux-mêmes dans la rubrique du dictionnaire mais qu'ils sont plutôt engendrés au cours de la différenciation des référents perçus. Le sens du mot «cheval», selon le dictionnaire Oxford, comprend par exemple quadrupède, mammifère et domestiqué. S'il est cependant question de cheval dans un contexte inhabituel, d'autres propriétés, non inscrites au dictionnaire, peuvent devenir distinctives. Ainsi, pour quelqu'un qui se voit demander de différencier une baleine et un cheval, *Le cheval est l'animal terrestre* serait une définition appropriée.

Le trait «terrestre» peut maintenant être considéré comme faisant partie de la définition de cheval ; remarquons toutefois que le trait «terrestre» ne provient pas du dictionnaire mais de la connaissance du locuteur au sujet des baleines et des chevaux. Tout autre aspect que le locuteur s'adonne à connaître et qui permet de les caractériser, peut servir d'élément de définition de la signification du mot. Ceux qui ont été fréquemment utilisés se sont vus incorporés à un dictionnaire publié, mais cela ne donne qu'une faible indication de ce que le locuteur connaît ou de sa façon de se servir du langage. Quine (1953) a reconnu les limites qu'il y a à établir le sens d'un mot à partir du dictionnaire: «Maintes et maintes fois, on doit se contenter d'un synonyme partiel et boiteux, avec quelques indications sur les contextes d'utilisation» (p. 58).

Un cinquième et dernier type d'argument quant au rôle de la connaissance psychologique dans le processus du choix sémantique, nous est fourni par une observation sur les définitions ostensives, celles qui définissent un mot en désignant son référent. Certains mots, tels que rond ou noir, ne peuvent être définis que de cette façon ; dans d'autres cas, c'est facultatif. Par exemple, le fait de désigner un zèbre du doigt en disant «c'est un zèbre», équivaut à l'affirmation *Le zèbre est un animal semblable à un cheval mais rayé*. Dans le cas de la définition ostensive, il est clair que l'information que, dans un autre contexte, on appellerait un trait sémantique (avoir des rayures), est en réalité une information perceptive. Donc, c'est la perception d'un référent en termes de traits distinctifs qui donne son sens au mot, du moins dans ce cas. De là à en inférer que la connaissance perceptive est le fondement de la signification sémantique dans la plupart des cas, sinon tous, c'est une généralisation que nous allons maintenant examiner.

Ce raisonnement nous amène à conclure que les choix sémantiques ne sont pas déterminés par les indicateurs syntaxiques ou sémantiques, lesquels appartiennent exclusivement au système linguistique, mais plutôt d'après la connaissance que possède le locuteur du référent tel qu'il le perçoit et cherche à l'exprimer. De ce point de vue, le dictionnaire en tant que répertoire présumé d'une telle information sémantique, deviendrait inutile. Autrement dit, l'idée d'une théorie sémantique conçue comme un dictionnaire construit avec des indicateurs sémantiques ou des unités de sens attribués aux rubriques lexicales, peut se révéler fausse. Il a été démontré que l'information cruciale dans les choix sémantiques est de nature cognitive, c'est-à-dire la connaissance des référents.

Les contraintes qui s'exercent entre les mots, indépendamment de leurs référents, comme la concordance de temps et de nombre dans

Les libéraux ont été critiqués;
Le parti a été critiqué;
Les libéraux ont fait leur autocritique ;
Le parti a fait son autocritique,

peuvent être représentées au moyen de la structure de surface syntaxique. Par conséquent, cela nous fait supposer que la structure de base du langage a été postulée sans raison, vraisemblablement à cause d'une description de la cognition ou connaissance des référents. McCawley (1968) a formulé la même idée indépendamment, mais pour des motifs semblables. Nous y reviendrons.

L'idée que la connaissance du référent chez le locuteur constitue la base des choix sémantiques n'est pas satisfaisante, sous deux aspects du moins. La discussion sur la pronominalisation illustre le premier aspect. Il y a des cas où, deux syntagmes nominaux ayant le même référent, comme *On a dit à Batman que Bruce Wayne serait tué, On a dit à Trudeau que le Premier ministre serait invité,* la substitution du second syntagme par un pronom peut ne pas être appropriée. Il ne s'agit donc pas simplement d'une question d'identité des référents: un même référent peut avoir plusieurs noms. De plus, puisqu'une description sémantique implique effectivement la relation mot-référent, cette relation exige une interprétation explicite. Nous allons donc nous pencher sur les essais de formulation théorique des relations mot-référent, ou théorie de la référence ; c'est un problème auquel se sont attaqués les philosophes et les psychologues, davantage que les linguistes.

Les théories de la référence: relations entre le mot et l'objet

De prime abord, le mot ne fait pas partie du référent dans le sens où les mots ont un sens en eux-mêmes et par eux-mêmes; cette croyance erronée est implicite dans des énoncés du type *Dieu est à juste titre appelé ainsi* et dans l'attribution aux mots de pouvoirs occultes (Frazer, 1911-1936).

Une autre conception tout aussi fausse de la relation entre les mots et les choses, mais peut-être plus répandue, c'est la supposition que «les choses ont des noms» ou que «les objets ont des étiquettes». Même des théories où l'on insiste sur le rôle médiateur du sens se laissent prendre à cette idée simpliste d'un lien entre un nom et un objet. Ainsi, Stern (1914) prétendait que la plus grande découverte que l'enfant peut faire, c'est de comprendre que chaque chose a un nom : «La prise de conscience de la nécessité que tout objet ait un nom peut être considérée comme une véritable découverte chez l'enfant – sa première peut-être» (p. 101). La même affirmation est reprise chez Vygotsky (1962) et Ausubel (1968).

Toute chose possède plusieurs noms et chaque nom «possède» plusieurs choses, et une théorie de la référence doit expliquer comment et pourquoi il en est ainsi. Probablement qu'entre le mot et la chose, il y a un processus médiat ; nous dirons que cette médiation s'appelle le sens. La célèbre analyse d'Ogden et Richards (1923), qui a servi de modèle à la plupart des théories contemporaines, reconnaît ces trois composantes illutrées dans la figure 1.

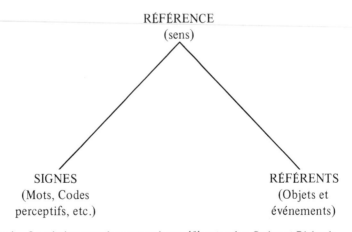

Figure 1 – La relation entre les mots et leurs référents selon Ogden et Richards.

La composante médiate, appelée sens ou référence, est conçue comme l'expérience de la perception dans le contexte des référents ou des objets. Leur exemple type est celui du poulet qui, s'étant aperçu qu'une certaine chenille à rayures a mauvais goût, cesse de manger des chenilles portant des marques identiques. Comme dans le modèle pavlovien, un indice (la présence des rayures), fondé sur l'expérience vécue d'autres contextes, sert de critère à l'établissement de prédictions et devient le sens, ou référence, du signe.

La théorie d'Ogden et Richards (1923) a plusieurs avantages. Elle implique une théorie de la connaissance — «on aurait beau essayer, on ne peut pas aller au-delà de la référence dans le domaine de la connaissance» (p. 82), «les propositions sont des références» (p. 74) —; une théorie du langage — «émettre un énoncé, c'est symboliser une référence» (p. 82) —; et une théorie de de la vérité — une référence est vraie si les prédictions impliquées par le contexte sont remplies. Quoique plus élaborée, la théorie de la vérification du sens de Reichenbach (1951) repose sur des prémisses analogues.

La distinction entre les référents et les références (le sens) intervient dans la solution à l'un des problèmes surgis plus haut lors de la discussion sur la pronominalisation. Ogden et Richards font remarquer que si les signes *Le roi d'Angleterre* et *Le possesseur du palais de Buckingham* peuvent avoir le même référent, ils ne symbolisent pas la même référence, puisque dans les deux cas le contexte psychologique est différent (p. 92).

Mais ce dernier exemple illustre la lacune fondamentale de cette théorie ; c'est son incapacité à caractériser le contexte auquel fait appel un signe comme le mot. Une référence étant un contexte psychologique qui résulte de l'expérience, «il est peu probable que deux références quelconques soient strictement pareilles» (p. 90). Bien qu'ils suggèrent une analyse plus poussée du rôle du contexte dans la référence, il est difficile d'imaginer seulement comment un contexte préalablement vécu devrait déclencher l'énoncé *Le roi d'Angleterre* plutôt que *Le possesseur du palais de Buckingham*, ou l'énoncé *Le chat...* plutôt que *Le chat blanc...* ou *L'animal...* De même, ils affirment qu'un énoncé est la symbolisation d'une référence (p. 82), laquelle est une approximation plus ou moins juste de la structure des référents ; en d'autres termes, les idées correspondent plus ou moins à la réalité. Cependant, n'importe quelle référence peut être symbolisée de plus d'une façon et Ogden et Richards ont très peu à dire sur la manière dont on choisit une façon plutôt qu'une autre. Par contre, ils indiquent bien que le but de la communication est d'en arriver au même référent, ce critère servant à estimer la justesse d'un énoncé et l'équivalence ou la synonymie d'une paraphrase.

Dans leur quatrième précepte, Ogden et Richards mettent en relief la relativité du langage — «un symbole réfère à ce à quoi on le fait référer en

pratique» (p. 193) – et dans leur théorie de la définition – «toute définition est essentiellement *ad hoc*» (p. 11). Les mots sont appropriés à un but
ou une situation quelconque et conséquemment, ne sont applicables qu'à
un champ, ou «univers du discours», restreint (p. 111). Wittgenstein (1958)
a beaucoup développé cet aspect dans sa conception de la langue comme jeu
de langage, un jeu mené selon certaines règles permettant ou interdisant
certains mouvements et joué dans un certain contexte avec un objectif
quelconque.

Cette hypothèse implique qu'on peut lire dans le langage des entités
qui ne s'y trouvent pas nécessairement, telles que «signification» ou «pensée»
ou «affirmation». De son côté, Wittgenstein met l'accent sur le langage en
tant qu'outil pouvant servir à certaines fins et ces usages variant selon le jeu
de langage. Il devient donc impossible de donner «le sens» d'un mot qui soit
valable dans tous les contextes, car ces contextes changent constamment ; le
sens n'a pas de substance en dehors des limites du jeu particulier qui se déroule. Ainsi, «le sens d'un mot est son usage même dans la langue» (p. 20). «Et
c'est parfois en désignant ce à quoi il s'applique qu'on explique le sens d'un
nom» (p. 21). Et aussi «rien ne s'est encore produit lorsqu'on a nommé une
chose. Cette chose n'a même pas de nom, excepté dans le jeu de langage»
(p. 24). C'est seulement dans un dessein précis que nous établissons des frontières parmi les événements et que nous leur attribuons des noms. Ce but
détermine notre jeu de langage. De sorte qu'aucune description ne décrit les
faits comme ils sont réellement..

De même, définir un mot en termes de quelque explication plus fondamentale, comme le fait d'habitude un dictionnaire, ne constitue pas la base du
langage. Aucun mot n'a besoin d'explication en termes plus fondamentaux
à moins qu'il s'agisse de prévenir une mauvaise interprétation dans une situation particulière. C'est seulement dans ce cas que les termes peuvent nécessi-
ter une reformulation, jusqu'à ce que s'accordent les participants au jeu
(p. 41).

L'analyse de Wittgenstein implique que c'est la notion d'usage dans un
jeu de langage, qui permet de donner la meilleure formulation du problème
de la signification. Nous adopterons la position que les mots ne «signifient»
pas de référent ou ne tiennent pas lieu de référent, mais qu'ils ont un emploi
– ils spécifient des événements perçus relativement à un ensemble de possibilités ; ils fournissent de l'information.

Brown (1958) prolonge la pensée d'Ogden et Richards et de Wittgenstein, à l'effet que la dénomination est un processus relatif qui reflète à la

fois le contexte de l'énoncé et l'usage culturel. Brown est d'avis que le nom commun attribué à un objet le définit sur le plan de l'usage courant. Il affirme :

> Le plus souvent, les objets se voient assigner la catégorie qui nous rappelle les propriétés importantes pour son usage le plus courant. Appeler une balle un «objet» ou une «sphère» ou une «chose», c'est décidément trop peu informatif. L'appeler une «balle de baseball» est plus informatif que de parler d'une balle, mais l'expression plus longue n'est pas souvent nécessaire car le contexte permet d'habitude de savoir de quel genre de balle il est question (p. 284-285).

L'aspect le plus important, c'est que le choix d'un nom reflète alors les distinctions les plus fréquemment établies par le locuteur. Mais même cela ne va pas encore assez loin. Pour reprendre l'exemple de Brown, dans certains contextes une balle peut s'appeler un «objet» ou une «sphère» ou une «chose» et il appartient à une théorie sémantique de caractériser ces contextes. Par exemple, si deux balles, dont l'une est rugueuse et l'autre lisse, se trouvent dans le champ visuel, il est tout à fait approprié de dire : «Donne-moi celle qui est lisse.» Si plusieurs objets se trouvent dans le champ visuel, mais que l'un d'eux seulement est lisse – la balle, c'est-à-dire le référent en cause – il sera approprié de dire : «Donne-moi la chose qui est lisse.»

Nous avons fourni plusieurs exemples quant à la façon dont le contexte détermine l'encodage linguistique d'un référent. Il nous reste à formuler les règles générales de la théorie qui sous-tend ces exemples.

Une théorie cognitive de la sémantique

La conclusion de la première section de cet article était qu'une théorie sémantique dépendait nécessairement de la connaissance du référent. En deuxième section, on concluait que les théories de la référence ou de la signification n'étaient pas assez précises, ni adéquates à d'autres points de vue, pour tenir lieu de théorie sémantique ; par exemple, elles ont été incapables d'expliciter les relations entre le référent perçu dans un contexte et les restrictions qui pèsent sur l'énoncé correspondant. Ce qui suit constitue une ébauche de ces relations en termes d'une théorie cognitive de la sémantique.

C'est en recourant à un cas type qu'on peut le mieux illustrer la relation d'un énoncé à son référent virtuel[4]. On place une étoile dorée sous un

---

4. Expérience avec de jeunes enfants menée par William Ford.

petit bloc de bois. On demande alors à un locuteur qui a vu le geste de dire à un auditeur qui, lui, ne l'a pas vu, où se trouve l'étoile. À tout coup, l'étoile est placée sous le *même* bloc, celui qui est petit, rond et blanc. Cependant, dans le premier cas, il y a un autre bloc en présence, petit rond et *noir*. Dans le second cas, l'autre bloc en présence est petit, *carré* et *blanc*. Dans le troisième cas, il y a trois autres blocs en présence, rond et noir, carré et noir, et carré et blanc. La figure 2 montre les trois situations.

	Événement	Possibilité(s)	Énoncé
1er cas	○	●	le blanc (*the white one*)
2e cas	○	□	le rond (*the round one*)
3e cas	○	□ ● ■	le rond et blanc (*the round, white one*)
4e cas	○		regarde en dessous du bloc de bois rond et blanc qui est à un pouce... (*look under the wooden block that is about one inch across...*

Figure 2 – La relation d'un énoncé à son référent.

Les relations mot-référent

1. Les mots ne nomment pas les choses. Dans l'exemple, c'est le bloc qui est l'objet ; malgré cela, aucun ou peu de locuteurs le désignent ainsi.

2. Les mots ne nomment pas les référents. Dans notre cas type, l'étoile dorée est sous le même bloc, le même référent ; malgré cela les énoncés varient dans chaque cas. La conclusion est que les mots désignent, signalent ou spécifient un référent relativement à un ensemble de possibilités par rapport auxquelles il doit être discriminé. Dans le vocabulaire de la théorie de l'information, nous dirions que les énoncés réduisent les possibilités ou l'incertitude. Nous emploierons le terme «information» pour tout indice perceptif ou linguistique qui réduit le nombre de référents possibles. Par conséquent le sens

d'un énoncé consiste dans l'information qu'il fournit à un locuteur. Donc, le sens d'un énoncé repose sur le contexte des possibilités. Dans certains cas, il se peut qu'un seul phonème ait un sens, s'il permet de choisir parmi diverses possibilités (Lyons, 1968). Nous sommes maintenant en mesure de réviser le concept de définition ostensive. Ce n'est pas simplement la désignation d'un référent, mais la désignation du référent relativement à un ensemble de possibilités qui crée une définition ostensive.

3. Un énoncé n'épuise pas les traits potentiels du référent perçu. Ainsi, dans le cas type aucun des locuteurs ne parle d'objet en bois ou d'objet physique ; ils spécifient l'objet selon le degré nécessaire à l'auditeur pour distinguer le référent parmi les possibilités. Si l'ensemble des possibilités changeait, l'énoncé serait modifié, de façon peut-être à inclure ces qualificatifs.

En général, il semblerait qu'un énoncé n'épuise jamais toutes les possibilités du référent perçu. On trouverait à n'importe quel événement de nouvelles propriétés en situant cet événement parmi différents ensembles de possibilités. Rappelons-nous l'exemple du cheval s'opposant à la baleine, où «terrestre» devient un trait caractéristique dans la définition du cheval, alors que jusque-là il n'était pas inclus dans le dictionnaire. Puisqu'un mot ne manifeste pas toute l'information potentielle du référent en tant qu'entité perçue, nous en concluons que les mots (ou les énoncés) ne symbolisent ni ne représentent ni ne tiennent lieu de référent, d'objet ou d'événement. Ils servent plutôt à différencier un événement perçu par rapport à un ensemble de possibilités. Ce processus de découpage exigerait une analyse étendue, mais on peut croire qu'il s'accomplit à partir d'un ou de plusieurs traits distinctifs quelconques. Comme principe général, on peut soutenir que l'idée qu'un énoncé délimite un ensemble de possibilités, équivaut à dire que les énoncés spécifient divers aspects, ou traits distinctifs, du référent perçu. Dans ce cas précis, l'avantage d'une telle transposition est que ces traits correspondent vraisemblablement à ce que, dans d'autres contextes, on appellerait des traits sémantiques. Sa limitation vient de ce que si les traits distinctifs de perception peuvent être considérés comme un modèle, alors cet ensemble de traits n'est pas exhaustif, de nouveaux traits se trouvant à être reconnus lorsque l'événement perçu est intégré à un nouvel ensemble de possibilités.

4. Ayant défini la signification comme de l'information qui permet un choix ou différenciation parmi des possibilités, il devient possible d'établir les avantages du mot sur la perception directe des événements. Un mot ou un énoncé contient plus d'information que la simple perception de l'événement lui-même, car il indique non seulement le référent perçu mais aussi l'ensemble

des possibilités exclues. Il y a une exception à cela dans le cas où la perception de l'événement a lieu dans un contexte constitué de toutes les possibilités par rapport auxquelles la discrimination se produira par la suite. Bien qu'un exposé complet sur cette question nous entraînerait trop loin dans la théorie de la perception, on peut en donner une illustration simple en recourant à notre exemple type. Supposons que l'auditeur ne se voie *pas* montrer l'ensemble des possibilités parmi lesquelles il va choisir le bloc qui dissimule l'étoile dorée. Dans ce cas, on lui montre simplement le bloc approprié, dans l'autre cas, on lui dit que l'étoile est en dessous du bloc blanc. Dans le premier cas, le sujet pourrait remarquer peut-être une demi-douzaine de traits concernant le bloc en question, sans savoir s'il a relevé le trait déterminant dont doit dépendre l'identification — il peut s'agir, par exemple, du degré de saillie du grain ou de la façon précise dont le bloc est manipulé par l'expérimentateur. Autrement dit, le sujet n'a aucune indication sur ce qui constitue les possibilités. Dans le second cas, l'auditeur sait à la fois que l'objet pertinent doit être blanc et que toutes les possibilités seront noires (ou non blanches). C'est-à-dire que dans ce dernier cas l'auditeur connaît à la fois l'événement et les autres possibilités d'événement; dans le premier cas, il ne connaît que l'événement et doit deviner les possibilités. En parapharasant, un énoncé approprié indique quels sont les indices ou traits cruciaux, tandis qu'une image ne l'indique pas. Par conséquent, il y a plus d'information dans un énoncé que dans la perception d'un événement hors contexte. Cela illustre une fois de plus le principe formulé auparavant : un mot spécifie un référent perçu relativement à un ensemble de possibilités.

Ce principe pourrait rendre compte de quelques résultats contradictoires obtenus dans des expériences portant sur l'usage des mots et des images, dans des tâches d'apprentissage conceptuel et dans des expériences de mots pairés et d'images pairées. L'image est ambiguë ; lorsqu'on regarde l'image d'un bateau, on ne sait pas s'il faut faire porter son attention sur sa couleur, sa grandeur, son style, son état d'entretien, etc. — tandis qu'un mot comme «noir» ou «grand» n'a pas tendance à être ambigu. L'influence de cette ambiguïté sur l'apprentissage et le rappel n'est pas complètement éclaircie. Il semble que lorsqu'une image est plus incertaine par rapport à un mot, le temps de reconnaissance (Fraisse, 1969) est plus long et le rappel ainsi que l'apprentissage d'éléments pairés sont améliorés. Cette même incertitude rend les images moins utiles dans une tâche de transfert (Runquist & Hutt, 1961). Martin (1968) est parvenu à des résultats semblables en montrant que l'encodabilité variable, cette tendance qu'ont certains stimuli à être codés ou appréhendés de plusieurs façons, rend compte de quelques-uns des effets de signification sur le taux d'apprentissage d'éléments pairés. En général, il se peut qu'un degré élevé d'incertitude et d'information favorise un bon rappel et un bon apprentissage d'éléments pairés; mais c'est seulement avec un degré élevé d'information qu'on peut avoir de bons résultats lors des tâches de transfert et de formation de concept. En tout cas, la possibilité d'avoir, dans une situation expérimentale donnée, plus d'informations que dans une autre, influencerait grandement les résultats.

Degré d'élaboration de la phrase

Comme on l'a mentionné plus haut, aucun énoncé n'épuise jamais toutes les possibilités d'un référent. Qu'est-ce qui détermine alors jusqu'à quel point élaborer un énoncé? Généralement, une phrase, ou n'importe quelle phrase-constituant, est élaborée jusque dans la mesure requise pour discriminer les possibilités parmi lesquelles doit choisir l'auditeur (Osgood, 1968). Dans l'exemple type, lorsqu'il y avait deux possibilités le locuteur disait: «Le rond et blanc». Trois facteurs viennent compliquer cette généralisation. D'abord, les locuteurs ont tendance à introduire une certaine redondance, vraisemblablement au profit de l'auditeur – c'est une question qui mériterait d'être étudiée. Deuxièmement, les locuteurs tendent à se servir d'un nom familier, même s'il contient plus d'information que nécessaire. Ainsi que Brown (1958) l'a remarqué, il y a une tendance à nommer les choses à l'aide d'un terme qui correspond au niveau de différenciation des objets le plus fréquent et utile. Ainsi, les locuteurs appellent souvent un chat du nom de «chat», même si pour fins d'information «animal» suffirait. Troisièmement, le niveau auquel un énoncé se trouve différencié dépend de l'intention du locuteur. Aucun énoncé ne caractérise jamais un référent relativement à toutes les options possibles, mais seulement par rapport à celles parmi lesquelles le locuteur présume que l'auditeur doit décider dans le contexte présent, en fonction de ce jeu de langage particulier. Il semble que le locuteur se fait une hypothèse minimale concernant le champ des possibilités devant être investiguées. Bernstein (1964) a qualifié de «codes restreints» les codes linguistiques qui sont adaptés aux cas où le locuteur conçoit un ensemble réduit de possibilités parmi lesquelles doit choisir l'auditeur. Dans notre exemple type, le locuteur fournit simplement l'information nécessaire pour différencier les possibilités qu'il a vues – il n'essaie pas d'imaginer toutes les options possibles par rapport auxquelles le référent pourrait s'opposer dans tous les contextes. Dans d'autres contextes, lorsqu'il parle d'événements dont les possibilités d'option ne sont pas immédiatement perceptibles, le locuteur doit évaluer ces possibilités à la lumière des précédents énoncés dans le discours et aussi selon l'expérience de l'auditeur.

La pronominalisation

Maintenant, prenons comme règle générale de pronominalisation qu'un pronom peut remplacer tout constituant ne contenant pas d'information (relativement à l'intention du locuteur). Ainsi, dans notre exemple, le locuteur dit *«celui* qui est blanc[5]», au lieu de «le *bloc* qui est blanc» parce que «bloc» ne contient pas d'information, c'est-à-dire qu'il est redondant en ce sens que tous les objets sont des blocs. De même, le syntagme nominal *L'étoile dorée...* est remplacé en entier par *Elle...* parce qu'il n'y a pas d'information dans la phrase élaborée, l'auditeur sachant déjà ce qui était caché. Pareillement, un pronom comme *ça/cela* peut remplacer toute une phrase ou paraphrase qui ne fournit pas d'information.

Il y a plusieurs restrictions sur la forme du pronom, comme le choix entre *il, elle* et *ça,* entre *qui* et *quel,* entre *ça* et *ils,* restrictions déterminées vraisemblablement par la structure de surface de la phrase de la même façon que l'accord entre sujet et verbe est produit par la structure de surface, comme on l'a déjà illustré : *Les libéraux* ont été *critiqués ; Le parti* a été *critiqué.* La structure de surface peut aussi déterminer si certains pronoms peuvent être effacés ou doivent être conservés. Dans l'exemple type, *the black one,* «*one*» a été retenu comme indicateur de position dans la structure de surface même s'il ne contient aucune information. Dans d'autres langues ayant une structure de surface différente, le français par exemple, l'énoncé serait simplement : *C'est sous le blanc.*

Whorf (1956) donne un autre exemple. Pour décrire un éclat de lumière :

> Nous sommes obligés de dire «ça éclairait» ou «la lumière éclairait», introduisant un agent, «ça» ou «la lumière», pour accomplir ce que nous appelons une action, «éclairer». Mais l'éclat et la lumière sont une même chose ; il n'y a rien qui soit accompli et il n'y a pas d'action ; le Hopi dit seulement «rephi» (p. 262-263).

Le pronom est conservé à cause des exigences de la structure de surface du français. Donc, en général, il semble que les constituants ne contenant pas d'information peuvent être remplacés par un pronom. Le pronom est conservé comme indicateur de position plutôt qu'effacé, à cause des exigences

---

5. Nous traduisons ainsi l'expression originale «*The white* one», afin que l'exemple soit valable pour le français. Autrement, on traduit simplement par «le blanc», comme nous l'avons fait plus haut. Voir le paragraphe suivant dans le texte.

de la structure de surface. Dans tous les cas cependant, c'est la connaissance du locuteur sur l'informativité de la phrase qui détermine si cette phrase peut être remplacée par un pronom.

Reconsidérons le cas où deux syntagmes nominaux distincts ont le même référent, comme *On a dit à Trudeau que le Premier ministre était invité à dîner*. Il est clair que d'habitude les deux syntagmes nominaux contiennent de l'information différente, c'est-à-dire qu'ils spécifient le référent par rapport à différents ensembles de possibilités, même s'ils correspondent au même référent. Bref, ils découpent les possibilités différemment, ils excluent différents ensembles de possibilités. Dans certains cas, où des informations additionnelles n'ont rien à voir avec l'intention du locuteur, si, par exemple, quelqu'un est seulement intéressé à ce que Trudeau vienne dîner, la substitution par un pronom serait alors permise. À remarquer toutefois que si c'était là l'intention, la phrase originale n'aurait d'abord pas pu être engendrée. La phrase contient seulement l'information relative à l'intention du locuteur (avec une certaine redondance).

Selon cet exposé, ce qui se passe dans la pronominalisation n'est pas différent en principe du cas de n'importe quel syntagme nominal où une partie ou bien la totalité de l'information pourrait être récupérée grâce au contexte, perçu ou linguistique. Ainsi, dans certains contextes, *Le chat blanc* peut être remplacé par *Le chat* ou même *Il*.

Mais cette série d'arguments sur la pronominalisation a des implications pour une théorie transformationnelle qui postule des structures syntaxiques sous-jacentes et superficielles. On a mentionné que les règles qui sous-tendent la pronominalisation sont d'abord et avant tout cognitives et font intervenir l'information touchant les référents et, en second lieu, sont appliquées et modifiées de façon à satisfaire aux règles de la structure syntaxique de surface. Au moins quelques-unes des fonctions normalement attribuées à la structure profonde du langage sont remplies par des opérations qui ne sont pas linguistiques, mais plutôt cognitives. Il est donc redondant d'attribuer ces fonctions à une structure profonde de nature linguistique.

Ambiguïté, synonymie et paraphrase

Comme il a été souligné auparavant, ces problèmes peuvent être considérés uniquement en déterminant si l'énoncé a bien spécifié le référent virtuel ; un énoncé qui laisse subsister une alternative est ambigu. Ainsi, l'énoncé *C'est sous le blanc* est ambigu lorsqu'il y a deux blancs, l'un rond et l'autre carré.

Un synonyme est un mot qui spécifie le même référent qu'un autre mot. Puisque l'ensemble des possibilités par rapport auxquelles ce référent doit être différencié change presque continuellement, il y a peu, s'il y en a, de synonymes absolus (excepté peut-être dans le cas où une forme sténographique quelconque remplace une forme plus longue). Le faible degré de synonymie s'accorde au fait que le sens d'un mot aussi change continuellement. C'est-à-dire que le mot, on en a discuté plus haut, sert à départager des possibilités qui sont différentes presque dans tous les cas. Donc, si le sens n'est pas absolu, la synonymie ne l'est pas non plus. Par conséquent, la synonymie est évaluée dans chaque cas, selon que le mot ou l'énoncé spécifie la même possibilité ou référent. Ainsi, *J'ai pris ton argent* est synonyme de *J'ai pris les cinq dollars* si ton argent, ce sont les cinq dollars. Dans l'optique présente, on considérerait que des rapports de synonymie plus conventionnels, tel le rapport entre «vache» et «animal domestique, producteur de lait», désignent le même référent dans un très grand nombre de contextes de possibilités, *mais non dans tous*. Le dernier contexte, par exemple, n'excluerait pas les chèvres. Les synonymes les plus généraux semblent entretenir une relation d'inclusion-dans-une-classe, comme animal-chat, mais les raisons de cette relation ne sont pas claires, du moins pour l'auteur.

La paraphrase peut se concevoir dans la même perspective. En fin de compte, la paraphrase se distingue de la synonymie uniquement en ce qu'on ne tient pas compte de la possibilité qu'une paraphrase soit valable dans un grand nombre de contextes. Par conséquent, la paraphrase, plus que la synonymie, serait spécifique à un contexte bien que reposant sur le même principe, à savoir, désigner le même référent en excluant ou différenciant des ensembles différents de possibilités.

Possibilités non perceptives

Jusqu'ici, l'exemple type et les conclusions établies dans cet article illustrent avant tout la situation où les possibilités parmi lesquelles le locuteur doit choisir sont immédiatement perceptibles. Tout discours ne porte pas sur des événements perçus et tout discours ne se produit pas certainement pas dans le contexte immédiat de l'événement perçu et de ses autres possibilités d'interprétation. Selon l'auteur, les principes de cet exposé s'appliquent, pour l'essentiel, à ce genre d'événement, si l'on émet l'hypothèse que le locuteur fonde ses décisions sémantiques sur des possibilités inférées.

Considérons l'application de l'exemple type à la situation où le locuteur se voit montrer seulement le bloc blanc, en bois, rond, placé sur l'étoile dorée, c'est-à-dire que les autres possibilités ne lui sont pas exposées. On lui dit alors que devant son interlocuteur se trouve un grand nombre d'objets mais que l'étoile est sous l'objet qui est identique à celui qu'il a vu. Dans ce quatrième cas, on s'attendrait à un énoncé comme *Regarde sous le bloc rond, blanc, en bois, qui a environ un pouce de large*, où le locuteur, au lieu de différencier l'événement par rapport aux possibilités perçues, engendre un énoncé qui identifiera l'objet relativement à un ensemble considérable de *possibilités inférées*. Cette situation se rapproche davantage de cette qui prévaut dans une conversation normale. Le locuteur doit inférer quelles sont les possibilités envisagées par l'auditeur. Si l'énoncé ne réussit pas à réduire ces possibilités pour l'auditeur, le locuteur devrait s'attendre à une réaction quelconque de la part de l'auditeur, réaction qu'il utiliserait alors pour que la compréhension s'établisse quant au référent qu'il veut désigner. Il s'ensuit que les possibilités parmi lesquelles un énoncé doit trancher peuvent être aussi bien imaginaires que directement perçues. Il s'ensuit aussi que le degré d'élaboration d'un énoncé ou d'une description est en fonction de l'ordre de grandeur de l'ensemble des possibilités parmi lesquelles le locuteur prévoit que l'auditeur doit choisir. L'ensemble des possibilités inférées par le locuteur sera limité par sa propre expérience. Si le locuteur veut que l'auditeur distingue un objet par rapport à un vaste ensemble de possibilités, il utilisera un grand nombre de qualificatifs. On trouve dans des catalogues de vente aux enchères d'antiquités et dans des descriptions psychologiques, l'usage le plus exagéré de cette technique, dont l'effet est de donner à l'objet une valeur unique : «Majestueuse et antique commode de Chine, de style reine Anne, en chêne sculpté à la main, incrustée de palissandre avec piédestal en marbre» ; et «théorie classique de réaction conditionnelle [de trace] par discrimination dans le système nerveux autonome chez l'homme».

Il reste une question importante à examiner, à savoir, jusqu'à quel point la théorie exposée ici peut-elle s'appliquer à des décisions sémantiques qui impliquent des mots comme bon, ange, esprit et zéro, mots dont le référent n'est pas directement perçu ou pour lesquels il n'existe aucun référent. Ce serait une erreur de penser que notre analyse vaut seulement pour les décisions sémantiques où le référent est matériellement présent et directement perçu, simplement à cause du fait que la plupart des exemples donnés ici sont de ce type. D'abord, même la simple opération de «dénomination» ne peut s'accomplir sans que le locuteur n'évalue l'ensemble des possibilités parmi lesquelles le référent se définira. La décision sémantique est donc un processus très abstrait qui va au-delà des impressions sensorielles que déclenche le référent. Ensuite, même la «simple» perception n'est pas un processus direct, au contraire elle comprend une grande part de prévision et d'inférence de possibilités

(Bruner, 1957; Garner, 1966; Sokolov, 1969). En d'autres termes, même la perception implique le non-perçu. Enfin, nous avons déjà considéré des cas où le référent n'était ni présent ni évident, «Premier ministre» par exemple; nous allons maintenant passer à d'autres cas, comme marcher-courir, marcher-conduire, corps-esprit. Il faudrait voir également si notre modèle pourrait effectivement se révéler utile pour résoudre un problème comme la signification du mot «bon», problème qui préoccupe les philosophes depuis si longtemps (Katz, 1964). Il y a lieu de conclure à partir du modèle que l'information perceptive, la cognition, sous-tend les décisions sémantiques et que cette information est tirée du monde référentiel par voie d'expérience.

Considérations syntaxiques

Premièrement, certaines analyses se sont fondées sur le choix, par le locuteur, d'un mot isolé. Quel est donc le statut syntaxique d'un mot seul? L'hypothèse est que le message constitue le niveau d'analyse approprié – un message étant conçu comme toute espèce d'énoncé qui détermine l'événement relativement à l'ensemble des possibilités. Un mot isolé consiste par conséquent en un énoncé dont on prend pour acquis ou présuppose tous les autres constituants de la phrase qui, de ce fait, se voient remplacées par des pronoms ou simplement effacées. Le jeu de langage de Wittgenstein où le constructeur demande seulement: «Un bloc» au lieu de «S'il vous plaît, passe-moi un bloc et non un pilier, une dalle ou un madrier» constitue un exemple de cela. Autrement dit, notre analyse d'un mot isolé doit être interprétée comme étant l'analyse d'un message s'il définit des options possibles pour le référent virtuel (Lyons, 1968).

Deuxièmement, il importe de montrer que les possibilités par rapport auxquelles doit être reconnu le référent, entraînent des décisions sémantiques non seulement avec les qualificatifs comme dans l'exemple type, mais aussi avec d'autres classes syntaxiques telles que les noms, les verbes ou les mots fonctionnels. Étant donné deux automobiles, l'énoncé *C'est dans l'auto* est ambigu, contrairement à *C'est dans la Chevrolet*, si l'une des deux n'est pas une Chevrolet. Ici, ce sont deux noms qui identifient un objet selon différents ensembles de possibilités. De même, les verbes peuvent servir à définir des possibilités. Dire «Il a marché pour se rendre à son travail» peut être ambigu si l'auditeur ne sait pas ce que le locuteur a eu l'intention d'opposer. Dans ce cas, cela peut vouloir dire marcher par opposition à conduire, dans un autre cas marcher par opposition à courir. La phrase est ambiguë ou ne l'est pas selon les possibilités envisagées par l'auditeur et selon celles parmi lesquelles le locuteur se propose de définir l'événement référentiel.

Une fois que le locuteur a décidé du référent ainsi que des possibilités perçues ou inférées dont il doit le différencier, un vaste choix de possibilités syntaxiques s'offre à lui pour l'organisation de cette information. Savoir quelles décisions sont facultatives et lesquelles sont obligatoires pose un sérieux problème de syntaxe. Ces possibilités sont soumises à des restrictions. L'une de ces contraintes consiste dans le modèle sujet-commentaire, ou ses raffinements en termes de la distinction thème-rhème et donné-nouveau proposée par l'école linguistique de Prague (Firbas, 1964 ; Vachek, 1966) et par Halliday (1967). Dans ce modèle, l'information connue ou présupposée ou acceptée est exprimée dans le premier syntagme nominal (SN) et éventuellement remplacée par un pronom, alors que l'information nouvelle est exprimée par le syntagme verbal (SV). Ainsi :

> [*Guillaume*] [*avait un chien*]   SN ⟋SV
> [*Il*] [*est mort*]   SN⟋SV
> [*Ça*] [*l'a rendu triste*]   SN⟋ SV

Mais l'anglais [et le français – N.d.t.] permet d'exprimer toute cette information soit dans le syntagme nominal, soit dans le syntagme verbal, ou encore dans une proposition :

> *Le chien de Guillaume est mort et ça l'a rendu triste.*
> *Guillaume est triste parce que son chien est mort.*

Parfois, une partie de l'information peut être exprimée par un verbe ou bien par un syntagme nominal, comme dans

> *Le cheval a fait* [*un saut*]
> *Le cheval a* [*sauté*]

L'ensemble des choix possibles peut aussi être restreint par des facteurs comme le style, comme Joos (1961) a fait remarquer, et l'action des performatifs, ainsi que l'a montré Austin (1962).

Cependant, dans notre perspective, c'est l'information transmise à propos du référent et des possibilités dont il doit se dégager, qui constitue la principale constante dans tous les choix sémantiques et syntaxiques. Une fois de plus, nous sommes amenés à supposer que c'est cette information qu'on peut concevoir comme étant la structure profonde du langage.

Considérations connexes

La reconnaissance du fait que les mots servent à départager des ensembles de possibilités aide aussi à résoudre d'autres problèmes. Le mot «chat» définit un ensemble de possibilités (chat-chien-lapin...) différent de celui défini par le mot «animal» (animal-plante...; animal-homme...; animal-poisson...; animal-oiseau...). Puisque dans chaque cas différents ensembles sont reconnus, dans chaque cas les traits distinctifs pertinents sont différents. Ce qui en soi expliquerait l'intéressante constatation de Collins et Quillian (1969) montrant que *Un canari peut chanter* est plus facile à décoder que *Un canari peut voler*; «chanteur» est un trait qui est lié aux possibilités définies par «canari» (canari–passereau–rouge-gorge...), tandis que «volant» est un trait lié aux possibilités définies par le mot «oiseau» (oiseau-animal-insecte-poisson...).

L'une des premières tâches dans l'étude d'une nouvelle langue serait de découvrir ce que le locuteur délimite par l'usage d'un mot ou d'un énoncé. Cela éliminerait quelques-unes des conclusions douteuses tirées par Lévi-Bruhl (1972). Lorsqu'une culture dispose de plusieurs mots pour neige mais n'a pas de terme générique, ou si pour décrire la marche, elle a recours à différents mots selon le contexte, cela est une indication des différenciations que cette culture considère utiles, non du niveau conceptuel de ses membres.

L'analyse philosophique, comme celle entreprise par Snell (1960) sur les origines du concept d'esprit, se trouverait facilitée si l'on tenait compte de cet aspect de l'utilisation du langage dont il est question ici. Snell retrace le développement du concept surcatégoriel d'«esprit» en tant qu'expression d'une classe englobant «psyché», «Thymos» et «noos». Ce qu'il oublie, c'est qu'Héraclite avait inventé le terme non seulement en tant que surcatégorie mais pour l'opposer à une nouvelle possibilité. Snell remarque que le concept de corps est apparu à peu près à la même époque, sans cependant s'apercevoir que le nouvel usage du mot «esprit» visait à le mettre en contraste, à le distinguer de «corps». Connaître le sens d'un mot, c'est donc non seulement savoir ce que cela inclut, mais aussi ce que cela exclut ou ce qui est départagé par ce mot[6].

Dans cet article, nous avons envisagé la sémantique en termes de la connaissance des référents et nous avons apporté des arguments comme quoi

---

6.   S. Pagliuso a porté à mon attention un autre cas semblable. Pour les Grecs, le mot «grec» référait à grecs-barbares et non pas, comme d'autres l'interprétaient, civilisés-barbares. Ainsi un non-Grec, si cultivé ou érudit soit-il, peut se voir demander: «Êtes-vous un barbare?», ce à quoi il répond évidemment: «Non, je ne suis pas un barbare.» «Êtes-vous grec alors?» – «Non». – «Ah! bien alors, vous êtes un barbare.»

cette connaissance est d'ordre cognitif, impliquant la perception du référent relativement à un ensemble de possibilités. Le sens d'un mot est par conséquent une réalité perceptive, non un phénomène de réponse, comme Osgood (1968) et d'autres ont soutenu ; la compréhension d'une phrase entraîne la restructuration de notre information perceptive. Nous avons également montré que l'adoption de ce point de vue peut aider à résoudre une série de problèmes sémantiques, dont la synonymie, la paraphrase et l'ambiguïté. De plus, il s'agit d'une théorie essentiellement oppositionnelle, en ce que tout mot ou énoncé transmet un événement relativement à un ensemble de possibilités exclues ; de sorte que la sémantique peut être conçue comme ayant une structure semblable à celle de la phonologie.

Il reste trois autres problèmes cruciaux qui ont directement trait à une théorie cognitive de la sémantique. Le premier est celui de la relation entre la compréhension d'un énoncé et la perception d'un événement. Nous avons décrit comment le locuteur choisit un mot pour différencier un événement par rapport à un ensemble de possibilités ; le sens d'un mot consiste dans son utilisation pour identifier un événement parmi un ensemble de possibilités. D'autre part, Garner (1966) a montré que la perception d'un événement se fait en termes de l'ensemble des possibilités dont il se distingue. De plus, ainsi qu'on l'a suggéré plus haut, il est vraisemblable que ces possibilités ont comme effet de déterminer lequel ensemble de traits sera distinctif (Gibson, 1965 ; Kinsbourne & Hartley, 1969 ; Smith, 1971). Ces systèmes cognitifs, le langage et la perception, impliquent donc tous les deux la recherche de traits qui puissent distinguer un événement par rapport aux possibilités perçues ou inférées. Cependant, peut-on prendre pour acquis que les traits qui distinguent les possibilités perceptives sont ceux qui entrent en jeu dans le langage ? Assurément, tous les traits ne sont pas mentionnés. En outre, nous avons vu comment un même référent serait encodé de diverses façons dans le langage, selon l'ensemble de possibilités le contrastant pour donner, par exemple, «vache» dans un cas et «animal» dans l'autre. Mais cela implique-t-il que le locuteur percevait le référent de manière différente dans les deux contextes ? Par ailleurs, Huttenlocher (1968) et Osgood (1969) ont fourni des preuves selon quoi divers effets grammaticaux et sémantiques, y compris les transformations, subissent l'influence de la structure des contextes de perception. Je crois néanmoins qu'on aurait tort de conclure que structure de perception et structure linguistique sont identiques. En effet, la structure de la perception sous-tend la performance de divers moyens d'expression, comme le dessin et les mathématiques, pas seulement le langage. J'ai soutenu dans un autre ouvrage (Olson, 1970) que ce sont les actes de performance dans divers moyens d'expression qui créent la possibilité de puiser de l'information supplémentaire dans le monde perceptif ou référentiel. Une recherche conceptuelle et empirique importante reste à accomplir dans ce domaine.

Le deuxième problème fondamental, c'est celui du développement de la signification du mot. Un exemple pourra nous donner une idée de la façon d'aborder cette question. Considérons le sens du mot «carré» dans les contextes illustrés à la figure 3.

	Énoncé	Événement	Option	Sens
1er cas	C'est un carré	□	–	ambigu
2e cas	C'est un carré	□	△	à 4 côtés
3e cas	C'est un carré	□	○	à angle droit
4e cas	C'est un carré	□	○ △ □	à angle droit à 4 côtés symétrique

Figure 3 – L'apprentissage du sens d'un mot en fonction des possibilités identifiées.

Dans le premier cas, l'énoncé est ambigu parce que la perception du carré est ambiguë. Quel est le type de codification ou quels sont les traits distinctifs qui interviennent dans le fait que l'événement s'appelle un carré ou qu'il soit identifié comme tel ? la forme fermée ? La forme à quatre côtés ? La forme tracée à l'encre ?

La perception du carré et le sens du mot «carré» deviennent plus différenciés, ou plus informatifs, lorsque le carré est perçu dans un contexte où il contraste avec une autre forme, comme dans le deuxième cas. La forme contrastante indique le trait distinctif en fonction duquel l'objet doit être perçu. Le sens du mot consiste à présent dans la perception du carré en termes de ce contraste, quelque chose comme «à quatre côtés» dans ce cas précis. Une possibilité différente aurait produit une perception et une sens différents, tel que «à angles droits» dans le troisième cas. La connaissance perceptive des carrés et le sens du mot «carré» se développe à mesure que s'accroît l'ensemble des traits, permettant ainsi la différenciation des carrés par rapport à des ensembles de possibilités de plus en plus grands, comme dans le quatrième cas.

L'apprentissage d'un concept par l'intermédiaire du système verbal ou sémantique est simplement l'inverse de ce processus. De la phrase *Un carré est une forme à quatre côtés*, l'enfant reçoit de l'information à propos du carré et à propos des formes dont il doit être différencié. Apprendre des concepts de façon ostensive et les apprendre de façon verbale constituent des processus parfaitement symétriques. Le langage possède l'avantage pratique qu'on n'a pas besoin de disposer dans l'immédiat de toutes les possibilités matérielles qui seraient nécessaires pour permettre à l'enfant de découvrir les traits distinctifs pertinents.

En général, le problème de la différenciation du sens des mots équivaut à ce qu'on appelle parfois le développement conceptuel et cela justifie une étude beaucoup plus étendue et approfondie dans cette optique.

Le troisième point, celui qui présente le plus d'intérêt pour l'auteur, ce sont les implications qu'entraîne cette conception du langage pour la question des relations entre le langage et la pensée. Nous pouvons en donner une idée sous une forme provisoire.

D'abord, remarquons que le langage ne fait que spécifier un référent relativement à un ensemble de possibilités. Toute l'information est de nature perceptive et était accessible au locuteur avant qu'il engendre l'énoncé. Par conséquent, pour le locuteur il n'y a pas d'information dans un énoncé. Parler est un acte redondant. Donc, le langage ne restructure pas la pensée[7].

Ensuite, il faut cependant remarquer que rien de cela ne s'applique à l'auditeur. L'auditeur ne sait pas sur quoi se concentrer (ou à quoi penser); le fait d'entendre un énoncé procure de l'information portant à la fois sur le référent et sur les possibilités dont il doit être différencié. Par conséquent, pour l'auditeur, l'énoncé contient une information considérable; l'énoncé restructure sa perception. Autrement dit, le langage influe sur sa pensée. On peut dire que le langage influence sa pensée par voie d'instruction.

Faute d'observer cette asymétrie entre le locuteur et l'auditeur concernant l'influence du langage sur la pensée, une grande confusion s'en est suivie. On a improprement attribué au locuteur les effets bénéfiques du lan-

---

7. Ce qui ne veut pas dire qu'il ne faut pas reconnaître les avantages de techniques verbales comme la répétition, les rimes mnémoniques ou l'usage de la mémoire de papier comme moyen d'extension de la durée fonctionnelle de la mémoire.

gage. Afin d'expliquer cet effet bénéfique, on a postulé de nouveaux niveaux de cognition comme la représentation symbolique (Ausubel, 1968; Bruner, 1966; Vygotsky, 1962) et la médiation verbale (Kendler & Kendler, 1962). Selon le point de vue exposé dans cet article, ces postulats n'étaient pas nécessaires; c'est plutôt une théorie du processus d'instruction qu'il faudrait.

Mais on peut établir une conclusion semblable à propos de la postulation d'une structure profonde dans le langage. Si les fonctions habituellement dévolues à la structure profonde, comme la composante sémantique et les effets des restrictions de sélection syntaxiques, peuvent s'expliquer sans recourir à une structure d'ordre linguistique, la postulation d'un tel niveau n'a plus beaucoup d'avantages. McCawley[8] (1968) a effectivement soutenu cette interprétation en se fondant sur des considérations sémantiques. Il suggère qu'une grammaire pourrait consister en une «composante de formation de règles» qui détermine les représentations sémantiques, ou référents, et une «composante transformationnelle» qui relie ces représentations sémantiques à la structure de surface.

En supprimant les niveaux cognitifs plus élevés et les niveaux de langage plus profonds, le problème de la relation entre le langage et la pensée serait considérablement simplifié.

---

8.   McCawley reconnaît à G. Lakoff et J.R. Ross le mérite d'avoir eu l'idée d'abandonner le concept de structure profonde (*Is deep structure necessary?*, stencilé, Boston, M. I. T., 1966).

LE RÔLE DE LA MÉMOIRE
À COURT ET À LONG TERME DANS LA COMPARAISON
DES PHRASES ACTIVES ET PASSIVES

Angela Hildyard et David R. Olson

Cet article contient un exposé général sur les modèles de compréhension et montre comment des représentations de la phrase selon une structure de surface et selon une structure profonde produisent des prédictions différentes. On propose ensuite une explication de la comparaison des phrases actives et passives de façon à rendre compte des divergences entre le modèle de structure profonde de Clark (1974) et le modèle de structure de surface d'Olson et Filby (1972). Il est soutenu que la comparaison implique un vaste ensemble de décisions déterminées par une analyse en structure profonde, mais que la plupart de ces décisions sont prises et emmagasinées en mémoire à long terme avant que la phrase sur laquelle porte la tâche soit présentée. Cette information interagit avec l'information en mémoire à court terme extraite de la structure de surface en question, ce qui aboutit à une décision en termes de jugement de vérité ou fausseté. Les temps de comparaison observés reflètent uniquement ces processus de mémoire à court terme.

Clark (1970), Trabasso, Rollins et Shaughnessy (1971) ainsi qu'Olson et Filby (1972) ont élaboré des modèles visant à décrire les processus psychologiques qui interviennent dans la compréhension de la phrase.

Les modèles de processus ont été conçus pour rendre compte des processus intervenant dans la compréhension d'une phrase en rapport avec une autre. Plusieurs postulats y sont établis. D'abord, on suppose que la première phrase, P_1, est représentée en mémoire. Cette représentation peut être fondée sur des traits linguistiques de la structure profonde (Clark, 1970) ou sur des traits de la structure de surface (Olson et Filby, 1972). Ensuite, on assume que la seconde phrase, P_2, est représentée en mémoire. Le sujet doit alors comparer les représentations de P_1 et P_2, constituant par constituant. L'index de vérité est ramené à Vrai au début de chaque comparaison, et change de valeur chaque fois qu'une non-identité est détectée. Donc, 1 non-identité résulte en une réponse Fausse, tandis que 0 ou 2 non-identités donnent une réponse Vraie, etc.

On suppose, suivant en cela Sternberg (1969), que tout accroissement dans la complexité du processus (c'est-à-dire l'augmentation du nombre de constituants à comparer et du nombre de jugements de non-identité possibles) se reflétera par un accroissement du temps de latence.

Le problème principal auquel doit alors faire face le psycholinguiste est de décider de la forme que les représentations de phrase hypothétisées devraient avoir. En effet, la forme de la structure profonde et de la structure de surface ainsi que le contexte de l'expérience, c'est-à-dire le contexte constitué par les phrases possibles, jouent un rôle important dans la représentation des phrases (voir Olson, dans ce volume). Ainsi, dans le contexte constitué par l'ensemble des phrases *A a frappé B, B a frappé A* et leur équivalent passif, l'agent ou bien le bénéficiaire de l'action sera représenté en compagnie du verbe. Il serait redondant de représenter et l'agent et le bénéficiaire.

Considérons maintenant plus en détail un exemple de modèle de processus. Olson et Filby (1972) ont élaboré un modèle qui rend compte du processus par lequel une phrase active ou passive était appariée à une image préalablement exposée au sujet. Quatre phrases ont été utilisés : *The car hit the truck* (l'auto a frappé le camion), *The truck hit the car* (le camion a frappé l'auto) et les formes passives correspondantes. L'image montrait une auto frappant un camion ou bien l'inverse. L'action était illustrée dans les deux directions. On a eu recours à plusieurs moyens pour inciter les sujets (adultes) à coder l'image d'une manière déterminée. Dans une des séries d'expériences, on les entraînait à imposer aux images un code actif ou passif. Dans une autre étude, on les entraînait à coder l'image en termes de l'un ou l'autre véhicule. Par exemple, si l'image d'une auto était présentée avant l'image d'un camion frappant une auto, les sujets devaient coder l'image comme *The car was hit by the truck* (l'auto a été frappée par le camion).

Olson et Filby ont supposé que les sujets donnaient aux phrases un codage propositionnel, dont la forme précise dépendait des manipulations expérimentales. Ils ont émis l'hypothèse que la représentation des phrases se faisait en termes des caractéristiques de la structure de surface et que, de plus, les sujets comparaient les deux codages, celui de la phrase et celui de l'image, en une série d'opérations binaires d'identité–non-identité.

Entre une phrase active et une phrase passive, les principales comparaisons se font entre les sujets grammaticaux et les verbes. La figure 1 montre une version du modèle de processus en question. Pour comparer la phrase active *The car hit the truck* avec la phrase passive *The car was hit by the truck*, le sujet compare d'abord les sujets (*the car: the car*) et établit leur identité. Il compare ensuite les verbes (*hit: was hit*) et établit leur non-identité. Cette non-identité des verbes est reflétée par le paramètre c, qui est le temps de latence. De même, la non-identité entre les sujets se reflète dans le paramètre b. Étant donné que le temps de latence était calculé à partir du début de P_2, le modèle comprend aussi un paramètre a, qui correspond au supplément de temps de lecture nécessaire pour une phrase passive. Ces trois paramètres, temps de lecture du passif, non-identité des sujets et non-identité des verbes, rendent compte de plus de 90% de la variance observée dans les expériences d'Olson et Filby.

Le modèle d'Olson et Filby suppose qu'une phrase est codée en termes de sa structure de surface. Ainsi une paire de phrases Active–Passive Vraie ou APV (par ex. *L'auto a frappé le camion: Le camion a été frappé par l'auto*) implique 3 paramètres : le temps de lecture supplémentaire pour P_2, la non-identité des sujets et la non-identité des verbes. Une paire de phrases Active–Passive Fausse ou APF (par ex. *L'auto a frappé le camion: L'auto a été frappée par le camion*) implique 2 paramètres seulement : le temps de lecture supplémentaire pour P_2 et la non-identité des verbes. Par conséquent, la paire APV devrait prendre plus de temps qu'une paire APF ; c'est justement l'une des limitations de ce modèle de ne pas refléter l'analyse linguistique des phrases actives et passives, car la structure des premières est plus simple.

Cependant, Clark (1974) a proposé un modèle plus général de compréhension des phrases, incluant les actives et les passives, qui reflète plus fidèlement ce qu'on connaît de ces structures linguistiques. Son modèle est semblable à celui d'Olson et Filby en ce qui concerne les postulats de base sur les étapes d'encodage et d'appariement et sur les opérations de comparaison se déroulant lors du processus d'appariement. Il s'en distingue toutefois par la nature de la représentation de la signification et, par conséquent, par la carac-

112

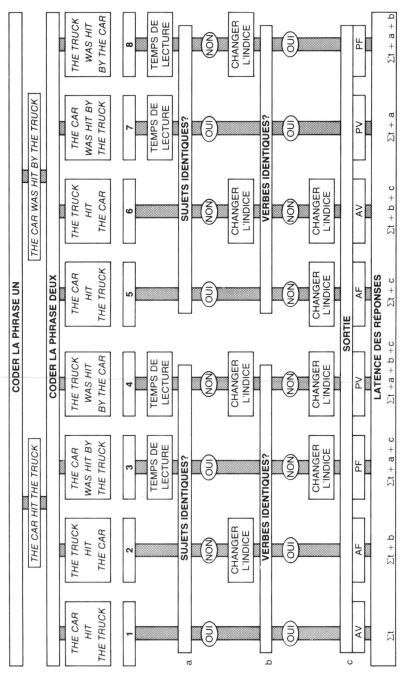

Figure 1 – Modèle de comparaison des phrases actives et passives.

térisation de ce qui est comparé lors des opérations de jugement d'identité – non-identité. Clark assume que le processus de codage d'une phrase implique sa représentation en structure profonde ; cette représentation est liée à la phrase de façon permanente, indépendamment de la tâche de compréhension que le sujet doit remplir. Dans le cas des phrases actives et passives, la représentation est constituée de deux composants, les présuppositions de la phrase (ce qui peut être tenu comme établi en se fondant sur les énoncés précédents ou sur le contexte) et l'assertion ou structure propositionnelle sous-jacente (les relations transitives entre l'acteur, l'action et le bénéficiaire de l'action). Le processus d'appariement, dans le modèle de Clark, consiste donc en deux opérations, la comparaison des présuppositions et la comparaison des structures propositionnelles. Si ces deux comparaisons se faisaient directement, le modèle prédirait que les passives vraies sont plus faciles à comparer à un code actif que les passives fausses.

Considérons les exemples suivants. Selon Clark (1974), la meilleure représentation de la phrase *The car hit the truck* est celle-ci :

(*The car did* [*The car hit the truck*])
(L'auto «a fait» [l'auto a frappé le camion])

tandis que pour la phrase *The truck was hit by the car*, c'est :

([*The car hit the truck*] *hapenned to the truck*)
([L'auto a frappé le camion] est arrivé au camion)

Dans cette paire de phrases, la paire APV, les présuppositions ne sont pas identiques alors que les propositions sont les mêmes.

Pour la paire APF, la première phrase est représentée comme ci-dessus, c'est-à-dire (*The car did* [*the car hit the truck*]), tandis que la deuxième phrase, *The car was hit by the truck*, est représentée comme :

([*The truck hit the car*] *happened to the car*)
([Le camion a frappé l'auto] est arrivé à l'auto)

Pour les paires APF, il y a donc non-identité des présuppositions *et* des propositions.

Par contre, le modèle d'Olson et Filby prédit exactement le contraire (à savoir, que les APV et PAV prennent plus de temps que les APF et les PAF) et les résultats obtenus dans leur série d'expériences confirment leurs prédictions. Ces modèles ont donc créé un paradoxe : le système de représentation et les processus de comparaison dérivée qui s'accordent le mieux avec les données, ne correspondent pas à l'analyse linguistique des structures de la langue.

Dans cet article, nous tenterons de réconcilier ces deux modèles en indiquant comment la mémoire à court terme interagit avec la mémoire à long terme (Atkinson et Shiffrin, 1971) dans la compréhension des phrases. Cette description sera alors examinée en fonction de quelques données nouvelles qui reproduisent et élargissent celles qu'avaient rapportées Olson et Filby, après quoi nous la prendrons comme point de départ pour reconsidérer le processus de compréhension de la phrase en général et, en particulier, la distinction compétence-performance.

Considérons plus en détail la structure des phrases actives et passives. Halliday (1967-1968, 1970) donne une analyse du langage qui convient à nos besoins. Halliday conçoit l'acte de parole comme une série de choix simultanés parmi un grand nombre de possibilités interreliées. Ces possibilités représentent le potentiel de signification de la langue et se partagent en un petit nombre de «réseaux» indépendants correspondant aux fonctions fondamentales du langage. Deux de ces systèmes, le système idéique (*ang.*: *ideational*) et le système textuel, interagissent dans la production et la compréhension des phrases passives. Le premier spécifie les propriétés idéiques ou conceptuelles de la phrase – essentiellement les relations transitives de procès, d'acteur (qu'on désignera dorénavant par l'*agent*) et d'objet (qu'on désignera dorénavant par le *but*) – tandis que le second spécifie les relations textuelles entre le système idéique de la phrase donnée et le texte, ou thème, dans son ensemble ; Chafe (1970) appelle ce dernier processus la «mise en scène».

Lorsque le thème du discours et l'agent d'une proposition spécifique coïncident, une phrase active en résulte ; lorsqu'ils ne coïncident pas, le thème garde sa position comme sujet grammatical tandis que la voix du verbe signale que ce sujet est le but de l'action. Exemple : *Il fut frappé.* Dans ce cas, l'agent est déplacé à la fin de la phrase, à moins qu'il ne soit omis. Il est omis si c'est le verbe qui contient l'information nouvelle, comme dans la réponse à la question *Qu'est-il arrivé à George ?* Si l'agent est déplacé, c'est lui en tant qu'information nouvelle, qui est mis en relief, comme l'indique son occurrence à la fin de la phrase et après la préposition «par» (ang.: *by*). On peut saisir ce processus en termes de convenance des réponses aux questions 1a et 1b, les parenthèses signifiant que les éléments sont optionnels :

1a. *Qu'est-ce que le garçon a fait ?*
     Le garçon a frappé (la fille)
et non * *La fille a été frappée par le garçon*

 b. *Qu'est-ce qui est arrivé à la fille ?*
     La fille a été frappée (par le garçon)
et non * *Le garçon a frappé la fille*

La question détermine les contraintes textuelles, c'est-à-dire thématiques, en mettant en scène le garçon dans *a* et la fille dans *b*. Cet élément mis en scène devient le sujet de la réponse à ces questions. Si *la fille* constitue le thème du paragraphe ou de la conversation ; mais qu'elle constitue en même temps le but, autrement dit le bénéficiaire de l'action, il en résulte une construction passive. Par conséquent, les phrases passives sont un cas spécial, une forme «marquée», qui apparaît lorsque le thème du discours ne coïncide pas avec l'agent de la proposition.

L'ensemble des choix qui sont pertinents pour les phrases actives et passives et qui font partie du «potentiel de signification» de la langue, est caractérisé selon Halliday par une série de processus de décision du type si-alors (comme dans un diagramme arborescent) comprenant *a.* moyen/non-moyen (les propositions moyennes sont celles qui n'ont qu'un seul partici-pant, comme dans *George a éternué*, tandis que les non moyennes ont deux participants, l'agent et le but) ; si non-moyen est choisi, alors *b.* actif/passif (la proposition est active si c'est l'agent, et passive si c'est le but, qui est «mis en scène» par le contexte précédent) ; si l'actif est choisi, alors *c.* +but/-but, comme dans 1a ; si le passif est choisi ; alors *d.* +agent/-agent, comme dans 1b. À ces décisions purement syntaxiques devraient s'ajouter les choix lexico-sémantiques associés à *e.* le sujet grammatical, *f.* le verbe, et *g.* l'objet grammatical. Il semble que cet ensemble de choix intervienne dans l'usage que nous faisons habituellement des phrases actives et passives et c'est cet ensemble qui peut être considéré comme la structure profonde du langage. Ces choix correspondent plus ou moins à la représentation sous-jacente qui entre en jeu, selon Clark, dans la compréhension de telles phrases.

Cependant, le modèle de processus que nous avons décrit auparavant ne contient visiblement pas tous ces choix (comme les choix *e.* et *g.*). Mais pourquoi, justement, le temps de compréhension ne reflète-t-il pas le déroule-ment complet de ces processus de décision ? La suggestion que nous avançons ici est que cet ensemble de décisions est fonction de deux types d'informa-tion. Premièrement, ce qui est traité et emmagasiné dans la mémoire à long terme (MLT) avant la présentation de la phrase sur laquelle porte la tâche, fournit l'information qui a trait aux contraintes à la fois grammaticales (à savoir, qu'une phrase active implique la possibilité d'une phrase passive) et contextuelles (c'est-à-dire les redondances contenues dans l'ensemble des phrases de l'expérience). L'information emmagasinée dans la MLT aura pour effet de déterminer lesquels parmi les traits de la structure superficielle de la phrase à venir devraient être retenus pour identifier les choix encore à faire. Deuxièmement, la mémoire à court terme (MCT) fournit seulement le minimum d'information additionnelle nécessaire pour décider de la vérité ou fausseté de la phrase [par rapport à la phrase ou à l'image déjà présentée – N.d.t.]. La quantité de cette information sera inversement proportionnelle à la quantité fournie par la MLT. Plus il y a de choix qui peuvent être faits et emmagasinés en MLT *avant* la présentation de la phrase, moins il en reste à faire lorsque la phrase est introduite. De plus, le temps de compréhension se rapporte *uniquement* aux processus se déroulant en MCT.

L'ensemble complet des choix décrits par Clark et Halliday peut être divisé, par conséquent, en choix pouvant être effectués et emmagasinés dans la MLT et en choix devant être accomplis en fonction de la phrase à venir. Le type de tâche imposé lors de certaines études de compréhension (Gough, 1965, 1966 ; Slobin, 1966 ; Olson et Filby, 1972) ne recourant qu'à des phrases actives et passives, le choix *a.* moyen/non-moyen était donc effectué avant l'introduction de la phrase à comprendre. De même, toutes les phrases utilisées dans ces expériences contenaient un objet grammatical, de sorte que les choix *c.* + but/-but et *d.* + agent/-agent étaient déjà déterminés. En plus, le petit ensemble des phrases utilisées par Olson et Filby était construit seulement avec le verbe d'action *hit*, déterminant ainsi le choix *f.*, tandis que la contrainte selon laquelle les phrases portaient sur les mêmes participants impliquait que si l'un des noms était sujet, l'autre était nécessairement objet, rendant de ce fait les choix *e.* et *g.* redondants. Il ne restait plus alors qu'à faire le choix *b.* actif-passif en se fondant sur la voix du verbe - *hit* ou *was hit*, et les choix redondants *e.* sujet grammatical et *g.* objet grammatical, en se fondant sur le premier ou bien le dernier nom de la phrase. C'est pour effectuer ces trois choix que l'information est tirée de la structure de surface de la phrase présentée et comparée à l'information tirée de l'image codée.

Une telle interprétation pourrait rendre compte des résultats antérieurs d'Olson et Filby. En fait, Olson et Filby expliquaient le temps d'appariement des phrases en termes de deux traits de la structure de surface, le sujet de la phrase et la voix du verbe. Cette interprétation rendrait également compte de la réaction inexplicable (dans le modèle antérieur) des sujets qui consistait à déclarer vraies, de façon appropriée, des phrases différentes à la fois par le sujet et par le verbe : c'est que l'équivalence entre formes active et passive avait déjà été établie et emmagasinée dans la MLT. Cela mène à l'hypothèse additionnelle selon laquelle il reste d'autant moins de choix à accomplir pour comparer la phrase présentée qu'un plus grand nombre de ces choix peuvent être faits et emmagasinés en MLT avant la présentation.

C'est l'hypothèse que nous avons testée dans cette étude, en demandant aux sujets d'apparier les mêmes phrases que dans Olson et Filby, de façon à ce que le choix *b*. voix active/voix passive soit tantôt déterminé tantôt indéterminé par le contexte. Apparier une phrase dans un contexte où les phrases sont soit actives soit passives (la voix étant ainsi pertinente), rendrait obligatoire la décision quant à la voix, ce qui ajouterait une décision de plus à la procédure d'appariement et entraînerait un accroissement du temps de réaction, comme ce fut le cas dans les études antérieures. Cependant, apparier une phrase dans un contexte où l'ensemble des phrases est à la même voix (la voix étant ainsi redondante), permettrait au sujet de déterminer à l'avance la voix de la phrase et de l'emmagasiner en MLT. Les processus de décision en MCT élimineraient donc cette opération. On peut formuler l'hypothèse plus simplement en disant qu'il est plus facile d'apparier une phrase lorsque cette phrase fait partie d'un ensemble de deux possibilités plutôt que de quatre.

Puisque la première de ces situations − c'est-à-dire celle où la voix est redondante − reprend l'expérience d'Olson et Filby, il est important de noter un changement dans la procédure employée ici. Une des limitations des études antérieures résidait dans l'impossibilité de vérifier le codage imposé aux images et il fallait l'inférer à partir de la performance des sujets lors de la tâche d'appariement. En d'autres termes, on postulait que si les sujets apercevaient d'abord l'image d'une auto et ensuite l'image d'un camion frappant l'auto, cela inciterait les sujets à coder la seconde image au passif, c'est-à-dire sous la forme *L'auto a été frappée par le camion*. Mais il n'y avait pas de moyen direct pour savoir si c'était ainsi que les sujets avaient effectivement codé l'image. Dans l'expérience que nous rapportons ici, la phase de codage de l'image a été supprimée et nous avons présenté aux sujets des phrases correspondant au codage d'image présumé. Ainsi, les phrases (codes) actives et passives étaient comparées à des phrases actives et passives introduites subséquemment et les temps de comparaison étaient compilés. Si le modèle de compréhension élaboré pour les expériences précédentes avec des images, se révélait valide pour la présente expérience avec des phrases, cela confirmerait l'hypothèse que les manipulations expérimentales dans Olson et Filby entraînaient bel et bien une codification en termes d'actif et de passif.

Sujets

Onze sujets d'environ vingt ans, hommes et femmes, ont été rémunérés pour participer à cette étude. La plupart suivaient des cours à l'Ontario Institute for Studies in Education.

Matériel

Nous avons utilisé les quatre phrases suivantes sur diapositives de 35 mm en noir et blanc ; (1) *The car hit the truck* ; (2) *The truck hit the car* ; (3) *The car was hit by the truck* et (4) *The truck was hit by the car.* Ces phrases étaient présentées l'une après l'autre, par paires. La première phrase de chaque paire était l'équivalent du Code imposé à l'image lors de l'expérience antérieure et correspondait à la case du haut de la figure 1 ; la seconde correspondait à la Phrase, localisée dans la case du bas.

Technique et Procédure

Tous les sujets comparaient les phrases dans la situation où il y avait quatre possibilités (la voix étant pertinente) et dans celle où il y en avait deux (la voix étant redondante). La situation à quatre possibilités (4-P) était créée en couplant chacune des quatre Phrases-Codes à chacune des quatre Phrases, ce qui donnait seize combinaisons possibles, dont la moitié étaient vraies et l'autre moitié fausses. Ainsi, le Code actif (c'est-à-dire le codage en termes de voix active) *The car hit the truck* pouvait être comparé à l'une des quatre phrases *The car hit the truck, The truck hit the car, The car was hit by the truck* et *The truck was hit by the car.* Cet ensemble de seize éléments était présenté six fois aux sujets répartis selon un ordre aléatoire. La situation à deux possibilités (2-P) était créée en couplant les Codes actifs aux Phrases actives seulement et les Codes passifs aux Phrases passives seulement. Ainsi, le Code actif *The car hit the truck* pouvait être comparé à l'une des deux phrases *The car hit the truck* et *The truck hit the car.* Il y avait donc huit combinaisons, dont la moitié étaient vraies et l'autre moitié fausse, chaque ensemble étant présenté douze fois selon un ordre aléatoire.

Cinq sujets ont été soumis d'abord à la situation 2-P et ensuite à la situation 4-P, et inversement pour les six autres sujets. Dans l'ensemble 2-P, la moitié des sujets comparaient d'abord le Code actif et les autres sujets comparaient d'abord le Code passif.

Le sujet était assis à un mètre de distance d'un écran de 12,5 x 9,5 cm sur lequel étaient projetées les diapositives, les deux index appuyés sur des touches de télégraphe servant à signaler les Phrases vraies et fausses (par rapport aux Phrases-Codes). La sélection de la paire de phrases appropriée et la compilation du temps de comparaison en millisecondes se faisaient par ordinateur. La première diapositive était projetée pendant 750 ms et suivie d'une pause de 500 ms. Le décompte commençait avec le début de l'apparition de la seconde diapositive et se poursuivait jusqu'à ce que le sujet arrête le chronométrage en lâchant l'une des deux touches. Pour la moitié des sujets, la main droite signifiait un jugement d'identité et pour les autres, un jugement de non-identité.

Avant le début de la tâche expérimentale proprement dite, on expliquait aux sujets quelles étaient les trois situations, exemples à l'appui, en leur disant dans quel ordre ils seraient soumis à ces conditions. On leur disait que deux phrases seraient présentées successivement sur l'écran et que leur tâche consistait à comparer la seconde à la première. On leur demandait d'être aussi rapides que possible tout en étant exacts. Le premier essai en situation 4-P et les deux premiers essais en situation 2-P ont servi de pratique pour familiariser les sujets avec la vitesse de présentation et aussi pour permettre de corriger et d'expliquer les erreurs éventuelles.

Résultats

Les données de la situation 2-P et de la situation 4-P ont été soumises séparément à une analyse de variance pour mesures itérées dans laquelle on considérait les sujets comme un facteur aléatoire. La variable dépendante consistait dans la moyenne du temps de comparaison de chacun des éléments, calculée d'après les cinq dernières présentations en situation 4-P et les dix dernières présentations en situation 2-P ; nous n'avons eu recours qu'aux temps de réaction des réponses correctes. Le tableau I donne les variables et les effets significatifs observés dans les situations 2-P et 4-P. On peut voir qu'il existe en situation 4-P une différence significative quant à la voix, les phrases passives

TABLEAU I

Source de variation	Σ carrés	dl	F
	Phrases à quatre possibilités (4-P)		
Phrases active-passive	125055	10	6,94*
Codes actif-passif X Phrases active-passive	355842	10	18,48**
Phrases active-passive X Vrai-Faux	81815,8	10	5,5
Codes actif-passif X Phrases active-passive X Vrai-Faux	243313	10	14,55**
Acteur (auto ou camion) X Vrai-Faux	27352,1	10	11,55**
	Phrases à deux possibilités (2-P)		
Vrai-Faux	4207,11	10	14,42**

* p < 0,05 ; ** p < 0,01

prenant plus de temps que les phrases actives. L'interaction entre Code et Phrase est également significative, ce qui confirme l'une des hypothèses principales de l'étude. L'interaction entre Code et Phrase ainsi qu'entre Code et Valeur de vérité sera interprétée en fonction du modèle que nous exposerons plus loin. Les interactions significatives entre Phrase et Valeur de vérité et entre Acteur et Valeur de vérité s'expliquent moins facilement ; nous y reviendrons. En ce qui a trait à la situation 2-P, la seule interaction significative s'est produite avec la Valeur de vérité et elle aussi sera interprétée en fonction du modèle.

Nous avons comparé avec une série de «t-tests» les moyennes des phrases correspondantes en situation 4-P et 2-P (Phrases 1, 2, 7, 8 dans la figure 1). Dans tous les cas, la phrase était plus rapidement comparée au Code lorsqu'elle constituait l'une de deux plutôt que de quatre phrases possibles (t = 5,15, 8,74, 5,50, 8,27 ; df = 10 ; p ⩽ 0,01). Ces comparaisons se trouvent dans la figure 2. Rappelons cependant que la moyenne des temps de comparaison était établie en calculant le temps de réaction de chaque élément dans les dix dernières présentations, en situation 2-P, et dans les cinq dernières, en situation 4-P.

Discussion

Les temps de réaction moyens nécessaires pour comparer les Phrases actives et passives aux Codes actifs et passifs sont donnés au bas de la figure 1 et représentés graphiquement dans la figure 3. Tel que prédit, lorsqu'il y a identité entre le code et la phrase, les réactions sont plus rapides que lorsqu'il n'y a pas identité. Ces résultats sont semblables à ceux qu'Olson et Filby (1972) avaient obtenus et ils confirment que les manipulations expérimentales ont effectivement entraîné la codification entre actif et passif qui avait été hypothétisée. Que la voix soit significative indique que la comparaison des phrases passives requiert plus de temps que pour les phrases actives, phénomène qu'on peut expliquer au moins de deux façons. D'abord, les phrases passives sont plus longues que les phrases actives, en anglais en tout cas, et exigent donc un temps de lecture plus long ; deuxièmement, le passif est une forme «marquée» qui traduit le fait spécial que le thème du discours ne coïncide par avec l'agent de l'action.

La meilleure façon de comprendre l'interaction globale est de recourir à une version modifiée du modèle exposé dans Olson et Filby (figure 1). Comme chez Clark (1970) et Trabasso *et al.* (1971), le modèle suppose que le sujet code les deux événements et compare ensuite ces deux codages selon

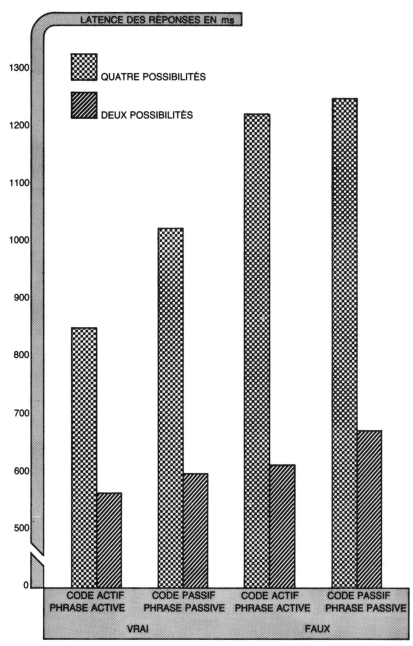

Figure 2 – Temps de réaction aux phrases en fonction du rôle de la voix et du nombre de possibilités: voix pertinente avec 4 possibilités, voix redondante avec 2 possibilités.

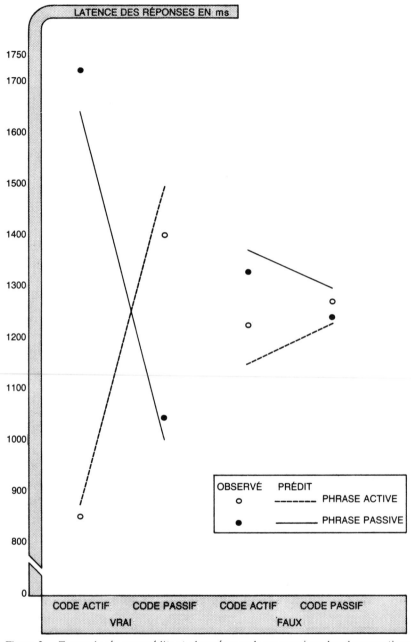

Figure 3 — Temps de réponse prédits et observés pour la comparaison des phrases actives et passives dans la situation à quatre possibilités.

un ensemble de décisions binaires (voir figure 1). Cependant, étant donné l'analyse théorique des choix grammaticaux, il est possible d'affirmer que les opérations mentales consistaient dans (1) le temps de codage supplémentaire pour la phrase passive ; (2) le jugement d'identité–non-identité portant sur le sujet grammatical et (3) le jugement d'identité–non-identité portant sur la voix du verbe. Deux modifications au modèle d'Olson et Filby ont donc été apportées. Le facteur Code a été supprimé par suite d'absence de différence entre Code actif et Code passif dans la première phase de l'expérience. De même, l'absence d'interaction significative entre les valeurs de vérité rendait inutile l'étape de vérification dans le cas des réponses négatives. Par conséquent, les trois paramètres qui ressortent correspondent très directement à ceux que spécifie l'analyse linguistique.

TABLEAU II

Quatre possibilités	
Estimés des paramètres :	
Temps de lecture pour le passif	141
Non-identité des sujets	184
Non-identité des verbes	345
Deux possibilités	
Temps de lecture pour le passif	43
Non-identité des sujets	54

L'évaluation de chacun des paramètres a été calculé par la méthode des moindres carrés ; en nous fondant sur ces paramètres, nous avons fait des prédictions pour chaque type de phrase. La figure 3 montre les valeurs prédites et les valeurs observées. On voit que le modèle fournit un bon schème d'interprétation des données. Le fait que le quotient des paramètres par rapport aux données soit peu élevé et que ces paramètres rendent compte de 94% de la variance, fournit une indication supplémentaire de l'adéquation du modèle.

L'interaction entre le véhicule et la Valeur de vérité exige une explication. Il ressort que les sujets «étiquetaient» les touches télégraphiques non seulement en fonction de leur Valeur de vérité, Vrai et Faux, mais aussi en fonction du véhicule qui constituait l'agent ; donc, pour les paires où l'auto était l'agent et où la réponse correcte était «Vrai», ainsi que pour les paires où le camion était l'agent et la réponse correcte «Faux», le temps de comparaison était plus rapide que pour les paires où la réponse correcte était inversée (d'ailleurs, après l'accomplissement de la tâche quelques sujets ont rapporté avoir été conscients de ce «double étiquetage»).

L'hypothèse principale de cette étude, à l'effet que les décisions prises et emmagasinées en MLT se substituent aux décisions correspondantes en MCT, a été entièrement confirmée. Les sujets ont trouvé plus facile de comparer la Phrase (au Code) lorsqu'elle constituait l'une de deux plutôt que de quatre possibilités. Le modèle simplifié de la figure 4, où l'opération d'identité–non-identité de la voix du verbe est supprimée, rend très bien compte de ce phénomène. Tel que prédit, lorsque la voix du verbe dans les phrases à comparer était déterminée par le contexte, ce choix se traduisait par un temps de réaction nul – il était vraisemblablement emmagasiné en MLT avant que la phrase en question soit projetée et ne requérait par conséquent aucun traitement en MCT. Nous pouvons donc rendre compte des données avec deux paramètres, l'opération d'identité–non-identité par rapport au sujet et le temps de codage additionnel pour la phrase passive. D'après le tableau I, on voit que l'interaction significative en situation à deux possibilités s'est produite entre les valeurs de vérité ; la figure 4 montre que dans le modèle, c'est au stade du jugement de non-identité par rapport au sujet que cette interaction s'explique. Autrement dit, si les sujets grammaticaux ne sont pas identiques, alors la phrase est fausse. Alors que la voix pour le Code et la Phrase n'a pas été un facteur significatif, le calcul de la moyenne globale révèle que les phrases passives prenaient plus de temps à être traitées que les phrases actives (ce facteur s'est révélé significatif dans la situation à quatre possibilités) ; c'est pourquoi nous avons calculé un paramètre de plus pour les phrases passives. Le tableau II contient l'estimé de ces paramètres, qui comptent pour 98% de la variance.

Il est intéressant de remarquer que ce type d'expérience n'a permis d'estimer jusqu'ici que les paramètres de *non-identité*. En combinant les données de la situation à deux possibilités avec les phrases correspondantes (1, 2, 7 et 8) pour les données de la situation à quatre possibilités, on peut établir un estimé du temps requis pour le jugement d'*identité* par rapport au verbe[1] ; dans notre expérience, cette valeur est de 481 ms. Les données ne permettent cependant pas d'établir l'estimé du temps requis pour le jugement d'identité par rapport au sujet. Il serait d'un grand intérêt de déterminer si les temps concernant les jugements d'identité dépendent de la complexité sémantique du constituant grammatical en cause. Par exemple, la représentation mentale d'un verbe est-elle plus complexe que celle d'un nom ? Les représentations mentales de différents verbes sont-elles de complexité variable ? Norman et

---

1.   C'est Nikola Filby qui a fait cette suggestion.

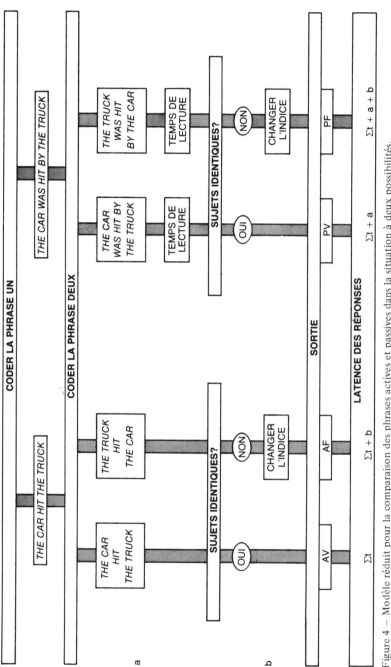

Figure 4 – Modèle réduit pour la comparaison des phrases actives et passives dans la situation à deux possibilités.

Rummelhart (1975) soutiennent que oui. Pour reprendre leur analyse, faut-il plus de temps pour apparier un verbe dont la représentation mentale est complexe, qu'un verbe dont la représentation mentale est plus élémentaire ? Le sujet grammatical contient-il toute l'information sémantique disponible sur le nom et le verbe, lors d'une tâche comme celle-ci, ou bien les temps d'appariement ne reflètent-ils pas simplement le nombre de possibilités considérées par le lecteur ?

Carpenter et Just (1975) ont élaboré un modèle de compréhension encore plus général. Selon eux, le sujet se représente l'information contenue dans les deux phrases (ou images) sous une quelconque forme propositionnelle abstraite. Dans la tâche de comparaison, le sujet récupère et compare les constituants successifs des deux représentations, en partant des plus enchâssés. Toute non-identité est étiquetée, l'index de réponse est modifié et le processus de comparaison recommence de nouveau. Lorsqu'il n'y a plus de non-identités, la comparaison s'arrête et la valeur de l'index d'appariement constitue la réponse. La durée des latences est associée au nombre de fois où le processus est répété, c'est-à-dire au nombre de jugements de non-identité, et à la «distance» parcourue depuis le début du processus avant la détection de la non-identité, à n'importe quel cycle.

Dans leur caractérisation de la nature de la représentation des phrases, Carpenter et Just adoptent la distinction donné-nouveau, où l'information nouvelle est indiquée par le prédicat et l'information donnée, par le sujet. Hildyard et Olson (en préparation) analysent de façon plus détaillée la différence entre le type de représentation de Carpenter et Just et celui qui est fourni ici. Disons brièvement que notre représentation en termes de structure de surface rend compte d'une plus grande proportion de la variance que la forme de représentation choisie par Carpenter et Just.

Donc, en général l'analyse linguistique des phrases actives et passives comme celle que fait Chomsky (1957), Halliday (1970) ou Clark (1970) *sont des descriptions appropriées* de l'ensemble des possibilités en jeu dans la production, la compréhension ou la comparaison de ces phrases. L'étude d'Olson et Filby fournit une approximation du temps d'activité mentale requis pour la comparaison de quelques phrases particulières. Le modèle révisé, qui est ici confirmé expérimentalement, montre que le processus de comparaison de phrases implique une interaction entre l'information emmagasinée dans la MLT et l'information qui est sélectivement retenue et comparée dans la MCT. Les temps de comparaison reflètent *uniquement* ces derniers processus.

Ce modèle pourrait servir à expliquer les processus de compréhension et de production d'autres fonctions grammaticales, comme les résultats obtenus par Trabasso, Rollins et Shaughnessy, qui montrent qu'étant donné certaines conventions (non vert = orange), les sujets éliminent cette opération mentale de leur processus de décision. Nous en déduisons que si les sujets font cette élimination, c'est parce que la décision est emmagasinée en MLT avant qu'ils soient exposés à la phrase en question. Il n'y a que l'opération d'identité–non-identitié qui prend du temps lors du processus de décision mesuré. De même, le fait que les phrases passives non réversibles comme *The flowers were watered by the girl*[2] soient comprises aussi facilement que les phrases actives (Slobin, 1966 ; Herriot, 1969) pourrait s'attribuer à la redondance de la voix du verbe par rapport à la spécification de l'agent ou du but et à son effacement subséquent lors des opérations de compréhension en MCT. On pourrait donner une explication semblable du temps de fonctionnement en MCT pour d'autres types de choix syntaxiques en tâche de rappel de phrase (Savin et Perchonock, 1965).

Finalement, le modèle que nous avons présenté ici a des implications sur la question plus générale de la relation entre la structure grammaticale et les processus psychologiques de production et de compréhension des phrases – question qui fait l'objet de la distinction compétence-performance. Le postulat sous-jacent à bon nombre de recherches antérieures sur la compréhension et la rétention des phrases était que la compétence et la performance étaient étroitement et directement reliées, de sorte que la complexité des processus psychologiques intervenant dans l'usage d'une phrase dépendait de la complexité de son histoire dérivationnelle (Miller, 1962 ; Mehler, 1963 ; Slobin, 1966). Plus récemment, plusieurs chercheurs ont soutenu que cette relation est plus «abstraite» (Fodor et Garrett, 1966 ; Watt, 1970) ; toutefois, elle demeure inexplicite. Notre modèle suggère que la compétence peut être conçue comme la connaissance que l'usager de la langue possède de l'ensemble des choix judicieux pour toute construction grammaticale donnée. C'est, en effet, cette connaissance que possède le locuteur ou l'auditeur avant d'entendre la phrase particulière à traiter. Comme nous l'avons mentionné auparavant, notre connaissance peut être encore subdivisée en deux composants: ce que nous savons en vertu de notre connaissance du code (la compétence) et ce que nous savons en vertu du contexte créé par les phrases précédentes. Cependant, tout acte d'élocution ou de compréhension ou de comparaison ne

---

2. Les fleurs ont été arrosées par la fille.

reflète pas directement l'ensemble de ces aspects, mais seulement l'ensemble des décisions qui restent à prendre en MCT. Par conséquent, la performance reflète la réciproque de ce que l'auditeur connaît *a priori*. Les erreurs de performance et le temps de réaction reflètent ce que l'usager de la langue ignore et qu'il doit donc sélectionner dans la phrase en cause ; ce qu'il sait déjà est emmagasiné en MLT et ne compte pour rien dans la variance expérimentale. Comme les règles de grammaire et les contraintes contextuelles relèvent de ce dernier aspect, elles n'entrent pas directement en considération dans une analyse de performance.

Plusieurs questions subsistent quant au mode d'interaction précis entre MLT et MCT dans ces processus. L'information venant de ces deux sources ne fait-elle simplement que s'additionner, comme Morton (1969) l'a soutenu, dans le cas des décisions portant sur la reconnaissance des mots ? Ou bien est-ce que l'information traitée et emmagasinée en MLT ne fait complètement effet que par l'intermédiaire de la MCT qui spécifie les décisions à prendre ? Si c'était le cas, le problème se ramènerait principalement à une question d'attention sélective (Posner et Boies, 1971). Il semble évident que ce sont ces décisions en MCT dont les sujets ont d'abord conscience et qui occupent leur temps de réaction.

ÉTUDE PSYCHOLINGUISTIQUE SUR LA FOCALISATION

Cheryl Goodenough-Trepagnier

Dans sa discussion des systèmes de thème en anglais, Halliday affirme que le centre d'intonation du groupe tonal indique la localisation de l'information que le locuteur veut présenter comme étant nouvelle, c'est-à-dire non récupérable d'après le contexte. Nous avons mené un ensemble d'expériences pour établir la validité psycholinguistique de la description de Halliday sur la fonction du choix du centre d'intonation. Les deux principaux problèmes soulevés étaient les suivants : lorsque des phrases-réponses sont appariées à des questions auxquelles elles sont appropriées ou non appropriées du point de vue de l'intonation et de l'ordre des mots, 1) la perception du centre d'intonation dans la réponse est-elle influencée par la distribution d'information nouvelle et ancienne et, 2) l'idée que le locuteur se fait de ce qui constitue l'information nouvelle est-elle influencée par la localisation réelle du centre d'intonation ? Dans l'expérience se rapportant au premier problème, on présentait des questions à réponses multiples (Wh-questions) et les sujets devaient répondre par une phrase complète. On observe que les sujets ont localisé le centre d'intonation sur l'élément d'information nouvelle, c'est-à-dire l'élément exigé par la question. Il ressort également que lorsqu'ils avaient comme instruction de répondre par une phrase complète, les sujets adoptaient un ordre de mots qui maintenait le sujet de surface de la question. Dans l'expérience portant sur le deuxième problème, des phrases-réponses étaient appariées à des questions, auxquelles elles étaient soit appropriées, soit inappropriées du point de vue de l'ordre des mots ou bien de l'intonation, ou inappropriées à la fois du point de vue de l'ordre des mots et de l'intonation. Les sujets ont réussi à localiser, à un degré significatif, le centre d'intonation de la phrase, même lorsque les phrases étaient présentées sans contexte ou précédées d'une question trompeuse. Cependant, ces contextes trompeurs constitués par des questions pour lesquelles l'intonation ou l'ordre des mots, ou les deux étaient inappropriés, influençaient aussi le choix de la réponse des sujets. Il y avait une tendance significative à choisir comme localisation du centre d'intonation l'élément sur lequel portait la question, à la fois chez les sujets devant repérer le mot accentué et chez ceux qui devaient repérer l'information nouvelle.

L'ordre des mots inapproprié a également influencé le choix des réponses – l'ordre des mots de la question a donné lieu à certaines prévisions quant à l'endroit où serait localisé l'élément nouveau et, par conséquent, le centre d'intonation dans la réponse. Les résultats de ces expériences sont conformes à la description que donne Halliday de la fonction du choix du centre d'intonation. Dans une réponse, les sujets émettent l'information nouvelle avec emphase d'intonation, et font usage de leur connaissance de cet aspect de la langue dans leur perception de l'intonation en contextes approprié et inapproprié.

On retrouve dans la recherche psycholinguistique actuelle un postulat implicite qui peut s'énoncer ainsi : une expérience psycholinguistique fournit aux sujets parlants le moyen de manifester leur «connaissance» d'une règle ou système linguistique quelconque. Un test bien construit devrait nous permettre de voir si les gens perçoivent, ou font un choix dans ce qu'ils perçoivent, d'une manière qui peut être prédite à partir de la théorie linguistique, même si la théorie elle-même ne donne pas explicitement de description quant à la façon dont la perception est affectée. Une autre façon d'envisager cette relation, c'est de la concevoir sous forme de question : est-ce qu'une théorie donnée a des conséquences psycholinguistiques démontrables et si oui, quelles sont-elles ? Les effets sur le comportement que pourrait avoir une théorie linguistique sont plus difficiles à prédire dans le cas des théories de la représentation abstraite de la syntaxe que dans le cas des théories fonctionnelles, comme celle de l'analyse systémique du «thème» chez Halliday (1967).

L'approche de Halliday à l'étude du «thème», ou «perspective fonctionnelle de la phrase» comme il est souvent fait mention dans les écrits de l'école de Prague (par exemple, Danès, 1960 ; Firbas, 1964), tente de relier des manifestations linguistiques telles que le choix de l'ordre des mots et du contour d'intonation, à des fonctions de communication comme l'indication du thème de la proposition et l'indication de la distribution d'information donnée et d'information nouvelle.

Nous avons choisi, comme point de départ de cette étude, un fragment de l'analyse du système de structuration de l'information selon Halliday. En bref, Halliday avance que le centre d'intonation du groupe tonal (qui correspond souvent à la proposition, mais pas nécessairement) a une valeur d'identification de l'information que le locuteur choisit de présenter comme étant «nouvelle», non récupérable d'après le contexte qui précède. Tout ce qui n'est pas dans le champ du centre d'intonation est donc de l'information «donnée», information que le locuteur n'isole pas comme étant nouvelle et non récupérable d'après le contexte. Le centre d'intonation du groupe tonal s'appelle le «focus» et peut être du type marqué ou du type non marqué. Le focus non marqué est celui qu'on trouve dans les phrases prononcées avec une intonation dite «normale», où le focus tombe sur le dernier élément lexical. Par exemple, dans :

(1) *What's new?*
(Quoi de neuf?)
I've just bought a book.
(Je viens tout juste d'acheter un livre)

le focus non marqué est sur «*book*». Un mot qui fournit l'information demandée dans une question précédente se voit attribuer un focus marqué. Le même mot a donc un focus marqué dans le dialogue que voici :

(2) *What did you buy?*
(Qu'est-ce que tu as acheté?)
I bought a book.
(J'ai acheté un livre)

Le focus peut aussi se trouver en position initiale, comme dans :

(3) *Who bought that book?*
(Qui a acheté ce livre?)
I did.
(C'est moi.)

où il tombe sur «*I*». De plus, la localisation de ce mot dans la réponse dépend de l'ordre des mots dans la question : le sujet grammatical de la question est aussi le sujet de la réponse.

EXPÉRIENCE PRÉLIMINAIRE

Nous avons étayé les deux observations mentionnées dans le paragraphe précédent en soumettant un groupe de sujets à des questions. Nous avons enregistré leurs réponses et repéré la localisation du focus dans ces réponses, en l'absence de la question définissant le contexte. Les types de questions utilisés étaient les suivants.

Actif-passif

Réponse attendue :

Who murdered Abel ?	*Caïn murdered Abel.*
(Qui a assassiné Abel ?)	(Caïn a assassiné Abel.)
Who did Caïn murder ?	*Caïn murdered Abel.*
(Qui Caïn a-t-il assassiné ?)	(Caïn a assassiné Abel.)
Who was Abel murdered by ?	*Abel was murdered by Caïn.*
(Par qui Abel fut-il assassiné ?)	(Abel fut assassiné par Caïn.)
Who was murdered by Caïn ?	*Abel was murdered by Caïn.*
(Qui fut assassiné par Caïn ?)	(Abel fut assassiné par Caïn.)

Réversible

Réponse attendue :

Who rode with Tonto ?	*The Lone Ranger rode with Tonto.*
(Qui chevauchait avec Tonto ?)	(Lone Ranger chevauchait avec Tonto.)
Who rode with the Lone Ranger ?	*Tonto rode with the Lone Ranger.*
(Qui chevauchait avec Lone Ranger?)	(Tonto chevauchait avec Lone Ranger.)
Who did Tonto ride with ?	*Tonto rode with the Lone Ranger.*
(Avec qui Tonto chevauchait-il ?)	(Tonto chevauchait avec Lone Ranger.)
Who did the Lone Ranger rode with ?	*The Lone Ranger rode with Tonto.*
(Avec qui chevauchait Lone Ranger?)	(Lone Ranger chevauchait avec Tonto.)

Douze sujets furent soumis à douze questions, avec la consigne de répondre par une phrase complète. Dans 133 des 144 réponses obtenues, le sujet grammatical était le même que celui de la question. Il n'y avait pas d'écart significatif entre les sujets ($\chi^2 = 1,46$).

L'identification de la place du focus a été faite à deux reprises par l'auteur de l'expérience, la deuxième fois survenant un mois après la première, et une fois par un examinateur indépendant qui ignorait tout de l'expérience. Cet examinateur devait décider lequel des deux noms contenus dans la phrase constituait la réponse à une question antérieure. L'auteur utilisait la même procédure pour repérer la localisation du focus. Le degré de concordance entre chaque série d'identifications et la localisation prédite se révéla significative à 0,001 et varia de 67% dans le cas de l'examinateur, à 81% et 85% pour les deux séries d'identifications faites par l'auteur.

Les sujets ont montré qu'ils se servaient de l'intonation pour indiquer la distribution d'information nouvelle donnée dans leurs réponses, laquelle intonation était récupérable au moyen d'une procédure d'identification applicable sans recours au contexte de la question. Les sujets ont aussi montré qu'ils maintenaient fixe l'ordre d'occurrence du sujet : la réponse conservait habituellement le sujet de la question. On peut maintenant se demander si ces structures, qui se sont révélées judicieuses dans l'analyse de la production du locuteur, interviennent également dans la perception. Une réponse affirmative fournirait un argument pour inclure dans le modèle que le locuteur-auditeur anglophone se fait de l'anglais, la représentation que Halliday propose d'un système d'organisation de l'information.

Il faudrait d'abord faire la preuve que les sujets sont capables, tout comme l'auteur et l'examinateur, de repérer l'élément nouveau dans des réponses entendues hors contexte. Ces phrases pourraient ensuite être présentées dans des contextes trompeurs, c'est-à-dire dans le contexte de questions dont le contenu (l'information qu'elles demandent), ou l'ordre des mots, entraîne certaines prévisions qui seraient ou ne seraient pas entièrement conformes à la localisation réelle du focus. Il s'agirait alors de savoir si les sujets conservent la capacité de choisir l'élément focalisé dans des contextes trompeurs, ou bien si leur identification de la localisation du focus peut être influencée par la prévision sur la distribution d'information.

MATÉRIAUX ET MÉTHODE

Un exemple de chaque phrase a été choisi parmi celles utilisées dans l'expérience préliminaire ; lors des trois essais d'identification, ces exemples avaient fait l'unanimité quant à l'identification du focus conformément à l'endroit prédit, quant à l'ordre d'occurrence fixe du sujet et quant à l'absence d'indice supplémentaire[1]. En tout, dix-huit phrases ont été choisies :

6 phrases réversibles :

3 conditions

Huntley worked with Brinkley.
(Huntley a travaillé avec Brinkley.)

The hare race with the tortoise.
(Le lièvre a fait la course avec la tortue.)

---

1. Dans l'expérience sur la perception, nous ne nous sommes pas servis des phrases auxquelles on avait attribué, dans un quelconque des trois essais d'identification, des indices de localisation du focus autres que le contour d'intonation.

The Lone Ranger rode with Tonto.
(Lone Ranger a chevauché avec Tonto.)

2 contours d'intonation
(focus sur le premier ou le deuxième participant)

12 phrases actives-passives

3 conditions

Nixon defeated Humphrey.
(Nixon a défait Humphrey.)

Caïn murdered Abel.
(Caïn a assassiné Abel.)

Oswald killed Kennedy.
(Oswald a tué Kennedy.)

2 contours d'intonation
(focus sur le premier ou le deuxième participant)

2 ordonnances de mots
(actif ou passif)

Puisque les deux ordonnances de mots possibles pour chaque phrase déclarative réversible sont grammaticalement identiques, nous n'avons utilisé qu'une seule ordonnance pour chaque phrase réversible.

Dix-huit volontaires adultes non rémunérés ont participé à cette expérience[2]. Ils ont été répartis, par la suite, en trois groupes A, B et C.

Première situation

L'auteur disait :

Je vais vous faire entendre des phrases qui sont des réponses à des questions. Par exemple, si la question était :

Who pushed the witch into the oven?
(Qui a poussé la sorcière dans le four ?)

La réponse serait :

Gretel *pushed the witch into the oven.*
(Gretel a poussé la sorcière dans le four.)

---

2. Les sujets étaient des étudiants et des professeurs du collège Wheaton de Norton, au Massachusetts.

Mais vous entendriez seulement la réponse :

Gretel pushed the witch into the oven.

Pouvez-vous me dire quel est, dans cette phrase, le nouvel élément d'information ?

Si le sujet répondait de travers, l'auteur répétait la phrase en exagérant le focus sur Gretel. Si le sujet répondait correctement, l'auteur disait :

> Exact, c'est toujours l'un des deux personnages ou animaux. Je vais donc vous faire entendre ces réponses et vous indiquerez le nouvel élément d'information en écrivant le nom ou sa lettre initiale.

Chaque sujet entendait alors 18 phrases construites selon la même ordonnance. On répétait sur demande.

Deuxième situation

L'auteur disait :

> Je vais maintenant vous faire entendre des paires de questions et réponses, mais la question est parfois appropriée à la réponse et parfois non. Je vous demanderais d'écouter la question et la réponse et, ensuite, de faire la même chose qu'auparavant : déterminer le nouvel élément d'information dans la réponse.

Pour les sujets du groupe C, on insistait sur le fait que leur décision devait être fondée sur la réponse (déclarative) et l'on disait explicitement que la décision *ne devait pas* être fondée sur la question.

Troisième et quatrième situations

La tâche était la même que dans la deuxième situation mais on imposait une tâche additionnelle. Dans la troisième situation, on demandait aux sujets d'écrire le verbe utilisé dans la question. Dans la quatrième situation, les sujets devaient décider si la question était appropriée à la réponse. Si elle l'était, ils devaient l'indiquer par un crochet. Si elle ne l'était pas, ils devaient écrire quelle aurait dû être la question (en écrivant la lettre initiale de chaque mot).

Cinquième situation

C'était la répétition de la première situation. Chaque sujet entendait, par conséquent, selon une procédure aléatoire, deux des trois ordonnances de 18 phrases sans contexte.

La procédure pour les sujets du groupe B était quelque peu différente. Alors qu'on demandait à ceux des groupes A et C de déterminer quel était le nouvel élément d'information, aux six sujets du groupe B on demandait plutôt de déterminer lequel des deux noms de participants dans la phrase avait un accent d'intonation.

Tous les sujets étaient soumis aux cinq situations dans l'ordre. Les sujets (dans A et C) se sont vus demander de déterminer l'intonation en termes de nouvel élément d'information, par suite de l'expérience acquise par l'auteur et l'examinateur indépendant. Ceux-ci avaient trouvé «plus facile» de repérer la place du focus dans les phrases entendues hors contexte quand ils se représentaient la phrase comme une réponse dont ils extrapolaient la question correspondante, évaluant ensuite la conformité de la réponse à cette question.

Nous avons cependant considéré, après examen des résultats chez les six premiers sujets (groupe A) qu'en dépit de la consigne de fonder leur décision selon la réponse et non d'après la question, le fait que la tâche était formulée en termes d'«élément d'information nouvelle» aurait pu embrouiller les sujets en leur faisant fonder leur décision sur l'information demandée dans la question c'est-à-dire sur ce qui, d'après la question, aurait dû être l'élément d'information nouvelle. Les procédures différentes appliquées aux groupes B et C étaient conçues pour contrer cette possibilité. Le groupe B reçut donc l'instruction de localiser le «mot avec l'accent d'intonation» et au groupe C, il fut dit explicitement de ne pas tenir compte de la question.

TABLEAU I

Instructions données à chaque groupe

Groupe sujets	Nouvel élément d'information	Mot avec accent d'intonation	Ne tenez pas compte de la question
A	X		
B		X	
C	X		X

Résultats: première et cinquième situations

Pour chaque groupe et situation, le nombre total de réponses correctes a dépassé 50% avec des marges significatives au moins au seuil 0,05. Un test unilatéral de différences intergroupes n'a révélé aucune différence significative.

TABLEAU II

Réponses correctes dans les situations 1 et 5

	Situation 1 Moyenne	Situation 5 Moyenne
Groupe A (Ss 1 à 6)	13,2**	14,0**(/18)
Groupe B (Ss 7 à 12)	10,8*	12,0**
Groupe C (Ss 13 à 18)	14,5**	14,8**

*   p < 0,05
** p < 0,001

Un test de χ^2 comparant la différence entre le nombre de bonnes et de mauvaises réponses obtenue dans le groupe B et la différence obtenue dans les groupes à qui on avait demandé de localiser l'information nouvelle, s'est avéré significatif au seuil 0,05 ($\chi^2 = 2,76$, df = 1). En situation 1 cependant, les résultats du groupe B restèrent numériquement inférieurs aux résultats des groupes A et C malgré qu'ils se soient accrus en situation 5.

Dans leurs erreurs les sujets du groupe B avaient davantage tendance à choisir le premier nom plutôt que le dernier nom de la phrase. Il est intéressant de noter qu'à une exception près (un sujet qui avait choisi le même nombre de premiers noms dans les deux situations), les sujets des groupes A et C sélectionnaient moins fréquemment en situation 5 qu'en situation 1 le participant mentionné le premier comme localisation d'information nouvelle. En même temps, ces sujets amélioraient la correction de leurs jugements. Il y a donc lieu de croire qu'à mesure qu'ils devenaient plus habiles à localiser le focus, les sujets tendaient également à préférer le dernier élément lexical de la phrase plutôt que le premier.

Bien que les sujets des groupes A et C et les sujets du groupe B accomplissaient la même tâche quand ils réussissaient, et que tous l'ont réussie de façon statistiquement significative, deux différences intéressantes émergent : d'abord les sujets qui se sont vus demander de choisir le nouvel élément d'information ont mieux réussi que ceux qui devaient choisir le mot ayant l'accent d'intonation. On peut cependant considérer que cette dernière instruction fournit une description plus précise de la nature de l'input acoustique qu'on demande aux sujets de traiter. L'instruction de choisir l'information nouvelle implique une analyse de la fonction de l'information dans le message, et cette procédure est vraisemblablement subséquente à une analyse acoustique de la matière verbale. Ensuite, les sujets A et C ne se sont pas trompés de la même façon que les sujets B. Les réponses des sujets réussissant le mieux (A et C) étaient plus également réparties entre les premiers et derniers noms dans la phrase, tandis que les sujets B ont manifesté une préférence marquée à choisir le premier mot comme étant celui qui était accentué ; dans leurs erreurs la préférence allait au premier plutôt qu'au dernier mot dans une proportion de 8 contre 1.

Segal (1969) rapporte que lorsqu'on leur demandait de nommer le mot le plus important d'une phrase, les sujets tendaient à choisir le premier mot. Dans des études préliminaires à celles qui sont rapportées ici, les sujets entendaient des phrases à peine audibles et accompagnées de bruits parasites et ils devaient identifier le mot accentué. Eux aussi avaient tendance à préférer le premier mot de la phrase. Il semble que dans des conditions d'incertitude, lorsque le stimulus est embrouillé ou bien que les possibilités sont ambiguës ou difficiles à établir, les sujets repèrent le premier mot lexical de la phrase et l'identifient comme l'élément prédominant. Cette réaction est conforme à la notion de thème (le premier mot de la proposition) selon Halliday, comme étant «ce dont parle le locuteur». Dans une phrase tout à fait inédite, c'est-à-dire sans contexte linguistique ou extralinguistique pour orienter l'auditeur, le thème est extrêmement important comme point de repère à partir duquel l'interprétation de la phrase peut s'effectuer.

Il est clair que l'instruction B était plus difficile à suivre dans un sens. Les remarques qu'ont faites plusieurs sujets indiquent qu'une performance réussie peut avoir dépendu de l'extrapolation d'une question à partir de la réponse, et de l'évaluation de cette combinaison question-réponse quant à sa plausibilité. On a déjà mentionné que l'auteur et l'examinateur indépendant avaient, eux aussi, trouvé cette technique utile. Les sujets B ayant reçu l'instruction de choisir le nom ayant l'accent d'intonation ont été par conséquent induits en erreur en essayant d'analyser la réponse du point de vue acoustique, analyse pour laquelle ils n'étaient pas équipés. Ils en sont donc revenus à une stratégie fondée sur l'identification du premier mot comme étant l'élément le plus important et, de ce fait, le plus en évidence.

Résultats: deuxième, troisième et quatrième situations

La situation 2 n'exigeait pas des sujets qu'ils prêtent attention au contexte de la question, alors que les situations 3 et 4 imposaient cette opération. Les deux types de situation ont été utilisés afin de s'assurer que les sujets n'ignoreraient pas complètement le contexte de la phrase. Si les sujets prêtaient attention au contexte, même en situation 2, il serait possible d'évaluer l'effet du contexte à la fois en présence et en l'absence d'instruction d'y prêter attention : une telle instruction accroîtrait-elle l'effet du contexte sur le choix de la réponse ?

Les jugements d'identification de la localisation du focus, à savoir l'information nouvelle pour les groupes A et C, et le mot ayant l'accent d'intonation pour le groupe B, ont été mesurés (1) d'après la correction (selon la conformité à la localisation du focus dans l'étude préliminaire et selon l'identification faite par l'auteur et l'examinateur indépendant) ; (2) d'après le choix de l'ordre des mots (la position du nom choisi dans la réponse : premier ou dernier nom) ; (3) selon que le nom choisi constituait ou pas la réponse appropriée à la question et (4) selon que, dans la réponse, ce nom apparaissait ou pas dans la position appropriée à l'ordre des mots dans la question.

Nous référerons aux deux critères énoncés en (3) et (4) ci-dessus en termes de nom-Q et de position-Q ; la réponse choisie par le sujet peut être appropriée à la question-stimulus par rapport au nom-Q et par rapport à la position-Q. Lorsque le sujet donne comme réponse le nom requis par la question, sa réponse est appropriée par rapport au nom-Q. Par exemple, pour la question-réponse stimulus :

(4) *Who killed Kennedy ?*
(Qui a tué Kennedy ?)
Oswald killed Kennedy.
(Oswald a tué *Kennedy*.)

la réponse «Oswald» serait appropriée par rapport au nom-Q tandis que la réponse correcte «Kennedy» serait inappropriée dans ce cas.

Lorsque le nom de personnage choisi est celui qui se trouve dans la phrase-réponse là où on s'attend à trouver le sujet superficiel de la phrase (selon cette tendance, déjà mentionnée, à conserver le même sujet superficiel que la question dans la phrase-réponse), la réponse est dite appropriée par rapport à la position-Q. Pour le couple question-réponse :

(5) *Who killed Kennedy ?*
Oswald killed Kennedy.

la réponse «Oswald» est appropriée par rapport à la position-Q, tandis que dans ce cas la réponse correcte «Kennedy» ne l'est pas. Dans l'exemple :

(6) *Who killed Kennedy ?*
Kennedy *was killed by Oswald.*

la réponse «Oswald n'est pas appropriée par rapport à la position-Q, tandis que la réponse «Kennedy» l'est, puisque dans la phrase-réponse elle apparaît dans la position qu'occuperait l'élément d'information demandé par la question, si l'ordre des mots dans la phrase-réponse respectait la règle de la conservation du sujet superficiel.

Dans les situations faisant appel au contexte, les sujets ont obtenu un taux de succès élevé dans leurs jugements sur la localisation du focus.

TABLEAU III
Réponses correctes (+) VS incorrectes (-)
dans les situations référant au contexte

	Total		Situation 2		Situation 3		Situation 4	
	+	−	+	−	+	−	+	−
Groupe A	256	176***	84	60***	85	59*	87	55***a
Groupe B	275	157***	98	46***	92	52***	85	58*b
Groupe C	326	106***	107	37***	114	30***	105	39***

* $p < 0,05$
** $p < 0,01$
*** $p < 0,001$
a : deux réponses ont été omises dans le groupe A en situation 4
b : trois réponses ont été omises dans le groupe B en situation 4

Dans toutes les situations, les trois groupes de sujets ont obtenu plus de réponses correctes qu'incorrectes, et plus de réponses appropriées qu'inappropriées, à la fois par rapport au nom-Q et à la position-Q. Les résultats quant à la correction étaient toujours significatifs au moins au seuil 0,05. Le taux de réponses appropriées par rapport au nom-Q fut non significatif à 0,05 seulement qu'une fois, pour le groupe B en situation 3.

TABLEAU IV
Taux de noms-Q appropriés (+) VS inappropriés (-)

	Total		Situation 2		Situation 3		Situation 4	
	+	−	+	−	+	−	+	−
Groupe A	357	75***	122	22***	119	25***	116	26***a
Groupe B	255	177***	94	50***	78	66	83	60*b
Groupe C	294	138***	103	41***	92	52***	99	45***

* $p < 0,05$
** $p < 0,01$
*** $p < 0,001$
a : voir tableau III
b : voir tableau III

Le taux de réponses appropriées par rapport à la position-Q ne fut pas significatif au seuil 0,05 dans les trois situations pour le groupe A, et dans les situations 2 et 3 pour le groupe B. Cependant, pour le groupe C, dans toutes les situations, les résultats étaient significatifs au seuil 0,01 ; pour tous les groupes, les totaux étaient significatifs au moins à 0,05.

TABLEAU V

Taux de positions-Q appropriées (+) VS inappropriées (-)

	Total		Situation 2		Situation 3		Situation 4	
	+	–	+	–	+	–	+	–
Groupe A	232	200*	78	66	79	65	75	67[a]
Groupe B	240	192*	85	59*	78	66	77	66[b]
Groupe C	263	169***	87	57**	88	56**	88	56**

```
 *    p < 0,05
 **   p < 0,01
 ***  p < 0,001
 a : voir tableau III
 b : voir tableau III
```

Quand les réponses d'un sujet étaient fortement biaisées dans le sens du nom-Q approprié, lors d'une évaluation préliminaire faite au moment où le sujet se trouvait encore sur place, on lui demandait s'il aurait fondé ses réponses sur la phrase-réponse et non sur la question. En général, les sujets étaient surpris d'apprendre que leurs réponses étaient ainsi biaisées et ils soutenaient qu'ils avaient formé leurs jugements uniquement sur la façon dont ils avaient entendu la phrase-réponse.

Bien que tous les sujets aient été avertis d'identifier l'information nouvelle (A et C) ou le mot ayant l'accent d'intonation (B) seulement d'après la phrase-réponse (déclarative), et que les sujets du groupe C aient été expressément prévenus de ne pas se laisser influencer par la question dans le choix de leur réponse, le groupe C s'est montré plus sensible au contexte que les groupes A et B par rapport à la position-Q. Dans les trois situations le groupe C a obtenu un taux significatif à 0,01, tandis qu'un seul autre groupe, B, a atteint un taux significatif à 0,05, et dans une seule situation (2), par rapport à la position-Q appropriée. Par rapport au nom-Q approprié, cependant, les taux du groupe A étaient constamment plus élevés que ceux du groupe C, quoique les deux groupes aient eu des taux significatifs à 0,001. Même si les taux du groupe B sont semblables à ceux du groupe A par rapport à la position-Q, le groupe B a obtenu les taux les plus bas par rapport au nom-Q.

La comparaison des performances du groupe C et du groupe A, étant donné la même instruction de localiser l'élément d'information nouvelle mais avec insistance pour le groupe C d'ignorer la question, soulève la possibilité suivante : les sujets C, dans leur effort conscient pour ne pas se laisser guider par la question, c'est-à-dire en essayant de ne pas prendre comme indice de l'information nouvelle dans la phrase-réponse le nom sur lequel portait la question (obtenant ainsi des taux plus bas que le groupe A par rapport au nom-Q), n'en auraient pas moins été influencés par la relation formelle entre la forme de la phrase-question et la forme de la phrase-réponse (la position-Q).

Leur effort pour ne pas tenir compte de la question s'est traduit, dans le cas du nom-Q, par des taux plus bas que ceux du groupe A, pour qui l'obligation d'ignorer la question n'était pas aussi contraignante, mais dans le cas de la position-Q, loin d'être sensiblement plus bas, ces taux étaient en fait supérieurs à ceux du groupe A.

Les tables et l'examen des résultats ci-dessus font voir en quoi se ressemblent les performances numériques des trois groupes, en quoi elles tendent toutes à être correctes et appropriées. Par contre, en ce qui regarde l'ordre des mots dans la réponse donnée, une différence apparaît entre les réponses des sujets B et les réponses des sujets A et C.

TABLEAU VI
Ordre des mots dans la réponse

	Total		Situation 2		Situation 3		Situation 4	
	1er nom	2e nom	1er nom	2e nom	1er nom	2e nom	1er nom	2e nom
Groupe A	202	225	68	76	69	75	68	74[a]
Groupe B	302	129***	94	50**	105	39***	103	40***[b]
Groupe C	181	251***	57	87**	62	82	62	82

* $p < 0,05$ (p est unilatéral, fondé sur la prédiction d'un biais
         en faveur du 2e nom pour les groupes A et C, et en faveur
         du 1er nom pour le groupe B)

** $p < 0,01$

*** $p < 0,001$

a : voir tableau III

b : voir tableau III

Dans toutes les situations, les sujets ayant à localiser l'élément d'information nouvelle avaient tendance à choisir le deuxième nom de la phrase plutôt que le premier, malgré que cette tendance ne se soit pas du tout révélée significative pour le groupe A et que, pour le groupe C, elle n'ait été significative que dans la situation 2 et pour le total de toutes les situations. Les sujets du groupe B tendaient à choisir le premier nom, de préférence au second, comme étant celui qui avait l'accent d'intonation, préférence qu'ils gardaient aussi dans les situations non contextuelles.

Les instructions supplémentaires fournies dans les situations 3 et 4 ne semblent pas avoir entraîné, chez les sujets, une plus grande attention au contexte : les résultats déjà présentés montrent clairement qu'il y avait, en situation 2, un effet de contexte comparable à celui qui se produisait dans les deux autres situations faisant appel au contexte. Afin de déterminer si le type de situation avec contexte avait un effet sur l'attention que les sujets portaient au contexte, le taux de réponses appropriées par rapport au nom-Q a été soumis à un test χ^2 pour deux échantillons indépendants et pour chaque groupe ; les trois situations ont été comparées et aucune différence entre les situations avec contexte n'a été constatée dans ce cas.

Il est clair que le contexte, en termes de l'information demandée par la question et en termes de l'ordre des mots approprié dans la réponse à la question, avait un effet sur le choix de la réponse pour les sujets devant identifier l'élément d'information nouvelle ainsi que pour ceux qui devaient localiser le mot ayant l'accent d'intonation. Cet effet était plus grand sur les sujets ayant à localiser l'élément d'information nouvelle, mais il s'exerçait aussi sur les sujets devant repérer le mot qui avait l'accent d'intonation.

On peut considérer que le contexte constitué par la question a engendré des prédictions quant à (1) la nature de l'information que devait donner la réponse (le nom-Q) et (2) la position que devait occuper cette information (la position-Q).

Pour le groupe A, le nombre de noms-Q appropriés était beaucoup plus grand que le nombre de positions-Q appropriées, tandis que pour le groupe C la différence entre ces deux facteurs était mince. Il possible que les deux aient agi indépendamment. De plus amples recherches sur cette question sont toutes indiquées.

CONCLUSION

Les sujets avaient déjà démontré qu'ils se servaient de l'intonation pour indiquer l'organisation de l'information dans leurs réponses aux questions. Cette expérience a prouvé que des sujets naïfs pouvaient identifier le mot accentué dans les phrases entendues hors contexte et cela s'est vérifié, quelle que soit la formulation de l'instruction : en termes d'identification ou de l'information nouvelle ou du mot accentué. Les sujets ayant reçu la seconde instruction ont moins bien réussi et ils ont eu tendance, contrairement aux deux autres groupes, à choisir, comme localisation de l'accent d'intonation, le premier élément lexical dans la phrase. Cette tendance s'est aussi manifestée dans les situations avec contexte.

Les sujets ont gardé, à un degré significatif, la capacité de choisir le mot focalisé dans des phrases entendues dans le contexte de questions qui, trois fois sur quatre, étaient trompeuses au moins en partie. Mais en même temps, l'influence du contexte de la question sur le choix des réponses s'est fait sentir chez tous les groupes. Les sujets ont choisi comme localisation du focus le nom demandé par la question plus souvent que l'autre nom. Ils se guidaient aussi sur l'ordre des mots dans le choix du mot focalisé, ce qui les induisait en erreur lorsque l'ordre des mots n'était pas approprié à la question. La première tendance s'est révélée significative dans presque tous les cas, tandis que la seconde a été moins souvent significative.

Non seulement les choix de l'ordre des mots et de l'intonation faits par les locuteurs anglophones (dans l'expérience préliminaire) peuvent-ils être décrits en termes de distribution d'information, il appert également que la connaissance des fonctions que l'ordonnance des mots et le contour d'intonation remplissent dans l'organisation de l'information, intervient dans la perception. La théorie de Halliday selon laquelle la signalisation de la distribution d'information nouvelle et ancienne se fait par le choix du contour d'intonation reçoit ainsi une certaine confirmation.

LES PROPRIÉTÉS GRAMMATICALES DES PHRASES COMME BASE DE FORMATION DE CONCEPT*

William J. Baker
Gary D. Prideaux
Bruce L. Derwing

Nous avons mené une étude de formation des concepts en utilisant des ensembles de phrases formulées selon huit structures syntaxiques différentes et prises comme catégories-cibles. Ces catégories étaient constituées de toutes les combinaisons de voix (active ou passive), de mode (déclaratif ou impératif) et de modalité (affirmative ou négative). Nos sujets étaient 32 étudiants de la fin du secondaire qui ont subi à titre de volontaires des tests contrôlés par ordinateur. Les sujets ont été capables de former des concepts en se fondant uniquement sur les types de phrases plutôt que sur le contenu sémantique, mais l'analyse des erreurs commises au cours de l'apprentissage a montré que le sujet réagissait à la signification sémantique des différences de types plutôt qu'aux différences de structures proprement dites. Nous discutons des implications que cela entraîne pour la formulation grammaticale et l'interprétation des recherches psychologiques.

INTRODUCTION

Depuis longtemps les grammairiens ont tenté, dans leurs descriptions des diverses langues, de développer des théories formelles des relations syntaxi-

---

* Traduction de l'article «Grammatical properties of sentences as a basis for concept formation», paru dans le *Journal of Psycholinguistic Research*, vol. 2, n° 3, 1973.

ques entre différents types de phrases et, ces dernières années, les psychologues se sont intéressés à certaines formulations des grammairiens, dans l'espoir qu'elles pourraient être d'une utilité psychologique. Cette interaction a donné lieu à une critique salutaire des méthodes et principes théoriques des deux disciplines, de sorte que les tentatives en vue d'associer la description grammaticale à un contenu empirique sont devenues un domaine d'activité fondamental pour la recherche psycholinguistique. Cependant, la formulation de modèles de recherche qui permettraient d'évaluer de façon adéquate les objectifs légitimes des deux disciplines s'est révélé un problème complexe et subtil.

Historique du problème

Dans le cadre de la théorie transformationnelle de la grammaire – mais sans implication voulue quant à l'usage ou à la production du langage – Chomsky (1957) proposait de dériver les phrases passives, négatives et interrogatives de phrases noyaux (actives, déclaratives, affirmatives) au moyen de transformations facultatives décrivant les relations syntaxiques de la langue. Cette solution était présentée comme un mécanisme efficace pour simplifier la grammaire puisque l'obligation d'inclure explicitement tous les types de phrases comme tels se trouvait éliminée. Tout ce qui était requis pour produire les phrases d'une langue, c'était la forme noyau plus les transformations appropriées.

On avait noté que de telles transformations affecteraient aussi le sens de la phrase noyau, mais les questions sémantiques n'étaient pas considérées comme judicieuses dans la formulation originale de la théorie. Cependant, discutant des mêmes relations, Katz et Postal (1964) insistaient sur la nécessité de tenir compte des implications sémantiques et maintenaient également, pour des raisons purement syntaxiques, que les phrases négatives, interrogatives et passives ne devaient pas être dérivées de la même structure sousjacente que celle de la déclarative simple. Par conséquent, selon leur analyse, les passives, les négatives et les interrogatives différaient des phrases déclaratives simples au niveau de la «structure profonde».

Clifton et Odom (1966) analysèrent la conception de Chomsky et celle de Katz-Postal du point de vue de ce que chacune impliquerait, si on l'interprétait comme un modèle du degré de relation entre les types de phrases tels que les usagers de la langue les percevraient. Ils tentèrent alors d'associer des données de comportement au degré de relation que prédiraient les théories grammaticales formelles. Ce fut la plus approfondie de plusieurs investigations psychologiques (Miller, 1962 ; Mehler, 1963 ; Fillenbaum, 1970) sur les relations entre les membres d'une «famille de phrases».

Relations entre types de phrases

On a généralement considéré que cette «famille de phrases» comprenait huit membres : la phrase noyau (K^1), la passive (P), la négative (N), l'interrogative (I), la passive négative (PN), la passive interrogative (PI), la négative interrogative (NI) et la passive négative interrogative (PNI). Une telle classification suppose clairement que les transformations passive, négative et interrogative sont «ajoutées» à la forme noyau. Cela implique que la phrase noyau est la plus fondamentale ou, dans un certain sens, le membre le plus simple de la famille de phrases. Bien que dans un ouvrage ultérieur (1965) Chomsky ait dénié à la phrase noyau tout statut privilégié, la formulation de Miller-Chomsky (1963, p. 480), qu'on en est venu à désigner par la «théorie de la complexité dérivationnelle», impliquait clairement un tel statut.

Cette conception, selon laquelle une phrase est d'autant plus complexe que sa dérivation requiert plus de transformations, conduisit Miller (1962) à essayer d'associer l'accroissement du temps de traitement de la phrase (mesuré en termes de temps de récupération, de tâches de mémorisation, etc.) à la complexité prédite par la grammaire générative. On alla même jusqu'à émettre l'idée (Mehler, 1963) que les phrases pouvaient être stockées en mémoire sous forme de noyau avec, en plus, des unités de mémoire séparables pour les indicateurs syntaxiques P, N ou I, selon le cas.

Ces hypothèses initiales d'une forte correspondance entre une grammaire et des processus psychologiques ont été abandonnées (Bever, 1971 ; Fodor et Garrett, 1966 ; 1967). Watt (1971), en particulier, a durement critiqué la théorie de la complexité dérivationnelle. Watt mentionne nombre d'échecs ayant trait à la corroboration d'une telle théorie et il établit que les variables psychologiques ayant un rapport direct avec les paramètres linguistiques ont été, au mieux, intangibles.

Évidemment, les notions grammaticales formelles n'ont été nécessairement élaborées dans un dessein de «réalité psychologique», lequel aspect n'a

---

1. K : de l'anglais «Kernel», afin de ne pas confondre avec le N symbolisant les négatives. [N.d.t.]

jamais non plus été considéré comme un type de contrainte sur ce qui pourrait être postulé à titre de grammaire. Ainsi que Miller l'a noté dans sa discussion (1962, p. 758):

> Parmi les linguistes — qui semblent compter énormément sur leurs intuitions linguistiques, sur des contre-exemples logiques et sur le recours à l'économie et l'élégance de la simplicité — les arguments peuvent parfois devenir assez acerbes. Et il n'est en aucune façon évident a priori que la description formelle des données linguistiques la plus économique et la plus efficace, constituera nécessairement une description du processus psychologique en cause lorsqu'une phrase grammaticale est réellement émise ou entendue.

L'âpreté du débat découle probablement de la subjectivité inhérente de concepts comme «le plus économique» ou «le plus simple», c'est-à-dire de l'absence d'un critère extrinsèque, objectif, qui déciderait de la valeur du résultat.

Un des problèmes de base touchant les relations entre les phrases réside peut-être dans la manière dont on a originalement formulé la question. On devrait reconnaître qu'une phrase anglaise n'est pas passive ou non passive: elle est soit passive soit active. En d'autres termes, elle doit avoir l'une ou l'autre voix. De même, une phrase doit avoir un mode — le plus souvent déclaratif ou interrogatif — et une modalité, affirmative ou négative. Cela incite à croire que, plutôt que de choisir entre ajouter ou ne pas ajouter une transformation passive, le locuteur doit opter pour l'une ou l'autre voix, et de même pour le mode et la modalité. Évidemment, les choix sont dictés par l'intention du locuteur de communiquer un sens spécifique, qui prend une forme syntaxique particulière dans une langue donnée.

Le codage des membres de la famille de phrases donné auparavant est d'usage courant dans la littérature, mais nous proposons ici une révision, esquissée dans le tableau I, dans laquelle chaque type de phrase est défini, indépendamment, en termes de sa voix, de son mode et de sa modalité. Ce symbolisme ne renferme aucune implication a priori quant à une plus grande ou une moindre complexité, et nous montrerons qu'il suggère des schémas d'analyse qui n'étaient pas si évidents dans la formulation PNI. Il y a, bien sûr, des complications, que ce soit avec l'un ou l'autre schéma, en ce qui concerne la fréquence d'occurrence des divers types dans le langage; la fréquence peut rendre compte de l'aisance relative à traiter les phrases, indépendamment de toute notion de complexité. Il s'agit ici de commencer sans postulats préalables sur le degré de relation et de laisser aux données recueillies par expérimentation le soin de révéler ce en quoi pourrait consister un modèle valable, du point de vue de l'usager de la langue.

Études expérimentales sur la «famille de phrases»

S'inspirant des travaux de Miller (1962), Mehler (1963) interpréta les résultats de sa recherche sur les relations entre types de phrases comme l'indication que les sujets analysent les phrases en une composante sémantique accompagnée de «corrections» syntaxiques. Il semble maintenir que la composante sémantique en soi est représentée par la forme noyau de la phrase (ADF[2]) et que les corrections syntaxiques sont les transformations P, N et I du grammairien générativiste. Il fonde cette interprétation sur les données qui montrent que lorsqu'on demande aux sujets de mémoriser huit phrases différentes, une dans chacune des huit formes syntaxiques, ils ont tendance à se les remémorer sous une forme «plus simple», et souvent sous la forme noyau. Pourtant, peut-on dire que les sujets qui se souviennent d'une phrase comme *Jean a frappé la balle*, mais qui oublient la «correction syntaxique négative» ont, malgré tout, retenu le contenu sémantique? La syntaxe et la sémantique peuvent-elles réellement être ainsi départagées alors qu'il est admis que les changements syntaxiques correspondent aux changements sémantiques? Jusqu'à quel point le fait de forcer un sujet à mémoriser une suite de huit phrases sémantiquement sans rapport, aux formes syntaxiques qui varient arbitrairement, empêche-t-il d'une part le traitement normal du langage et, d'autre part, la concentration sur les relations syntaxiques?

Clifton et Odom (1966) ont étudié la confusion entre des types de phrases lors d'une tâche de reconnaissance (leur deuxième expérience) qui entraîne une perturbation analogue des processus. Cette tendance à la confusion dans la reconnaissance de types préalablement mémorisés fut considérée comme l'indice d'une «similitude» de types, quoique dans leur compte rendu «similitude» soit resté essentiellement obscur en tant que concept. Les données sont interprétées comme si elles concernaient seulement la similitude *syntaxique*, mais la similitude *sémantique* doit certainement être aussi intervenue. En fait, leur explication de la «proximité» démontrée entre les questions affirmatives et négatives s'entend aussi aisément du point de vue sémantique que syntaxique. Dans leur première expérience, Clifton et Odom demandaient simplement aux sujets de classer les membres de la famille de phrases selon leur similitude avec divers autres membres de l'ensemble, en leur disant d'accomplir la tâche «en fonction de leur interprétation du concept de **similitude**» (1966, p. 10). Les sujets naïfs s'en remettent presque

---

2.   ADF : active déclarative affirmative. [N.d.t.]

invariablement à un ensemble sémantique pour ce genre de tâche, et cela semblerait être l'analyse la plus évidente pour l'interprétation de leurs résultats.

Lors de ces expériences, le sujet se voit évidemment présenter des phrases effectivement réalisées. Ce sont ces phrases-là qu'il contraste ou confond. Si l'on considère le nombre de changements structuraux qui doivent être accomplis (en termes linguistiques, le nombre d'opérations élémentaires), la différence entre la phrase noyau et la phrase passive devrait être beaucoup plus grande qu'entre la phrase noyau et la phrase négative – si les jugements reposent sur une base purement syntaxique – et cependant, on ne trouve pas de résultat semblable dans ces études. Au contraire, les données sont bien plus en accord avec la position sémantique selon laquelle les phrases actives et passives diffèrent beaucoup moins par le sens que les affirmatives et négatives. Cela est vrai, tout au moins, lorsque les phrases sont présentées sans contexte, de sorte que les phénomènes supra-phrastiques comme le focus ne sont pas considéré.)

Fillenbaum (1970) a fait remarquer que les recherches qui ont recours à la mémoire comme processus ne font qu'embrouiller un problème déjà compliqué, car: «… il est très possible que la façon dont une phrase est analysée et emmagasinée lors d'une tâche de mémorisation du genre de celle utilisée plus haut, soit différente sur plusieurs points importants de la façon dont elle est traitée lors d'une tâche qui exige la pleine compréhension de la phrase, et sa discrimination par rapport à d'autres phrases apparentées».

Fillenbaum plaide ensuite en faveur d'une approche plus directe pour évaluer la similitude et fait la démonstration de trois méthodes, d'orientation résolument sémantique, auxquelles irait sa préférence pour analyser les relations entre les types de question Oui/Non. Il s'est servi d'instructions demandant de paraphraser, de porter des jugements d'équivalence entre les questions de forme affirmative et négative et des jugements sur ce que les locuteurs attendent de telles questions. Il note que «ces tâches forcent toutes le sujet à analyser soigneusement les phrases qui lui sont présentées et à prendre garde aux nuances ainsi qu'aux subtiles différences de signification» (1970, p. 233).

Avec ses méthodes, Fillenbaum a pu différencier entre les questions affirmatives et négatives, là où Clifton et Odom laissaient penser qu'il y avait peu ou pas de différence. Cela peut vouloir dire que la différence, bien qu'elle existe, est mince en comparaison des différences parmi les autres types considérés dans l'étude de Clifton et Odom; mais plus fondamentalement, il est difficile de voir le rapport direct de l'une ou l'autre approche avec l'évaluation d'une grammaire. Les résultats de Fillenbaum sont caractérisés par une nette orientation sémantique et les données de Mehler et de Clifton et Odom sont sans doute fortement biaisées dans ce sens également. Ce serait seulement dans la mesure où le degré de variation sémantique perçu coïncide avec un certain nombre de changements syntaxiques qu'on pourrait attribuer à ces études une quelconque utilité dans l'analyse d'une grammaire. L'exemple cité plus haut sur les processus grammaticaux de la négation et de la passivation ne donne pas beaucoup de plausibilité à cette hypothèse.

Fondements de la présente étude

Il est très improbable que syntaxe et sémantique puissent être effectivement dissociées (voir Schlesinger, 1971), en particulier chez des sujets naïfs (c'est-à-dire des sujets sans aucun entraînement linguistique) ; il semble même difficile de donner à la syntaxe priorité de considération. En même temps que cette interaction s'impose avec évidence dans la recherche psychologique, les grammairiens aussi deviennent plus sensibilisés au problème (voir, par exemple, Fillmore, 1966 ; 1968). On introduit des arguments sémantiques comme facteurs de décision dans divers choix de tournures syntaxiques ; Schlesinger (1971, p. 63-101) a donné une illustration élémentaire de ce genre d'approche.

Il ne fait pas de doute que les deux facteurs doivent être considérés dans l'analyse des données de langue, mais c'est une autre histoire que de savoir s'ils devraient, ou s'ils pourraient logiquement, être amalgamés dans une grammaire. La question est hors du sujet de cet article. Notre préoccupation a été de développer une méthode de comparaison des types de phrases qui, au moins, éliminerait la mémoire comme variable parasite et minimiserait le rôle du contenu lexical, en forçant le sujet à se concentrer sur les traits syntaxiques spécifiques aux phrases qu'il aurait à traiter. C'est seulement de cette façon que les données résultantes pourraient contribuer à fournir un critère extrinsèque et objectif d'évaluation des modèles syntaxiques du grammairien formaliste.

Les tâches de «formation de concept[3]» semblent constituer l'approche la plus prometteuse. On peut utiliser cette procédure, par un processus de ren-

---

3. Le terme «formation de concept» n'indique pas ici un processus abstrait, mais simplement une technique expérimentale bien connue. Comme l'indique l'emploi de ce terme dans le présent article, le sujet accomplit une tâche de classification au moyen de concepts dont il dispose déjà.

forcement sélectif, pour amener le sujet à diriger son attention sur des aspects particuliers d'un ensemble de stimuli, à l'exclusion de tout autre aspect qui n'aurait pas entièrement rapport aux traits pris comme cibles. Le but de notre étude est d'engendrer par cette méthode, des données servant à évaluer les relations entre les types de phrases et d'examiner les implications de ces données pour l'analyse grammaticale.

MÉTHODE

Nous avons préparé un ensemble de 128 phrases à partir de seize contenus sémantiques de forme «Sujet-Verbe-Objet» simple, chacun d'eux apparaissant dans huit constructions grammaticales qui représentent toutes les combinaisons possibles de voix (active ou passive), de mode (déclaratif ou interrogatif) et de modalité (affirmative ou négative). Nous avons fait varier les verbes systématiquement en fonction de quatre «temps» grammaticaux (présent à la forme progressive, passé à la forme progressive, passé et futur) de sorte que chaque combinaison grammaticale apparaissait seize fois à chaque temps, et chaque contenu apparaissant huit fois à chaque temps, une fois pour chaque construction grammaticale.

L'ensemble des phrases a été codé et mis sur ordinateur selon un ordre aléatoire, lequel excluait cependant la répétition immédiate d'un même contenu ou d'une même forme grammaticale. La même liste a été présentée à tous les sujets. Le programme a été écrit en APL pour un système terminal IBM 360/67, de façon à contrôler les instructions données au sujet et la présentation des stimuli[4]. Le sujet était assis au clavier d'un terminal sur lequel il lisait les instructions générales pour l'expérience, à mesure que l'ordinateur les imprimait.

Essentiellement, on disait au sujet qu'il s'agissait d'une expérience en vue de déterminer s'il était capable de détecter des groupes de phrases ayant en commun une ou des propriétés particulières, en se fondant sur ses estimations subjectives et sur les corrections que lui fournirait l'ordinateur. On lui donnait un échantillon de huit phrases (dont le contenu différait du contenu de celles inscrites sur la liste utilisée dans l'expérience proprement dite) et on lui montrait comment on pouvait former divers genres de classes en se fondant sur le contenu de la phrase, le temps du verbe, la voix, le mode, la moda-

---

4.   C'est J. Raymond Reid, assistant de recherche aux talents peu ordinaires, qui a fait toute la programmation et mené son exécution.

lité ou sur des combinaisons de ces schémas de classification à niveau unique, double et triple. Le sujet avait la permission de poser des question à l'expérimentateur pour plus ample clarification, mais les instructions se révélèrent généralement suffisantes pour la tâche.

Dans l'expérience proprement dite, le sujet lisait chaque phrase à mesure qu'elle était imprimée par l'ordinateur. Après la présentation de chaque phrase, le sujet recevait l'instruction de deviner si, oui ou non, la phrase imprimée constituait l'une des classes à détecter. Puisqu'au début, il n'avait rien sur quoi fonder un jugement, l'instruction était de taper «non» après chaque phrase. Si l'ordinateur répondait «correct», il devait continuer dans la même voie. Lorsque l'ordinateur répondait «faux», il savait qu'un type-cible avait été identifié. On lui disait de l'examiner et ensuite de répondre «oui» dans les essais subséquents chaque fois qu'il penserait qu'un autre type-cible avait été présenté.

Étant donné que l'ordinateur ne présentait pas la phrase suivante dans la liste avant que le sujet n'ait réagi à la phrase déjà soumise, chaque sujet déterminait le rythme de la tâche. Assis devant le terminal, il pouvait voir au plus deux des phrases précédentes. On ne lui permettait pas de regarder au-delà. Les membres d'une même classe-cible étaient si espacés que jamais deux d'entre eux n'étaient visibles en même temps. Le sujet était prévenu qu'il devait poursuivre sa tâche jusqu'à ce qu'il ait correctement répondu «oui» ou «non» pour 24 phrases consécutives. À ce moment-là, l'ordinateur indiquait que le sujet avait terminé et le problème était considéré comme résolu. Tous les sujets qui ont fourni les données de la principale analyse dans cette étude, ont satisfait à ce critère. Douze étudiants furent incapables de terminer l'expérience ; leurs données ont été examinées séparément.

En tout, 32 étudiants des classes plus avancées du secondaire ont complété la tâche[5], quatre pour chacune des huit possibilités de classes grammaticales à triple niveau identifiées dans le tableau I. Les données ont été compilées en termes du nombre total d'essais qu'il a fallu pour satisfaire au critère imposé et aussi, en termes des types de réponses en tant que fonction des erreurs commises en répondant.

---

5.   Les auteurs sont reconnaissants envers les étudiants du Jasper Place Composite High School (Edmonton, Alberta), M. Meyer, leur directeur et M. McCaslin. Leur coopération a été essentielle pour notre recherche.

TABLEAU I

Sigles des types de phrases utilisés dans cette étude

Sigle	Voix	Mode	Modalité	Anciens symboles
ADF	Active	Déclarative	Affirmative	K
ADN	Active	Déclarative	Négative	N
AIF	Active	Interrogative	Affirmative	Q
AIN	Active	Interrogative	Négative	NQ
PDF	Passive	Déclarative	Affirmative	P
PDN	Passive	Déclarative	Négative	PN
PIF	Passive	Interrogative	Affirmative	PQ
PIN	Passive	Interrogative	Négative	PNQ

Du fait qu'une catégorie syntaxique donnée apparaissant sous seize contenus différents avec des variations dans le temps des verbes, le tout enchâssé dans une liste de 128 phrases, le sujet ne pouvait pas compléter la tâche en mémorisant les phrases. Il devait extraire des phrases désignées comme membres de la classe-cible les traits qu'elles avaient en commun. Dans chaque cas, les traits communs se limitaient à un aspect pour la voix, le mode et la modalité. Les entrevues après l'expérience démontrèrent que c'était là l'unique façon dont le problème avait été résolu, même pour les sujets qui ignoraient les noms techniques des propriétés qu'ils avaient extraites.

RÉSULTATS

La mesure de performance habituelle dans une étude de formation de concept réside dans le nombre d'essais requis pour satisfaire à un critère donné. Dans cette étude, un essai consistait en la présentation d'une phrase et en une réponse ; le critère était fixé à 24 réponses correctes consécutives. Les sujets firent preuve d'une grande variation. Selon cette mesure les différences entre les sujets se révélèrent très grandes, allant d'un minimum de 34 essais à un maximum de 202 essais. Nous n'avons pu déceler aucune relation entre cette mesure de performance grossière et la sélection des classes-cibles.

Cependant, des différences intéressantes ressortent clairement lorsqu'on classe les données en termes de la distribution des réponses positives, exprimée en pourcentage d'essais-par-rapport-au-critère pour chaque sujet. Seulement une phrase sur huit (12,5%) constituait un membre de l'ensemble-cible mais, évidemment, des réponses positives qui étaient fausses se sont produites. Toutes les fois qu'un sujet donnait une réponse positive, cela indiquait qu'il percevait dans la phrase-stimulus des traits qui la caractérisaient comme appartenant à l'idée que ce sujet se faisait de la catégorie-cible. Bien que seules les réponses entièrement correctes aient été retenues dans le compte des réponses ayant satisfait au critère de la tâche, les autres réponses positives ont pu être analysées en termes de leur correction partielle.

Les erreurs consistaient en un mauvais choix de la voix, du mode et de la modalité aussi bien qu'en toutes les combinaisons possibles de ces traits. Le tableau II donne la moyenne en pourcentage des réponses positives pour les quatre sujets assignés à chaque classe-cible, en fonction de la classe-cible et de la catégorie auxquelles une phrase-stimulus appartenait. Les entrées dans la diagonale principale constituent les réponses correctes de sorte que, par exemple, pour les sujets qui avaient ADN comme type-cible, l'entrée à l'intersection de la deuxième ligne et de la deuxième colonne indique qu'en moyenne 7,18% de toutes les réponses aux stimuli de ce type étaient positives. Chez les sujets qui avaient PDF comme catégorie-cible, 3,37% en moyenne de toutes les réponses (cinquième ligne, première colonne) aux stimuli de type ADF étaient, à tort, positives.

Suivant la logique des études de Mehler·et de Clifton et Odom, une telle matrice pourrait s'interpréter comme une matrice de «confusion» où les termes en dehors de la diagonale indiqueraient la fréquence avec laquelle les cibles auraient été confondues avec d'autres types de phrase. Plus la tendance à confondre certains types serait élevée, plus ces types seraient considérés comme semblables. Cependant, ainsi qu'on l'a mentionné plut tôt, le concept de similitude était équivoque dans ces travaux antérieurs. Même dans la présente recherche, où il semblerait que la similitude de contenu ait été laissée de côté, on pourrait néanmoins interpréter la similitude syntaxique de plusieurs façons.

Pour le moment il suffit simplement de considérer les lignes du tableau II comme les «profils» de chaque classe-cible et de les traiter comme des vecteurs de coordonnées qui situent chaque cible dans un espace de catégories de réponses à huit dimensions. Les diverses classes-cibles pourraient alors s'analyser en termes de leur distance relative dans cet espace. La proximité serait l'indication de la similitude de profil entre les cibles. Avec un modèle en faisceaux hiérarchisés comme celui que Veldman (1967, p. 308) a

TABLEAU II

Moyenne en pourcentage de réponses positives en fonction du type de cible et de la catégorie de phrase-stimulus

Type-cible*	ADF	ADN	AIF	AIN	PDF	PDN	PIF	PIN
				Catégorie de phrase-stimulus				
ADF	7,38	1,78	0,58	0,82	5,20	1,29	0,85	0,29
ADN	0,51	7,18	0,38	1,01	0,44	4,09	0,58	0,67
AIF	0,59	0,88	5,56	3,16	0,44	0,29	3,60	1,65
AIN	0,53	0,92	1,98	7,84	0,35	0,00	0,14	3,11
PDF	3,37	0,58	0,41	0,21	7,92	0,62	1,11	0,00
PDN	1,02	6,05	0,89	2,60	1,71	8,26	1,17	2,20
PIF	2,05	0,48	3,43	2,60	1,57	1,24	7,97	2,17
PIN	1,26	0,95	1,49	4,37	0,74	1,06	1,24	5,40

* Voir le tableau I pour la définition du sigle des types.

conçu, il est possible d'ordonner de telles relations ; le schéma général apparaît sous la forme d'un «arbre» comme dans la figure 1.

L'ordonnée en figure 1 est une mesure arbitraire de similitude de profil en fonction de l'échelle adoptée pour les données originales. Plus la valeur à laquelle deux groupes sont liés par une barre horizontale est élevée, plus ces groupes sont jugés différents. La figure indique, par exemple, que les profils des phrases actives et passives sont plus semblables que pour les phrases rattachées du point de vue du mode ou de la modalité. Cela demeure vrai pour n'importe quelle combinaison de mode et de modalité et, généralement, le niveau reste à peu près le même pour toutes les combinaisons.

On peut voir également que les phrases affirmatives et négatives se regroupent, d'abord chez les phrases interrogatives et ensuite chez les déclaratives. Cela pourrait signifier que la distinction de modalité est moins claire dans les questions que dans les énoncés affirmatifs. Enfin, c'est évidemment en fonction du mode que l'ensemble est structuré.

Le tableau III donne des mêmes données une interprétation différente qui éclaire ces regroupements. Ici les données sont réorganisées en fonction de la nature de l'erreur commise, indépendamment de la forme syntaxique spécifique de la phrase-stimulus. Ainsi, dans la colonne des erreurs de mode sont inscrites les données quant à la modification dans le mode du type-cible — pour ADF, les données de la colonne AIF du tableau II ; pour PIF, les données de la colonne PDF, etc.

Le tableau III montre clairement que la plupart des réponses positives était associée à la catégorie appropriée et que la principale erreur de catégorie résidait dans la modification de la voix du type-cible. Comme il fallait s'y attendre, c'est avec les phrases qui diffèrent par rapport aux trois traits syntaxiques que se produit le plus petit taux d'erreur. En général les profils de chacune des classes-cibles du tableau III sont assez semblables. Apparemment il n'est pas important de savoir quelle classe-cible est assignée à un sujet ; la distribution de réponses positives demeure approximativement la même pour n'importe quel type. Cela devrait être la résultante du fait que tous les sujets débutent dans une même ignorance de leurs cibles respectives et cela implique l'usage d'une stratégie commune en vue de découvrir le type qu'ils ont à détecter.

Nous avons fait une analyse de variance appropriée (analyse avec répétition de mesures partielle) en prenant les catégories de cibles et réponses

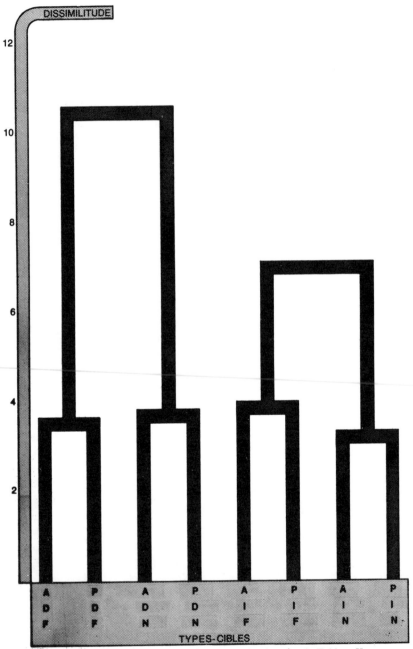

Figure 1 — Structure du groupement hiérarchique des données du Tableau II.

TABLEAU III

Moyenne en pourcentage des réponses positives pour chaque catégorie d'erreur en fonction des cibles

Type-cible*	% de correction	Pourcentage pour chaque catégorie d'erreur						
		Voix	Mode	Modalité	Voix + Mode	Voix + Modalité	Mode + Modalité	Voix + Mode + Modalité
ADF	7,38	5,20	0,58	1,78	0,84	1,28	0,81	0,29
ADN	7,18	4,09	1,01	0,51	0,67	0,44	0,38	0,57
AIF	5,56	3,60	0,59	3,15	0,43	1,65	0,88	0,28
AIN	7,84	3,11	0,92	1,98	0,00	0,14	0,53	0,35
PDF	7,92	3,37	1,11	0,62	0,41	0,58	0,00	0,20
PDN	8,26	6,05	2,19	1,70	2,60	1,02	1,17	0,89
PIF	7,97	3,43	1,56	2,17	2,05	2,60	1,24	0,48
PIN	5,40	4,37	1,05	1,24	0,95	1,49	0,74	1,26
Moyenne générale	7,19	4,15	1,13	1,64	0,99	1,15	0,72	0,54

* Voir le tableau I pour la définition du sigle des types.

comme des facteurs. Aucune interaction entre les catégories de cibles et les catégories de réponses n'est apparue, ni aucune différence de moyenne générale entre les types-cibles. Étant donné la formulation par type-cible utilisée dans cette étude, on peut aisément concevoir les huit cibles comme comprenant trois facteurs ayant chacun deux niveaux. Nous n'avons constaté aucune différence dans l'évaluation de ces facteurs et de leurs interactions possibles, pour ce qui est des «effets principaux» que constituent la voix, le mode ou la modalité (des cibles) ou de leur interaction du premier degré (c'est-à-dire pris deux à deux). L'interaction du second degré, c'est-à-dire des trois facteurs ensemble, s'est révélée tout juste significative au seuil de 5% et sa structure incite à croire qu'il existe une légère interaction entre le mode et la modalité pour les phrases à la voix passive, mais non à la voix active.

La comparaison *a posteriori* de toutes les paires de moyennes possibles pour les catégories de réponses, a démontré que la moyenne des réponses correctes était significativement plus élevée ($p < 0,01$) que celle de n'importe quelle catégorie d'erreur. La moyenne d'erreur par rapport à la voix était aussi plus grande que celle de toute autre catégorie d'erreur ($p < 0,01$). Les autres moyennes d'erreurs ne différaient pas significativement au seuil de 5% ni au-dessus.

Du point de vue de la formulation grammaticale, les raisons pour lesquelles il faudrait considérer, ainsi que le suggèrent le tableau II et la figure 1, une cible quelconque comme à peu près «semblable» à sa transformée par changement de voix, ne sont pas évidentes. On a soutenu, naturellement, que la transformée par changement de voix d'une phrase donnée, lui est plus semblable *par la signification* que sa transformée par changement de mode ou de modalité. Voilà pourquoi la confusion de la sémantique et de la syntaxe dans les recherches antérieures rend pratiquement impossible toute interprétation précise de leurs résultats. Dans notre étude cependant, l'attention des sujets ne portait assurément pas sur le même contenu ; c'est la même forme qu'ils cherchaient. Dans leur forme syntaxique, les actives diffèrent des passives sur beaucoup *plus* de points que les transformées par changement de mode ou de modalité.

Nous avons alors tenté de trouver une explication dans l'existence possible d'une stratégie à laquelle aurait ressorti le sujet dans la résolution de sa tâche telle qu'il la voyait. Il était clair, d'après les entrevues post-expérience, que les sujets essayaient de se concentrer sur divers traits syntaxiques et que toute attention initiale au contenu était rapidement supprimée, mais l'existence d'une stratégie plus poussée n'était pas certaine.

À partir de la figure 1, nous avons formé l'hypothèse que la structure observée pouvait se produire si tous les sujets adoptaient une stratégie semblable pour détecter leur cible parmi les autres types, semblable en ce sens qu'ils feraient leurs distinctions dans le même ordre. Spécifiquement, le sujet différencierait son type-cible d'abord en fonction du mode, ensuite en fonction de la modalité et finalement, en fonction de la voix. De plus, les sujets ayant comme cibles des interrogatives mettraient plus de temps à différencier les affirmatives des négatives, que les sujets ayant comme cibles des déclaratives. Autrement dit, si tous les sujets avaient recours à une stratégie de détection semblable, indépendamment de la classe-cible qui leur était assignée, il se produirait plus d'erreurs pour le trait détecté le dernier, non par suite d'une similitude mais par défaut, à cause de la difficulté à utiliser cet aspect comme base de détection.

Afin de vérifier ces hypothèses, nous avons extrait les données sur l'ordre des essais où le sujet avait commis sa dernière erreur (sous forme de réponse) positive, pour chacune des catégories syntaxiques. Ces données furent exprimées en pourcentage d'après le nombre total d'essais-par-rapport-au-critère de sorte qu'on pouvait considérer tous les sujets comme ayant atteint, en effet, le nombre standard de 100 essais pour fins de comparaison.

TABLEAU IV
Valeur moyenne du dernier essai pour chaque type d'erreur syntaxique

	Catégorie d'erreur		
Type-cible	Voix	Mode	Modalité
ADF	68	22	31
ADN	63	34	17
AIF	71	22	56
AIN	48	38	32
PDF	60	24	20
PDN	78	55	30
PIF	43	26	35
PIN	72	40	38
Moyenne générale	63	33	32

Le tableau IV confirme que dans la succession des essais, les erreurs sur la voix persistaient beaucoup longtemps que celles portant sur le mode

ou la modalité. De plus, chez les sujets ayant comme cibles des phrases déclaratives, la dernière erreur sur la modalité se produisait en moyenne au vingt-
quatrième essai tandis que les sujets concentrés sur les phrases interrogatives
ne venaient pas à bout de cet aspect avant le quarantième essai.

Il semble bien qu'en général les sujets aient trouvé plus facile de commencer par la détection ou bien du mode ou bien de la modalité et, là où un
aspect est «marqué» explicitement, c'est cet aspect qui est traité le premier.
Dans les phrases ADN, par exemple, la présence d'une négation marque explicitement la modalité alors que le mode est non marqué. Or, pour ADN, les
erreurs sur la modalité cessent au dix-septième essai et les erreurs sur le mode,
au trente-quatrième. Dans les phrases AIF, c'est le contraire : la particule
interrogative et l'inversion du sujet et du verbe indiquent clairement la forme
interrogative. Or, pour AIF, les erreurs sur le mode cessent au vingt-deuxième
essai mais les erreurs sur la modalité persistent jusqu'au cinquante-sixième
essai.

Dans la structure AIN, où le mode et la modalité sont tous deux marqués, l'un ou l'autre aspect peut être utilisé, et c'est apparemment le cas, avec
des résultats presque identiques. Avec ADF, où ni l'un ni l'autre ne sont marqués, il se pourrait que l'on tente d'abord de détecter le mode mais les données concernant PDF n'apportent à cela aucune confirmation. Dans tous les
autres cas les données sur les phrases passives sont assez semblables à celles
recueillies sur les phrases actives correspondantes, en ce qui concerne le mode
et la modalité. Par conséquent, la voix semble être indépendante de ce phénomène de «marquage» et, de façon régulière, n'est traitée qu'en dernier lieu.

On ne voit pas très bien pour le moment pourquoi le nombre d'erreurs
sur la voix devrait être plus petit dans le cas des cibles AIN et PIF que pour
les autres cibles (quoique cela dépasse encore le nombre d'erreurs sur le mode
et la modalité correspondantes). Par contre, il est clair que les sujets ne
s'occupent de la voix qu'en dernier lieu. Cette stratégie séquentielle s'explique
probablement par le fait que, toute considération grammaticale formelle mise
à part, le mode et la modalité offrent à la perception des indices explicites, au
moyen des marqueurs d'interrogation et de négation. Ces marqueurs particuliers ressortent à cause de leur rôle sémantique significatif et univoque dans le
langage.

La voix ne possède pas ce même type d'unité perceptive manifeste dans
une phrase. En contraste avec la forme active, on observe dans la tournure
passive un changement de position de l'agent et de l'objet, l'insertion d'un

syntagme introduit par «*by*[6]» et la modification de la forme du verbe, mais ces multiples changements n'offrent pas à la perception une base de détection simple et unifiée comme dans le cas des autres marqueurs syntaxiques. Il est possible que cela soit dû à ce qu'aucun des indices syntaxiques du passif n'a subi le même renforcement systématique et fréquent, en termes de signification sémantique univoque, qui a été appliqué aux indices du mode et de la modalité. C'est seulement par une logique de ce genre qu'on peut résoudre le paradoxe que constitue la présence des nombreuses différences entre formes active et passive et l'incapacité des sujets à distinguer entre ces deux formes jusqu'à un stade avancé dans la suite des essais.

Ainsi, il est évident que le schéma de la figure 1 ne démontre *pas* qu'il y a eu inférence de similitude syntaxique, mais qu'il y avait cette difficulté générale à percevoir la voix comme une entité dans n'importe quel ensemble-cible. La similitude apparente des types qui en résulte ne peut être qu'une similitude par défaut plutôt que par ressemblance syntaxique et elle n'est visiblement liée, dans cette étude, à aucune parenté de contenu entre les phrases.

La conception qu'il y a des formes «marquées» par opposition à des formes «non marquées» pour le mode et la modalité, pourrait être en accord avec l'hypothèse discutée plus haut selon laquelle ces traits sont «ajoutés» à une forme de phrase plus fondamentale (ou simplement plus commune), mais étant donné nos résultats, il est difficile d'appliquer à la voix la même interprétation, au moins dans un quelconque sens unitaire. Il se peut que, du point de vue de l'usager, le passif ne soit pas traité comme une seule entité. Cependant, il faut aussi garder à l'esprit qu'en anglais les formes marquées sont généralement les moins communes. Puisque ces propriétés se présentent en co-occurrence, on ne sait trop quel rôle attribuer à la fréquence relative des types dans la langue.

En tout cas, nous avons démontré l'existence chez le sujet d'une stratégie spécifique. Les questions intéressantes deviennent alors : qu'est-ce que ces données impliquent, si elles impliquent quelque chose, à propos des relations syntaxiques de la langue, et qu'est-ce qu'elles apportent au grammairien formaliste comme information utile ?

---

6.   Introduit avec «par», en français. [N.d.t.]

DISCUSSION

Il importe de distinguer en sémantique deux aspects différents auxquels nous avons fait référence dans la section précédente. L'un des aspects concernait le contenu des phrases (Pc) — les éléments lexicaux particuliers et les relations fonctionnelles entre eux ; l'autre concernait les implications sémantiques des marqueurs syntaxiques ou, plus généralement, la signification sémantique d'une structure syntaxique spécifique, ou type (Pt). Ce second aspect, on pourrait en principe le différencier de la forme essentiellement arbitraire qu'il prend dans une langue donnée. En pratique, cependant, l'usager de la langue prête généralement attention aux implications sémantiques de la forme, mais sans être spécialement conscient de la forme elle-même.

En dehors des systèmes analytiques formels, c'est-à-dire de la syntaxe pure, les formes sans implications sémantiques n'existent pas. Dans les phrases qui font partie d'un discours suivi, toute construction syntaxique entraîne des implications sémantiques relativement saillantes. S'il n'en était pas ainsi, son existence dans la langue n'aurait aucun but. Il va de soi que c'est la significa-tion sémantique d'une structure qui est pertinente pour l'usager, non la struc-ture en soi. La description des études antérieures nous porte souvent à con-clure que, dans ces recherches, on se livrait à des analyses de similitude entre des structures purement syntaxiques et qu'on croyait, au moins implicite-ment, que les considérations sémantiques étaient secondaires ou n'étaient pas en cause. Ce n'est manifestement pas le cas lorsqu'on aborde ces questions dans la perspective du sujet. On s'en rend compte en établissant des distinc-tions entre divers aspects sémantiques aussi bien qu'entre la sémantique et la syntaxe.

Dans le discours suivi, Pc et Pt sont combinés de façon à fournir une interprétation d'un énoncé donné. Les éléments lexicaux et la structure sont tous les deux justifiés, c'est-à-dire qu'ils remplissent un rôle utile pour le locu-teur et l'auditeur. Par contre, dans un sens général les phrases libres ou sans contexte — qui sont les stimuli habituels dans des études comme celles-là — ne peuvent en aucune manière être significatives pour le sujet. Les phrases ne sont reliées ni se mènent à rien en dehors d'elles-mêmes et les sujets ne s'at-tendent pas non plus à ce qu'il en soit autrement. Sous ce rapport les élé-ments lexicaux particuliers des phrases (Pc), les implications sémantiques du type de structure (Pt) dans lequel ils s'insèrent et, ce qui est très important, le *lien entre* Pc et Pt, tous ces facteurs sont passablement arbitraires et privés de leur rôle de communication normal. On a souvent noté l'artifice inhérent qu'il y a à demander aux sujets de «traiter» des phrases en l'absence de contexte, mais on n'a pas analysé pleinement et de façon critique la signification de cet état de choses pour la recherche psycholinguistique. La distinction que nous avons faite ici entre Pc et Pt s'est révélée utile à une telle analyse.

Pc et Pt ont été définis de façon à être indépendants l'un de l'autre et, en fait, ce sont les variables indépendantes de base des études dans ce domaine. Pc peut rester constant sous variation des types de phrases tout comme Pt peut rester constant sous variation des éléments lexicaux. Pc spécifie les éléments lexicaux et exprime les relations d'agent, d'objet, de modificateur, etc., qu'il y a entre eux. Une phrase peut avoir comme forme n'importe laquelle des huit tournures syntaxiques considérées sans que cela n'affecte le Pc. Seul un changement dans les rôles (par exemple, l'inversion de l'agent et de l'objet) d'un ou plusieurs éléments lexicaux pourrait affecter le contenu sémantique (notons que si le changement de voix modifie le sujet de surface, il ne change pourtant pas le rôle de l'agent ou de l'objet).

Étant donné que les phrases isolées n'ont pas de «signification» selon l'acception donnée plus haut, il n'est pas trop étonnant de constater que lorsque les sujets se voient demander de mémoriser une liste de phrases de ce genre, ils se souviennent davantage des éléments lexicaux que de la structure arbitraire dans laquelle ils sont disposés. Les mots au moins conservent leur sens lexical, facilitant ainsi leur mémorisation, mais la structure syntaxique est dénuée de tout lien avec les éléments lexicaux et par conséquent, est oubliée plus rapidement. Essentiellement, c'est ce que Mehler (1963) semble avoir prouvé. Son étude a montré que, par stimulation au moyen d'éléments lexicaux, les sujets étaient capables de se souvenir d'autres éléments lexicaux et des relations linguistiques qui les reliaient, c'est-à-dire des autres éléments du Pc, mais qu'ils étaient généralement peu habiles à découvrir les éléments associés du Pt, même lorsque le type structural se révélait décisif pour la compréhension de la signification de la phrase dans le discours réel. C'est précisément cette perte d'un lien sémantique nécessaire entre Pc et Pt qui est le plus déterminant lorsque les phrases sont présentées sans contexte.

Dans ces circonstances, la technique de Mehler amène dans les réponses une prépondérance de phrases «noyaux» ou types ADF, le moins marqué de tous les types de phrases. Cette conception implique que c'est uniquement le contexte, c'est-à-dire des considérations extraphrasiques, qui peut motiver le marquage syntaxique spécifique d'une phrase et que c'est seulement par le contexte que la structure reçoit la signification sémantique qui en facilite le rappel. Loin de permettre de conclure, comme Mehler le fait, que les sujets se rappellent de la sémantique mais oublient la syntaxe, ses données démontrent plutôt qu'il y a une perte importante d'information sémantique. Les sujets se rappellent du Pc lorsqu'on leur présente des éléments du Pc, mais ils ne se souviennent que de fragments du Pt qui lui est associé. Il est alors difficile de voir comment ses données pourraient nous renseigner quant à la similitude de structures syntaxiques en tant que structures, ou même en termes des implications sémantiques de ces structures (Pt).

Dans leur deuxième expérience, Clifton et Odom (1966) ont demandé eux aussi aux sujets de mémoriser huit phrases sans contexte mais pour éliciter les réponses ils ont utilisé une tâche de reconnaissance plutôt que de rappel. Cela équivaut à prendre tous les éléments de Pc et Pt comme moyen de stimulation. L'un ou l'autre aspect ou les deux pouvaient servir de base pour accomplir la tâche, mais les auteurs commentent leurs résultats comme s'ils ne relevaient que de la structure syntaxique ou, au mieux, de fonctions dépendant exclusivement de Pt. Ce sont précisément les implications de Pt qui ont conduit Katz et Postal (1964) à remettre en cause le traitement des transformations chez Chomsky. Cependant, si Pc est le facteur fondamental dans la mémorisation des phrases sans contexte et que le Pt particulier paraît assez arbitraire dans ce cas, l'importance des données de Clifton et Odom pour la détermination des relations entre les variétés de Pt est alors douteuse.

Lors de leur première expérience Clifton et Odom contrôlaient le Pc en faisant porter aux sujets des jugements sur les variations de Pt. Pour un Pc donné on présentait les huit membres de la famille de phrases. L'une des phrases servait de norme et le sujet devait indiquer laquelle des sept autres était la plus semblable à la norme. Dans ce cas, «le plus semblable» renvoie généralement à la plus grande similitude de sens de sorte que les affirmatives et les négatives seront jugées plus dissemblables que les actives et les passives, même si les structures syntaxiques de la première paire se ressemblent beaucoup plus que celles de la deuxième paire. Les sujets ne prêtent pas attention au nombre de variations de structure et répondent en termes d'évaluation du degré de perturbation dans la signification, cette perturbation résultant d'une part de la négation d'une relation et, d'autre part, du changement de focus entre l'agent et l'objet. En ce sens, la première expérience de Clifton et Odom donne une information nette quant à la détermination du degré de similitude sémantique entre les types de phrases. Cependant, les données ne concernent pas du tout la similitude de structure ou forme de phrase telle qu'elle est décrite par une grammaire.

Les recherches de Miller (1962), qui font usage du temps de récupération et de la mémorisation de phrases spécifiques, sont en butte à la même confusion entre Pc et Pt qu'on observe dans les travaux de Mehler ainsi que dans la deuxième expérience et les expériences subséquentes de Clifton et Odom. Donc, pour des raisons similaires on peut montrer que ces données ne concernent pas non plus les structures syntaxiques décrites par une grammaire, quelle qu'elle soit, et ne se rapportent que marginalement à la similitude sémantique des types de phrases.

Dans notre expérience le sujet ne pouvait recourir à aucun des éléments du Pc pour remplir sa tâche. Il lui fallait découvrir son type-cible en extrayant les similitudes de structure de phrases comme celles-ci :

> *Wasn't the hunter tracking the grizzly?*[7]
> *Isn't Paul entertaining our guests?*[8]

et rejeter d'autres formes ayant le même Pc mais auxquelles manquait un ou plusieurs des traits, dans ce cas l'actif, l'interrogatif et la négation. Ses confusions ou erreurs, telles que présentées dans les tableaux II et III, se rapportent spécifiquement à la structure des phrases. Cependant, les données montrent bien que les différences de structure ne sont pas toutes également significatives pour le sujet en ce sens que ses réponses ne dépendent pas simplement du nombre de variations syntaxiques. L'expérience qu'il a de sa propre langue l'a plutôt conditionné à réagir davantage aux indices non équivoques qui marquent le mode et la modalité qu'aux indices plus ambigus qui marquent la voix. Ainsi, même dans ce cas l'effet du Pt interdit d'évaluer les réponses simplement en fonction des différences de structure syntaxique. Puisque Pt ne peut être dégagé des structures dont se sert l'usager, c'est Pt qui doit constituer la base d'évaluation des types de phrases.

Il est évident que la similitude de structure n'a pas été en soi l'objet véritable de ces recherches et que ce sont seulement les suites de symboles élaborées par le grammairien qui représentent la structure proprement dite. L'étude de la similitude de structure du point de vue de la grammaire formelle se ramène à un problème de dénombrement par rapport à un critère fondé sur l'«utilité» d'une mesure quelconque : nombre de symboles en commun ; degré de correspondance dans l'ordre des symboles ; nombre d'opérations requis pour transformer une forme en une autre, selon un ensemble déterminé de règles ; etc. Une fois le choix effectué, la procédure de dénombrement s'ensuit directement et n'exige certainement aucune expérimentation. Le choix

---

7. *Le chasseur n'était-il pas en train de dépister le grizzly ?*
8. *Paul n'est-il pas en train de converser avec nos invités ?*

à faire parmi les multiples possibilités de dénombrement, cependant, doit être régi par l'objectif pour lequel la mesure est conçue.

Si c'est une quelconque relation fonctionnelle ou prévisible entre de tels dénombrements grammaticaux et le degré de changement sémantique dans Pt que l'on veut obtenir, pareille recherche ne rime probablement à rien, car les structures sont fondamentalement arbitraires par rapport à leur impact sémantique. Cela saute aux yeux dans n'importe quelle étude qui dépasse les limites d'une seule langue. C'est précisément cet arbitraire qui rend stérile toute tentative d'élaborer une «hypothèse de correspondance» ou une «théorie de la complexité dérivationnelle» qui viserait à unir grammaire formelle et usage de la langue. Ce genre d'objectif ne diffère en rien de la recherche de liens *nécessaires* entre les sons des mots et les choses symbolisées, ou les formes de mots et leur sens.

L'usage du langage est essentiellement une activité de signification. Les sujets répondent aux stimuli linguistiques presque immanquablement en termes de significations possibles, même lorsqu'il ne s'agit que de la signification résiduelle des phrases sans contexte. Lorsqu'on les force à ignorer le contenu lexical, la réaction aux structures proprement dites est tout de même fonction principalement de leur implication sémantique. Les formulations grammaticales devraient en tenir compte et les psychologues devraient reconnaître que les grammaires formelles ne sont pas directement évaluables par les techniques psychologiques.

Il semble donc fondé, comme l'ont suggéré Katz et Postal, de caractériser les types de phrases au niveau d'une structure profonde, ou mieux, d'une représentation sémantique. Quant à savoir s'il faudrait y inclure une pondération sémantique, c'est une autre question. De plus, il est clair que si les grammairiens veulent fournir des formulations efficaces pour l'étude de l'usage du langage, ils doivent élargir leurs préoccupations au-delà des phrases sans contexte et s'occuper des éléments du discours tels que le «thème» et le «focus», ainsi que les présuppositions (Fillmore, 1968; Chambers, 1970; Lakoff, 1971). Cela devrait empêcher de soutenir, comme Katz et Postal, que l'indice de la voix est sémantiquement vide et, surtout diriger l'attention vers l'étude de la relation subtile entre Pc et Pt.

L'APTITUDE DU TRADUCTEUR
À DÉCELER L'AMBIGUÏTÉ SYNTAXIQUE*

Élyse Piquette

Après avoir donné divers exemples de phrases ambiguës, nous rappelons la place qu'occupe l'ambiguïté syntaxique dans la théorie chomskyenne. Nous présentons ensuite les résultats plus ou moins paradoxaux de plusieurs recherches psycholinguistiques portant sur le degré de difficulté relatif du traitement de phrases ambiguës en fonction du niveau linguistique où se trouve l'ambiguïté. Après avoir suggéré quel rôle le contexte peut jouer dans la perception de l'ambiguïté, nous décrivons une expérience où l'ambiguïté dans des phrases présentées sans contexte est étudiée en fonction de la traduction de ces phrases de l'anglais au français et du français à l'anglais, par des sujets bilingues étudiant la traduction. Il ressort de cette expérience que les traducteurs décèlent les ambiguïtés dans les phrases environ 50 pour cent des fois où elles sont présentes, au plus. Par conséquent, malgré l'importance qu'elle a pour la théorie, l'ambiguïté ne semble pas importante dans la pratique. Il appert aussi que l'affirmation de MacKay et Bever (1967) selon laquelle il serait plus facile de déceler les ambiguïtés résidant à la surface des phrases que celles qui se trouvent au niveau de la structure sous-jacente, n'est pas du tout fondée. Enfin, les phrases «parfaitement» ambiguës (phrases ambiguës pour lesquelles une interprétation est aussi favorisée que l'autre) sont très rares et, malgré l'existence de quelques phénomènes syntaxiques qui favorisent une interprétation donnée, il semble que des critères sémantiques et pragmatiques influencent l'interprétation des phrases ambiguës, dans la plupart des cas.

* Cet article reprend, en partie, quelques-unes des données présentées dans ma communication à la réunion annuelle de l'*Association canadienne de linguistique* qui a eu lieu dans le cadre du Congrès des Sociétés savantes du Canada à Edmonton, Alberta, en mai 1975, et dont une version différente a déjà paru. Voir Piquette (1976). Les recherches en question ont été poursuivies grâce à l'appui de bourses doctorales du Conseil des Arts du Canada (W74-4770) et du Ministère de L'Éducation du Québec pour 1974-75. Je remercie Wm J. Baker, Gary D. Prideaux, Brian Harris, G. Richard Tucker et Robert Sarrasin de leurs suggestions et commentaires à divers stades de cette recherche. Je suis toutefois seule responsable des erreurs ou omissions. Je remercie aussi la direction et les étudiantes du Notre Dame Secretarial School, de leur bienveillance à participer à cette expérience.

INTRODUCTION

À l'encontre des langages artificiels, les langues naturelles comportent des ambiguïtés. Il s'agit là d'une de leurs propriétés inhérentes (Jespersen, 1922).

De façon générale, on peut dire que tout énoncé donnant lieu à deux ou plusieurs interprétations est ambigu. Considérons les phrases suivantes:

(1) *Elle a mis sa robe rouge.*
(2) *Madeleine a avalé la fraise.*
(3) *Nous avons parlé des difficultés avec la secrétaire.*
(4) *Pierre aime Jean autant que Paul.*
(5) *J'ai lu la critique de Chomsky.*

Pour la discussion qui suit, établissons que (2), (3), (4) et (5) sont ambiguës, et que (1) ne l'est pas. Dans (1), il est possible de considérer plusieurs nuances de la couleur de la robe en question. Mais, que cette robe soit plus ou moins rouge, qu'elle soit vermillon ou grenat, nous n'avons pas affaire à une ambiguïté linguistique. La couleur de la robe peut être vague, indéterminée, plus ou moins spécifique quant au degré de rouge, mais la notion de couleur représentée par le mot *rouge* demeure un seul concept. (Voir Binnick 1970 pour une intéressante discussion des notions de vague et d'ambiguïté[1].)

Dans un sens plus spécifique, un énoncé sera donc ambigu s'il contient un élément (mot ou construction) dont la double valeur linguistique – au sens saussurien de ce qui oppose un signe à un autre, non pas dans un énoncé,

---

1. Binnick (1970: 151) traite du vague, du manque de spécificité, de l'indétermination quant au degré, comme concepts qui ne s'appliquent pas à la langue en soi, mais plutôt aux idées représentées par la langue. «*Vagueness is not a concept which applies to language at all, but rather to the ideas which language expresses. Words are vague insofar as they represent vague concepts, but they are ambiguous in their own right. The implication of this is that the context relevant to vagueness is non-linguistic, whereas that relevant to ambiguity is linguistic. It follows that a sentence containing an ambiguous word or construction ought to be ambiguous, whereas it does not follow that any sentence containing a vague word will be vague in any sense.*» [Le concept de vague ne s'applique pas au langage mais plutôt aux idées que le langage exprime. Les mots sont vagues dans la mesure où ils réfèrent à des concepts vagues; par contre, ce sont les mots mêmes qui peuvent être ambigus. Cela implique que le contexte qui détermine qu'une idée est vague est non linguistique, tandis que le contexte qui détermine qu'une ambiguïté est linguistique. Il s'ensuit qu'une phrase contenant un mot ou une construction ambigus est par le fait même ambiguë, alors qu'il ne s'ensuit pas que toute phrase contenant un mot vague devient nécessairement vague.]

mais dans la langue – confère à la phrase deux interprétations. Il y a ambiguïté dans (2), (3), (4) et (5). Dans (2), l'ambiguïté porte sur le mot *fraise* où il peut s'agir de la fraise d'un dentiste ou du fruit, deux concepts différents, et la phrase sera perçue bien différemment selon qu'elle est prononcée dans une clinique dentaire ou dans le jardin de ma grand-mère. Nous avons ici un cas d'ambiguïté lexicale ou d'homonymie, plus précisément de polysémie[2], le lexème *fraise* (un signifiant, deux signifiés) étant le seul élément responsable des deux interprétations linguistiquement distinctes qu'on peut donner à la phrase.

La double interprétation qu'on peut donner à (3) et (4) ne relève pas d'un mot polysème, mais plutôt des différents rapports entre certains constituants de ces phrases. Dans (3), *avec la secrétaire* peut être un complément d'attribution de *difficultés* (interprétation 3A ci-dessous) ou encore il peut être objet du verbe *avons parlé* (interprétation 3B) :

> (3A)   *La secrétaire nous a causé des difficultés et nous avons parlé de ces difficultés à quelqu'un (qui n'est pas nommé dans la phrase).*
>
> (3B)   *Nous avons connu des difficultés et nous avons parlé de ces difficultés à la secrétaire.*

Pour (4), *autant que Paul* peut être en rapport avec le sujet (4A) – *i. e.* Pierre autant que Paul, c'est-à-dire Pierre et Paul – ou avec le complément (4B) – *i. e.* Jean autant que Paul, c'est-à-dire Jean et Paul. Dans A, Paul est sujet du verbe ; dans B, il en est l'objet :

> (4A)   *Pierre et Paul aiment Jean également.*
>
> (4B)   *Pierre aime Jean et Paul au même point.*

Dans (5), un exemple maintenant consacré, nous avons aussi différents rapports entre les constituants, mais il n'est plus possible de recourir à différentes combinaisons d'éléments qui se succèdent linéairement. L'ambiguïté n'y est résolue que si l'on fait appel à des éléments sous-entendus, en l'occurrence ici l'auteur de la critique qui, selon une interprétation (5B), n'est pas mentionné dans la phrase originale (5).

> (5A)   *J'ai lu la critique que Chomsky a écrite.*
>
> (5B)   *J'ai lu la critique que quelqu'un a écrite à l'endroit de Chomsky.*

---

2.   Concernant (1), le substantif *rouge* (au sens de *fard*) est homonyme lexical de l'adjectif représentant la couleur, de sorte que : *Elle a mis du rouge* pourrait, selon une première interprétation où *rouge* a le même sens que dans (1), être complétée par ..., *mais elle porte d'habitude des vêtements plus sobres*, et selon une seconde interprétation où il a le sens du substantif, être complétée par ..., *mais son maquillage reste fade.*

Pour Bally (1944 : 173), (3), (4) et (5) sont des cas d'homonymie syntaxique. C'est sur ce type d'ambiguïté que portera le reste de cet article, à moins d'indications contraires.

I. BUT DE LA RECHERCHE

Cette recherche particulière s'inscrit dans un cadre plus général de recherches dont le but est d'étudier certains facteurs qui influencent la perception des phrases syntaxiquement ambiguës. Cette recherche suppose aussi que, si l'on parvient à déterminer de façon plus juste comment un sujet parlant arrive à discerner deux interprétations d'une même phrase, on sera peut-être plus en mesure de comprendre comment ce sujet parlant procède pour découvrir le sens des phrases en général.

Trois points importants sous-tendaient notre recherche et sollicitaient des réponses. Tout d'abord, il existe un paradoxe, apparent tout du moins, entre l'importance qu'a l'ambiguïté syntaxique pour la théorie transformationnelle, alors qu'il semble que dans la pratique, de nombreuses phrases susceptibles de donner lieu à plus d'une description structurale sont comprises sans ambiguïté. À quel point, peut-on se demander, l'ambiguïté syntaxique est-elle décelée dans une situation qui favorise le plus possible qu'on en tienne compte?

Ensuite, plusieurs recherches en psycholinguistique ont tâché de découvrir s'il existait une hiérarchie dans la difficulté à traiter les divers types d'ambiguïtés (lexicale, de structure de surface, de structure sous-jacente) correspondant à la distinction que fait la théorie entre ces niveaux. Les résultats sont paradoxaux et une nouvelle expérience conçue différemment pourrait peut-être éclaircir ce dilemme, surtout en ce qui a trait à la distinction fondamentale entre structure de surface et structure sous-jacente.

Enfin, dans une situation expérimentale où le sujet n'a que le contexte immédiat de la phrase, on peut tenter d'élucider une autre question importante : y a-t-il vraiment une interprétation préférentielle d'une phrase ambiguë et, si tel est le cas, quels sont les critères qui motivent le choix d'une interprétation plutôt qu'une autre?

L'expérience présentée plus loin a déjà fait l'objet d'un autre article (voir Piquette, 1976). Cependant, il importe de reprendre quelques points de cette expérience et d'en présenter les contextes théorique et psycholinguistique – c'est ce que nous tâchons de faire dans ces pages – afin d'attirer l'attention sur de nombreuses questions théoriques et pratiques qui sont non seulement judicieuses pour une expérience particulière, mais qui aident aussi à mieux situer les recherches psycholinguistiques menées jusqu'ici sur l'ambiguïté et la compréhension des phrases.

Arrière-plan théorique

L'ambiguïté grammaticale occupe une place importante dans l'étude de la syntaxe. L'intérêt qu'y portait Vaugelas (1647 : 585, 591) il y a plus de trois cents ans est d'ordre purement pratique. S'il signale dans ses *Remarques* certains aspects sous lesquels l'ambiguïté se présente, c'est uniquement pour mettre en garde contre le «plus grand de tous les vices contre la netteté qui sont certaines constructions, que nous appelons louches, parce qu'on croit qu'elles regardent d'un costé & elles regardent de l'autre[3]» (591).

Pour la théorie transformationnelle, l'ambiguïté syntaxique a une importance d'un tout autre ordre. Partant du principe que la grammaire d'une langue se doit de se préoccuper de la représentation des phrases de cette langue et des relations qui existent entre les constituants des phrases, certaines phrases ambiguës, parce que leurs constituants peuvent avoir entre eux des rapports grammaticaux bien différents, présentent un intérêt marqué pour le linguiste. Dans le cadre de la grammaire transformationnelle, certaines phrases comportent une ambiguïté qui peut être expliquée en termes de la structure même qu'on a sous les yeux, la structure de surface. Pour d'autres, l'unique structure de surface est reliée à deux (ou trois, ou plus) structures sous-jacentes et possède deux (ou trois, ou plus) interprétations sémantiques distinctes[4].

Revenons à nos exemples du début : (3), (4) et (5). Pour la théorie chomskyenne même, et pour les auteurs qui ont étudié la question expérimentalement, entre autres MacKay (1966), MacKay et Bever (1967), Prideaux et Baker (à paraître), la différence qui existe entre (3) d'une part, et (4) et (5) d'autre part, est cruciale.

L'exemple (3) est un cas typique d'ambiguïté syntaxique au niveau de la surface, où des mots ou groupes de mots adjacents peuvent être groupés de façon différente. En effet, *avec la secrétaire* peut être associé au constituant

---

3.   Parmi les exemples que donne Vaugelas, citons : «*C'est le fils de cette femme qui a fait tant de mal*, où on ne sçait si ce *qui*, se rapporte à *fils* ou à *femme*» (586) et «ne pouvant aller à Sainct Germain si tost que ie desirois pour une affaire qui m'est survenue» (585) où on ne sait si l'affaire était le but de la visite à Saint-Germain ou si l'affaire l'a empêché d'y aller.

4.   *J'ai acheté ce portrait de Rembrandt* est un exemple de phrase qui pourrait recevoir au moins trois interprétations sémantiques distinctes :
    A) *J'ai acheté un portrait que Rembrandt a peint.*
    B) *J'ai acheté un portrait qui appartenait à Rembrandt.*
    C) *J'ai acheté un portrait qui représente Rembrandt.*
    Il s'est souvenu de son nom quand il l'a vu la seconde fois pourrait en recevoir davantage.

qui le précède immédiatement, *des difficultés*, dans l'interprétation B, ou encore il peut être associé à toute la phrase dont il est le dernier élément, dans l'interprétation A. Nous pouvons illustrer ces deux regroupements à l'aide du même schéma de parenthétisation (*labeled bracketing*) qu'emploie Chomsky (1965 : 24, 34) :

>   (3A') ([<*Nous avons parlé*> *des difficultés*] *avec la secrétaire*).
>   (3B') ([*Nous avons parlé*] [*des difficultés* <*avec la secrétaire*>]).

Dans A, *avec la secrétaire* peut être antéposé sans changer sa portée relative à l'intérieur des parenthèses et sans changer le sens de cette interprétation, comme l'illustre (3A") :

>   (3A") (*Avec la secrétaire* [<*nous avons parlé*> *des difficultés*]).

Dans le cas de B, on ne peut déplacer *avec la secrétaire* sans déplacer aussi *des difficultés* auquel les parenthèses l'ont enchâssé. Seule l'antéposition en bloc de tout le complément, c'est-à-dire le complément principal et son complément enchâssé, est possible comme le montre (3B") :

>   (3B") ([*Des difficultés* < *avec la secrétaire*>] [*nous avons parlé*])[5].

Pour résumer, nous avons ici un problème de portée où l'élément *avec la secrétaire* peut se rapporter à l'élément voisin (3A = 3A' = 3A") ou à toute la phrase (3B = 3B' = 3B").

Même si ce type de construction n'existe pas en français, l'exemple anglais (6) le plus cité (Fodor *et al.*, 1974 : 18 ; MacKay et Bever, 1967 : 200) peut paraître plus clair encore car il est très court :

>   (6)   *John likes old men and women.*
>   (6A)   *John likes ([old men] and [women]).*
>   (6B)   *John likes (old [men and women]).*

Il est à noter que dans A seulement on peut permuter les deux compléments, (6A') correspondant à (6A) :

>   (6A') *John likes women and old men.* [Jean aime les femmes et les vieux hommes.]

alors que dans B, cette permutation n'est pas possible, l'adjectif *old* ayant une portée sur les deux substantifs, (6B) étant équivalant à (6B') :

>   (6B') *John likes old men and old women.* [Jean aime les vieux hommes et les vieilles femmes.]

---

5. Cette construction serait d'habitude employée dans une phrase qui compte des éléments post-verbaux.

Nous avons vu que dans (4) et (5), les constituants ont des fonctions différentes selon la relation qui les unit. Dans (4A), Paul aime Jean au même titre que Pierre; dans (4B), il est aimé de Pierre, au même titre que Jean. Dans (5A), Chomsky fait une critique; dans (5B), il est l'objet d'une critique. Les ambiguïtés qui résident dans (4) et (5) ne peuvent être résolues au niveau de la surface. On ne peut y faire divers regroupements linéaires des éléments à l'aide de parenthèses comme on l'a fait pour (3) et (6). Les relations de base entre les éléments sont changées, ces éléments n'appartenant plus à la même catégorie, et ce n'est qu'à un niveau de représentation des phrases plus abstrait que celui de la surface que ces relations sont établies. (4) et (5) renverront chacun à deux structures sous-jacentes différentes, même si ces deux structures sont représentées par la même forme phonétique à la surface.

Le fait que certaines ambiguïtés comme (4) et (5) ne sont résolvables (c'est-à-dire qu'on peut discerner, pour chacune interprétation, le rapport des divers constituants entre eux) que sur le plan de la structure sous-jacente constitue une pierre angulaire de la théorie transformationnelle qui oppose structure de surface à structure sous-jacente, les deux structures étant reliées entre elles par des transformations. Pouvoir rendre compte de l'ambiguïté syntaxique est l'une des exigences auxquelles doit satisfaire la grammaire générative pour atteindre un niveau d'adéquation valable (Chomsky, 1965 : ch. premier).

Nous venons de voir que l'ambiguïté syntaxique est importante pour la théorie chomskyenne où elle «fournit une justification et une motivation indépendante» (Chomsky, 1957 : 101) pour la description de la langue en termes d'étapes linguistiques formellement distinctes. Pourtant, on sait que l'ambiguïté ne pose pas de problème pour la communication en général. Le contexte linguistique et la somme des connaissances extra-linguistiques de l'interlocuteur font qu'il s'attend à une interprétation donnée de la phrase entendue.

S'il est vrai qu'on ne voit pas l'ambiguïté qui se trouve dans la plupart des constructions ambiguës qu'on rencontre, on en rencontre pourtant partout. À première lecture, les séquences en italique de ces exemples ne paraissent pas ambiguës pour la plupart des gens :

Jean sortit son appareil-photo et prit la photo de Marie.
Cet avion a eu un accident à l'atterrissage. Peut-il encore voler?

Mais, la première séquence a au moins trois interprétations; la seconde en a au moins deux.

Il est paradoxal que l'ambiguïté fournisse justification et motivation à toute une théorie linguistique tout en n'étant que d'une importance négligeable dans la pratique. Chomsky est conscient lui aussi du peu d'importance que l'ambiguïté a dans la pratique du langage. Il écrit : «Si une phrase comme *flying planes can be dangerous* est présentée dans un contexte construit de façon appropriée, l'auditeur l'interprétera immédiatement de manière unique et ne découvrira pas l'ambiguïté. En fait, il peut rejeter la seconde interprétation, si on la lui indique, comme forcée ou peu naturelle (indépendamment de l'interprétation qu'il a choisie à l'origine sous la pression du contexte)» (Chomsky, 1965 : 38). Mais il ajoute aussi : «Néanmoins, sa connaissance intuitive de la langue est bien évidemment telle que les deux interprétations (correspondant à *les aéroplanes sont dangereux* et *piloter des avions est dangereux*) sont assignées à la phrase par la grammaire qu'il a intériorisée (sous une forme quelconque)» (Chomsky, 1965 : 38).

Nous sommes d'accord avec Chomsky pour dire qu'un auditeur reconnaîtra la plupart du temps la seconde interprétation. Plusieurs expériences psycholinguistiques se sont données pour mission de vérifier cela. Mais là où Chomsky indique qu'il est bien évident que deux représentations sont assignées à la phrase par la grammaire que l'auditeur a intériorisée (*i. e.* sa compétence), on peut se demander à quel point cet auditeur sera capable d'assigner ces deux représentations à une phrase ambiguë (*i. e.* quelle sera sa performance) dans une situation expérimentale qui favoriserait le plus possible la détection de l'ambiguïté. Bien entendu, une telle situation expérimentale ne peut rendre compte que des phénomènes de performance, et on peut ainsi tenter de mesurer l'écart qui sépare compétence et performance. L'expérience qui a été conçue et réalisée à la lumière de ces considérations ainsi que les résultats obtenus sont décrits dans la seconde partie.

Arrière-plan psycholinguistique

L'ambiguïté syntaxique constitue, depuis plus de dix ans, un important domaine de recherches en psycholinguistique. Selon des approches parfois différentes, on a étudié comment les sujets parlants traitaient les homonymes de construction. On les a comparés aux phrases non ambiguës afin de voir si la présence d'une ambiguïté imposait une difficulté additionnelle au processus de compréhension[6]. On a aussi tenté de découvrir s'il existait une hiérarchie

---

6. Pour MacKay et Bever (1967), les phrases ambiguës sont plus difficiles à traiter que les phrases non ambiguës. Pour eux, la présence d'une ambiguïté dans une phrase ajoute au processus de compréhension de la phrase, car on doit non seulement interpréter la phrase, mais aussi choisir entre deux ou plusieurs interprétations. Des expériences subséquentes dont celle de Foss, Bever et Silver (1968 ; rapportées par Garrett, 1970) n'ont pas trouvé de différence entre le temps de traite-

entre la facilité à déceler les divers types d'ambiguïté (plan de la structure sous-jacente, plan de la structure de surface et plan lexical) parallèle à l'ordre de complexité que ces plans ont dans la théorie même.

Dans deux expériences successives, MacKay (1966) et MacKay et Bever (1967) ont trouvé que, dans une situation expérimentale où les sujets devaient répondre «oui» dès le moment où ils décelaient l'ambiguïté dans les phrases (qu'on leur présentait par écrit et qu'ils avaient sous les yeux jusqu'à ce qu'ils répondent), ces sujets avaient des temps de réponse différents pour leur traitement d'ambiguïtés des trois types, les ambiguïtés lexicales étant les plus rapidement décelées, et les ambiguïtés au niveau de la structure sous-jacente prenant le plus de temps.

Ces résultats ont très souvent été considérés depuis, comme apportant une confirmation empirique à la distinction formelle entre les niveaux de représentation. Or, tout récemment, Prideaux et Baker (à paraître) ont démontré expérimentalement que les temps de réponse ne sont pas significativement différents pour les deux types, si l'on contrôle la complexité structurale des phrases en surface, ce que MacKay et Bever n'ont pas fait (leurs exemples de SS étaient constitués pour la plupart − tous sauf un − d'une seule proposition; 8 sur 10 de leurs exemples de SJ avaient deux propositions). L'analyse de Prideaux et Baker est judicieuse et clarifie la contradiction apparente des résultats.

---

ment des phrases ambiguës par rapport aux phrases non ambiguës, sauf dans le cas où on présentait aux sujets l'interprétation la moins probable (les interprétations les plus favorables ayant été prédéterminées par un autre test) en leur demandant de l'associer à la phrase-stimulus. De ces résultats, ils concluent que normalement, le processus de compréhension des phrases ne traite qu'une interprétation de phrase à la fois, l'autre interprétation étant laissée de côté par suppression. Cette hypothèse nous paraît être la bonne. Garrett (1970 : 57-60) offre une explication au paradoxe apparent (pour lui) de ces résultats contraires, explication qui est reprise plus en détail dans Fodor *et al.* (1974 : 361-65) et qui indique que les réponses des sujets dépendent du moment (avant, pendant, ou après que l'on présente le stimulus) où interviennent contexte désambiguïsant, clic (un petit bruit sec qu'on demande ensuite de localiser), question posée, etc., selon les diverses méthodes expérimentales employées. Bien que cette explication ne nous convainque pas, nous ne pouvons pour l'instant fournir une autre explication. Toutefois, une question quelque peu reliée à ces faits contradictoires se dessine : dans une situation expérimentale où la découverte de l'ambiguïté est favorisée, à quel point les sujets voient-ils des ambiguïtés syntaxiques là où il n'y en a pas (c'est-à-dire dans les phrases contrôles) et à quel point perçoivent-ils comme non ambiguës les réponses ambiguës qu'ils donnent. Ces questions peuvent sembler un peu hors de propos, mais si on croit, comme plusieurs psycholinguistes tel Garrett, que la compréhension des phrases ambiguës se fait de la même manière que les phrases contrôles, ces résultats peuvent être utiles à la vérification de cette hypothèse.

Prideaux et Baker ont aussi voulu montrer l'inutilité d'un second stade de représentation des phrases, indiquant que les deux types d'ambiguïtés pouvaient se représenter en termes de la structure de surface et que le schéma de regroupement parenthétique des constituants, dont on s'est déjà servi pour expliquer (3) et (6), pouvait tout aussi bien être employé pour résoudre les ambiguïtés de structure sous-jacente. Reprenons leur exemple, désormais classique, emprunté à Fodor *et al.* (1974 : 19) qui eux l'ont emprunté à MacKay et Bever (1967 : 200) :

The mayor ordered the police to stop drinking[7].

Pour une interprétation, ils proposent de traiter *stop* + *drinking* comme verbe composé intransitif (pour le sens : les policiers ont cessé de boire), alors que pour l'autre interprétation, *stop* serait considéré comme le verbe transitif et *drinking* comme son syntagme nominal objet direct (pour le sens : les policiers ont empêché les gens de boire). Ils prennent à l'appui la méthode de Harris (1957)[8] selon laquelle «on assigne deux structures *distinctes* [ce sont eux qui soulignent] de surface à des phrases qu'il est convenu de considérer comme des ambiguïtés de structure sous-jacente, au moyen de tests bien définis faisant appel à la technique de la paraphrase» (Prideaux et Baker : 6-7).

Certes, il est d'un grand intérêt de pouvoir expliquer les ambiguïtés se trouvant au plan de la structure sous-jacente de la même façon que l'on peut expliquer les ambiguïtés de surface. Une telle démonstration nous porte à considérer comme non valide la différence formelle entre les niveaux linguistiques et comme superflu le niveau de la structure sous-jacente, mettant ainsi en doute une conception autonomiste de la syntaxe du point de vue psycholinguistique. Des considérations de ce genre vont dans le sens de l'opinion de plus en plus générale à l'effet que la théorie chomskyenne postule un niveau trop abstrait pour la représentation des phrases et que l'étude de la syntaxe doit faire appel à un stade de représentation beaucoup plus près de la surface.

Malgré l'intérêt de l'étude de Prideaux et Baker et des importantes considérations théoriques qu'elle soulève, il reste qu'on ne peut pas se servir du schéma de parenthétisation utilisé jusqu'ici pour résoudre la plupart des ambi-

---

7.   Pour plusieurs, cette phrase n'est pas ambiguë, la seconde interprétation requérant la présence de l'article défini devant *drinking* :
      The mayor asked the police to stop the drinking in the city.
      [Le maire a demandé à la police de faire cesser toute consommation d'alcool dans la ville.]
8.   Mentionnée par Prideaux et Baker (6-7).

guïtés de structure sous-jacente. Les interprétations de la séquence ambiguë *la critique de Chomsky* (exemple 5 ci-dessus) ne peuvent pas être différenciées par cette méthode[9]. Ne le peuvent pas non plus les exemples utilisés dans notre expérience et donnés à la page 182. Il demeure donc que, pour un grand nombre de phrases ambiguës, un second niveau de représentation semble requis. Toutefois, cette démonstration ne nous paraît pas présupposer que la représentation alternative doive être nécessairement plus abstraite ou qu'elle doive se faire en termes de niveaux, auxquels se rattache d'habitude la notion d'hiérarchie.

Rôle du contexte et facteurs qui influencent le choix d'une interprétation

Nous avons déjà dit que l'ambiguïté était un phénomène inhérent des langues naturelles, bien que dans la conversation de tous les jours, il est normal de supposer que le problème de l'ambiguïté ne pose pas d'obstacle à la communication. Le contexte immédiat de la phrase, de tout le paragraphe ou de l'échange verbal (le *contexte linguistique*) d'une part, et nos connaissances des choses en général (le *contexte pragmatique*[10]) d'autre part, sont pour quelque chose dans la perception des phrases potentiellement ambiguës comme non ambiguës.

Même si un mot peut avoir deux significations comme dans (2), le contexte linguistique (le contexte verbal de la phrase énoncée, le paragraphe ou le texte tout entier où elle est écrite) viendra estomper la signification inappropriée et l'autre signification sera retenue. De plus, il peut se trouver à l'intérieur de la phrase même d'autres éléments lexicaux qui font que des restrictions sélectionnelles s'opèrent entre les éléments reliés sémantiquement. Dans (2), il n'y a rien qui puisse nous renseigner sur l'interprétation du mot *fraise*[11]. Il nous faut des renseignements supplémentaires. Dans (2A')

---

9. À la rigueur, on pourrait parenthétiser les deux interprétations de (4) ainsi :
   A) (Pierre aime Jean [autant que Paul]).
   B) ([Pierre aime] [<Jean> autant que <Paul>]).
10. Les appellations de Garrett (1970: 51) peuvent prêter à confusion. Il oppose *contexte externe* (ce que nous appelons *contexte linguistique*) à *contexte interne* (qui est plutôt le contexte «*intériorisé*» et que nous appelons *contexte pragmatique*, correspondant à notre «connaissance du monde»).
11. Cela ne veut pas dire que la phrase ne sera pas interprétée et que cette interprétation ne se fera pas en vertu d'un contexte quelconque. Même en l'absence d'éléments désambiguïsants dans le contexte, il est probable que l'auditeur n'a à l'esprit qu'une représentation (il crée alors instantanément un contexte) vraisemblablement celle qui est la plus courante, *i. e.* l'acception du mot *fraise* comme «instrument servant à évider les cavités des dents cariées» est moins courante, pour la plupart des gens, que celle de «fruit». Il est aussi possible que le mot *fraise* n'ait pour l'auditeur qu'une seule signification, *i. e.* celle de «fruit» et que, ignorant les autres, ce mot-là ne soit pas pour lui ambigu.

(2A')   *J'ai commandé un gâteau aux fraises et à la crème.*

l'affinité qui associe *gâteau, fraise* et *crème*, trois aliments considérés par la plupart comme délicieux et dont la combinaison est pour plusieurs d'autant plus délicieuse, favorisera l'interprétation de *fraise* au sens de *fruit* et l'autre (ou les autres) interprétation possible n'entrera pas en jeu dans la compréhension de la phrase. Nous avons dans (2A') un exemple où le contexte linguistique même de la phrase favorise la compréhension de la phrase comme non ambiguë.

On entrevoit déjà pourquoi des phrases indépendantes du contexte devront être utilisées comme stimuli dans une expérience où l'on essaie, entre autres, de déterminer à quel point l'ambiguïté est décelée. Il est certain qu'une phrase ambiguë sera d'autant plus interprétée comme non ambiguë qu'elle est présentée dans un contexte précis et détaillé, et il faudra par conséquent limiter le contexte autant que possible afin de maximiser nos résultats. Par contre, comme certaines ambiguïtés portent sur toute la phrase et que l'on doit assurer l'uniformité de la présentation et du traitement des phrases, la phrase sera la plus petite unité devant être retenue comme stimulus expérimental.

Parler du contexte nous amène à poser une autre question importante : comment le contexte contraint-il l'interprétation des phrases ambiguës ? Pouvoir y répondre équivaudrait probablement à pouvoir expliquer comment le contexte aide à définir les phrases en général, ambiguës ou non, et par extension, comment le processus même de la compréhension du langage fonctionne. La question est fondamentale et représente un but ultime vers lequel tend la majeure partie des recherches en linguistique et en psychologie, pour ne mentionner que ces deux disciplines.

Les facteurs considérés dans l'expérience ne constituent certes pas les seuls éléments judicieux, mais nous tâcherons quand même de voir si les données obtenues ne pourraient pas nous renseigner sur la nature des facteurs qui influencent le choix d'une interprétation plutôt que d'une autre. On s'attend bien sûr à ce que les influences sémantiques et pragmatiques, bien que quasi impossibles à mesurer, apparaissent comme les plus importantes. Nous essaierons tout de même de découvrir s'il n'existe pas, malgré la faible quantité de données, des constructions syntaxiques qui pourraient aussi jouer un rôle dans le choix de l'interprétation d'une phrase.

II. EXPÉRIENCE

L'expérience que nous allons décrire avait pour but l'étude du traitement de phrases sans contexte contenant des ambiguïtés syntaxiques sur les plans de la structure de surface (SS) ou de la structure sous-jacente (SJ[1 2]). Les sujets étaient 48 étudiantes bilingues suivant des cours de traduction au niveau collégial et familiarisées avec la notion d'ambiguïté syntaxique.

Méthode

Tâche. Quant au choix de la tâche à accomplir par les sujets, il apparaissait utile de faire appel à la traduction, car un traducteur devra avoir opté pour l'une ou l'autre signification d'une phrase ambiguë avant de la traduire, pourvu que cette phrase ne puisse pas être traduite littéralement.

Matériel. 24 phrases, 12 en français et 12 en anglais, furent utilisées dans l'expérience. Chacun de ces groupes de 12 phrases comportait 4 phrases où l'ambiguïté se trouvait au niveau de la structure sous-jacente (SJ), 4 phrases où elle se trouvait au niveau de la structure de surface (SS), et 4 phrases non ambiguës (NA) pour assurer un contrôle. Quelques exemples de chaque type se trouvent à la page 182. Ils portent les numéros qu'ils avaient dans l'expérience et nous nous y référerons dans les pages qui suivent. Chaque exemple est suivi de deux interprétations, A et B, assignées arbitrairement par l'examinateur, A et B n'étant ordonnées d'aucune façon entre elles. Elles n'excluent pas non plus qu'il se trouve une troisième interprétation possible pour certaines phrases, autre que A ou B.

La longueur des phrases était de 5-1/2 à 6-1/2 pouces (14 à 16,5 cm) de texte dactylographié en caractère *Élite* et elles avaient 18 syllabes chacune, à ± 1 près[1 3]. Nous nous en sommes tenu dans nos exemples à un vocabulaire de base assez limité (3 500 mots[1 4]) et à des structures syntaxiques qui nous paraissaient avoir déjà été maîtrisées par les deux groupes examinés[1 5].

---

12. L'ambiguïté lexicale n'a pas été considérée dans cette expérience, pour deux raisons principales. D'une part, il était à craindre que les sujets traitent comme ambigus des mots pouvant être interprétés comme vagues. Cela aurait multiplié le nombre de réponses inapplicables à l'étude et réduit le temps consacré au reste du matériel. D'autre part, c'est la différence de niveau où sont résolues les ambiguïtés SS et SJ qui importe pour la théorie et au sujet de laquelle les résultats expérimentaux divergent. De toute façon, il est généralement admis que les ambiguïtés lexicales sont plus faciles à traiter que les ambiguïtés syntaxiques.
13. Bien que la longueur des phrases ait été uniformisée autant que possible, il est évident que deux phrases de même longueur ne seront pas nécessairement aussi difficiles l'une que l'autre, tout comme une phrase de deux mots n'est pas nécessairement neuf fois plus facile qu'une phrase de dix-huit mots.
14. Pour les exemples français, le vocabulaire fondamental de Gougenheim (1958) a été utilisé. *Registraire* n'y figure pas mais ce mot est connu par les étudiantes de l'école. Quant à *Galilée*, il avait été employé plut tôt dans la séance de familiarisation.
15. L'auteur a enseigné quatre ans dans l'école en question et connaît par conséquent le niveau de compétence des étudiants.

ÉCHANTILLON DE PHRASES UTILISÉES DANS L'EXPÉRIENCE

SJ1 *The suggestion of the soldiers helped Napoléon, and he won the battle.*
  A Les soldats ont fait une suggestion à Napoléon et il gagna la bataille.
  B Quelqu'un a fait une suggestion à Napoléon à propos des soldats et . . .

SJ2 *Champlain admitted that the shooting of the Indians was terrible.*
  A Champlain a dit que le tir des Indiens était terrible.
  B Champlain a dit que de tirer sur les Indiens était terrible.

SJ3 *Because I disliked smoking in the room, I decided to go outside.*
  A Parce que n'aimais pas fumer dans la pièce, j'ai décidé de sortir.
  B Parce que je n'aimais pas qu'on fume dans la pièce, j'ai décidé de sortir.

SJ5 Je crois que les Suisses aiment les Français autant que les Allemands.
  A *I think that the Swiss as well as the Germans like the French.*
  B *I think that the Swiss equally like the Germans and the French.*

SJ7 Est-il vrai que les Russes aiment l'opéra autant que les Italiens?
  A *Is it true that the Russians like opera as much as the Italians do?*
  B *Is it true that the Russians like opera and Italians?*

SJ8 Au 17e siècle, la découverte de Galilée fut un événement important.
  A *In the 17th century, the discovery Galileo made was an important event.*
  B *In the 17th century, the fact that Galileo was discovered was an important event.*

SS2 *Although they were interesting and convincing people, no one listened to them.*
  A Bien qu'ils étaient intéressants et convaincants, personne ne les écoutait.
  B Bien qu'ils intéressaient et convainquaient les gens, personne ne les écoutait.

SS3 *This afternoon, while I was reading her mystery stories, she was resting.*
  A Cet après-midi pendant que je lui lisais des histoires mystérieuses, elle se reposait.
  B Cet après-midi pendant que je lisais ses histoires mystérieuses, elle se reposait.

SS4 *When we saw the wild Indian dance, we left quietly in the other direction.*
  A Quand nous avons aperçu l'Indien sauvage danser, nou nous dirigeâmes lentement dans la direction opposée.
  B Quand nous avons vu la danse indienne sauvage, nous nous dirigeâmes lentement dans la direction opposée.

SS5 Nous avons enfin pu parler des difficultés avec la secrétaire.
  A *We talked to the secretary about difficulties we were having.*
  B *We talked about the difficulties the secretary was causing.*

SS6 Hier matin, avant le dîner, Paul m'a dit de partir sans hésitation.
  A *Yesterday morning, Paul told me without hesitation to leave.*
  B *Yesterday morning, Paul told me to leave without my having any hesitation.*

SS7 Le registraire et le directeur m'ont dit de venir à cinq heures.
  A *The registrar and the director told me at 5 o'clock to come.*
  B *The registrar and the director told me that 5 o'clock was the time at which I should come.*

NA2 *Each application is sent to a specialist chosen for his knowledge.*

NA3 *Last Summer at the farm, I asked my aunt about old George and his sister.*

NA4 *Although the mayor often made serious speeches, he had a good sense of humour.*

NA7 Parce que j'aimais rester à parler à la cafétéria, je manquais mes cours.

Souvent, des phrases déja utilisées dans les expériences décrites dans la première partie ont été empruntées, tout en s'assurant que des cadres syntaxiques aussi variés que possible et représentatifs de ceux qu'on trouve dans chaque langue soient utilisés dans les phrases-stimulus.

Les phrases ont été tapées sur quatre feuilles, laissant suffisamment de place après chaque phrase pour sa ou ses traductions. Elles ont ensuite été ordonnées de façon à ce que deux exemples du même type (SJ, SS ou NA) ne puissent se succéder. Toutefois, afin de minimiser l'interférence possible du passage constant d'une langue à l'autre, les phrases de chaque langue ont été présentées en bloc et la moitié des sujets a d'abord traduit les phrases-stimulus françaises, l'autre moitié les phrases anglaises.

Sujets. 48 étudiantes[16] inscrites à un programme collégial de secrétariat de direction dans un CEGEP privé (cours post-secondaire) ont participé à l'expérience définitive[17]. Elles avaient entre 17 et 21 ans (moyenne : 18,75 ans) ; Elles avaient toutes terminé leur cours secondaire avec une note supérieure à 70% et avaient subi avec succès les examens d'admission (oraux et écrits ; langue maternelle et langue seconde) de l'école.

Pourquoi ces sujets plutôt que d'autres ? D'abord, en ce qui a trait à l'ambiguïté, des linguistes auraient été des sujets trop avertis. Il fallait quand même, pour les besoins de l'expérience, un groupe assez élevé de sujets particulièrement sensibles aux phénomènes de langage (sans toutefois qu'ils aient une formation en linguistique) et qui pourraient accomplir la tâche consciencieusement. Nous avons pensé à des étudiants en traduction ; il fallait toutefois qu'ils ne soient pas trop exposés à la linguistique (les programmes universitaires de traduction comportent un certain nombre de cours en linguistique) et qu'ils soient pourtant suffisamment bons traducteurs.

Les sujets de notre expérience ont été choisis par suite de ces considérations. Ils constituent un groupe assez important de sujets bilingues du même

---

16. L'école n'ayant pas d'élèves du sexe masculin, les données recueillies ne sont valables que pour le sexe féminin. Nous ne croyons pas que cela influence les résultats. Baker et Prideaux ont trouvé que le sexe des sujets n'était pas un facteur significatif dans leur expérience. D'autres expériences, dont MacKay (1966) et MacKay et Bever (1967), ne tiennent même pas compte de ce facteur.
17. 88 étudiants en tout ont pris part à l'expérience, dont 24 dans une expérience-pilote préliminaire. Le groupe participant à l'expérience finale a été réduit à 48, après avoir éliminé les deux sujets qui n'ont pas semblé comprendre la tâche assignée, et les quatorze dont le dossier académique révélait une formation antérieure quelque peu différente des autres sujets.

âge, ayant passablement la même formation antérieure. Leur haut degré de bilinguisme[18] et leur formation linguistique en cours au moment de l'expérience (ils terminaient la deuxième année d'un programme comptant dix cours de langue et de traduction – six en langue seconde, quatre en langue maternelle – la traduction étant l'activité principale dans quatre de ces cours) en faisaient des candidats tout désignés pour notre expérience.

Plan expérimental. Les sujets ont été groupés selon leur langue maternelle et chaque groupe a reçu les instructions à suivre dans sa propre langue. Pendant quinze minutes, l'expérimentateur les a familiarisés avec la notion d'ambiguïté syntaxique afin de réduire autant que possible l'effet de l'apprentissage, c'est-à-dire pour éviter que les sujets ne décèlent plus d'ambiguïtés au fur et à mesure de l'expérience. Plusieurs exemples en français et en anglais ont été expliqués et comparés à des phrases non ambiguës.

Après quelques courts exercices pour déterminer que les sujets comprenaient bien la tâche qu'ils devaient accomplir, on passa à l'épreuve définitive. On demanda aux sujets de traduire par écrit les phrases présentées sur les feuilles, dans l'ordre où elles étaient données (les quatre pages de phrases étant ordonnées par rotation selon les huit combinaisons possibles, compte tenu du fait que les phrases d'une même langue étaient présentées en bloc, de sorte que seulement six sujets, trois francophones et trois anglophones, avaient exactement la même combinaison de phrases). On leur a dit de prendre tout le temps qu'il fallait et que l'épreuve n'était pas chronométrée. On s'assura que le temps nécessaire à l'épreuve (déterminé au préalable dans l'expérience-pilote) leur soit accordé et l'épreuve eut lieu dans le cadre d'un de leurs cours à une période autre que la première ou la dernière de la journée.

Les sujets mirent cinquante minutes au plus à compléter la traduction des phrases. On les assura que leur performance n'allait pas être corrigée individuellement et inscrite à leur dossier. On leur demanda toutefois de s'acquitter de leur tâche aussi consciencieusement que possible, et de donner autant de traductions qu'ils croyaient possibles pour chaque phrase, chaque phrase devant avoir au moins une traduction. On leur indiqua que le matériel à traduire comprenait des phrases qui n'étaient pas ambiguës. Enfin, les sujets pouvaient se servir d'un dictionnaire et poser des questions à l'expérimentateur, tout au long de l'épreuve.

---

18. La plupart peuvent s'exprimer aussi aisément en anglais qu'en français. Un bon nombre des étudiantes viennent de familles où l'on parle les deux langues et souvent, elles ont fait une partie de leur scolarité dans une langue et le reste dans l'autre.

Analyse des réponses. On établit que les sujets avaient compris la tâche demandée s'ils avaient donné des traductions pour chaque phrase et s'ils avaient donné deux traductions pour au moins une des phrases.

Très tôt dans l'analyse des réponses, nous avons constaté que quelques phrases pouvaient être traduites littéralement, certaines réponses étant l'homonyme syntaxique parfait de la phrase-stimulus correspondante. Souvent, ces traductions littérales étaient données comme interprétation d'une phrase ambiguë en compagnie d'une autre traduction, celle-là clairement non ambiguë. Nous avons tenu compte de ces réponses ambiguës et de leur rapport aux réponses non ambiguës. Ces résultats sont présentés dans Piquette (1976). Pour ce qui suit, il suffit d'indiquer que selon une estimation conservatrice des réponses, allouant aux sujets le maximum de latitude, nous avons compté une traduction littérale accompagnée d'une autre traduction comme deux interprétations d'un stimulus ambigu.

Les données – le nombre de réponses pour chaque phrase, les interprétations, A ou B ou X (pour les traductions littérales), l'ordre des interprétations (par exemple BA, AB, XA, BX, etc.) ; les mêmes données pour chaque groupe de phrases (SJ), (SS) et (NA), dans chaque langue – ont été mises sur ordinateur.

Résultats statistiques

Degré de détection de l'ambiguïté. Le nombre de traductions données pour chaque phrase ambiguë a été comparé au nombre de réponses possibles pour chaque groupe de sujets.

La phrase qui a été considérée comme ambiguë le plus souvent (79%) est SS5, et cela par les sujets anglophones, 19 sur 24 y attribuant deux représentations. Les trois phrases qui ont reçu le moins grand nombre d'interprétations, 4 sujets sur 24 (ou 16,6%) leur en attribuant deux, sont : SS7 par les deux groupes ; SS3 par les anglophones ; SJ1, par les francophones.

Pour chaque unité de quatre phrases ambiguës (SJ en français, SS en français ; SJ en anglais, SS en anglais), on a trouvé qu'un groupe de sujets y décelait les ambiguïtés au moins 34,3% des fois (l'unité SS présentée en anglais aux sujets francophones), mais jamais plus de 51% des fois (l'unité SJ présentée en français aux sujets anglophones ; ces deux unités étant suivies de très près (50%) par l'unité SJ présentée en anglais aux anglophones).

Dans l'ensemble, les résultats sont les suivants : l'ambiguïté est décelée 44% des fois par les francophones, 47% par les anglophones et 45,5% des fois par l'ensemble des sujets.

Ambiguïtés des deux niveaux. Une analyse de variance (facteurs : langue maternelle des sujets, langue des phrases à traduire, type d'ambiguïté) a été faite des données, mais aucun facteur ne se révéla significatif (p < 0,05). Il existait bien sûr des différences entre les aptitudes individuelles des sujets, mais ni le groupe anglophone, ni le groupe francophone ne décelèrent plus d'ambiguïtés dans les phrases ambiguës de type SJ que de type SS.

On a aussi fait un test *t* avec moyennes corrélées et on a trouvé que les sujets francophones décelaient plus d'ambiguïtés de type SJ que de type SS en anglais ($t = 3,09$, p < 0,01).

Discussion

Détection de l'ambiguïté. Les réponses des sujets ont montré que, bien que l'expérience ait été conçue dans le dessein de favoriser le plus possible la découverte de l'ambiguïté, certaines failles auraient pu être évitées. On aurait pu éliminer du matériel les phrases pouvant donner lieu à une traduction littérale. On aurait aussi pu ne retenir que des phrases pour lesquelles les deux interprétations sont neutres (non marquées par un ordre préférentiel) après avoir trouvé de tels exemples dans une expérience antérieure.

Par contre, les exemples qu'on aurait ainsi retenus auraient-ils été aussi représentatifs de l'ambiguïté syntaxique telle qu'elle existe dans la langue ? Probablement que non. Alternativement, on pourrait quand même retenir les phrases susceptibles de donner lieu à une traduction littérale et changer alors la tâche expérimentale en substituant, par exemple, la paraphrase à la traduction. Pourtant, même à cela, il se trouverait toujours des phrases ambiguës parmi les réponses.

Ces difficultés n'étant pas intéressantes pour ce qui suit, nous n'en avons pas tenu compte dans la compilation, et les résultats sont parfaitement valables. Les données de l'expérience nous montrent que, même quand des sujets sensibilisés au problème, habitués à manipuler des questions linguistiques, ont la tâche expresse de chercher les ambiguïtés, ils ne les découvrent pas plus de 45% des fois en moyenne, et cela dans une situation fortement favorable à sa détection. Plus précisément, nous avons, à la limite inférieure, 3 exemples sur 16 que seulement 16,6% des sujets ont trouvé ambigus.

Or, comme nous l'avons dit plus haut, ces sujets ont dans leur compétence deux représentations pour chacune des phrases-stimulus. Nous voyons donc qu'il y a une très grande différence entre la compétence des sujets et leur performance dans la situation que nous avons décrite. L'écart entre compétence et performance étant ici de cet ordre, il est par conséquent beaucoup plus grand dans la réalité (*i. e.* dans une situation non expérimentale).

Face à l'écart qui sépare les phénomènes de compétence et de performance en ce qui a trait à sa «réalité», il nous semble outré d'accorder à l'ambiguïté syntaxique un rôle si fondamental dans une théorie linguistique, quelle que soit son envergure.

Peut-on enfin concilier nos résultats expérimentaux avec la tâche du linguiste et de l'enfant qui apprend la langue, qui est de «déterminer, *à partir des données de la performance* [c'est nous qui soulignons], le système sous-jacent de règles qui a été maîtrisé par le locuteur-auditeur et qu'il met en usage dans sa performance effective»? (Chomsky, 1965: 13) Le rôle que jouent les contextes linguistique et situationnel prend alors toute son importance et nous allons voir, dans la dernière section, que même si l'on fait abstraction de tout contexte au-delà de la phrase, il se trouve souvent, à l'intérieur des limites de la phrase même, beaucoup de renseignements qui oblitèrent une de ses interprétations possibles au profit de l'autre.

Différence relative des ambiguïtés des deux niveaux. Nous avons vu que ni les sujets anglophones ni les sujets francophones ne décelèrent plus d'ambiguïtés dans un type de phrase que dans l'autre. Non seulement ces résultats n'appuient pas ceux de MacKay et Bever (1967) à l'effet que les ambiguïtés de structure sous-jacente sont plus difficiles à déceler que celles de surface, mais nous avons un *résultat contraire* où les sujets francophones décèlent, de façon significative, plus d'ambiguïtés de structure sous-jacente que de structure de surface[19].

L'affirmation de MacKay et Bever n'est pas du tout fondée et nos résultats confirment ceux de Prideaux et Baker mentionnés à la page 178.

Choix des interprétations

Avant de passer aux résultats, il nous faut vérifier un point. Nous avons mentionné plus tôt que dans le cas où les sujets voyaient deux interprétations possibles à une phrase, ils devaient les donner dans l'ordre selon lequel elles leur venaient à l'esprit. On peut se demander si les sujets ont été consciencieux à ce propos.

---

19. Nous pouvons peut-être expliquer cette performance particulière où les sujets francophones sont plus sensibles aux distinctions en anglais qu'ils ne le sont dans leur
langue maternelle. Si l'on compare les résultats scolaires des deux groupes, les
sujets anglophones ont de meilleures notes dans les cours qui portent sur leur langue maternelle que dans leur langue seconde, ($t = 7,75$, $p < 0,001$). Il n'en est pas
ainsi pour les sujets francophones: ces derniers réussissent aussi bien en anglais
qu'en français. Le niveau d'excellence marqué de leurs aptitudes dans la langue
seconde explique peut-être la performance particulière dont il est question ici.

Nous avons raison de croire qu'ils l'ont été car les résultats montrent que, pour la plupart des exemples, il existe un rapport très étroit entre les résultats en faveur d'une interprétation unique et l'importance relative qu'a cette même interprétation dans les réponses multiples. Voyons un exemple concret, SJ3, pour lequel les réponses sont :

	I	II	III	IV
Francophones	5A	13AB	2B	4BA
Anglophones	7A	9AB	6B	2BA

Les réponses en I (en faveur de A) sont plus élevées pour les deux groupes de sujets que les réponses en III (en faveur de B) ; parallèlement, les réponses en II (où A est donnée d'abord, B ensuite) sont supérieures aux réponses en IV (où B est donnée d'abord, A ensuite).

Phrases «parfaitement» ambiguës et phrases peu ambiguës. Le score des réponses des deux groupes de sujets nous donne, pour chaque phrase – en plus du nombre total d'interprétations trouvées, ces résultats figurant aux pages 185 et 186 – le choix des sujets en faveur de l'une ou de l'autre interprétation. Les réponses données pour SJ3 ci-dessus nous permettent de voir que cette phrase a été plus souvent comprise comme signifiant A plutôt que B. Mais comment peut-on faire le compte de ces résultats pour être en mesure de comparer les phrases considérées comme vraiment ambiguës aux phrases pour lesquelles il semble y avoir une interprétation préférée ?

Établissons d'abord la formule de comparaison et analysons ensuite les exemples. Les données sur le choix des interprétations peuvent être comparées numériquement. Si l'on assigne la valeur 3 aux interprétations données en réponse unique, 2 à la première de deux réponses données, et 1 à la seconde, les sommes obtenues pour chacune des interprétations A et B pourront être comparées. Appliquant cette formule aux réponses données pour SJ3 ci-dessus, les résultats numériques pour chaque groupe de sujets deviennent :

Anglophones			*Francophones*		
	A	B		A	B
7 A (x 3)	21		5	15	
9 AB (x 2) (x 1)	18	9	13 AB	26	13
6 B . . . etc.		18	2 B		6
2 BA	2	4	4 BA	4	8
	41	31		45	27

Pour l'ensemble des sujets, nous avons 86 A et 58 B, la différence étant de 28 sur 144 au total, ou de 19,4%. Les sujets perçoivent SJ3 comme ambiguë en faveur de A 19,4% plus souvent qu'ils ne la perçoivent comme ambiguë en faveur de B. Les résultats individuels pour chaque groupe de sujets sont: 13,8% pour les anglophones et 25% pour les francophones, en faveur de A, pour SJ3.

Dans le cas où on a un nombre égal de A et de B, la différence entre les deux est O, et la phrase en question a alors numériquement été évaluée comme absolument ambiguë. Par contre, si une interprétation prime, la phrase sera proportionnellement moins ambiguë (l'interprétation préférentielle devenant peut-être l'interprétation unique) au fur et à mesure que la différence entre les deux interprétations approche du pourcentage maximum de 100%.

La phrase-stimulus la plus «parfaitement» ambiguë de l'expérience est SJ2, pour laquelle les sujets ont une préférence de 3,5% en faveur de B. La phrase qui est la moins ambiguë est SJ1, la différence en faveur de A étant de 70,3%. Cette phrase est de loin celle qui a le plus haut pourcentage. Viennent ensuite SS2 (56,5%, A) et SS3 (56%, B), les autres phrases ayant un pourcentage inférieur à 33,3%. La médiane est 19,5% et la moyenne est de 26% pour l'ensemble des phrases, en faveur d'une interprétation particulière.

Une méthode semblable pourrait être utilisée pour calibrer les phrases quant à leur interprétation neutre ou préférentielle, et assurer ainsi plus d'homogénéité dans une expérience future. Ces données nous ont aussi permis de vérifier si la différence peu significative que nous avons trouvée entre les traitements des ambiguïtés de type SJ et de type SS était attribuable au fait que les phrases de l'expérience pouvaient avoir des interprétations préférentielles marquées. Les pourcentages pour chaque type d'ambiguïté sont: 27,1% pour les SS; 24,9 pour les SJ, la différence entre les deux (8,8%) étant peu importante si l'on considère la moyenne de 26% pour l'ensemble des phrases.

Considérations syntaxiques, sémantiques et pragmatiques. En possession de ce dernier groupe de données, nous pouvons tenter de voir si les interprétations choisies par les sujets peuvent être expliquées par des critères syntaxiques, sémantiques ou autres.

Il est sûrement très difficile d'évaluer comment une construction syntaxique particulière influence le choix d'une interprétation, et la compilation de l'influence relative de la syntaxe de chacun des constituants est probablement impossible. Ne voulant quand même pas abandonner tout à fait l'hypothèse de l'influence de la syntaxe, nous allons nous limiter à l'analyse de deux types particuliers de construction que nous avons trouvés dans plus d'un exemple.

1. *SN sujet spécifique et SN sujet non spécifique.* Dans SJ1, SJ3 et SJ8, les interprétations A (ayant dans leur représentation un SN sujet spécifique – élidé dans SJ3 par EQUI) s'opposent aux interprétations B (qui comportent un SN sujet non spécifique). Dans chaque cas, A est préféré à B, la moyenne étant de 36,4%, ce qui est passablement supérieur à la moyenne générale de 26%.

Cette construction est-elle vraiment la cause de ce haut pourcentage? SJ2 présente la même opposition (SN sujet spécifique – SN sujet non spécifique) et la phrase est presque absolument ambiguë numériquement. Peut-être l'influence de ce phénomène syntaxique est-il neutralisé par notre connaissance extra-linguistique (contexte pragmatique) *i. e.* par ce que nous savons du traitement des Indiens à l'époque coloniale, ou encore du traitement des Indiens dans les films western.

2. *Syntagme prépositionnel terminant une phrase complexe.* Nous avons dans SS6 et SS7 un syntagme prépositionnel à la fin d'une phrase complexe. Théoriquement, ce SP peut faire partie ou bien de la proposition principale (interprétation A) ou bien de la proposition enchâssée (B). Il semble que les sujets favorisent l'interprétation où le SP fait partie de la proposition de laquelle il est le plus près, la proposition enchâssée (17% et 33,3% respectivement, soit 25,4% en moyenne en faveur de B).

Il semble toutefois que des considérations sémantiques pourraient aller à l'encontre de cette préférence. Par exemple, si SS7 se terminait par un adverbe qui, par suite de restrictions de sélection, ne pouvait dépendre que du verbe, tel *véhémentement*

Le directeur m'a dit de venir véhémentement.

ce serait l'interprétation A qui dominerait, l'adverbe ne pouvant aisément être associé à *venir*. Il existe sans doute de nombreux autres phénomènes syntaxiques à étudier selon cette approche, mais les deux types mentionnés étaient ceux qui prédominaient dans les données.

Considérations sémantiques et pragmatiques. Parmi les considérations sémantiques suggérées par les données, mentionnons la présence dans une phrase d'éléments reliés sémantiquement (on dit que ces éléments ont une *affinité* entre eux) comme pouvant influencer le choix d'une interprétation. On cite souvent les exemples suivants, où les mots en italique favorisent l'interprétation indiquée entre parenthèses :

> *Nixon was* lying *(probablement «lying down»)* when the doctor *came in**
> *Nixon was* lying *(probablement «telling lies»)* when the judge *came in***

L'affinité peut avoir un effet inverse, le manque d'affinité, là où elle est attendue, pouvant influencer le choix en faveur de l'interprétation alternative. La phrase SS2 a été perçue comme peu ambiguë (56% en faveur de A). Or, on peut voir pourquoi A est si fortement choisi, le contenu sémantique de la principale décourageant les sujets d'opter pour B. De même, si l'on compare SS3 à la phrase suivante,

> Last night, *while I was reading her* bedtime *stories, she was* resting.***
> This afternoon, *while I was reading her* mystery *stories, she was* resting.
> (SS3)

on peut voir qu'il existe une affinité entre les mots soulignés dans la première phrase. L'absence d'une affinité semblable dans SS3 favorise le choix de B.

Nous avons vu que les connaissances extra-linguistiques des sujets (le *contexte pragmatique*) jouent un rôle important dans la désambiguïsation des phrases. Dans SJ8, par exemple, on peut s'attendre à ce que A soit préférée à B, par ce que nous savons de celui qui le premier affirma que la terre tournait autour du soleil. Cet exemple est aussi mentionné plus haut comme un cas où un SN sujet spécifique semble être préféré à un SN sujet non spécifique. Pourtant, malgré ces deux influences (syntaxique et pragmatique) supposément favorisantes, l'exemple SJ8 n'a été évalué qu'à 19,6% en faveur de A.

Dans le même sens, on aurait pu s'attendre aussi à ce que SJ5 soit plus «également» ambiguë que SJ7, toujours par suite de considérations pragmatiques influant ici sur les restrictions qui s'opèrent sur ce que la conjonction peut relier. Pourtant, SJ5 (29,5% en faveur de B) a été considérée plus ambiguë que SJ7 (19,4% en faveur de A). Cherchant une explication à ces résultats où l'interprétation préférée pragmatiquement n'est pas celle choisie, on serait tenté de considérer les interprétations inattendues comme des surgénéralisations. Nous avons pour NA7 le même phénomène : *parler à la cafétéria* est

---

* Nixon était *couché* lorsque le *médecin* entra.
** Nixon *mentait* lorsque le *juge* entra.
*** Hier *soir,* tandis que je lui lisais des *contes de chevet,* elle se *reposait.*

traduit littéralement par *talking to the cafeteria** par certains sujets sans tenir compte des facteurs sémantiques[20].

Brian Harris[21] suggère qu'il s'agit plutôt de l'effet d'un surapprentissage (*over-learning*): en leur donnant la tâche de désambiguïser les phrases et en insistant sur le degré de conscience avec lequel ils devaient s'en acquitter, on a sensibilisé les sujets à des ambiguïtés qu'ils n'auraient pas normalement décelées.

Les données sur le choix des interprétations nous ont permis d'assigner aux phrases traitées un indice d'ambiguïté. Elles nous ont aussi permis de considérer l'apport de critères syntaxiques, sémantiques et pragmatiques dans le choix des interprétations d'une phrase.

---

*   [C'est-à-dire «s'adresser à la cafétéria».]
20.   Les cinq cas relevés étaient accompagnés de commentaires explicatifs du genre: «A la rigueur, on pourrait dire... »; «littéralement, on peut aussi avoir... » ou bien d'un point d'exclamation.
21.   Communication personnelle.

SEGMENTATION PERCEPTIVE ET DÉPLACEMENT DE CLIK: REFORMULATION DE L'HYPOTHÈSE DE RECHERCHE

P.G. Patel

Définition du problème

Plusieurs études récentes sur la perception des phrases indiquent qu'à l'audition, une phrase est divisée ou segmentée en unités de traitement ou blocs qui peuvent correspondre aux constituants linguistiques principaux. On ne comprend pas encore clairement de quelle façon l'auditeur segmente les ondes acoustiques en unités perceptives discrètes. La nature des variables linguistiques dont l'auditeur fait activement usage en déterminant les frontières d'unités dans le décodage des phrases, demeure une question d'un intérêt théorique fondamental.

Fodor et Bever (1965), Garrett (1965), Garrett, Bever et Fodor (1966), Garrett et Fodor (1966), Fodor, Bever et Garrett (1968) ainsi que Bever, Lackner et Kirk (1969) affirment que le processus de découpage est guidé par la connaissance tacite, reposant sur une base innée, que le locuteur possède des règles de sa langue (la compétence linguistique). Miller (1967, p. 34) résume succinctement comme suit l'hypothèse de Fodor et autres: «La frontière perçue doit avoir existé dans l'esprit de l'auditeur, non dans le signal acoustique.» Même si Bever a admis par après que «chacune des expériences soulève divers problèmes... et que d'autres travaux sont nécessaires», il maintient que «quelque soit le résultat de l'expérimentation ultérieure, il est clair que les relations logiques internes constituent un facteur déterminant de segmentation perceptive dans le traitement de la parole» (1970, p. 291).

La logique des expériences de Fodor *et al.* sur les stratégies perceptives s'inspire des modèles linguistiques formels élaborés par Katz et Postal (1964) et par Chomsky (1965). L'hypothèse de Katz-Postal énonce que le traitement syntaxique précède et oriente l'interprétation sémantique (Hall-Partee, 1971). Dans *Aspects de la théorie syntaxique* de Chomsky, la composante sémantique est considérée «comme un système de règles assignant des interprétations aux constituants des indicateurs – *système qui n'a pas de structure intrinsèque en dehors de cela*» (1965, p. 217, c'est moi qui souligne). Même dans son modèle révisé, Chomsky insiste sur le fait que les règles syntaxiques formelles sont non seulement indépendantes du sens et du son dans leur fonctionnement, mais «... il se peut également que le choix des mécanismes chez celui qui apprend une langue soit indépendant, à un degré significatif, des conditions de sens et d'usage» (1970).

La tentative de Fodor *et al.* en vue d'assimiler la segmentation perceptive à un corrélat empirique, à savoir, la connaissance tacite des règles de sa langue chez le sujet parlant, repose sur leur interprétation des résultats d'une série d'expériences qui font intervenir une mesure opérationnelle spécifique. La nature de la relation entre le concept de compétence linguistique tel qu'on l'entend en linguistique formelle (Chomsky, 1971) et la mesure opérationnelle utilisée par Fodor *et al.* est une question cruciale. Les postulats théoriques de Fodor *et al.* sont fondés sur la théorie de la grammaire générative et sur le modèle de décodage de phrase qui en dérive et qui sert à interpréter les données expérimentales; à la lumière de récentes recherches psycholinguistiques (Fillenbaum, 1971; Olson, dans ce volume; Reber et Anderson, 1970; Bond, 1972; Chapin, Smith et Abrahamson, 1972), ces postulats sont discutables.

Depuis la publication de l'étude de Fodor et Bever (1965) établissant la correspondance entre les unités perceptives et la structure en constituants syntaxiques, il y a eu plusieurs reprises de cette expérience. Ces reproductions (Ladefoged et Fromkin, 1968, Holmes et Foster, 1968; Feldmar, 1969; Reber et Anderson, 1970; Bond, 1972; Chapin, Smith et Abrahamson, 1972) suggèrent l'existence d'une correspondance quelconque entre l'opération de segmentation perceptive et la structure de constituants. Cependant, les résultats mettent en question l'affirmation de Fodor *et al.* quant à la nature linguistique de l'unité perceptive et du rôle des éléments suprasegmentaux dans la détermination de cette unité. Les différences de résultats dans ces reproductions ont été attribuées soit aux procédures expérimentales soit aux matériaux utilisés dans les phrases. L'analyse critique de la littérature révèle que la nature du lien entre la formulation théorique et la mesure opérationnelle adoptée par Fodor *et al.* n'a pas été vérifiée. Les postulats théoriques qui jouent un rôle important dans l'interprétation de la mesure opérationnelle de Fodor *et al.* doivent être examinés dans le cadre d'un modèle psycholinguistique du traitement de la phrase qui soit compatible avec les recherches des diverses écoles linguistiques et psycholinguistiques. C'est ce que nous tenterons de faire dans cet article.

Analyse du problème

Dans cette section nous examinerons le fondement de la ligne de recherche de Fodor *et al.* Nous analyserons les hypothèses qui sous-tendent la corrélation épistémologique (Northrop, 1947) entre la technique opérationnelle et la segmentation perceptive et nous ferons le compte rendu de la littérature expérimentale sur ce sujet.

La technique du clik

La technique du clik consiste dans l'émission d'un signal comme point de référence externe par rapport aux frontières syntaxiques de la phrase où le clik est enchâssé. On demande aux sujets de déterminer la position des cliks et les erreurs qu'ils font dans la localisation de cette position sont considérées comme perceptivement motivées.

La technique du clik avait été utilisée originalement par Ladefoged et Broadbent (1960) pour étudier le problème du fondement psychologique du phone. Ladefoged et Broadbent enregistrèrent plusieurs groupes de segments constitués d'une part de phrases anglaises et d'autre part, d'ensembles de chiffres ordonnés aléatoirement. Un bruit net de clik et le son parlé *s* étaient superposés aux segments. Les résultats montrèrent que les erreurs que faisaient les auditeurs dans la localisation des positions d'occurrence des cliks étaient plus grandes pour les phrases que pour les chiffres.

Fodor et Bever réanalysèrent les données de Ladefoged et Broadbent et trouvèrent qu'une proportion significative des erreurs de localisation du clik se faisaient dans le sens des frontières de constituants syntaxiquement définis. Cela incita Fodor et Bever (1965) ainsi que Garrett (1965) à se servir de la technique du clik pour répondre à la question suivante : « ... dans quelle mesure les unités principales en termes desquelles les phrases sont segmentées pour fins d'analyse linguistique correspondent-elles aux unités perceptives intervenant dans l'identification de la parole ? » (Fodor et Bever 1965, p. 415.)

L'usage de la technique du clik pour l'étude du rôle de la structure des constituants linguistiques dans la perception, repose sur le raisonnement suivant : les erreurs dans la localisation des cliks superposés se produisent sous l'influence du processus de traitement de la phrase et «la nature des erreurs dans des phrases données peut également fournir des indications sur le processus de traitement» (Garrett 1965, p. 42). Ce raisonnement renvoie à trois hypothèses: 1. La capacité du système de décodage est limitée; 2. Il y a des priorités dans l'ordre de décodage des événements — c'est-à-dire que le décodage des événements à faible priorité s'effectue seulement lorsqu'il y a de l'espace qui n'est pas occupé par des événements de haute priorité; 3. Ce sont en partie les besoins d'emmagasinage qui établissent l'ordre de priorité — les éléments qui nécessitent le plus d'espace d'emmagasinage se verront alors assigner une haute priorité.

Les hypothèses concomitantes de la technique du clik impliquent que le son parasite du clik n'occuperait qu'un espace restreint et de ce fait, aurait une faible priorité. Le traitement des cliks aurait tendance à être différé jusqu'après le traitement de la phrase. Garrett (1965, p. 44) résume ainsi la justesse de la technique pour les opérations de traitement de la phrase : «En supposant que dans l'attribution de la structure profonde à une suite, chaque groupe syntagmatique principal constitue une sous-routine, il y aurait de l'espace de compilation disponible durant le passage entre ces sous-routines.» Cet espace de compilation disponible donne du temps pour le traitement du son des cliks superposés. On présume que les erreurs de localisation des cliks sont dues au traitement perceptif de la phrase en cours; on s'attend à ce que l'auditeur relie les cliks à l'énoncé après que les unités perceptives ont été déterminées (Abrams et Bever, 1969). La tendance de l'auditeur à déplacer les cliks vers la frontière des constituants syntaxiques principaux est considérée comme reflétant l'opération perceptive qui segmente les phrases en unités de décodage.

Compte rendu de la littérature

La prédiction expérimentale de Fodor et Bever était que «la perception du bruit entendu durant l'énoncé devrait avoir tendance à déplacer la localisation vers les frontières de constituants. Ce déplacement devrait se produire de façon à minimiser le nombre de constituants perçus comme étant interrompus par le bruit» (1965, p. 416). Pour vérifier cette prédiction, on superposa des cliks à des phrases dont la longueur variait de 8 à 22 mots, aux positions suivantes : à la frontière des constituants principaux, aux première, seconde et troisième syllabes avant et après la frontière, ainsi qu'aux bornes des mots situés *immédiatement* avant et après la frontière.

On découvrit que lorsque les sujets se voyaient demander de localiser ces cliks après la présentation auditive des phrases, la majorité des réponses aux cliks en position située avant et après la frontière des constituants principaux était des erreurs; dans une proportion significative, la position des cliks était déplacée vers la frontière des constituants principaux; toutefois, il était possible que «les facteurs déterminant la direction du déplacement des cliks ne soient reliés qu'indirectement à la structure formelle des constituants des phrases» (1965, p. 418). Il était nécessaire d'éliminer l'interprétation du déplacement des cliks comme étant fonction des pauses acoustiques qui pourraient survenir à la frontière des constituants principaux, de sorte que soit clairement déterminé l'effet de la structure des constituants : «Si l'on peut montrer que le déplacement du clik est fonction de la structure choisie, la possibilité que des variables acoustiques déterminent ce déplacement peut alors être définitivement éliminée.» (Fodor et Bever 1965, p. 419.)

Au lieu de considérer les pauses acoustiques comme une variable indépendante, Fodor et Bever examinèrent leurs phrases stimuli avec un oscilloscope à plume. Un silence complet ou bien une baisse d'énergie constituait le critère opérationnel utilisé pour mesurer la variable constituée par les pauses acoustiques aux frontières de constituants principaux. L'oscilloscope montra que sur les 25 phrases avec une frontière de constituants principaux, 8 avaient une pleine pause acoustique, 6 avaient une baisse d'intensité marquée, 7 avaient une baisse d'intensité légère et 4 n'avaient aucune baisse d'intensité. Les résultats furent interprétés comme suggérant que «dans les phrases parlées, les pauses acoustiques produites spontanément et qui coïncident avec les frontières de constituants principaux ne renforcent par le rôle de ces frontières dans l'organisation perceptive (1965, p. 419). Les pauses acoustiques n'étant pas marquées dans le signal, on vit dans ce fait l'indication que le locuteur faisait usage de sa compétence linguistique intuitive dans sa segmentation perceptive des phrases.

Garrett, Bever et Fodor (1966) prirent pour acquis que Fodor et Bever avaient établi l'effet de la structure syntaxique et que cet effet s'exerçait aussi dans les phrases où aucune pause acoustique n'indiquait la position de la frontière des constituants de la structure profonde. Cependant, ils menèrent une expérience en contrôlant «tous les traits acoustiques saillants qui pourraient signaler les frontières de constituants» afin de régler définitivement la question de l'interprétation du déplacement des cliks. Garrett, Bever et Fodor prirent comme stimuli six paires de phrases ayant quelques éléments lexicaux en commun, par exemple :

(A) *(In her) (hope of marrying Anna was surely impractical)*
(B) *(Your) (hope of marrying Anna was surely impractical)*[1]

---

1.   A.   (Dans son) (espoir de se marier Anna était certainement irréaliste).
     B.   (Ton) (espoir de marier Anna était certainement irréaliste).

Les portions communes à chaque paire étaient rendues acoustiquement identiques en accolant une copie de la portion commune tirée de la première phrase à la portion non identique de la seconde phrase; autrement dit, la copie de
hope of marrying Anna was surely impractical faite à partir de (A) était acco-
lée au «*Your*» de (B), ce qui donnait deux phrases avec des portions acoustiquement identiques mais syntaxiquement différentes. Les cliks furent superposés au milieu du mot ou des mots dans l'environnement desquels on faisait
varier la frontière de constituants.

Garrett, Bever et Fodor conclurent que l'effet de déplacement du clik
pouvait être reproduit dans des phrases ambiguës qui étaient acoustiquement
hybrides. Ils présentaient leurs résultats comme la preuve que le décodage
d'une phrase est «un processus actif par lequel l'auditeur se livre à l'analyse
structurale de la phrase au lieu de réagir passivement à de quelconques indices acoustiques démarquant la structure» (1966, p. 32).

Bever, Lackner et Kirk (1969) notèrent que malgré que la structure de
surface de certaines des phrases stimuli de Fodor et Bever (1965) et Garrett
(1965) n'indiquait pas que ces phrases pouvaient dériver de deux suites sous-
jacentes différentes, on avait quand même trouvé que l'extrémité des propositions enchâssées entraînait un déplacement de clik aussi efficacement que
lorsque ces propositions étaient enchâssées dans des phrases où se reflétait la
dérivation à partir de deux suites sous-jacentes. Afin d'en savoir davantage sur
l'importance des frontières de propositions sous-jacentes dans la segmentation perceptive, Bever, Lackner et Kirk construisirent six ensembles de trois
phrases, dans lesquelles on faisait varier l'ordonnance de la structure sous-
jacente tout en gardant invariable la structure de surface. La variable principale dans chaque ensemble de phrases était le type de verbe et de proposition complément. «Pour prévenir toute espèce de différence dans la pronon-
ciation des trois versions, six phrases furent construites en accolant diverses
portions d'une phrases à une autre» (1969, p. 230). Les cliks furent placés à
la frontière des propositions et au milieu de chacun des deux mots immédiatement après la frontière. Bever et autres concluent par conséquent que les
propositions sous-jacentes agissent comme unités de base du traitement de la
parole. Le résultat de Fodor et Bever (1965) concernant l'importance des
frontières de constituants de surface dans le déplacement des cliks fut considéré comme falsifié. On vit dans ces nouvelles données le reflet d'un processus
de «noyautage» (que les auteurs de langue anglaise appellent *kernelization*)
qui induirait supposément la structure syntaxique profonde «immédiatement
et directement» à partir de la forme d'onde physique.

Déplacement de clik et perception des variables prosodiques physiques

La tentative de Fodor *et al.* en vue d'éliminer les variables prosodiques comme explication à la distorsion dans la perception de la position des cliks, repose sur l'inférence logique suivante : puisque la structure acoustique du matériel parlé ne peut expliquer l'effet de déplacement du clik, l'auditeur doit imposer au signal une structuration perceptive fondée sur sa connaissance intuitive des relations syntaxiques sous-jacentes (Garrett et Fodor, 1968). La littérature permet de montrer que la définition opérationnelle que Fodor et Bever (1965) ainsi que Garrett, Bever et Fodor (1966) ont utilisée pour spécifier les patrons prosodiques comme variable indépendante, est inadéquate si l'on tient compte des données obtenues en phonétique expérimentale.

Les récentes recherches spectrographiques de Martin (1970, p. 77) sur la perception des jonctions structurales montrent que : « ... des syllabes allongées accompagnent habituellement et précèdent les localisations de pauses présumées, qu'il y ait ou non présence d'un intervalle de silence, mais ces localisations sont aussi des jonctions grammaticales, ordinairement. Cependant, les syllabes allongées semblent servir d'indices à la détection des pauses indépendamment des indices grammaticaux». On sait également que les jonctions structurales, les patrons d'intonation, les contours d'intonation et le rythme sont reliés à la structure grammaticale (Hadding-Koch et Studdert-Kennedy, 1964 ; Kozhevnikov et Chistovich, 1965 ; Fry, 1968). Le travail ultérieur de Martin (1970a) indique qu'il y a toujours présence d'indices de rythme dans la localisation de l'accent : « ... l'audition de quelques accents (ou de paramètres d'accent) dans un énoncé permet d'en établir la structure rythmique, laquelle détermine en retour la localisation des autres accents présumés.» (1970a, p. 629). Kozhevnikov et Chistovich (1965) sont d'avis que l'auditeur fait usage, lors de la perception, des régularités temporelles d'ordre complexe se trouvant dans le message sonore. Ces observations s'allient bien à l'hypothèse de Neisser suivant laquelle les indicateurs syntagmatiques sont intérieurement représentés comme des structures rythmiques, ou en tout cas ressemblent au rythme sous plusieurs aspects (1967, p. 262). De toute évidence la variable des paramètres acoustiques des patrons prosodiques n'est pas aussi simple que Fodor *et al.* le croyaient.

Dowling et Fromkin rapportent que les réponses du sujet dans la localisation des cliks sont influencées par les frontières de constituants principaux en structure de surface et par l'accent de phrase principal (Ladefoged et Fromkin, 1968, p. 132). Ladefoged et Fromkin soutiennent que l'influence de l'accent de phrase principal sur le déplacement du clik «reflète plutôt le traitement du signal acoustique entendu». La reprise, avec modification, de l'expérience de Fodor et Bever (1965) par Reber et Anderson (1970) donne des résultats contradictoires. Reber et Anderson indiquent que «parmi les divers facteurs linguistiques mesurés, l'intonation est certainement le plus significatif en termes du contrôle exercé sur les types de réponses des sujets, alors que la syntaxe est relativement peu importante et la sémantique non pertinente» (1970, p. 36).

Martin, Kolodzeij et Genay (1971) pensent que l'effet de déplacement du clik peut être attribué au «découpage intonatif perçu», qui demeure effectif même lorsque les composantes physiques de l'intonation sont artificiellement distordues. Il y a dans la littérature des expériences sur le rôle de la perception de l'intonation, de l'accent et du rythme dans l'évaluation des pauses dans les phrases. Martin et Strange (1968) démontrent que les hésitations aux frontières de constituants secondaires ne sont pas perçues tandis que des pauses inexistantes sont perçues aux frontières de constituants principaux. Donc, l'effet des indices prosodiques sur le déplacement de clik ne peut être éliminé comme explication sans contrôler la variable que constitue la perception de l'accent, de l'intonation et du rythme. Garrett, Bever et Fodor (1966) ainsi que Bever, Lackner et Kirk (1969) n'ont essayé de contrôler que les composantes physiques des paramètres prosodiques.

Séquence d'opérations de décodage de la phrase et déplacement de clik

Le niveau auquel l'auditeur déplace la localisation des cliks dans la phrase est un point crucial pour l'interprétation du lien entre la formulation théorique et la mesure opérationnelle adoptée. Si les jugements de localisation du clik par l'auditeur sont influencés par sa façon de découper le message sonore qu'il reçoit, il faut alors déterminer la nature des variables linguistiques qui établissent les frontières d'unités.

Fodor, Bever et Garrett décrivent comme suit la nature de la mesure opérationnelle entre les erreurs que commettent les sujets en localisant les cliks d'une part, et le découpage d'autre part: «En supposant que les erreurs de localisation des cliks superposés aux phrases soient influencées par le traitement de la phrase, alors la nature des erreurs dans des phrases données peut fournir une indication sur les unités d'analyse de ces phrases et *peut-être également sur l'ordre des opérations de traitement*» (1968, p. 53; c'est moi qui souligne). Selon Garrett, les erreurs de localisation des cliks surviennent durant le traitement syntaxique, dans un «vide sémantique» (1965, p. 20). Dans ce modèle de décodage de phrase, l'interprétation sémantique constitue la dernière opération; il ne peut y avoir d'interprétation sémantique si l'opération majeure initiale du traitement syntaxique n'est pas réussie.

Cependant, la question de l'ordre des opérations de traitement en termes d'information syntaxique et sémantique n'est en aucun cas résolue. Foster et Ryder (1971) affirment que l'hypothèse de la perception initiale concerne avant tout la structure syntaxique de la phrase. Mehler et Carey (1968) soutiennent que les sujets traitent simultanément le sens et la structure syntaxique. Bever lui-même a récemment remarqué que l'organisation sémantique d'un groupe de syntagmes qui paraît la plus vraisemblable peut guider le décodage de la phrase, indépendamment de, ou parallèlement au décodage syntaxique (Bever, 1970). Nombre de preuves expérimentales indiquent que les restrictions sémantiques ont bien plus d'importance que les règles syntaxiques (Quillian, 1967; Stolz, 1968; Downey et Hakes, 1968; Hunt, 1971; Schank, 1972). Mais le problème de l'enchaînement séquentiel du traitement syntaxique et sémantique ne peut être examiné sans considérer l'organisation temporelle du langage parlé.

Les linguistes européens distinguent l'aspect prosodique de l'aspect phatique, lequel est constitué d'éléments discrets. Les composants phatiques de la phrase se suivent selon une succession (temporelle) linéaire. Cependant, il n'y a pas de connection nécessaire entre la façon dont l'auditeur groupe les composants phatiques linéaires dans le décodage de la phrase et la description formelle du linguiste. Le locuteur assemble les significations de divers éléments; l'auditeur essaie de reconstituer ces assemblages afin de comprendre les intentions du locuteur. Le locuteur et l'auditeur ont tous les deux besoin de latitude pour former des assemblages ou des unités en fonction des exigences d'un arrangement sémiotique donné. C'est dans ce contexte que les linguistes de Prague rejettent les règles syntagmatiques, formellement justifiées, de la grammaire transformationnelle. Le groupement syntaxique des composants phatiques de la phrase n'offre pas la flexibilité que requiert la dimension psychologique.

Si ce sont seulement les relations logiques de nature syntaxique qui guident l'opération d'assemblage à l'étape initiale du décodage, la position temporelle de la frontière des constituants principaux dans la séquence de gauche à droite que constitue la phrase ne devrait avoir aucun effet, l'anomalie sémantique non plus, sur le processus d'assemblage et par conséquent sur le déplacement de clik. On n'a cependant jamais étudié sérieusement la relation entre l'organisation temporelle du langage parlé et le mode d'arrangement des composants phatiques de la phrase pour la langue dans laquelle se faisaient les expériences, c'est-à-dire l'anglais.

Les linguistes de différentes écoles admettent que toute langue possède la distinction psychologique bipartite en topique-commentaire ou thème-rhème. La structure relationnelle de la phrase est indiquée par divers moyens syntagmatiques selon les langues (Hockett, 1963; Fillmore, 1968; Chafe, 1970). En ce qui concerne l'anglais, il ne semble pas exister d'accord général sur la nature des procédés syntagmatiques qui reflètent la structure sémantique de la phrase. Selon Bolinger (1952) et Vachek (1966), la division psychologique bipartite de la phrase est reliée significativement à l'ordre des mots en anglais. Les études expérimentales sur l'usage du passif en anglais apportent un certain éclaircissement à ce sujet. Clark et Clark (1968), Johnson-Laird (1966) et Morton (1966) soutiennent que l'ordre des mots dans l'expression des relations psychologiques pourrait être un facteur essentiel dans le choix que fait le locuteur de la construction passive. Lorsque l'objet de l'action constitue le sujet psychologique de la phrase, la voix passive obtient la préférence. (Voir aussi Goodenough-Trepagnier et Hildyard *et al.*, dans ce volume.)

Les concepts de «mémoire en attente» et de «symbolisation combinatoire» formulés durant les années 1930 par les linguistes de Prague pour interpréter la description linguistique en termes de chaîne de la parole, sont pertinents pour la question de l'ordre du traitement syntaxique et sémantique. Le principe de la «mémoire en attente» énonce que les composants phatiques qui se suivent dans un ordre linéaire peuvent rester non reliés entre eux et présents à la mémoire, jusqu'à ce qu'un élément ou des éléments apparaissant beaucoup plus tard dans l'énoncé puissent leur être rattachés lors du décodage. Le processus d'assemblage dépend de la «symbolisation combinatoire», laquelle réfère au fait que les entités de la dimension phatique sont connectés en termes de signification. La «symbolisation combinatoire» prend aussi en considération les divers procédés syntagmatiques qui indiquent la structure sémantique de la phrase.

Jugements de localisation des cliks dans des énoncés anormaux

Le phénomène des jugements de localisation des cliks dans des énoncés anormaux est un point fondamental en ce qui concerne la séquence des étapes de traitement dans le décodage de la phrase. Dans les énoncés anormaux les structures profonde et superficielle restent intactes. Fodor *et al.* affirment que les relations syntaxiques en structure profonde sont les unités perceptives primaires et que, de ce fait, elles guident les jugements de localisation de l'auditeur. Si l'effet de déplacement de clik est fonction de la structure syntaxique profonde et survient dans un «vide sémantique», l'anomalie sémantique ne devrait donc avoir aucune influence sur lui.

L'affirmation de Reber et Anderson (1970) sur la non-pertinence des facteurs sémantiques dans les jugements de localisation doit être interprétée en termes de la primauté dévolue au rôle d'auditeur dans la tâche expérimentale. Reber et Anderson n'imposent pas au sujet de se souvenir des énoncés et de les transcrire. Ils essayent de mesurer l'intervalle entre l'audition de l'énoncé et la détermination de la position du clik perçu. Garrett (1965, p. 43) est conscient de cet aspect et observe que si les sujets n'ont qu'à localiser le clik, alors la différence d'erreur de localisation entre les phrases et les suites de nombres devrait être réduite de beaucoup. Il n'est pas étonnant du tout qu'il n'y ait pas, dans Reber et Anderson (1970), de différence significative dans le taux de déplacement de clik entre les énoncés acceptables et anormaux. Comme Schank (1972) le remarque, la fonction de la syntaxe consiste à signaler l'information sémantique plutôt qu'à constituer une première étape dans l'analyse sémantique. Le substrat temporel (linéaire) du patron syntaxique n'a pas de structure sémantique sous-jacente dans un énoncé anormal. Neisser (1967, p. 275) est d'opinion que les énoncés anormaux ne cadrent pas dans «quelque chose qui pourrait être décrit comme étant cognitif par structure, quoique ce n'est sûrement pas syntaxique».

Traitement de la phrase en situation d'écoute sous tension

Plusieurs chercheurs ont émis l'hypothèse que les difficultés qu'éprouve l'auditeur avec les messages émis avec un effet de masque et en vitesse accélérée, renseignent sur les paramètres linguistiques et opérations intervenant dans le décodage de la phrase (Miller, Heise et Lichten, 1951; Miller et Isard, 1963; Mehler et Carey, 1967; Martin, 1968; Johnson, Fredman et Stuart, 1969; Foulke et Sticht, 1967; Overmann, 1971). On s'accorde à dire que les problèmes occasionnés par l'effet de masque et l'accélération de la vitesse de parole sont surtout de nature perceptive (Aaronson, 1967, 1968). En faisant varier le taux de parole par rapport au bruit ainsi que la vitesse de parole, on peut obtenir des mesures utiles pour l'étude des stratégies perceptives dont se sert l'auditeur lors du décodage. Si un mécanisme perceptif quelconque est effectivement fondamental, il est vraisemblable de s'attendre à ce que l'auditeur y ait recours systématiquement dans des conditions d'écoute qui sont défavorables.

Les études sur l'effet des vitesses de parole accélérées faisant intervenir la compression de la parole montrent que la relation entre le nombre de mots et la compréhension n'est pas linéaire. Foulke et Sticht (1967) affirment que la relation entre le nombre de mots et la compréhension de la parole est «structurée par plus qu'un seul processus sous-jacent». Le degré de compréhension diminue lentement à mesure qu'on augmente le nombre de mots selon la méthode d'échantillonnage de compression de la parole, jusqu'à ce qu'on atteigne un taux d'environ 275 mots par minute; au-delà, le degré de compréhension baisse plus rapidement (Foulke, Amster, Nolan et Bixler, 1972). Il est certain également que la perte de compréhension de la parole au-delà d'un certain seuil (approximativement 275 mots à la minute n'est pas dû à une perte d'intelligibilité. Foulke et Sticht (1967) ont mesuré l'influence de la compression à la fois sur l'intelligibilité des mots et sur la compréhension auditive. Ils ont trouvé que l'intelligibilité et la compréhension diminuaient tous les deux à mesure que le taux de compression augmentait, mais que la compréhension baissait plus rapidement que l'intelligibilité. L'intelligibilité des mots pris individuellement était toujours supérieure à la compréhension du discours suivi et baissait progressivement à mesure que la compression passait de la valeur requise pour obtenir un taux de 225 mots à la minute à la valeur requise pour un taux de 425 mots à la minute[2].

Ainsi que Foulke et Sticht (1969, p. 60) le remarquent, «la compréhension du langage parlé implique l'enregistrement, l'encodage et l'emmagasinage continus de l'information, et ces opérations demandent du temps». L'auditeur possède une capacité finie à traiter le flot d'information. Lorsque le taux de mots requiert toute la capacité du canal, l'auditeur est incapable d'accomplir la segmentation perceptive des phrases. Il n'a pas assez de temps pour traiter les indices et il ne peut segmenter le flot d'information acoustique en unités perceptives si le nombre de mots dépasse la capacité du canal. D'après Neisser (1967), l'avantage d'une présentation lente est de permettre une réorganisation active. Certaines expériences démontrent que la compréhension de la parole comprimée n'est pas affectée lorsque des portions du temps supprimé sont redistribués à des endroits spécifiques, c'est-à-dire aux frontières de constituants syntaxiques. Johnson, Friedman et Stuart (1969), Ryan (1969, 1969a) et Overmann (1971) rapportent que le rappel des phrases comprimées s'améliore si l'on donne la possibilité de faire le découpage. Overmann (1971, p. 115) voit dans ses résultats une confirmation de l'hypothèse selon laquelle «... la baisse de compréhension résultant de la compression du temps est la conséquence du fait qu'on prive l'auditeur du temps qu'il lui faut pour effectuer les opérations de traitement dont dépend la compréhension». On sup-

---

2. L'intelligibilité de la parole comprimée dans le temps dépend de la méthode utilisée pour produire la compression. Dans le cas de la compression produite par méthode d'échantillonnage, des portions d'enregistrement du matériel parlé sont supprimées à intervalles réguliers. L'effet qu'un degré de compression donné aura sur l'intelligibilité des mots dépend de la durée de la portion éliminée de la période d'échantillonnage, et par conséquent, de la durée de la période d'échantillonnage elle-même. La période d'échantillonnage est l'intervalle entre les débuts de deux portions éliminées consécutives. La compression résulte de la suppression d'une partie de cet intervalle. C'est le rapport entre la partie retenue et la partie supprimée des périodes d'échantillonnage qui détermine le degré de compression (Foulke et Sticht, 1969).

pose également que le rappel des phrases comprimées est affecté si le processus de découpage subit une interférence sous forme de pauses artificiellement introduites et distribuées aléatoirement.

C'est en termes de processus perceptifs que Miller, Heise et Lichten (1951), Miller et Isard (1963), Mehler et Carey (1968) et Martin (1968) interprètent leurs résultats sur l'effet de masque. Les travaux d'Aaronson (1967, 1968) démontrent que le taux de parole par rapport au bruit, et le temps de perception requis, sont liés. Le temps de perception varie en proportion inverse du taux de parole par rapport au bruit, c'est-à-dire que les erreurs de rappel augmentent lorsque ce taux diminue. Quand le rapport entre la parole et le bruit blanc est faible, autrement dit quand le niveau de bruit est élevé en comparaison de la quantité de parole, l'auditeur prend plus de temps à percevoir le stimulus.

Broadbent (1958, 1972) et plusieurs autres supposent qu'il y a deux stades de traitement perceptif qui s'appliquent, à la suite, à la représentation du stimulus. Durant le premier stade, les représentations du stimulus sont gardées dans un compartiment à grande capacité. Ces représentations non identifiées sont relativement instables. Le deuxième stade de l'opération perceptive consiste en un seul canal à capacité limitée. Ce canal reçoit les éléments à la suite seulement, c'est-à-dire qu'un seul élément à la fois peut pénétrer dans le canal, l'entrée d'éléments additionnels étant retardée jusqu'à ce que le canal soit libre. Lorsque les conditions d'écoute sont difficiles, le système perceptif à capacité limitée est forcé d'utiliser ses stratégies de base à leur maximum. Le masquage avec bruit blanc et la vitesse accélérée empêchent toute accumulation de données d'input qui pourraient être utilisées dans des décisions à retardement.

Problème de recherche

Fodor *et al.* prétendent que les relations syntaxiques en structure profonde sont les unités fondamentales de perception de la phrase et, par conséquent, qu'elles guident l'auditeur dans ses jugements de localisation du clik. On explique l'effet de déplacement du clik en termes de compétence linguistique du sujet parlant. Chomsky (1971) considère que la compétence linguistique est déterminée par un programme génétique qui consiste en universaux linguistiques formels. L'objectif du présent article est de montrer que la corrélation épistémologique («épistemic») entre segmentation perceptive et compétence linguistique par le biais du déplacement de clik n'est pas valable, si la compétence linguistique du sujet parlant est interprétée dans le cadre de la théorie chomskyenne.

Le postulat principal qui sous-tend le lien entre la théorie et l'expérimentation dans la série des expériences de Fodor *et al.* est que l'étape initiale de segmentation perceptive est guidée par des relations syntaxiques abstraites, sans recours aucun à la base sémantique des assemblages. Si l'on établissait que les considérations sémantiques ont quelque chose à voir avec la tendance de l'auditeur à déplacer les cliks vers les frontières d'unités perceptives, cela impliquerait que la segmentation perceptive est le résultat du traitement simultané de traits syntaxiques et sémantiques. Si les composantes syntaxiques et sémantiques sont traitées parallèlement dans la perception, l'anomalie sémantique et la localisation temporelle de la frontière des constituants principaux dans la séquence de gauche à droite de l'énoncé, devraient avoir un effet significatif sur le déplacement de clik. De plus, si la stratégie perceptive qui fait usage de la structure profonde est fondamentale, alors la configuration globale des résultats sur la localisation des cliks ne devrait pas être modifiée en situation d'écoute sous tension créée par l'effet de masque et l'accélération de la vitesse de parole.

Les protocoles d'expériences suivants devraient constituer la base des données sur la tendance du locuteur à déplacer la localisation du clik durant le traitement perceptif de la phrase :

1. Énoncés acceptables et anormaux avec contrôle de (a) la longueur de l'énoncé et (b) la structure syllabique.

2. Variation de la position temporelle de la frontière de constituants principaux dans l'ordre de gauche à droite de l'énoncé.

3. Placement du clik à la frontière et autour de la frontière de constituants principaux.

4. Présentation bi-auriculaire des stimuli afin d'éviter le problème de l'asymétrie hémisphérique dans le traitement des sons verbaux et non verbaux (Kimura, 1967 ; Kimura et Folb, 1968 ; Cohen, 1971).

5. Reproductions en situation d'écoute sous tension créée par (a) masquage avec bruit blanc et (b) vitesse de parole accélérée.

6. Une procédure valable de compilation statistique pour évaluer la grandeur de l'erreur dans le déplacement du clik.

L'EFFET DU TYPE DE TÂCHE ET DU CONTEXTE LINGUISTIQUE SUR LA RÉACTION ÉLECTRO-ENCÉPHALIQUE MOYENNE AUX CLIKS

Michael R. Seitz

La réaction électro-encéphalique moyenne (REM) aux cliks superposés à des phrases, a été utilisée comme indicateur physiologique du début de l'activité de perception de la parole dans deux tâches différentes: 1) indiquer la localisation du clik sur une transcription déjà faite de la phrase-stimulus, ou 2) transcrire exactement la phrase-stimulus avant d'indiquer la localisation du clik perçu. Les résultats de ces expériences indiquent que la REM est une technique assez précise pour détecter des différences significatives dans les latences associées aux cliks survenant après une frontière de constituant principal, mais seulement dans la tâche de transcription. Ces données ont été interprétées comme l'indice que différents types de tâches font appel à différents ensembles ou stratégies de perception. De plus, ces expériences ont démontré la valeur de la REM comme technique d'appoint aux données comportementales dans les études sur la perception de la parole.

INTRODUCTION

Seitz et Weber (1974) ont trouvé que des différences dans le type de tâche modifiaient de façon significative la localisation que les sujets assignaient aux cliks superposées à des phrases. Lorsque les sujets devaient écrire la phrase avant d'indiquer la localisation du clik, ils le percevaient comme survenant plus près de la frontière de constituant principal de la phrase, ce qui appuyait les hypothèses de Fodor et Bever (1965) ainsi que de Bever, Lackner et Kirk (1969) comme quoi les constituants principaux forment des unités perceptives qui résistent à l'interférence de tout bruit parasite. Chez les sujets qui n'avaient qu'à mettre une marque sur une transcription déjà faite des phrases-stimuli, aucun effet de déplacement de la localisation ne se manifestait. Cependant, les deux groupes avaient tendance à localiser les cliks avant leur véritable position d'occurrence, confirmant ainsi les résultats de Ladefoged et Broadbent (1960) et de Reber et Anderson (1970), résultats que ces chercheurs avaient interprétés en termes de la «loi de priorité» de traitement de Titchener (1908). Cette loi énonce que: «Un stimulus pour lequel nous sommes préparés prend moins de temps à produire son plein effet conscient qu'un stimulus de même nature pour lequel nous ne sommes pas préparés.» (P. 251.) Si Seitz et Weber ont démontré que divers types de tâches résultaient en diverses distributions de localisation des cliks, le genre de réponse demandée ne pouvait fournir aucune information sur la façon dont le type de tâche affectait le processus perceptif. Il est intéressant pour l'étude de la perception de la parole de déterminer si l'effet relatif observé sur la localisation des cliks se produisait, selon les tâches, au début ou à une phase plus avancée du processus perceptif.

Étant donné les conditions expérimentales mentionnées plus haut, les réactions électro-encéphaliques moyennes (REM) permettent d'avoir un aperçu de ce qui se passe durant les phases initiales de ce processus. La REM typique à une série de stimuli discrets consiste en une onde diphasée où la première déflection importante, une onde négative à laquelle on réfère souvent par N_1, se produit approximativement 100 millisecondes (ms) après le début des stimuli, et où la deuxième déflection importante, une onde positive à laquelle on réfère souvent par P_2, se produit environ 200 ms après le début des stimuli. Si les résultats de Seitz et Weber sur le comportement des sujets reflètent des différences dans la phase de traitement initiale, le temps de latence des REM aux cliks peut varier d'un type de tâche à l'autre ; en particulier, il peut y avoir des différences de latence en fonction de la position du clik dans la phrase, avec l'une des tâches ou avec les deux.

Dans cet article, nous rapportons les résultats de deux expériences à double tâche, l'une où il fallait faire la transcription et l'autre où il n'y avait qu'à faire une marque, lors desquelles les REM aux cliks ont été enregistrées. Les REM dans l'expérience I, recueillies concomitamment aux mesures comportementales mentionnées par Seitz et Weber (voir aussi Seitz, 1972), ont été enregistrées seulement pour l'hémisphère cérébral contralatéral à l'oreille exposée au clik. On recueillait une REM pour chacune des trois positions du clik, ce qui donnait trois REM par sujet. Des REM distinctes pour chacun des deux groupes de sujets ont été enregistrées.

La seconde expérience constituait à la fois une reprise et une extension de la première. Dans l'expérience II, les REM ont été recueillies pour les deux hémisphères cérébraux et analysés en fonction de la tâche et de la position du clik, comme dans l'expérience I, mais aussi en fonction des hémisphères, de l'oreille percevant le clik et de la présence ou absence de phrase accompagnant le clik. Nous ne rapportons que les résultats concernant le type de tâche et la position du clik (les autres résultats de l'expérience sont décrits dans Mononen et Seitz, 1975).

EXPÉRIENCE I

MÉTHODOLOGIE

Sujets

24 adultes de 18 à 35 ans, droitiers, avec un seuil d'audition de 20 dB OSI[1] ou plus pour les deux oreilles, à 0,5, 1 et 2 kHz, ont servi de sujets. La dominance manuelle avait été déterminée à l'aide d'un questionnaire et seuls ont participé les sujets à dominance droite prononcée.

Matériel

Les suites de stimuli consistaient en une phrase de pratique et 24 phrases pour l'expérience proprement dite, chaque phrase contenant une frontière de constituants principaux (Bever, Lackner et Kirk, 1969). Un clik d'une durée approximative de 30 ms se faisait entendre dans chaque phrase, à l'une des trois positions. Tel que le montre l'exemple ci-dessous, les trois localisations du clik étaient a) deux syllabes avant la frontière de constituant principal ; b) à la frontière de constituant principal, et c) deux syllabes après la frontière de constituant principal :

    (a)   (b)   (c)
when he stood up + my son's book fell from the low table[2]

---

1. OSI : Organisation des standards internationaux. [N.d.t.]
2. Lorsque mon fils s'est levé, son livre est tombé de la table basse.

Trois enregistrements de stimuli ont été préparés, chaque position apparaissant une fois dans chaque phrase, dans l'un des trois enregistrements. Une bandelette de métal servant à déclencher un générateur de cliks a été collé à l'arrière de la bande d'enregistrement, à l'une des trois positions du clik sur chaque phrase ; pour 8 des 24 phrases-stimuli, la bandelette était fixée sur chaque bande à une position donnée parmi les trois possibles. L'ordre des positions du clik sur chaque bande a été déterminé aléatoirement.

Présentation du stimulus

Les sujets étaient répartis en deux groupes de 12 pour chaque tâche de localisation et appariés en fonction de l'âge, du sexe, de la bande-stimulus entendue et de l'oreille exposée au clik (Siegel, 1956). Assis à une table installée dans une cabine d'écoute, chaque sujet entendait l'une des trois bandes avec une paire d'écouteurs TDH-39 à 70 dB OSI. Les phrases étaient entendues dans un écouteur et les cliks dans l'autre. Afin de contrôler les effets d'oreille possibles (Fodor et Bever, 1965), la moitié des sujets de chaque groupe entendait les cliks avec l'oreille gauche et les phrases avec l'oreille droite, et inversement pour l'autre moitié.

Le clik de 30 ms était émis par un générateur de fabrication maison et directement transmis dans l'écouteur durant l'expérience. Chacune des localisations de cliks dans la phrase avait été préalablement vérifiée par un enregistrement graphique.

Instructions

On disait aux sujets du groupe à qui on demandait de faire une indication sur des transcriptions préparés, qu'ils allaient entendre une série de phrases auxquelles un clik était superposé. Après avoir entendu une phrase et le clik qui l'accompagne, on arrêterait le magnétophone et les sujets devraient tourner une page de leur livret et indiquer sur la transcription dactylographiée de la phrase-stimulus la localisation du clik, en mettant une flèche au-dessus de l'endroit précis (lettre ou espace entre les mots) où ils auraient perçu le clik. Les sujets du groupe qui devait écrire les phrases avant d'indiquer la localisation du clik ont reçu des instructions semblables, sauf qu'on leur disait de tourner une page de leur livret et d'écrire exactement la phrase-stimulus sur la page vierge et ensuite d'indiquer sur leur propre transcription l'endroit de la localisation perçue, à une lettre près ou dans un espace entre les mots. Lorsqu'ils avaient complété leur tâche pour une phrase donnée, les sujets devaient appuyer sur un bouton pour indiquer qu'ils étaient prêts à passer à la phrase suivante.

Technique de la REM

L'activité électro-encéphalographique (EEG) du sujet pendant la présentation du stimulus était détectée et enregistrée au moyen de trois électrodes de surface en argent-et-chlorure d'argent, attachées au cuir chevelu. L'une des électrodes était fixée au sommet de la tête (position C_z dans le système international 10-20), une autre électrode au mastoïde (position neurologiquement plus neutre) et l'électrode de terre, sur le front.

Les signaux EEG, les phrases-stimuli et les cliks ont tous été enregistrés sur ruban magnétique de façon à permettre le calcul de la moyenne des signaux hors contrôle direct; cette procédure était rendue nécessaire à cause de l'utilisation d'un ordre aléatoire des stimuli sur chacune des trois bandes. Le signal EEG du sujet était amplifié par deux pré-amplificateurs à gain élevé d'une enregistreuse à plumes Hewlett-Packard 7712.

Le signal EEG amplifié était alors acheminé dans un oscilloscope pour établir un contrôle direct et ensuite dans un adaptateur d'enregistrement Vetter 2D FM qui transformait les variations de voltage du signal EEG en modulations de fréquence enregistrables avec un magnétophone AM. Les signaux EEG, les phrases-stimuli et les cliks étaient enfin enregistrés simultanément sur trois pistes séparées avec un magnétophone à quatre pistes Sony TC 654-4. (Voir Seitz, 1972 pour une plus ample description de l'équipement.)

Analyse des données

Les résultats d'une étude préliminaire avaient montré qu'on pouvait obtenir des REM très précises avec aussi peu que 8 sommations, lorsque les sujets prenaient une part active à l'expérience. Cette étude a donc été conçue pour obtenir les REM en sommant, pour un sujet donné, toutes les phrases avec le clik dans la même position, 8 pour la position *a*, 8 pour la position *b* et 8 pour la position *c*. Les réponses EEG aux cliks étaient analysées en dirigeant le signal EEG enregistré dans l'adaptateur d'enregistrement, lequel transformait les variations de fréquence emmagasinées sur la bande en variations de voltage. Le signal converti était alors acheminé dans le recouvreur de signaux digitaux Fabri-Tek 1010.

Chaque clik provenant de la piste sur bande enregistrée déclenchait 1000 ms d'activité EEG. La piste des phrases enregistrées était contrôlée par écouteur pour chaque sujet, afin de s'assurer que seulement les 8 phrases contenant le clik à la même position serviraient à obtenir une REM. La REM obtenue alimentait ensuite un traceur Hewlett-Packard 7035B X-Y qui produisait un graphique permanent de la REM. Le graphique a servi à déterminer la mesure de latence pour l'analyse. On obtenait ainsi trois REM pour chacun des 24 sujets, une pour chacune des trois positions du clik. On jugeait que les graphiques correspondaient à des REM si le premier sommet négatif important (N_1) apparaissait entre 75 et 150 ms et que la première onde positive importante ne survenait pas plus tôt que 30 ms après le début de N_1, entre 150 et 250 ms habituellement (Derbyshire et McCandless, 1964). Toutes les mesures remplissaient ces conditions. La mesure du temps de latence des REM se faisait depuis le début du clik jusqu'au sommet de N_1.

RÉSULTATS ET DISCUSSION

Chaque groupe expérimental totalisait 36 REM, 12 pour chaque position du clik. L'application du test de rang pour échantillons appariés de Wilcoxon (Siegel, 1956) n'a révélé aucune différence significative ($p < 0,05$) dans le temps de latence des REM entre les deux groupes (voir la figure 1). Quoi qu'il survînt dans le processus perceptif qui produisait différentes réponses quant à la localisation du clik, cela ne s'est pas reflété dans le temps de latence global.

Bien qu'il n'y ait pas de différence significative entre les temps de latence globaux des deux groupes, l'analyse en fonction des positions du clik à l'intérieur de chaque groupe a fait ressortir une différence significative entre les positions du clik pour le groupe transcripteur : le temps de latence relatif aux cliks en position c était plus court ($p < 0,05$) que celui relatif aux cliks en position a ou b. Nous n'avons pas trouvé de différence significative par rapport à la position pour le groupe non transcripteur (voir la figure 1).

La durée plus brève du temps de latence relativement aux cliks en position c dans le groupe transcripteur corrobore les données déjà rapportées par Abrams et Bever (1969) sur le temps de réaction, lors d'une tâche de transcription faisant usage des mêmes phrases-stimuli que celles utilisées pour notre expérience I. Abrams et Bever ont trouvé que le temps de réaction aux cliks survenant après la frontière de constituant principal était plus rapide que le temps de réaction aux cliks situés avant ou à la frontière. L'occurrence de réactions plus rapides aux cliks post-frontière semble être la conséquence directe du fait de transcrire la phrase-stimulus avant d'indiquer la localisation du clik. L'absence de différence entre les temps de latence relativement aux positions des cliks dans le groupe non transcripteur concorde avec les résultats de Scholes et al. (1969), qui se sont servis à la fois des techniques de la REM et du temps de réaction et n'ont découvert de différence ni dans les REM ni dans le temps de réaction entre les cliks en position pré-frontière et post-frontière.

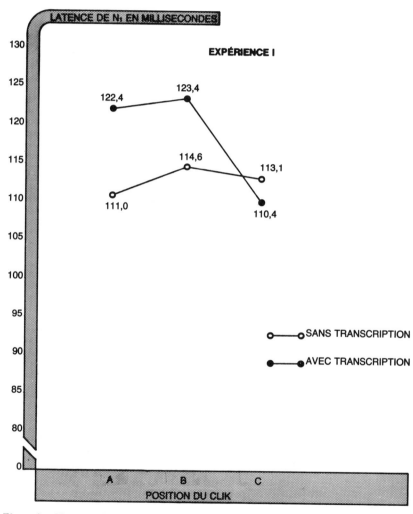

Figure 1 – Moyenne de latence des REM par rapport à N_1 (en millisecondes) pour chaque méthode de réponse et position réelle des cliks dans l'expérience I.

Si les résultats de l'expérience ont été intéressants, les extrapolations étaient rendues quelque peu difficiles à cause des limitations d'équipement. Par exemple, l'équilibre de sonorité entre les cliks et les phrases n'était pas entièrement satisfaisant. Une autre limitation de l'expérience I consistait en ce qu'on ne pouvait enregistrer l'activité que d'un seul hémisphère à la fois. De plus, une situation contrôle où le clik était présenté en écoute monauriculaire (c'est-à-dire sans être superposé à une phrase) n'a pas été imposée. Si elle l'avait été, la comparaison des situations aurait peut-être révélé des variations de REM dues au changement de la tâche elle-même. Autrement dit, une REM déclenchée par l'audition passive pourrait être significativement différente d'une REM déclenchée par l'audition active qu'exige ce genre d'expérience. Afin de supprimer toutes ces limitations de l'expérience I, une deuxième expérience a été élaborée.

EXPÉRIENCE II

Sujets

Douze étudiants anglophones de 20 à 35 ans, droitiers, ont servi de sujets. Tous avaient un seuil d'écoute de 20 dB OSI ou plus à 0,5, 1 et 2 kHz.

Matériel

Les stimuli étaient les mêmes que ceux de l'expérience I.

Présentation du stimulus

Les sujets étaient répartis au hasard dans l'un des deux groupes de six chacun. Toutes les autres procédures étaient identiques à celles de l'expérience I, sauf que le clik durait 20 ms plutôt que 30 ms et qu'il avait été enregistré sur bande avec une intensité égale à celle des phrases, pour garantir la netteté de réception du clik par rapport à la phrase. Par ailleurs, les stimuli ont été présentés aux sujets avec des écouteurs TDH 39 à 50 dB OSI.

L'activité des deux hémisphères était enregistrée dans cette expérience. Les électrodes d'argent-et-chlorure d'argent étaient de meilleure qualité que celles de l'expérience I et les deux électrodes corticales étaient fixées à C_3 et C_4 (système international 10-20), à 20% de distance du sommet de la tête[3]

---

3.   La distance est exprimée en pourcentage, car c'est une mesure relative : la dimension du crâne varie selon les individus. [N.d.t.]

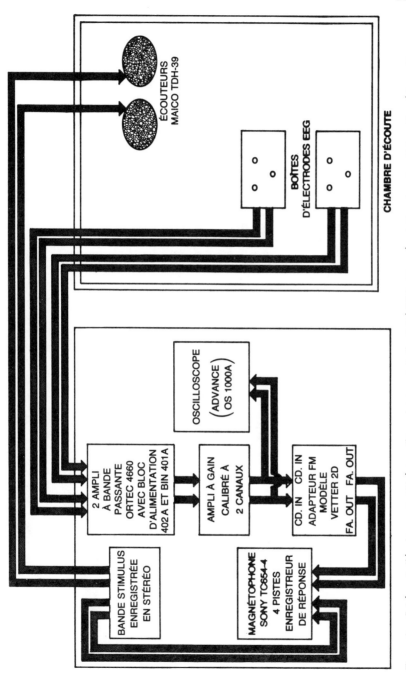

ÉCOUTEURS
MAICO TDH-39

CHAMBRE D'ÉCOUTE

BOÎTES
D'ÉLECTRODES EEG

OSCILLOSCOPE
(ADVANCE
OS 1000A)

2 AMPLI
À BANDE
PASSANTE
ORTEC 4660
AVEC BLOC
D'ALIMENTATION
402 A ET BIN 401A

AMPLI À GAIN
CALIBRÉ À
2 CANAUX

CD. IN   CD. IN
ADAPTEUR FM
MODÈLE
VETTER 2D
FA. OUT FA. OUT

BANDE STIMULUS
ENREGISTRÉE
EN STÉRÉO

MAGNÉTOPHONE
SONY TC654-4
4 PISTES
ENREGISTREUR
DE RÉPONSE

Figure 2 – Schéma de l'équipement utilisé pour l'enregistrement de l'activité EEG et la présentation des stimuli dans l'expérience II.

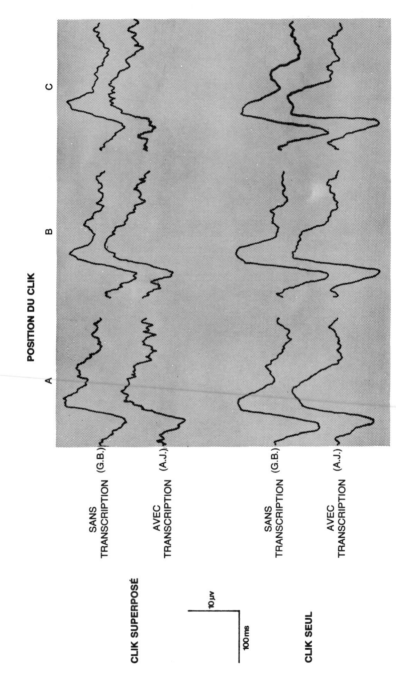

Figure 3 – Échantillons de REM contralatéraux (C$_4$) à des cliks présentés à l'oreille gauche chez les sujets G.B. et A.J. Chaque REM représente la moyenne de 8 réponses différentes aux cliks. La polarité est positive vers le haut.

sur la ligne interauriculaire. Ce changement a été apporté pour rendre la lecture de l'activité des deux hémisphères plus indépendante l'une de l'autre et pour assurer qu'il n'y aurait pas d'interférence entre les deux électrodes. Celles-ci étaient attachées aux deux mastoïdes du crâne et l'électrode de terre au front. L'enregistrement des EEG et le calcul des REM hors contrôle direct se sont faits suivant les mêmes procédures que pour l'expérience I, mais avec une instrumentation différente (voir le schéma de l'équipement en figure 2).

Dans l'expérience II les différences de latence relativement à N_1 ont été analysées en fonction des deux types de tâches, des deux hémisphères en tant qu'exposés aux cliks, des trois positions du clik et de la tâche linguistique, en comparaison avec la tâche de contrôle monauriculaire.

RÉSULTATS ET DISCUSSION

On recueillait douze REM pour chaque sujet, trois pour chaque hémisphère en situation de clik avec phrase et trois pour chaque hémisphère en situation de clik sans phrase. En figure 3, on voit un exemple de REM tiré de l'expérience II. Comme dans l'expérience I, l'analyse de variance a montré que pour le temps de latence global il n'y avait pas de différence significative entre les groupes descripteur et non descripteur ($p > 0,05$), mais qu'il existait une interaction significative entre le type de tâche, la situation de la tâche et la position du clik (F $[2, 16] = 6,579$, $p < 0,01$). Une analyse plus poussée de cette interaction avec le test de Newman-Keuls a révélé que pour le clik en position c, le temps de latence moyen du groupe transcripteur était significativement plus bref que pour les autres positions du clik dans la tâche linguistique ($p < 0,01$), mais la différence entre les temps de latence relativement à n'importe quelle position du clik n'était pas significative en situation contrôle (voir la figure 4). Cette constatation confirme les résultats linguistiques de l'expérience I. Un autre résultat intéressant fut que les REM relativement à N_1 étaient significativement plus rapides dans l'hémisphères contralatéral qu'ipsilatéral (F $[1,8] = 8,642$, $p < 0,025$) en situation linguistique d'écoute dichotique, tandis qu'il n'y avait aucune différence entre les deux hémisphères en situation contrôle d'écoute monauriculaire. Ces résultats aussi corroborent les données sur les REM contralatérales de l'expérience I. En fin de compte, l'analyse de variance a établi que le temps de latence global des REM était significativement plus bref en situation contrôle d'écoute monauriculaire qu'en situation linguistique de clik avec phrase (F $[1,8] = 11,28$, $p < 0,01$).

Le fait que les REM en situation contrôle d'écoute passive se déclenchaient plus rapidement qu'en situation linguistique était quelque peu inat-

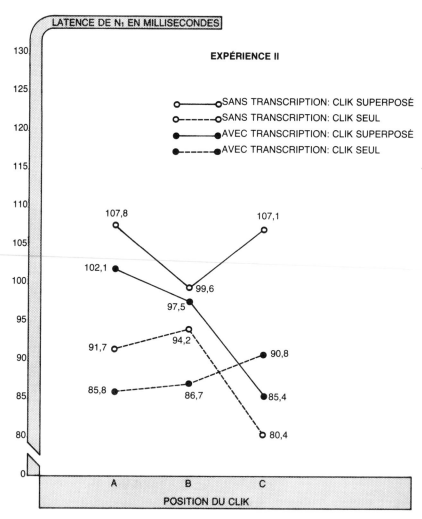

Figure 4 – Moyenne de latence des REM par rapport à N_1 (en millisecondes) pour les situations d'écoute, les méthodes de réponses et la position des cliks dans l'expérience II.

tendu. On aurait cru que si la loi de Titchener valait pour la période initiale du processus perceptif, les REM en situation linguistique surviendraient plus rapidement. Il semble cependant que les cliks en contexte linguistique requièrent un temps de traitement plus long qu'en situation contrôle. De plus, diverses comparaisons et corrélations entre les données sur les REM et les localisations de cliks furent établies pour les deux expériences, mais aucune corrélation d'aucune sorte n'a été découverte. Ces résultats démontrent clairement que l'activité de localisation du clik constitue un aspect différent du processus perceptif, activité qui reflète peut-être un processus de décision et même, qui pourrait bien ne pas faire partie du tout du processus de perception. Si cette supposition est juste, alors il est possible que l'effet de priorité de traitement ne soit pas causé par une différence de traitement perceptif, mais plutôt par un quelconque critère de décision s'appliquant beaucoup plus tard dans l'accomplissement de la tâche. Bien qu'il faudra d'autres investigations pour déterminer le bien-fondé de ce raisonnement, l'absence de corrélation entre les données sur les REM et sur la perception de la localisation du clik indique bel et bien que le phénomène de priorité de traitement n'intervient pas dans la phase initiale du processus perceptif.

Les données de l'expérience II impliquent aussi que les temps de latence des REM pourraient être significativement plus brefs que ceux enregistrés lors de l'expérience I. Un test pour échantillons indépendants (Ferguson, 1966) a montré qu'effectivement, les temps de latence des REM de l'hémisphère contralatéral en situation linguistique étaient significativement plus brefs dans l'expérience II, que les temps de latence correspondants dans l'expérience I ($t_{34} = 3,60$, $p < 0,01$).

Cette différence pouvait être la conséquence d'une différence soit dans la durée du clik, soit dans l'équilibre de sonorité entre le clik et la phrase ainsi que dans l'équipement d'enregistrement des REM. Dans l'expérience II, les pré-amplificateurs différentiels différaient de ceux de l'expérience I en ce qu'ils étaient dotés d'une réjection commune qui réduisait de beaucoup le bruit dans les EEG. Cette modification a eu pour effet dans l'expérience II de rendre les REM plus clairs et de diminuer leur temps de latence.

En dernier lieu, les données comportementales de l'expérience II ont été soumises à la même méthode d'analyse que celle de Seitz et Weber (1974). Le résultat a confirmé ce qu'ils avaient trouvé, l'analyse de variance montrant que la tâche de transcription entraînait un déplacement significatif vers la frontière de constituant principal tandis que rien de tel ne se produisait avec la tâche d'indication simple ($F_{1, 10} = 6,8067$, $p < 0,05$).

En résumé, les résultats des Expériences I et II démontrent que lorsque les sujets devaient transcrire la phase stimulus, la REM survenait plus rapidement pour le clik situé après la frontière de constituant principal, mais qu'il n'y avait aucune différence significative entre les temps de latence relativement aux positions du clik lorsque les sujets devaient seulement faire une marque sur une transcription déjà préparée. Cela confirme les observations de comportement recueillies par Seitz et Weber, selon quoi la frontière de constituant principal sert de point de fermeture dans le processus de perception des éléments de la phrase lors de la tâche de transcription.

CONCLUSION

Deux expériences où l'on a fait usage des réponses électro-encéphaliques moyennes aux cliks superposés à des phrases, ont démontré que le temps de latence relativement aux cliks situés après la frontière de constituant principal, était significativement plus bref lorsque les sujets devaient écrire la phrase avant d'indiquer la localisation du clik sur leur transcription, que lorsqu'ils n'avaient qu'à indiquer la localisation sur une transcription déjà faite. Cette différence de vitesse dans la réponse relativement aux cliks postfrontière était inexistante lorsque les sujets devaient seulement localiser le clik sur une transcription déjà faite de la phrase-stimulus. Ces données ont été interprétées comme une confirmation de l'hypothèse que différents types de tâches induisent différents ensembles ou stratégies de perception. Nos résultats pour les groupes transcripteurs sont conformes à ceux d'Abrams et Bever (1969) sur le temps de réaction; de même, nos résultats pour les groupes non transcripteurs sont conformes à ceux de Scholes et al. sur les REM et le temps de réaction en tâche de localisation sans transcription. Le temps de latence significativement plus bref des REM en situation contrôle et l'absence de corrélation entre les données sur la localisation et le temps de latence des REM, incite fort à croire que l'effet de traitement prioritaire ne se produit pas durant la phase initiale du processus perceptif qui a été contrôlée par la technique de la REM. Nos expériences ont démontré la valeur de cette technique pour l'étude de la perception de la parole, comme détecteur immédiat d'activité indépendant de la motricité et de la volonté du sujet.

REMERCIEMENTS

L'auteur remercie le Dr D.G. Doehring pour son aide dans la préparation de cet article, ainsi que MM. Larry Mononen et Nick Schestakowich pour leur collaboration technique à la collecte et à l'analyse des données. Cette recherche a été subventionnée par le Conseil médical de la recherche du Québec (n° 730141).

LE RÔLE DES PAUSES EN LANGAGE SPONTANÉ*

S. R. Rochester

INTRODUCTION

Lorsque les mots sont émis spontanément (c'est-à-dire lorsqu'ils sont organisés linguistiquement au moment même de l'énoncé), ils surgissent par à-coups, entremêlés de ums, de ahs et de ers[1]. Durant les vingt dernières années, cet aspect d'intermittence de la parole a suscité l'intérêt de plusieurs chercheurs, qui ont tenté de comprendre les processus de décision intervenant dans la production de la langue parlée. Suivant la formulation de Lashley (1951), la question se pose ainsi: comment l'acte de production du langage est-il extérieurement transformé en une séquence temporelle? On a souvent avancé l'hypothèse que la réponse pourrait être découverte par l'étude des positions et conditions d'occurrence des pauses. Dans cet article, nous avons fait un compte rendu critique de la littérature sur les pauses en langage spontané, d'abord afin de juger la valeur empirique et méthodologique du postulat selon lequel les pauses sont des indices de production de la langue parlée, et ensuite afin d'évaluer les diverses hypothèses sur la localisation et la fonction des pauses dans la langue parlée.

Après un bref historique de la recherche sur les phénomènes de pause, nous examinons trois modèles de production. Pour chaque modèle, nous

---

* Version remaniée de l'article «The Significance of Pauses in Spontaneous Speech», paru dans le *Journal of Psycholinguistic Research*, vol. 2, n° 1, 1973.
1. En français, on rencontre surtout le /œ/ ou le /ə/, mais aussi /ɔ/, /ɸ/, /əm/, etc. [N.d.t.]

évaluons les hypothèses de rechange concernant la localisation des pauses. Ensuite, nous considérons l'aspect fonctionnel des pauses en termes de variables cognitives, d'états affectifs et d'interaction sociale[2].

RÉSUMÉ HISTORIQUE

Historiquement, la recherche linguistique a négligé l'étude des systèmes non segmentaux. Les raisons de cette négligence sont interdépendantes. D'une part, les chercheurs «tiraient leurs exemples du langage suivi des livres, où souvent manque la variété des phrases qu'on trouve dans le langage de la conversation» (Coleman, 1914). D'autre part, une véritable analyse des énoncés se révélait impossible tant qu'on ne disposait pas d'enregistrement de la langue parlée.

Cependant, même après l'apparition de moyens d'enregistrement, les chercheurs nord-américains tiraient de l'arrière sur leurs collègues européens dans l'étude des pauses en langue parlée (voir les comptes rendus de Crystal, 1969 et Hegedüs, 1953 sur la recherche antérieure en Europe). Pendant la première moitié du siècle, les Américains qui se sont penchés sur les caractéristiques non verbales du langage étaient préoccupés par des questions d'élocution et ils ont négligé les processus sous-tendant le langage spontané (voir Lynch, 1934 ; Murray et Tiffin, 1934).

La seconde moitié du vingtième siècle a marqué le début d'investigations systématiques sur les phénomènes de pause en anglais. En linguistique, Pike (1945) a donné une description étendue des systèmes non segmentaux dans laquelle il affirme que les pauses et autres traits prosodiques ne sont pas secondaires mais nécessaires pour la description linguistique. En psychologie, entre 1951 et 1956, trois chercheurs ont publié des articles importants qui ont inauguré l'expérimentation sur le langage spontané : Goldman-Eisler (1951, 1952, 1954, 1955, 1956a, b, c) et l'anthropologue Lounsbury (1952) se sont intéressés aux hésitations de brève durée dans le discours normal, tandis que Mahl (1956a, b) analysait les perturbations et les silences dans le langage pathologique.

---

2.   Le présent article est centré sur les pauses en langage spontané. Par conséquent, il a fallu omettre certaines études intéressantes mais n'ayant pas de rapport direct. Il vaut la peine de mentionner deux omissions: 1) les études centrées sur les caractéristiques des entrevues (par ex., Matarazzo et al., 1965 ; Saslow et Matarazzo, 1959) ont été exclues lorsque la seule mesure utilisée pour le silence était le temps de latence ; 2) les études sur la distribution du temps de pause durant la lecture (par ex., Brown et Miron, 1971) sont également exclues.

Bien que linguistes et psychologues en soient venus à s'intéresser aux phénomènes de pause à peu près à la même période, la perspective des uns a rarement influencé celle de l'autre groupe. Les études psychologiques sur la localisation des pauses ont donc eu tendance à ignorer les analyses linguistiques ou bien à ne se servir que de faibles approximations. En même temps, les théories linguistiques n'ont pas mis l'accent sur la performance du locuteur et par conséquent, n'ont pas fourni de modèles de production (voir à ce sujet les commentaires de Bever, 1970; Fillenbaum, 1971; Průcha, 1970; Rommetveit, 1968).

La meilleure façon de décrire les quelques tentatives théoriques qui ont trait à l'étude des pauses, c'est de commencer par la description de Lounsbury (1954) sur le rôle des mécanismes séquentiels dans le comportement. Cette analyse est la première explication psycholinguistique cohérente des pauses.

Un premier modèle du locuteur

Dans l'esprit interdisciplinaire du début des années 1950, Lounsbury proposa un modèle du locuteur (et de l'auditeur) qui reliait les mesures de la théorie de l'information de Shannon (1951) aux analyses en constituants immédiats des linguistes et aux hypothèses behavioristes sur le langage. D'après Osgood (voir Osgood et Jenkins, 1953), Lounsbury soutenait que des ensembles de stimuli internes servent de médiateurs entre les événements linguistiques à plusieurs niveaux. En se fondant sur la fréquence et la contiguïté d'occurrence de ces événements dans l'expérience du locuteur, on pourrait établir des hiérarchies dans la force des habitudes qui se refléteraient dans des ensembles de probabilités transitionnelles reliant ces événements l'un à l'autre.

Les pauses furent introduites dans ce modèle comme un moyen ingénieux d'en vérifier les postulats. Puisque la force de l'habitude est en relation inverse du temps de latence entre le stimulus et la réponse, comme on le prétendait, les pauses devraient servir d'indices quant à la force des associations entre deux événements linguistiques, l'événement antérieur servant de stimulus et l'événement subséquent représentant la réponse. Plus fortes sont les habitudes transitionnelles, plus la durée des pauses devrait être brève. Ainsi, entre des mots et des syntagmes qui sont familiers, les durées de pause devraient être minimales alors que les pauses entre des mots et des syntagmes faiblement associés devraient être plutôt longues.

Pour pouvoir utiliser le temps de pause comme mesure du temps de latence entre les associations, il fallait distinguer les pauses qui pourraient refléter les unités d'encodage des pauses qui indiqueraient plutôt que le locuteur est conscient des exigences du décodage chez l'auditeur. Les pauses de très brève durée (100 millisecondes ou moins) et qui tombent à la frontière des constituants principaux furent dénommées pauses de jonction, l'hypothèse étant qu'elles aident l'auditeur «à décortiquer la structure d'une phrase...» (p. 99). Les pauses plus longues (jusqu'à 3 secondes), dites pauses d'hésitation, étaient supposées survenir aux points de probabilités transitionnelles les plus basses et refléter la présence d'associations très faibles entre les événements linguistiques, marquant de ce fait le début (ou la fin) d'unités d'encodage.

À première vue, il semblerait que Lounsbury postulait deux sortes d'événements s'excluant l'un et l'autre et différant quant à la localisation, la durée et la fonction. En fait, il est plus vraisemblable que les événements avaient été conçus comme indépendants ou peut-être complémentaires. Par exemple, même si les pauses survenant aux jonctions syntaxiques étaient censées aider l'auditeur, Lounsbury n'a pas éliminé la possibilité qu'elles aient une fonction pour le locuteur. Le facteur crucial dans la détermination de la fonction semble avoir été la durée : vraisemblablement, une pause se produisant à une frontière de constituants principaux pourrait aider le locuteur si elle était d'assez longue durée. Cette question est l'un des multiples problèmes auxquels devaient faire face les chercheurs qui ont par la suite tenté de découvrir les unités d'encodage (et de décodage[3]) dans la langue parlée.

Vérification du modèle

La question des unités d'encodage relève du problème plus général des relations entre la localisation et la fonction des pauses dans la langue parlée. *A priori,* il n'est pas évident que les pauses fonctionnent en termes de mots, de syntagmes, d'unités d'intonation, de constituants syntaxiques principaux en structure de surface ou en structure profonde, plutôt qu'en termes d'autres aspects de l'énoncé en dehors des catégories linguistiques. Par conséquent, il n'est pas évident qu'une localisation donnée soit plus pertinente qu'une autre pour l'analyse des pauses. Les investigations initiales sur la fonction d'encodage étaient centrées, quelque peu arbitrairement[4], sur le mot comme l'unité d'encodage de base.

---

3. Le rôle des pauses dans les processus de décodage est discuté dans Rochester (1971). Il se pourrait que les processus de décodage requièrent des procédures différentes de mesure des pauses.
4. La décision n'était pas entièrement arbitraire par rapport à la conception linguistique dominante de cette période, où les mots étaient considérés comme des unités grammaticales (voir Hockett, 1968, p. 26).

Goldman-Eisler (1958a, b) soutenait qu'une fois que le locuteur a énoncé le premier mot d'une phrase, seules demeurent les décisions lexicales. Donc, toutes les pauses après le premier mot d'une phrase devraient refléter des processus de sélection de mots. Lors de deux expériences conçues pour vérifier cette hypothèse, on fournissait aux sujets le contexte qui précédait une conversation enregistrée et on leur demandait de prédire le premier mot ainsi que chaque mot successif dans une phrase donnée. Dans un cas, les sujets lisaient les phrases en silence (Goldman-Eisler, 1958a) et dans l'autre cas, ils lisaient à haute voix (Goldman-Eisler, 1958b). Les probabilités transitionnelles entre les mots furent déterminées par la technique d'évaluation de Shannon. Pour ce faire, on aurait apparemment[5] déterminé le quotient de prédictions correctes sur le nombre total de prédictions fournies, pour chaque mot donné. Les mots difficiles à prédire avaient de basses probabilités de transition et représentaient par conséquent un accroissement d'information lorsque énoncés ; les mots faciles à prédire avaient des probabilités de transition élevées et ils ne réduisaient que très peu l'incertitude.

En général, les résultats ont indiqué que la facilité de parole est associée à la prévisibilité élevée des mots tandis que les pauses sont associées à une basse prévisibilité. Les résultats se présentaient ainsi : 1) les mots venant après une pause silencieuse étaient moins prévisibles et 2) prenaient significativement plus de temps à être remplacés que les mots émis en contexte plus productif. De plus, 3) les mots précédant une pause silencieuse tendaient à être encore plus prévisibles que les mots émis dans d'autres contextes productifs. Cependant, 4) les seuls mots reliés de façon certaine à l'occurrence des pauses silencieuses furent ceux que les sujets ont trouvé difficiles à prédire dans les deux directions — en partant du début de la phrase et en partant de la fin. Le tableau I résume ces résultats ainsi que quelques autres qui portent sur la localisation des pauses silencieuses.

Les résultats de ces deux expériences laissent perplexes, car ils suggèrent deux formes de modèles de production des phrases : là où les résultats 1 et 2 corroborent un modèle de décision lexicale où les pauses sont prévisibles d'après la probabilité mot par mot, les résultats 3 et 4 remettent en cause ce modèle simple et impliquent une planification structurale quelconque qui guiderait le choix séquentiel des mots. De sérieuses restrictions pèsent cependant sur ces interprétations. D'abord, depuis plus de 15 ans que ces expériences abondamment citées ont été publiées, il n'y a eu aucune reproduction

---

5. Goldman-Eisler est inconsistante dans sa description de la procédure d'évaluation des probabilités transitionnelles, ainsi que l'observe Boomer (1970, p. 159).

TABLEAU I

Localisation des pauses silencieuses

Auteur et date	Échantillon de langue			Variables indépendantes ou corrélées	Définition de la pause silencieuse
	Taille	Locuteurs	Type		
Goldman-Eisler (1958a)	12 phrases (348 mots)	4[a]	Débat Entrevue Lettre dictée	Mots à faible ou haute information (technique de Shannon)	Silence > 250 ms
Goldman-Eisler (1958b)	4 phrases	—	—	Mots à faible ou haute information (technique de Shannon)	Silence > 100 ms
Tannenbaum *et al.* (1965)	Passage 1 : — Passage 2 : 440 mots	1 H 1H/1F	Monologue	Faible ou haute information («Cloze»)	«Silence de durée inhabituelle» déterminé par des examinateurs[b]
Boomer (1965)	3 minutes par locuteur	16 H	Monologue	Localisation grammaticale (analyse phonémique)	Silence > 200 ms
Henderson *et al.* (1965)	350-430 mots par locuteur 220 mots	5[a]	Entrevue	Lecture et langage spontané	Souffles d'inspiration audibles durant les silences > 100 ms
Henderson *et al.* (1966)	*Idem* qu'échantillon précédent	5[a]	Spontané	Localisation syntaxique (découpage)	Silence > 100 ms
Taylor (1969)	120 phrases	20[a]	Monologue	Difficulté de la tâche; opérations d'encodage (analyse syntagmatique de Johnson)	Temps de latence > 1 seconde «Hésitations»

a. Sexe non spécifié.
b. Sexe et nombre non spécifiés.

adéquate d'au moins deux des principaux résultats. Deuxièmement, il y a d'importantes réserves méthodologiques à faire sur les études originales.

La seule tentative de reproduction semble être celle de Tannenbaum *et al.* (1965), qui ont étudié la relation entre les probabilités de transition et les hésitations. Ils ont défini comme hésitation les pauses non seulement silencieuses mais sonores aussi, les répétitions de phonèmes et de mots, ainsi que les faux départs. Leurs résultats confirment partiellement ceux de Goldman-Eisler: les mots suivant une hésitation étaient moins prévisibles que les mots survenant dans d'autres contextes. Mais les mots précédant une hésitation n'étaient pas faciles à prédire. En fait, c'étaient toujours les mots survenant juste avant ou après une hésitation qui furent les plus difficiles à prédire.

Malheureusement, l'étude de Tannenbaum *et al.* s'écarte assez radicalement de la recherche de Goldman-Eisler. Certaines différences se veulent des améliorations méthodologiques: dans l'étude plus récente, on a présenté aux sujets un seul «message» tiré du monologue d'un locuteur masculin et du monologue d'un locuteur féminin au lieu de diverses phrases extraites d'une variété de situations et de locuteurs[6] ; on a également eu recours à la technique de Cloze (Taylor, 1953) où le calcul des probabilités de transition est établi de façon quelque peu différente de la technique d'estimation de Shannon[7]. Certaines innovations semblent presque avoir été introduites exprès pour limiter la comparaison: étant donné que Tannenbaum *et al.* présentent seulement les données sur les «hésitations», il est impossible de juger jusqu'à quel point cela correspond directement aux résultats de Goldman-Eisler sur les pauses silencieuses ; d'ailleurs, même si l'on pouvait subdiviser les données, le lecteur serait confronté à la tâche de comparer des phénomènes qualifiés de «silence de durée inhabituelle» avec les silences de plus de 250 ms de Goldman-Eisler. À tout le moins, Tannenbaum *et al.* auraient pu donner l'écart type et l'écart moyen des silences ainsi évalués et fournir quelque information sur la consistance de ces évaluations.

---

6.   Il n'est pas certain que l'emploi d'un discours suivi représente une amélioration dans ce cas. Goldman-Eisler se limitait aux pauses à l'intérieur des phrases dans le dessein d'éliminer les pauses résultant de décisions sur le contenu ou sur la structure des phrases. Malgré que le bien-fondé de la procédure peut être mis en doute, on ne devrait pas en ignorer la logique, comme Tannenbaum *et al.* l'on fait.
7.   La technique de Cloze permet de faire le calcul simultané des probabilités de transition précédente et subséquente tandis que la technique de Shannon requiert le calcul de la moyenne des résultats en contexte prédédent et subséquent. La différence n'aurait d'impact que sur les conclusions concernant les probabilités de transition dans le contexte où les phrases sont en discours suivi.

En plus de l'absence de reproduction adéquate, les études originales posent des problèmes d'échantillonnage, de conception et d'analyse. Étant donné que ces études ont par la suite servi de base à plusieurs expériences (voir Bernstein, 1962 ; Goldman-Eisler, 1961a, b ; Mishler et Waxler, 1970) et qu'elles ont été citées sans esprit critique dans de nombreux comptes rendus (voir Crystal, 1969 ; Fillenbaum, 1971 ; Hörmann, 1971 ; Ervin-Trip et Slobin, 1966), il vaut la peine de les scruter en détail.

En premier lieu, l'échantillon utilisé lors des deux expériences était non seulement réduit mais hautement sélectif, comme Boomer (1965, 1970) l'a déploré. La sélection s'est manifestée de deux façons : les énoncés ont été tirés de situations plutôt restreintes (trois extraits d'une discussion, cinq d'une entrevue avec un sujet névrosé et quatre d'une lettre dictée «spécialement pour l'expérience») et tous devaient être des phrases bien construites et grammaticalement correctes. Cette dernière condition est la plus importante. En plus de ne pas être représentatifs du langage spontané, de tels échantillons sont susceptibles d'être biaisés. En choisissant les phrases comme unité fondamentale d'énoncé et en éliminant toutes celles qui contenaient «une répétition ou un changement de construction grammaticale», Goldman-Eisler excluait virtuellement les énoncés où la syntaxe étaient problématique pour le locuteur.

Pourquoi cette élimination était-elle nécessaire ? Goldman-Eisler (conversation personnelle) a expliqué que c'était inévitable, vu la nature du «jeu de prédiction» qu'impliquait la modification qu'elle avait faite à la technique de Shannon. Elle soutient que si les sujets s'étaient vu demander de trouver des mots pour des phrases illogiques ou agrammaticales, la technique de Shannon aurait donné des probabilités de transition proches de zéro. En d'autres termes, la technique déterminait l'ensemble des observations possibles et puisque la technique était biaisée au détriment des pauses syntaxiquement judicieuses, peu de ces pauses furent observées. Par conséquent, la technique choisie pour vérifier l'hypothèse de la décision lexicale était biaisée dans le sens de l'hypothèse et au détriment d'hypothèses de rechange (ou complémentaires). Cette situation est très embarrassante, car les biais techniques n'ont pas été mentionnés (ni en 1958 ni dans Goldman-Eisler, 1968) lors de l'interprétation des données.

Boomer (1970) soulève la question du biaisage sous un aspect différent. Il fait ressortir que les mots enregistrés comme venant après une pause, les mots «p», n'étaient pas toujours le premier mot qui suivait la pause. Plus précisément, c'était le premier mot de contenu (nom, verbe, adjectif ou adverbe) après la pause. Un tiers (11/34) de tous les mots «p» venait derrière un, deux ou trois mots après la pause parce qu'en fait, la pause était suivie d'un ou de plusieurs mots fonctionnels (prépositions, conjonctions, verbes auxiliaires, pronoms). Pourquoi avoir compté les mots de contenu et avoir laissé tomber les mots fonctionnels? La seule justification semble être celle-ci: «L'introspection a indiqué que l'émission de telles expressions grammaticales est souvent retardée jusqu'à ce que le choix du mot à venir soit effectué» (Goldman-Eisler, 1958a, p. 100). De nouveau, l'hypothèse du choix lexical semble avoir déterminé une décision expérimentale.

L'analyse statistique utilisée dans l'Expérience 2 de 1958a pose un autre problème. C'est l'étude où furent établis les résultats fondés sur les probabilités de transition à rebours. Rappelons brièvement que ces résultats étaient d'abord que les mots précédant des pauses silencieuses sont plus prévisibles que les mots survenant dans d'autres contextes productifs et ensuite que les mots imprévisibles selon des probabilités transitionnelles calculées de gauche à droite (ou de droite à gauche) sont précédées par des pauses. Il y a très peu d'arguments à l'appui du premier résultat. On ne donne aucun résultat numérique et le seul argument semble être dans la figure 3 (1958a): des 26 mots qui précèdent une pause dans cette expérience, il ressort que pas plus de 16 ou 17 sont inclus dans la figure. Les données ne sont ni évidentes par elles-mêmes ni expliquées. Le dernier résultat a été mis en doute par Boomer (1970). Il attire l'attention sur le graphique de dispersion sur lequel est fondée cette conclusion (fig. 8, 1958a). Chaque mot est représenté en termes du nombre de prédictions de gauche à droite par rapport au nombre de prédictions de droite à gauche. On établit de manière apparemment arbitraire un «espace de moindres carrés» pour inclure les mots qui avaient provoqué plus de dix prédictions dans chaque direction. Boomer fair remarquer que cet espace exclut environ le quart des données intéressantes et lorsque ces données sont incluses, le résulat positif disparaît.

En résumé, Goldman-Eisler a trouvé que la majorité des mots survenant immédiatement après une pause sont difficiles à prédire. Cela a été confirmé par l'étude de Tannenbaum *et al.* De plus, Goldman-Eisler rapporte que les mots précédant une pause sont particulièrement faciles à prédire et que lorsqu'on calcule à la fois les probabilités de gauche à droite et de droite à gauche, tout accroissement d'information est précédé d'une pause. Ces résultats additionnels n'ont pas été reproduits et qui plus est, reposent sur des analyses discutables. Compte tenu des critiques précédentes, les études de probabilités transitionnelles ne semblent justifier qu'un modèle linéaire, où les pauses dépendent de choix lexicaux effectués l'un après l'autre.

Un modèle plus récent du locuteur

À ce stade, il est utile de considérer un modèle plus récent du locuteur dans lequel on présume que les décisions se produisent en termes d'unités d'encodage plus grandes, fondées sur la structure de surface ou de constituants de la langue. Les modèles de ce genre ressemblent à celui de Lounsbury en ce qu'ils font appel à des processus de décision essentiellement linéaires reposant sur des conceptions behavioristes du langage. Ils s'éloignent des conceptions de Lounsbury en ce qu'ils mettent l'accent sur les constituants principaux comme unités d'encodage et qu'ils relèguent le choix lexical à un niveau de décision inférieur. Il existe plusieurs modèles hiérarchiques de transmission de la phrase qui postulent que les décisions surviennent aux frontières de constituants principaux. De ces modèles (voir Johnson, 1965, 1968 ; Martin et Roberts, 1967 ; Martin *et al.*, 1968 ; Osgood, 1963 ; Yngve, 1960), celui de Johnson est le plus directement utilisable pour faire des prédictions concernant le locuteur. D'après Yngve, Johnson prétend que les auditeurs «décodent» les phrases par un certain nombre d'opérations correspondant au nombre d'unités de syntagme ou de constituant. Présumément, les locuteurs devraient effectuer des opérations analogues et ces opérations tendraient à être associées à des décalages de temps dans le discours. En particulier, les pauses devraient avoir tendance à précéder les constituants grammaticaux et la probabilité d'occurrence d'une pause devrait diminuer du début à la fin d'un constituant. C'était en substance l'observation de Boomer (1965).

Boomer détermina la localisation de chaque silence dépassant 200 ms dans de courts monologues et étudia les données en termes d'une analyse phonémique dont on prétend[8] qu'elle «établit solidement la reconnaissance des constituants immédiats en une procédure objective, éliminant pour de bon la nécessité de justifier des jugements subjectifs quant à savoir ce qui va avec quoi» (Trager et Smith, 1951, p. 77). Les résultats montrèrent que 40% de toutes les pauses d'hésitation non jonctionnelles se produisent après le premier mot d'une phrase phonémique. Boomer affirma que cette occurrence non aléatoire des pauses d'hésitation confirmait la notion d'encodage grammatical en langage parlé et réfutait les prédictions d'un modèle transitionnel au niveau du mot.

Réexaminant de façon approfondie les données de Boomer, Barik (1968) y a décelé un argument encore plus fort à l'appui de l'hypothèse de

---

8.   Voir l'argument de Lieberman (1965) qui conteste l'objectivité mais non la justesse de l'analyse phonémique de Trager et Smith pour les constituants immédiats.

l'encodage grammatical. Dans l'analyse originale de Boomer, toutes les pauses survenant avant le premier mot d'une phrase phonémique étaient définies comme des pauses de jonction, c'est-à-dire comme des pauses convention-nelles faites pour le bénéfice de l'auditeur. Par conséquent, elles furent ex-clues de la compilation des pauses d'hésitation, c'est-à-dire des pauses faites pour le bénéfice du locuteur. Cette définition semble cependant exagérément rigoureuse dans le cas des pauses de longue durée (700 ms et plus) aux fron-tières syntaxiques. Barik pense que de telles pauses pourraient être une com-binaison de pauses de jonction et de pauses d'hésitation, une partie de la pause (les premiers 500 ms ayant une fonction conventionnelle orientée vers l'auditeur et une partie (les 200 ms et plus qui restent) reflétant des opéra-tions d'encodage chez le locuteur. En suivant cette ligne de pensée, il appert que l'hypothèse d'un encodage grammatical peut rendre compte d'environ la moitié (717/1398 ou 51%) de toutes les pauses d'hésitation dans les don-nées de Boomer. Ce calcul corrigé correspond de très près au 54% de prédic-tivité qu'Henderson *et al.* (1966) ont trouvé pour les pauses localisées aux frontières grammaticales.

Taylor (1969) a procédé à une vérification du modèle hiérarchique. Elle soutient que si la complexité structurale des phrases est reliée à la complexité du traitement chez le locuteur, alors la durée et la fréquence des pauses devrait être fonction du nombre d'opérations d'encodage. Afin de vérifier cette prédiction, elle demanda aux sujets de produire des phrases en utilisant des mots-thèmes de difficulté variée. L'on s'attendait à ce que le temps de réaction avant la production de la phrase reflète le prétraitement et de ce fait, augmente en fonction du nombre d'opérations d'encodage supposées. Au contraire, le temps de réaction varia par rapport à la difficulté du thème et les «hésitations» (définies comme étant les pauses de plus d'une seconde, les faux départs, les répétitions et la récitation du thème) furent plus fréquentes dans les phrases portant sur des thèmes plus difficiles. Taylor conclut que la principale variable intervenant lors de la formulation des phrases est le conte-nu et que la structure joue un rôle relativement insignifiant dans ce genre de production.

Les conclusions de Boomer et Taylor semblent se contredire, celles de Boomer justifiant un modèle hiérarchique et celles de Taylor le réfutant. La détermination des conclusions dépend du type particulier de décision exigé par le modèle. Parmi les possibilités, deux interprétations paraissent plausi-bles. Le locuteur formule une phrase en prenant ses décisions du général au particulier et a) la durée de décision diminue à mesure que le locuteur procè-de de la décision la plus générale (la phrase), aux choix lexicaux, ou b) la durée de décision décroît uniquement à mesure qu'il y a réduction dans le nombre d'opérations d'encodage se succédant immédiatement.

Par exemple, dans la phrase *La personne qui s'est assise près de vous est célèbre*, les locuteurs qui procèdent selon un modèle hiérarchique devraient d'abord décider de produire la phrase, ensuite le sujet et le prédicat (deux opérations d'encodage), ensuite le syntagme nominal et la proposition relative rattachés au sujet (deux opérations d'encodage), ensuite l'article et le nom dans le syntagme nominal (deux opérations d'encodage) et finalement, les choix lexicaux. Dans le cas de l'interprétation (a), la première décision coïnciderait avec la décision de produire la phrase et se refléterait dans le temps que met le locuteur pour commencer à produire la phrase. La durée de décision diminuerait à mesure que baisserait le nombre de décisions d'encodage, de sorte que la pause avant le sujet (dans l'exemple ci-dessus) serait plus longue que la pause avant la proposition relative. On peut faire ici deux prédictions : 1) d'une phrase à l'autre, le temps de latence de production de la phrase variera en fonction du nombre total d'opérations d'encodage à effectuer ; 2) à l'intérieur d'une phrase, la durée des pauses diminuera à mesure que le nombre total d'opérations d'encodage à effectuer décroît.

Dans le cas de l'interprétation (b), des décisions structurales relativement limitées sont envisagées. C'est comme si, à n'importe quel moment, le locuteur pouvait discerner seulement les possibilités d'encodage immédiates et n'était pas touché par des décisions encore à prendre à des niveaux plus bas. Ici également, on peut faire deux prédictions : 1) d'une phrase à l'autre, les temps de latence n'auront pas de relation avec le nombre total de décisions d'encodage à prendre ; 2) à l'intérieur d'une phrase, les temps de pause seront également distribués aux points correspondant à des nombres égaux d'opérations d'encodage se succédant immédiatement. Dans notre exemple, la pause précédant le syntagme nominal devrait avoir une durée égale à la durée de la pause précédant le sujet.

Taylor n'a trouvé aucun argument pour (a). La démonstration de Boomer que les pauses précèdent des phrases phonémiques pourrait étayer (b) ou une version modifiée de (a) où les décisions s'effectuent en dessous du nœud syntaxique le plus haut, éliminant par le fait même l'importance des temps de réaction. Malheureusement, Taylor n'a pas fourni de données sur les hésitations à l'intérieur des phrases en fonction du nombre d'opérations d'encodage, de sorte qu'on ne peut savoir si les phénomènes intraphrastiques tendent à confirmer ou infirmer les données sur le temps de réaction. Ces données additionnelles seraient particulièrement utiles étant donné qu'il est difficile de croire que le temps de latence qui précède une phrase définissant un mot, correspond au temps de latence qui précède la formulation d'une phrase dans le discours ordinaire.

Dans l'état présent, on ne peut pas complètement déterminer le rôle de la structure de surface dans la formulation des énoncés par le locuteur. On peut néanmoins faire les commentaires suivants. Premièrement, une des critiques sérieuses adressées aux modèles d'élaboration du haut en bas a été que le lexique ne peut pas être sélectionné tant que toutes les décisions structurales n'ont pas été prises (voir Chomsky, 1965; Jacobs et Rosenbaum, 1970; Perfetti, 1969). Cependant, il est possible d'atténuer la critique des modèles hiérarchiques en imaginant un processus moins strictement linéaire. C'est-à-dire que dans la communication réelle, les aspects syntaxiques et sémantiques de l'énoncé peuvent se combiner, les décisions lexicales et structurales s'accomplissant simultanément. Dans la mesure où cette conception est valable, un modèle hiérarchique peut avoir sa valeur comme description du processus de décision segment par segment dans la production de la phrase.

Deuxièmement, les études relativement peu nombreuses commentées jusqu'ici impliquent 1) que les décisions structurales pourraient être assez peu importantes (ou pas plus importantes que les choix lexicaux) dans la formulation des énoncés et 2) que les décisions les plus importantes sont reliées à ce qui est vaguement désigné comme étant le «contenu». Ce ne sont, évidemment, que des possibilités et on ne doit pas considérer qu'elles constituent un argument en faveur de la primauté des facteurs sémantiques dans la production de la phrase. Cependant, un tel argument aurait pu être établi si les expériences extensives consacrées à la fonction des pauses (que nous allons maintenant discuter) avaient incorporé la localisation syntaxique parmi les principales variables dépendantes. Ces études ont eu tendance à négliger ou ignorer la question de la localisation, peut-être parce que les auteurs croient que les décisions structurales sont moins importantes que les décisions de «contenu» dans la répartition temporelle de la production du langage.

Unités macroscopiques de production de la langue parlée

Dans les modèles du locuteur examinés jusqu'ici, on a supposé que l'occurrence d'une pause reflétait une activité cognitive à ce moment précis dans le temps. Cela vaut indépendamment de la grandeur de l'unité envisagée. On présume que ces pauses précèdent immédiatement (ou presque immédiatement) les mots difficiles lorsque la représentation du locuteur est en termes de décisions lexicales. De même, lorsque la représentation du locuteur est en termes de décisions au niveau d'unités structurales plus grandes, on situe les pauses appropriées au début de ces unités.

La relation entre les pauses et les unités de décision dans ces modèles constitue ce que Boomer (1970) appelle une relation proximale, c'est-à-dire que la pause renvoie à un processus de décision local. Une conception différente a été développée dans les travaux récents de Goldman-Eisler et ses collègues (Goldman-Eisler, 1968 ; Henderson *et al.*, 1965, 1966) où la pause doit signaler des processus de décision non seulement locaux mais aussi relativement éloignés. Selon l'expression de Boomer, la pause est en relation distancielle avec les choix à effectuer.

La théorie d'une fonction distancielle des pauses a été avancée pour rendre compte de l'alternance des périodes de temps de parole et de silence chez les locuteurs individuels. Henderson *et al.* ont tracé des graphiques cumulatifs de ces périodes et ils ont relié les données à l'œil par les lignes droites. Les tableaux qui en résultent indiquent que les périodes avec de longues pauses et de brefs moments de parole alternent avec des périodes de pauses brèves et de discours prolongé. Ces tableaux se veulent le reflet d'un cycle d'actes d'élaboration et de production du langage dans la langue parlée. Plus précisément, les variations accentuées et saccadées représenteraient les moments affectés à l'élaboration tandis que les variations faibles et régulières sont censées correspondre au résultat de cette élaboration. Les deux périodes sont conçues comme constituant une unité psycholinguistique, durant laquelle le langage émis pendant les périodes d'abondance de parole est la conséquence de cette activité d'engendrement survenant pendant les périodes d'hésitation.

Conformément à ce modèle, la pause traduit non seulement les choix lexicaux accomplis au niveau des énoncés locaux, mais aussi les choix sémantiques affectant des périodes beaucoup plus longues et séparés de 5 à 15 secondes du moment de la pause. Cette description du rôle des pauses et le modèle du locuteur qu'elle implique est séduisant. D'une part, elle laisse penser que les unités de production de la parole sont de nature fonctionnelle plutôt que structurale, c'est-à-dire des unités fondées sur une activité cognitive plutôt que sur des analyses linguistiques qui peuvent être ou ne pas être pertinentes pour les processus d'encodage. D'autre part, cela suggère la possibilité d'une série de hiérarchies de décisions qui s'intégreraient dans l'élaboration de ces grandes unités fonctionnelles. Là où les unités elles-mêmes seraient susceptibles de refléter des décisions sémantiques, elles pourraient inclure plusieurs unités plus petites de choix structuraux et lexicaux.

Il est par conséquent décevant de constater que pareilles conjectures sont prématurées et que la notion de pause distancielle a été sérieusement contestée à la fois du point de vue méthodologique et du point de vue empirique. Les objections les plus convaincantes découlent des recherches extrêmement soignées faites par Jaffe, Feldstein et leurs collaborateurs sur les alternances parole-silence.

La première objection est d'ordre méthodologique. Schwartz et Jaffe (1968) font remarquer que la procédure de dresser un graphique à l'œil est pour le moins discutable. Ils soutiennent que dans n'importe quelle suite d'événements aléatoires, des «séries» vont apparaître, de façon telle qu'arbitrairement, on pourra toujours trouver des sous-suites qui confèrent au résultat une structuration apparente. À l'appui de cette observation, ils démontrent que des suites aléatoires de périodes son-silence engendrées par ordinateur montrent la même distribution par phases qu'Henderson *et al.* (1966) prétendaient trouver. Lors d'une étude ultérieure (Jaffe *et al.*, 1970), la simulation fut étendue à la vérification de la conclusion avancée par Henderson *et al.* (1966) que plus longue était la courbe accentuée représentant l'«élaboration», plus longue était la courbe peu accentuée et «régulière» qui suivait. Là encore, il fut démontré que le résultat était typique des graphiques aléatoires engendrés par ordinateur. Jaffe et ses collaborateurs concluent que la corrélation trouvée par Henderson *et al.* entre les phrases successives ne résulte pas d'un effet psycholinguistique mais de l'observateur humain qui examine les courbes et y induit de prétendues régularités.

La deuxième objection est d'ordre empirique. Jaffe et Feldstein (1970) ont étudié les alternances son-silence dans des monologues et des dialogues, en branchant les enregistrements sur un système de détection de signaux électroniques qui transforme chaque émission par le locuteur en une suite de 1 si des bruits dépassant un certain seuil sont produits et en une suite de 0 dans le cas d'un silence. Les suites sont classées par ordinateur en catégories de vocalisations et de pauses. Utilisant un procédé d'approximation successive pour exprimer ces données dans des modèles stochastiques, Jaffe et Feldstein ont pu traduire les suites de son-silence contenues dans leurs données en un processus stochastique à deux états, en imposant comme contrainte 300 ms d'intervalle entre les transitions. Cela signifie que les durées des pauses et vocalisations adjacentes doivent être statistiquement dépendantes pour l'ensemble auquel s'applique le modèle (98% des occurrences de pauses et de vocalisations).

Les contraintes à court terme (300 ms) sur les alternances son-silence trouvées par Jaffe et Feldstein contredisent directement les alternances à long terme (5-15 secondes) établies par Henderson *et al.* Compte tenu de cette donnée et de la validité douteuse de la technique d'Henderson *et al.*, la notion d'unités de rythme cognitif paraît insoutenable. Tout spécialement, on n'a pas fourni d'argument convaincant comme quoi les pauses reflètent des décisions portant sur des événements relativement lointains.

Pour résumer rapidement cette section, nous avons examiné trois modèles du locuteur qui assignent aux pauses un rôle dans la production du locuteur. Dans le premier modèle, les pauses étaient censées refléter la force ou la faiblesse des habitudes verbales ; le modèle le plus récent décrivait les pauses comme un indicateur de décisions cognitives portant sur la parole produite immédiatement et produite plus tard. À l'exception du modèle le plus récent, on a supposé que les pauses étaient en relation temporellement proximale avec les choix à effectuer. Si l'on accepte cette supposition, qui est vraisemblable en tout cas, alors il y a raison de croire que les pauses ont au moins deux fonctions particulières : a) elles indiquent des choix de mots quelconques et b) elles peuvent refléter des décisions prises aux frontières de constituants principaux.

Une troisième fonction assignée aux pauses et qui n'a été discutée qu'en passant, constitue cependant le thème de plusieurs études. Il s'agit du processus de décision sémantique ou de «contenu» que Taylor a mis de l'avant dans sa recherche et que Goldman-Eisler et ses collègues ont pris en considération dans leur modèle macroscopique du locuteur. La question du contenu sera traitée plus extensivement dans la section suivante, où l'on s'intéressera à la fonction des pauses chez le locuteur. Dans ces recherches, aucun modèle explicite de l'acte de parole n'a été élaboré, bien que diverses relations générales entre les pauses et la production aient été formulées. Nous donnerons un compte rendu détaillé de ces études, non sans faire au préalable une brève diversion afin d'incorporer les données — souvent négligées — sur les pauses sonores.

Récemment, deux contributions importantes se sont ajoutées à la littérature sur les unités macroscopiques dans le langage parlé : les articles de Butterworth (1975) et Henderson (1974).

Butterworth a analysé des échantillons d'entrevue afin de découvrir des patrons cycliques ou «rythmiques» dans le genre de ce qu'Henderson et al., 1966, avait défini. Dans un corpus de 3 heures et demie réalisé avec huit sujets masculins, il a trouvé 20 segments contenant trois cycles complets ou plus (la phase d'hésitation plus la phase de productivité). Dix de ces cycles satisfaisaient aux conditions énoncées par Henderson et al., montrant des changements réguliers du taux d'accélération avec une pente passant d'une forte à une faible inclinaison. La moyenne de ces cycles étaient de 18 secondes ; ainsi, dix cycles représentent environ 3 minutes, c'est-à-dire moins de 1% de la durée totale du corpus. De ce sous-échantillon, Butterworth a retenu les cycles de trois sujets pour les analyser plus en détail. Cette dernière sélection doit avoir correspondu à quelque chose comme une minute de temps parlé – ce qui est un échantillon vraiment réduit!

On a demandé à huit juges de lire l'une des trois sélections finales et de la diviser en «Idées». Étant donné la marge de variation considérable dans les divisions faites par les juges, Butterworth a eu recours à un critère de division: on localisait une frontière d'«Idée» là où au moins cinq juges sur huit s'entendaient pour en fixer une. En admettant ce principe, les Idées coïncidaient avec les cycles temporels identifiés dans le texte. De 50 à 60% environ des cycles temporels coïncidaient avec les frontières d'Idées. Plus précisément, les frontières *initiales* des Idées coïncidaient avec les *débuts* de cycles temporels. Les frontières initiales des Idées coïncidaient également avec les débuts de propositions.

De cette correspondance entre frontières d'Idées, et frontières de cycles, Butterworth conclut que «les unités temporelles ont tendance à correspondre à des unités entières de frontières sémantiques et/ou linguistiques» (p. 85). Il affirme en plus avoir montré qu'«une période de temps de parole nécessite une période de temps de traitement cognitif» (p. 86). Ces deux conclusions semblent aller bien au-delà des données.

L'étude de Butterworth constitue une tentative très créatrice pour relier les décisions sémantiques aux distributions de temps parlé et de silence. Cette tentative échoue parce que les données sont fondées sur des événements rares et très sélectionnés. Cela ne signifie pas simplement que l'étude manque de généralité. Elle a l'inconvénient plus grave qui est que le phénomène décrit par Butterworth semble *non représentatif* du corpus. Spécifiquement, moins d'un pour cent du corpus contient des patrons cycliques. Même s'il y avait clairement présence de planification sémantique dans ces cycles (et cela reste à savoir), que peut-on dire du 99% qui reste, pour lequel on ne possède pas d'indice quant à la présence de cycles temporels? N'y a-t-il donc aucune planification durant tout ce temps? Cela paraît peu plausible. Il est plus probable que les cycles représentent un type spécial de combinaison entre la planification et la production, combinaison qui, malgré son intérêt, n'est pas caractéristique de la production du discours en général.

En dépit des limites de son étude, Butterworth essaie au moins d'envisager le problème de savoir exactement comment la distribution des hésitations dans le discours nous informe des processus cognitifs. Une telle confrontation est la bienvenue, comme le remarque Henderson (1974), car il y a peu d'études qui s'appliquent au *discours suivi* (Henderson fait aussi une excellente critique de la méthode de Schwartz et Jaffe (1968) visant à découvrir les structures périodiques du langage).

Encore aujourd'hui en 1977, il n'y a toujours pas d'indice clair comme quoi les structures temporelles du langage parlé permettent d'identifier des unités d'encodage macroscopique.

Localisation des pauses sonores

Lorsque Lounsbury identifia la pause d'hésitation, il précisa qu'elle peut parfois être remplie par un son quelconque. Dans une étude descriptive des énoncés d'une conférence, Maclay et Osgood (1959) envisagèrent la possibilité qu'une pause sonore corresponde en localisation et en fonction à une pause silencieuse. Ils distinguèrent les pauses silencieuses (PSI) des pauses sonores (PSO), les «ah» [a] et moins souvent, les «er» [r], les «uh» [ɛ] et les «mm» [m:] étant typiques de ces dernières. Même si les deux sortes de pauses avaient une probabilité d'occurrence plus grande avant les mots de contenu qu'avant les mots fonctionnels (c'est-à-dire avant les noms et les verbes plutôt qu'avant les prépositions et les connecteurs), des différences de distribution tendaient à apparaître. Les pauses sonores se produisaient relativement plus souvent devant les mots fonctionnels et aux frontières de syntagmes, alors que les pauses silencieuses avaient une probabilité d'occurrence plus grande devant les mots de contenu et à l'intérieur des syntagmes. Cependant, Maclay et Osgood prirent la peine d'avertir que la distinction entre les deux types de pauses n'était pas claire. Non seulement y avait-il entre les locuteurs des différences individuelles dans la proportion relative de pauses sonores et de pauses silencieuses, mais encore les pauses «de l'un ou l'autre type peuvent se produire dans toute position où l'autre se produit, comme c'est fréquemment le cas» (1959, p. 39).

Pour rendre compte des différences distributionnelles entre les pauses silencieuses et les pauses sonores, Maclay et Osgood émirent l'hypothèse que les PSO se produisent lorsque deux conditions dont simultanément réalisées : 1) le locuteur a fait une pause d'assez longue durée («assez longue pour être conscient de son propre silence») et 2) peut conserver l'initiative de la conversation. Pour empêcher que l'auditeur ne parle pendant une pause de longue durée, le locuteur produirait «un signal quelconque [...] qui signifie justement *Je garde encore l'initiative – ne m'interromps pas!*» (p. 41).

Maclay et Osgood affirment que les PSO, plutôt que les PSI, devraient survenir aux points où l'incertitude est plus élevée, puisqu'on présume que les PSO suivent les longs silences. On a cependant formulé deux critiques contre cette interprétation. Premièrement, Boomer (1965) a trouvé que les PSO viennent rarement après des PSI de longue durée (seulement 17% des PSO étaient précédées par des pauses de durée plus longue que la moyenne).

Deuxièmement, Cook (1969b) présente des résultats qui indiquent que PSO et PSI se produisent aux mêmes localisations. Il rapporte que les mots qui suivent immédiatement les PSO sont plus difficiles à prédire que les mots d'autres contextes. Malheureusement, il ne décrit pas l'échantillon de langue utilisé pour calculer les probabilités de transition, empêchant ainsi la comparaison avec des études analogues sur les PSI. En résumé, il est possible que les PSI et les PSO se produisent dans les mêmes localisations syntaxiques ou fonctionnelles, mais pour le moment ce n'est qu'une possibilité.

Cependant, ce point de vue a été fortement contesté. D'abord, Boomer (1965) rapporte que les PSO suivent rarement les PSI de longue durée. Ensuite, la supposition que les PSO diffèrent de localisation relative avec les PSI semble injustifiée : en fait, les PSI (Kowal, O'Connel, O'Brien, et Byrant, 1975 ; Kowal, O'Connel et Sabin, 1975 ; O'Connell, Kowal et Hörmann, 1970 ; Quinting, 1971) et les PSO (Blankeship et Kay, 1964 ; Quinting, 1971) ont toutes les deux une fréquence d'occurrence légèrement plus grande devant les mots fonctionnels que les mots lexicaux. Troisièmement, Cook (1969b) a trouvé que les mots suivant immédiatement les PSO sont plus difficiles à prédire que les mots dans d'autres contextes. Ce qui concorde avec les données correspondantes déjà citées pour les PSI. En dernier lieu, Cook, Smith et Lalljee (1975) rapportent que les PSO précèdent les longues propositions. Cela confirme les travaux antérieurs de Boomer (1965) et implique que les PSO pourraient être liées à la complexité syntaxique. Pour le moment, il semble que les PSO fonctionnent comme les PSI, en signalant les processus de décision cognitive. On n'a toutefois pas déterminé si les PSO avaient aussi une fonction sociale spécifique au sens de l'hypothèse de Maclay et Osgood. Vraisemblablement, il y a des différences individuelles dans l'emploi des PSO, de sorte que toute tentative en vue de vérifier l'existence de cette fonction sociale doit être fondée sur un échantillon satisfaisant de locuteurs (voir les commentaires de Blakenship et Kay, 1964).

LA FONCTION DES PAUSES POUR LE LOCUTEUR

Les considérations sur la localisation des pauses dans la langue parlée traduisent en partie une préoccupation quant à leur fonction pour le locuteur. Cependant, l'aspect fonctionnel a été investigué plus systématiquement dans les études sur les conditions de variation des pauses. Le tableau II résume ces expériences.

Variables cognitives

Trois expériences ont mesuré à la fois les PSO et les PSI dans des conditions de difficulté croissante des tâches. Goldman-Eisler (1961a) demanda aux

TABLEAU II

Recherches sur la fonction des pauses silencieuses et des pauses sonores

Auteur et date	Échantillon de langue			Principales variables indépendantes ou corrélées	Pause silencieuse	Résultat	Pause sonore	Résultat
	Taille[a]	Locuteurs	Type					
				Variables cognitives				
Goldman-Eisler 1961a	2 minutes	9[b]	Monologue	Difficulté de la tâche (description et explication)	($>$ 250 ms) Durée	Accroissement		
Goldman-Eisler 1961b	2 minutes	9[b]	Monologue	Difficulté de la tâche (description et explication)	Temps de réaction	Accroissement	$\dfrac{\text{durée de PSO}}{\text{durée de PSI}}$	Pas de différence
Levin et al. 1967	180 mots	12H 12F (5-12 ans)	Entrevue	Difficulté de la tâche (description et explication)	($>$ 80 ms) Durée Fréquence	Accroissement Accroissement	$\dfrac{\text{PSO} - \text{PL}^{c}}{\text{Mots}}$	Accroissement
Reynolds et Paivio 1968	5 minutes (400 mots)	20[b]	Monologue modifié	Difficulté de la tâche (définitions)	($>$ 1,5 seconde) Fréquence	Accroissement	Rapport Ah	Accroissement
Taylor 1969	120 phrases	20[b]	Monologue modifié	Difficulté de la tâche (production de phrases)	Temps de réaction	Accroissement		
Lay et Paivio 1969	6 minutes (600 mots)	24H	Monologue modifié	Difficulté de la tâche (description et explication)	($>$ 1 seconde) Fréquence/t Durée/t	Accroissement Accroissement	Rapport Ah	Accroissement

*Voir les légendes à la fin du tableau.

TABLEAU II (*Suite.*)

| Auteur et date | Échantillon de langue | | | Principales variables indépendantes ou corrélées | Variables d'état affectif | | | |
	Taille[a]	Locuteurs	Type		Pause silencieuse	Résultat	Pause sonore	Résultat
Mahl 1956a	650 minutes	1F patiente	Entrevue	Anxiété P[d] (Évaluée par la thérapeute)	Quotient Silence – Patient (QSP = durée de PSI/t)	Accroissement		
Mahl 1956b	60 minutes	11H/20F patients externes	Entrevue	Anxiété P[d] (Echelle d'évaluation)			Rapport Ah	Diminution
Panek et Martin 1959	60 minutes	3H/1F patients externes	Entrevue				Rapport Ah	Pas de corrélation significative
Krause et Pilisuk 1961	—	13H/13F	Entrevue	Anxiété T[e] (induite par thème)			«Temporisation» (PSO, mots, clichés)	Pas de différence
Boomer 1963	Passages de 391,5 minutes	1[b] patient	Entrevue	Corrélation avec le mouvement du corps			Ah – répétitions	r = – 0,41
Feldstein 1964	—	15H/15F acteurs	Lecture	Simulation d'affect	(> 300 ms) Durée/t	Différences		

TABLEAU II (*Suite.*)

Auteur et date	Échantillon de langue			Principales variables indépendantes ou corrélées	Pause silencieuse	Résultat	Pause sonore	Résultat
	Taille[a]	Locuteurs	Type					
				Variables d'état affectif				
Kasl et Mahl 1965	60 minutes	45H	Entrevue	Anxiété T (induite par thème)			Rapport Ah	Pas de différence
Siegman et Pope 1965a	–	50F	Entrevue	Anxiété T (induite par thème)	QSP (PSI > 2 s)	Pas de différence	Rapport Ah	Pas de différence
Siegman et Pope 1965b	60 minutes	50F	Entrevue	Anxiété P	QSP (> 2s)	Pas de corrélation significative	Rapport Ah	Diminution
				Anxiété P	(> 300 ms) Pause de transfert	Pas de différence Diminution		
Cassota et al. 1967	416 minutes	50F	Entrevue	Anxiété T (induite par thème)	(> 300 ms)	Accroissement		
Cook 1969a	30 minutes	5H/6F	Entrevue	Anxiété P (Inventaire)/Anxiété T (Thème) Anxiété T (Thème)			Rapport Ah	Pas de différence Pas de différence
Pope et al.	320 minutes (10 min./jr)	2H/4F patients internes	Monologue	Anxiété T (Échelles d'évaluation)	QSP	Diminution	Rapport Ah	Pas de différence
				Dépression T (Échelles d'évaluation		Accroissement		Diminution

TABLEAU II (*Suite.*)

Auteur et date	Échantillon de langue			Principales variables indépendantes ou corrélées	Pause silencieuse	Résultat	Pause sonore	Résultat
	Taille[a]	Locuteurs	Type					
				Variables d'interaction sociale				
Levin et Silverman 1965	4 échant. de 500 mots	48H/48F enfants (10 ans)	Monologues	Auditoire et isolé	Fréquence	Accroissement	Rapport Ah	Pas de différence
Cassotta *et al.* 1967	3 échant. de 40 min.	32H/32F	Dialogue	Écran et Face à face	(> 300 ms) Durée	Diminution		
Lalljee et Cook 1967	10 min.	14H	Dialogue modifié	Pression sur le locuteur (interruptions)			Rapport Ah	Pas de différence
Preston et Gardner 1968	5 min.	50H/45F	Monologues	Analyse factorielle	(> 1, 5 s) Fréquence	Lié à la taille du vocabulaire		
					Durée	Lié à l'approbation sociale	Rapport Ah	Lié à la capacité d'association
Ramsay 1968	—	56F/28H	Entrevue Monologue	Extraversion	(> 10 ms) Durée Fréquence	Accroissement Pas de différence		
Reynolds et Paivio 1968	(Voir sous la rubrique Variables cognitives)			Sensibilité à l'auditoire	(> 1,5 s) Fréquence	Accroissement	Rapport Ah	Accroissement

TABLEAU II (*Suite.*)

Auteur et date	Échantillon de langue			Principales variables indépendantes ou corrélées	Pause silencieuse	Résultat	Pause sonore	Résultat
	Taille[a]	Locuteurs	Type					
					Variables d'interaction sociale			
Lay et Paivio 1970	(Voir sous la rubrique Variables cognitives)			Sensibilité à l'auditoire	(> 1 seconde) Fréquence/t Durée/t	Pas de différence Accroissement	Rapport Ah	Pas de différence

Note : t = temps de parole total du locuteur.

a. Taille par locuteur.
b. Sexe non spécifié.
c. PL = Perturbations de langage, incluant les bégaiements, les répétitions de mots, les omissions et autres effets paralinguistiques décrits par Mahl (1956a).
d. P = Anxiété liée à la personnalité avec la procédure d'évaluation entre parenthèses.
e. T = Anxiété transitionnelle avec les procédures expérimentales entre parenthèses.

sujets de décrire le contenu de brèves histoires sur bandes dessinées et de formuler le point essentiel de chacune. Alors que la durée des PSI s'allongea durant le stade de formulation, la proportion du temps de pause remplie par les PSO demeura constante (Goldman-Eisler, 1961b)[9].

Reprenant le travail de Goldman-Eisler, Lay et Paivio (1970) imposèrent trois tâches aux sujets : une autodescription (c'est-à-dire l'âge, le nom, le sexe), des descriptions de bandes dessinées et l'évaluation de paires de proverbes. Les résultats montrèrent que les PSO et les PSI augmentaient de fréquence lorsque s'accroissait le niveau d'abstraction présumée que la tâche exigeait. Malheureusement, le niveau d'abstraction de la tâche semble avoir été confondu avec le type de stimulus (verbal et non verbal) et avec le type de langage requis (préparé et spontané). Dans une expérience connexe, Reynolds et Paivio (1968) ont appliqué un test plus satisfaisant pour mesurer les effets d'abstraction croissante. Les pauses sonores et silencieuses étaient plus fréquentes quand les sujets définissaient des noms abstraits plutôt que concrets.

Deux expériences ont démontré que les pauses silencieuses se multipliaient avec la difficulté ou abstraction de la tâche linguistique : Levin et al. (1967) ont trouvé que les PSI étaient plus longues et plus fréquentes lorsque des enfants avaient à expliquer plutôt qu'à décrire une série de démonstrations physiques ; Taylor (1969) a rapporté que les sujets prenaient plus de temps pour commencer la production d'une phrase lorsque la «difficulté» (définie en termes de fréquence d'occurrence et de niveau d'abstraction) du mot-thème augmentait.

Il y a deux études par Siegman et Pope qui ont trait aux effets du degré d'abstraction ou de difficulté sur les PSO : dans l'une, ils ont fait varier la précision des remarques de l'intreviewer (1965a) et dans l'autre, ils ont demandé aux sujets de commenter des cartes du «Test d'Aperception Thématique» dont le degré d'ambiguïté allait de haut à faible (1966). Dans la première étude, des échelles d'auto-évaluation indiquèrent que les sujets étaient généralement détendus du début à la fin ; dans la seconde, les effets d'anxiété furent déterminés par des échelles d'évaluation et maintenus constants au moyen d'une analyse de covariance. Dans chacune des études, le rapport des PSO au nombre de mots augmenta avec l'incertitude de la situation.

---

9. Nous avons récemment refait cette étude en détail et nous n'avons pas réussi à trouver des PSO plus longues durant le stade de formulation de la tâche portant sur les bandes dessinées (Rochester, Thurston et Rupp, 1976).

Ces résultats montrent que les PSO et les PSI augmentent en fonction de l'accroissement de la difficulté de la tâche. Étant donné ce principe général, il vaut la peine de se demander pourquoi les données de Goldman-Eisler sur les PSO diffèrent de celles des autres études. Il y a deux possibilités : 1) deux des trois indices de PSO chez Goldman-Eisler dépendent largement ou entièrement de la durée des PSI. Puisque la durée des PSI s'accroît avec la difficulté de la tâche, il suffirait simplement que les PSO augmentent pour obtenir une différence non significative. Une troisième mesure, la durée des PSO sur le total des mots prononcés, augmente avec la difficulté de la tâche chez les deux tiers des sujets. Cela implique que si des mesures de fréquence avaient été appliquées, elles auraient traduit une augmentation ; 2) Goldman-Eisler avait un échantillon extrêmement petit, moins de la moitié de la durée nécessaire pour avoir un estimé stable de la langue parlée chez un seul individu (Jaffe et Breskin, 1970). Par conséquent, il se peut que la faible proportion de PSO qu'elle a trouvée par rapport aux PSI ne soit pas représentative de monologues plus longs. La proportion élevée (environ un pour un) de PSO par rapport aux PSI dans les données de Reynolds et Paivio appuie cette présomption.

Il faut faire une mise en garde en ce qui concerne l'utilisation de la notion qu'on appelle vaguement «difficulté d'une tâche». La généralité ou la réalité de la «difficulté» des opérations a été établie seulement pour les situations qui se rapprochent le plus de la situation en laboratoire. Là où on définit le niveau d'abstraction comme variable indépendante et où des mots isolés constituent la matière de la tâche, il est relativement simple de choisir un ensemble de mots abstraits et un ensemble de mots concrets et de soumettre cette sélection au jugement de quelques examinateurs (voir Reynolds et Paivio, 1968 ; Taylor, 1969). Par contre, lorsque la difficulté de la tâche devient la variable indépendante ou lorsque la tâche se rapproche davantage de la conversation ordinaire, la nature des mesures appropriées est moins aisément déterminable.

Les commentaires introspectifs postexpérience offrent un exemple des problèmes qu'on rencontre dans la validation d'opérations fondées sur la difficulté de la tâche. Ces commentaires (voir Lay et Paivio, 1970) sont un bon moyen de confirmer l'efficacité de l'opération si la difficulté a été réelle, mais lorsque l'opération n'a pas été vraiment difficile, les commentaires sont moins utiles. Est-ce l'absence de divergences dans les commentaires introspectifs qui indique l'échec de l'opération expérimentale, ou bien si c'est seulement parce qu'on ne trouve pas de différence dans l'occurrence des pauses que l'opération est jugée inefficace ? Un test de validité devrait fonctionner nonobstant les modifications de la variable dépendante. Il n'est pas certain que le commentaire introspectif possède cette vertu.

Dans les limites des contraintes méthodologiques exposées plus haut, ces études démontrent de façon répétée que les pauses sont importantes dans le traitement cognitif. Contrairement aux données sur la localisation des pauses cependant, on ne peut pas situer les données présentement discutées dans le cadre d'un modèle du langage. Le problème réside dans l'absence d'un modèle qui prédirait le fonctionnement du langage chez l'adulte, à divers stades de difficulté cognitive. Cette absence de modèle psychologique du langage devient plus évidente dans les deux prochaines sections, où les pauses sont mises en corrélation avec les variables d'état affectif et d'interaction sociale.

Variables introduites par l'état affectif

L'une des premières interprétations des silences et des PSO à avoir été proposées est celle de Mahl (1956 a, b), qui considérait ces phénomènes, ainsi qu'une variété d'autres indices ou signes vocaux, comme des désorganisations dans le comportement du locuteur. Il prétendait que puisque l'anxiété tend à désorganiser le comportement complexe, les difficultés d'élocution pourraient être occasionnées par l'anxiété. Lors d'une première recherche, il trouva que les silences et les PSO tendaient à être plus fréquents durant les périodes d'entrevue jugées comme ayant un degré d'anxiété élevé, que durant les périodes à faible anxiété.

Afin de rendre les mesures indépendantes de la production verbale du locuteur, Mahl a défini deux rapports. Le rapport **Ah** consiste dans le nombre de PSO (seulement les sons «ah» au début, mais élargi par la suite pour inclure les sons énumérés à la page 238) divisé par le nombre de mots émis par le locuteur pendant de brefs passages d'entrevue. La compilation des «mots» englobait tous les mots complets et incomplets, les sons provoqués par bégaiement et incohérence, et les PSO. La deuxième mesure, le Quotient Silence-Patient (QSP), était définie comme le nombre de secondes dont le patient disposait pour parler.

Des expériences subséquentes ont révélé l'existence de relations entre pauses et anxiété qui sont décidément plus complexes que l'hypothèse originale de Mahl. Il est commode d'examiner ces études en les groupant selon les deux principaux facteurs investigués, l'anxiété liée à la personnalité et l'anxiété liée à la situation, et selon les deux variables dépendantes qui nous intéressent ici, les PSI et les PSO.

Anxiété liée à la personnalité

Cassota *et al.* (1967) ont classé des étudiantes de collège selon leur degré de réaction élevé ou faible à un questionnaire d'anxiété et les ont fait participer à quatre entrevues. Ils n'ont trouvé aucune corrélation significative entre l'anxiété et la durée des PSI. Cependant, les pauses de transfert dans la conversation différaient significativement entre les sujets à forte anxiété et les sujets à faible anxiété. La pause de transfert se définissait comme étant le silence entre le discours des participants et il était assigné au locuteur qui mettait fin au silence. Durant les quatre entrevues, les sujets à forte anxiété ont fait constamment des pauses de transfert plus courtes que les sujets à faible anxiété. Siegman et Pope (1965b) n'ont découvert aucune corrélation significative entre les taux obtenus avec le test «Manifest Anxiety Scale» et le temps de silence (QSP), en faisant parler des étudiantes infirmières sur deux thèmes spécifiques. Pope *et al.* (1970) ont recueilli quotidiennement pendant trois mois des monologues de 10 minutes auprès de patients internés et diagnostiqués comme psychosomatiques. En se fondant sur une série d'échelles de comportement remplies par les infirmières, 8 journées de forte anxiété et 8 journées de faible anxiété furent sélectionnées pour chaque sujet. Les silences (QSP) diminuaient durant les jours de forte anxiété.

Ces trois investigations recouvrent une grande variété de PSI, depuis les silences plus longs que 300 ms relevés par Cassotta *et al.* jusqu'au QSP utilisés par Siegman et Pope *et al.*, où seuls les silences de 3 secondes et plus furent compilés. On a obtenu des résultats significatifs au moment où l'anxiété liée à la personnalité était en corrélation négative avec les pauses.

La fréquence des PSO était ou égale (Cook, 1969a), ou plus basse (Mahl, 1956b; Siegman et Pope, 1965b) pour les groupes à degré d'anxiété élevé que pour les groupes à faible degré d'anxiété. L'observation que les sujets à anxiété élevée tendent à émettre moins de PSO que les sujets à faible anxiété fut rejetée par les chercheurs qui testaient des hypothèses directionnelles (à savoir, que la fréquence des PSO augmente avec l'accroissement d'anxiété). Cependant, il est intéressant de constater que ces corrélations négatives sont parallèles aux corrélations négatives obtenues dans certaines expériences avec les résultats sur l'échelle d'anxiété et les PSI. Il en découle que lorsque des différences existent entre des sujets à anxiété élevée et des sujets à faible anxiété, les premiers font moins de pauses de transfert, de PSI et de PSO que les seconds. Ce résultat est l'inverse de la prédiction de Mahl.

Anxiété liée à la situation

Quatre études intragroupes ont été menées afin de vérifier les effets que l'anxiété expérimentalement provoquée aurait sur les pauses. Krause et Pilisuk

(1961) ont demandé aux sujets de décrire leurs impressions à propos d'une grande variété de thèmes. Les réponses ont été réparties en catégories d'anxiété faible et d'anxiété élevée, au moyen d'une procédure discutable qui éliminait environ 80% des données et réponses du tiers des sujets. Les résultats montrèrent que la prévision des «temporisations» (les SPO et les expressions clichés comme «as a matter of fact») était aléatoire, en prenant comme base de prédiction la répartition selon l'anxiété. Kasl et Mahl (1965) ont trouvé que l'anxiété provoquée par certains thèmes d'entrevue et détectée en mesurant la sudation palmaire, n'entraînait pas de différence dans le rapport **Ah**. Siegman et Pope (1965a) aboutirent aux mêmes conclusions dans une étude semblable.

En contraste avec ces résultats généralement négatifs concernant les PSO, il y a indication que les PSI augmentent lorsque s'accroît l'anxiété liée à la situation. Siegman et Pope (1965a) ont découvert que le temps de réaction ainsi que la fréquence des PSI augmentaient avec l'introduction de thèmes «très anxiogènes». C'était ainsi en dépit du fait que dans leurs commentaires postexpérience, les sujets affirmaient s'être sentis détendus tout au long des entrevues. On constate que les effets de variation du thème sont confirmés par les données montrant que les PSI et les pauses de transfert sont toutes les deux plus longues lorsqu'on interroge les sujets sur des thèmes conçus pour être stressants plutôt que neutres (Cassotta et al., 1967).

Ainsi, l'anxiété liée à la situation semble être en relation positive avec les PSI, quoique peut-être pas avec les PSO. La tendance pour les PSI est à l'inverse ici de ce qu'on a vu avec l'anxiété liée à la personnalité: lorsqu'on introduit des thèmes «très anxiogènes», les sujets tendent à pauser plus longtemps et plus souvent que lorsque les thèmes sont caractérisés comme «peu anxiogènes». Ce résultat est conforme aux prédictions initiales de Mahl.

En résumé, les données indiquent 1) qu'il existe une relation entre l'anxiété et les PSI et 2) qu'il pourrait exister une relation analogue entre l'anxiété et les PSO, bien que cela soit assez hypothétique pour le moment. On pourrait objecter que ces conclusions ignorent la dichotomie fondamentale des données, à savoir que lorsque l'état d'anxiété réfère au seuil de tension ou vulnérabilité des sujets, la relation avec les pauses est négative, que lorsque l'état d'anxiété réfère au degré de tension de la situation, la relation avec les pauses est positive. Cependant, il est possible de résoudre cette contradiction apparente en postulant une relation fonctionnelle en forme de U entre l'anxiété et les pauses. Cette hypothèse d'une courbe en U a été appliquée à la productivité verbale par Murray (1971). En bref, Murray affirme que les facteurs d'anxiété de personnalité et d'anxiété de situation sont additifs. D'une part, si la tension due à la situation s'accroît, les pauses tombent à un minimum quelconque pour ensuite augmenter. Dans les conditions «très anxiogènes» des expériences sur les humains (conditions qui n'engendrent probablement qu'un degré modéré de tension), les pauses suivront une fonction monotone par rapport à l'anxiété de situation. Mais la performance des personnes très anxieuses placées dans des situations allant de faiblement à modérément anxiogènes devrait tomber au-dessus du minimum du U, quelque part à droite sur la portion ascendante de la courbe. Conséquemment, il devrait souvent y avoir une relation négative entre les pauses et l'anxiété de personnalité. Cette interprétation de l'ensemble des données de productivité verbale semble très bien rendre compte des données actuelles sur les PSI et pourrait se révéler judicieuse dans les recherches sur les PSO. Elle présente l'avantage d'intégrer la notion d'anxiété en tant que facteur désorganisateur du discours, à la conception générale d'un seuil d'activation nécessaire à l'occurrence de toute production verbale (cohérente).

Il subsiste malheureusement un certain nombre de problèmes méthodologiques qui vicient les tentatives visant à relier les pauses aux états affectifs en général et plus spécifiquement à l'état d'anxiété. L'un de ces problèmes est celui de l'élaboration d'une procédure de validation adéquate de la variable indépendante. Les solutions vont de l'argument de Kramer (1963) que les jugements d'examinateurs hétérogènes constituent une série d'évaluations sur l'efficience des niveaux de tension d'une situation, à l'opinion (Krause et Pilisuk, 1961) que les commentaires introspectifs sont un indice suffisant de la vulnérabilité à la tension. Nous avons déjà discuté de la valeur des commentaires introspectifs ; quant à l'utilité des jugements tirés d'un échantillon hétérogène, elle paraît douteuse, étant donné le manque de concordance habituel dans les groupes homogènes d'examinateurs (voir Boomer et Gooderich, 1961).

Deux autres solutions ont été essayées en vue d'évaluer la validité. Feldstein (1964) a eu recours à la discrimination d'affect par des acteurs selon le raisonnement que des stéréotypes pourraient donner une image plus claire des relations entre les aspects vocaux et les affects que ce à quoi on peut s'attendre avec l'«expression naturelle des émotions». Malgré que les données ainsi recueillies soient intéressantes, leur pertinence pour le langage spontané est problématique. Dans une autre perspective, on a mené quelques études de corrélation où l'on reliait les désorganisations de la parole à d'autres effets présumés de l'anxiété. Dans l'ensemble, les résultats de ces recherches ont été peu encourageants, les corrélations étant très minces (Boomer, 1963) ou négligeables (Panek et Martin, 1959).

En plus des difficultés générales associées au processus de validation, il y a d'épineux problèmes liés à la procédure intergroupes utilisée dans les études sur l'anxiété de personnalité. D'abord, ainsi que Preston (1967) le fait remarquer, il est possible que les groupes de patients et de bien-portants se caractérisent non seulement par l'état affectif, mais aussi par l'attention consacrée à l'encodage de la langue parlée. Par exemple, ils pourraient se caractériser par l'échantillonnage ou par l'évaluation de réponses possibles. Ensuite, les groupes pourraient être différents par la durée des pauses et par le débit. Puisqu'il n'y a pas moyen de rendre compte des différences de temps et de rythme avec les techniques de mesure actuelles, il est préférable d'utiliser une procédure intragroupe où chaque locuteur est en même temps son propre témoin.

Variables d'interaction sociale

Jusqu'ici, le locuteur a été conçu simplement comme un générateur de langage qui pause, ou bien dans le cours des opérations de décision normales, ou bien à cause de désorganisations lors de ces opérations. Dans une autre perspective toutefois, le locuteur peut être conçu comme faisant partie d'une unité plus grande, en tant que participant à l'acte social de la parole. De ce point de vue, les pauses et autres phénomènes de langage spontané devraient être fonctionnellement reliées aux changements dans la situation interpersonnelle du locuteur ou aux changements dans sa sensibilité, étant donné une situation interpersonnelle constante.

Il y a des preuves que les PSI augmentent à mesure que s'accroît l'emphase sur l'interaction. Par exemple, les enfants de 10 ans qui racontent une histoire pausent plus fréquemment en présence d'un auditoire d'adultes que lorsqu'ils parlent seuls devant un microphone (Levin et Silverman, 1965). De plus, la sensibilité aux autres semble agir sur la production des PSI. Les sujets haut classés lors d'un test de sensibilité à l'auditoire pausaient plus fréquemment que les sujets classés bas, lorsqu'ils s'adressaient à un auditoire (Reynolds et Paivio, 1968), mais ces différences disparurent en l'absence d'auditoire (Lay et Paivio, 1970). Pour les sujets dont le besoin d'approbation (Preston et Gardner, 1968) et dont le degré d'extroversion (Ramsay, 1968) étaient élevés, la durée de pause augmenta, en comparaison des sujets classés bas, mais la fréquence des pauses demeura constante chez les deux groupes.

Dans un sens important, les résultats ci-dessus sont ambigus. Bien qu'ils puissent être entièrement dus à des variables interpersonnelles, ils pourraient aussi résulter des effets médiats de ces variables, soit par extension des décisions normales intervenant dans la production de la langue parlée, soit par accroissement des perturbations causées par l'anxiété. Une telle interprétation est particulièrement plausible, car les hypothèses cognitives ou d'état affectif pourraient également prédire l'accroissement de durée et de fréquence des PSI. Toutes les études rapportées plus haut sont en partie conformes à ces prédictions. De ce fait, aucune d'entre elles ne peut être considérée comme la preuve d'une hypothèse spécifiquement interactionnelle.

Inversement, certains résultats expérimentaux ne semblent prévisibles que d'un point de vue de psychologie sociale. Ces prédictions dérivent, par extension aux PSI, de l'interprétation des PSO donnée par Maclay et Osgood (1959). Si le résultat typique des longues pauses est de faire perdre l'initiative de la conversation, il s'ensuit que les locuteurs devraient émettre des pauses plus courtes lorsqu'ils veulent garder l'initiative. De plus, dans la mesure où tout silence constitue l'occasion d'un transfert d'initiative, le locuteur qui désire continuer à parler devrait émettre moins de PSI, quelle que soit leur durée. Cette hypothèse engendre plusieurs prédictions. Si le désir du locuteur de garder l'initiative d'une conversation se signale par une augmentation de PSO et par une diminution de durée et de fréquence des PSI, alors 1) ces phénomènes devraient être plus probables dans les dialogues que dans les monologues; 2) ils devraient être moins probables quand le sujet désire cesser de parler; 3) ils devraient rester inchangés lorsque le nombre de locuteurs éventuels demeure constant et, 4) ils devraient être plus probables quand le locuteur est privé de moyens visuels pour contrôler la conversation.

Il y a des arguments à l'appui de chacune des prédictions: 1) les locuteurs d'une même population de sujets ont des rapports Ah plus élevés en entrevue (Siegman et Pope, 1965a) qu'en monologue (Siegman et Pope, 1966); 2) les patients produisent des PSI plus longues mais moins de PSO lorsqu'ils sont déprimés (et vraisemblablement peu intéressés à converser) que lorsqu'ils sont anxieux (Pope *et al.*, 1970); 3) chez les sujets qui font des monologues, le taux de PSO ne diffère pas significativement selon la présence ou l'absence d'auditoire, ou selon qu'ils se sont classés haut ou bas dans un test de sensibilité à l'auditoire (Lay et Paivio, 1970; Reynolds et Paivio, 1968)[10]; 4) lorsqu'un écran opaque est placé entre les participants

---

10. Même si le non-rejet de l'hypothèse nulle ne constitue pas un argument pour l'hypothèse contraire, il est néanmoins intéressant de voir qu'une «hypothèse du contrôle (de la conversation)» est la seule qui clairement, parmi les trois suggérées, ne prédit pas d'augmentation de PSO pour les sujets sensibles à l'auditoire qui parlent devant un grand nombre d'auditeurs.

à une conversation, ceux-ci émettent plus de PSO (Kasl et Mahl, 1965) mais des PSI plus brefs (Cassotta *et al.*, 1967) que lorsqu'ils sont face à face.

Jusqu'à maintenant, il n'y a eu en publication qu'une seule tentative pour vérifier directement l'hypothèse du «contrôle» de Maclay et Osgood. Lalljee et Cook (1969) ont monté une conversation truquée où le participant complice demeurait silencieux ou bien interrompait les sujets. Bien que cette manœuvre ait servi à accroître la productivité verbale et les interruptions chez le sujet, elle n'eut pas d'effet décelable sur les PSO (les PSI n'ont pas été rapportées). Les auteurs en concluent que la théorie de Maclay et Osgood n'est pas correcte, du moins pour les dialogues (p. 27).

Il est possible, cependant, que la manœuvre de trois interruptions en deux minutes, destinée à provoquer une «forte pression», corresponde à un taux normal d'échange verbal, peu susceptible en toute circonstance de pousser le sujet à garder la parole. En général, il semble mal avisé de présumer qu'un nombre arbitraire d'interruptions se révélera adéquat pour représenter une situation de pression «élevée» ou «modérée» ou «faible». En effet, on peut croire qu'une conversation sans interruption est plus extraordinaire qu'une autre contenant plusieurs interruptions. En l'absence de toute investigation systématique sur les conditions dans lesquelles surviennent les interruptions, l'étude de Lalljee et Cook ne peut pas être considérée comme un test satisfaisant de l'hypothèse du «contrôle».

En résumé, il ressort que deux sortes de variables d'interaction sociale influencent les pauses en langage spontané : 1) les variables médiates, telles que les changements de situation par rapport à un auditoire et les prédispositions à la sensibilité aux auditeurs et 2) les variables de contrôle, telles que le nombre de locuteurs éventuels et le désir individuel de parler. Les effets de ces facteurs sur les pauses semblent être antithétiques. Là où les variables médiates augmentent la fréquence et la durée des PSI et n'ont généralement pas d'effet sur les PSO, les variables de contrôle réduisent la fréquence et la durée des PSI et augmentent le taux de PSO. Il est plausible qu'en fait, les variables médiates désorganisent ou rendent plus complexes les processus d'encodage.

CONCLUSIONS

Quelle est la prochaine étape? D'un point de vue méthodologique, il est clair que d'autres investigations sur les interrelations entre la localisation et la fonction des pauses sont nécessaires. Par exemple, lorsque les pauses augmentent de fréquence en fonction de variables cognitives, où se produisent ces accroissements? Si l'on pose la même question à propos de variables sociales, les localisations sont-elles identiques ou différentes?

Assurément, il n'y a pas suffisamment d'arguments à l'heure actuelle pour pouvoir étayer les données de Goldman-Eisler impliquant un schéma global ou planification d'encodage, ainsi que les résultats de Taylor démontrant le rôle du «contenu» par opposition aux décisions structurales. Les résultats de Goldman-Eisler devraient être reproduits et ceux de Taylor devraient être élargis aux relations entre le temps de latence et les hésitations à l'intérieur des phrases.

D'autres problèmes méthodologiques restent en suspens; 1) on considère les PSI et les PSO comme des entités distinctes et l'on a généralement ignoré la possibilité de leur co-occurrence et 2) on a rarement tenu compte du nombre de participants et du genre de participation à l'acte de parole, en tant que variable expérimentale (mais voir Rochester et Gill, 1973 et Kowal et al., 1975a) et en tant qu'élément primordial justifiant la reprise d'une expérience.

Les exigences les plus fondamentales, cependant, relèvent de la théorie. Comment donner une représentation du locuteur qui soit conforme aux caractéristiques des pauses que nous avons décrites jusqu'ici? Il se dégage trois orientations. Premièrement, il paraît nécessaire d'élargir la conception étroite d'un processus de décision situé à un seul niveau et se produisant à tout moment donné, afin d'inclure la possibilité de modèles à plusieurs niveaux, où les décisions sur le contenu ou le thème se prennent au début tandis que les décisions structurales et lexicales surviennent par après et simultanément. Les locuteurs hésitent aux frontières de constituants principaux et avant les mots à faible probabilité d'occurrence, et ces comportements sont temporellement trop rapprochés pour qu'on adopte un modèle purement hiérarchique en vertu duquel le lexique est une préoccupation secondaire, laissé de côté jusqu'en dernier dans la construction faite par le locuteur.

Deuxièmement, il faut certainement prendre en considération de nouveaux niveaux d'analyse de l'énoncé. D'une part, on n'a pas encore exploité le potentiel d'analyses linguistiques sophistiquées, comme celles de la grammaire transformationnelle. Les récents travaux de Brown et Miron (1971) sur l'étude de la lecture laissent croire cependant qu'une telle approche peut se révéler fructueuse. D'autre part, il faudrait également considérer les analyses non structurales. Cette orientation s'impose à la suite des résultats de deux investigations qu'il est difficile d'incorporer aux intérêts de la linguistique actuelle: 1) Dans des phrases passives et actives, Wilkes et Kennedy

(1970) ont trouvé que seule la jonction sujet-prédicat était marquée par une pause ; 2) O'Connell *et al.*, 1970, ont trouvé qu'il y avait un accroissement significatif de la fréquence et de la durée des PSI lorsque des sujets allemands racontaient des histoires contenant une phrase sémantiquement anormale. Ces études indiquent que les pauses pourraient être reliées à des facteurs sémantiques ou logiques de l'énoncé, ce qui appuie les observations de Taylor que nous avons discutées.

Enfin, il se peut que la recherche même d'unités d'encodage ait été la plus grosse pierre d'achoppement vers la conception d'un processus de décision à plusieurs niveaux chez le locuteur. Inspirée de modèles probabilistes du comportement verbal, la notion d'unité semble requérir un processus strictement séquentiel dans lequel des groupes d'éléments isolés sont associés l'un à l'autre avec plus ou moins de force. Si le locuteur prend une décision qui est simultanément lexicale et structurale, à quoi correspond l'«unité» ? Peut-être qu'il serait sage d'abandonner la recherche des unités pour s'engager dans celle des processus ou opérations qui peuvent se produire, et de fait se produisent souvent, en co-occurrence.

REMERCIEMENTS

Pour leurs commentaires utiles sur une version antérieure de cet article, je suis reconnaissante envers Peter Reich, Oliver Mott et Michael Dobrovolsky de l'Université de Toronto, envers Peter Dean du DCIEM à Toronto, envers Wayne Sailor de l'Université du Kansas, Insup Taylor de l'Université de Guelph et Joseph Jaffe de l'Université Columbia.

VERS UNE THÉORIE DE LA PERCEPTION DE LA PAROLE*

Ronald A. Cole et Brian Scott

Les exposés récents sur la perception de la parole ont mis en relief l'importance d'un aspect de l'enveloppe acoustique – l'indice transitionnel. Dans cet article, nous examinons deux autres indices présents dans le signal sonore: les indices invariants et les indices d'enveloppe. Il est soutenu que chaque type d'indice contribue de façon différente à la perception et que les trois types d'indices doivent être captés pour que la perception de la parole ait lieu. Nous proposons un modèle dans lequel les indices invariants et transitionnels sont complémentaires dans la perception directe des unités syllabiques, tandis que l'enveloppe acoustique intègre les syllabes à des unités d'ordre plus élevé, comme les mots et les syntagmes[1].

La perception de la parole requiert, à un certain niveau, l'identification d'une série ordonnée de phonèmes. Le mot «*bit*», par exemple, comprend

---

*   Traduction de l'article «Toward a theory of Speech Perception», paru dans *Psychological Review*, 1974, vol. 81, n⁰ 4.

1.   Les auteurs tiennent à remercier Fran Allard, Dominic Massaro, Loretta Cole et en particulier, Alvin Liberman pour leurs remarques constructives sur une version antérieure de cet article.

trois phonèmes: /b/, /I/ et /t/, et chacun de ces phonèmes nous permet de distinguer le mot «*bit*» des mots «*pit*», «*bet*» et «*bid*[2]».

La représentation la plus simple qu'on pourrait se faire de la perception de la parole, serait de concevoir la parole comme étant composée d'une série de sons ou traits acoustiques, chaque son ou chaque série de traits correspondant à un phonème particulier dans la langue de l'auditeur. Les phonèmes seraient ainsi identifiés directement dans le signal sonore et combinés – par quelque mécanisme encore obscur – pour former les mots et les phrases qui constituent la parole.

Cette approche du problème de la perception de la parole est celle qui fut généralement prônée par les linguistes et les psychologues, jusqu'à tout récemment. Bien que Lashley (1951) et Miller (1962) aient tous deux affirmé que la perception de la parole ne pouvait se réduire à l'identification sérielle de phonèmes individuels, on ne mettait pas en doute que certains sons particuliers dans le signal sonore servaient d'indices pour l'identification des phonèmes. Ce dernier point de vue fut énoncé explicitement par Jakobson, Fant et Halle (1952), qui élaborèrent un système universel de traits acoustiques distinctifs permettant de décrire les phonèmes particuliers à chaque langue.

Cette conception de la parole comme se composant d'ensembles de traits acoustiques correspondant à des phonèmes individuels fut sérieusement mise en doute par les chercheurs des laboratoires Haskins. Ceux-ci eurent recours à la parole produite synthétiquement afin d'investiguer le rôle de certains éléments stimuli individuels dans la perception de la parole (voir Liberman, Cooper, Shankweiler et Studdert-Kennedy, 1967, pour un compte rendu de ces expériences). La conclusion de leurs recherches fut que les indices servant à l'identification de phonèmes individuels varient selon le contexte. En d'autres termes, les indices conduisant à l'identification d'un phonème particulier seront différents en des contextes différents. Liberman, Delattre et Cooper (1952) démontrèrent ainsi, dans une expérience classique, qu'une

---

2.   Nous entendons par phonème un ensemble de phones (ce qu'on appelle les allophones) auxquels sont imposées diverses contraintes, ce qui peut inclure l'invariance articulatoire, mais non l'invariance acoustique. L'usage que nous faisons du terme phonème correspond à celui de Liberman, Cooper, Shankweiler et Studdert-Kennedy (1967), qui définissent le phonème comme «le plus court segment capable de créer une différence significative entre des énoncés» (Remarque 4, p. 431). Dans cet article, les termes de «phonème» et de «segment phonétique» sont interchangeables. Tel qu'on l'utilise ici, le phonème correspond approximativement au «phone» en phonologie générative – le segment de langue se rapprochant le plus de la réalisation physique de l'énoncé.

explosion de bruit produite synthétiquement à 1800 Hz était perçue comme un /p/ devant /i/, comme un /k/ devant /a/ et comme un /p/ devant /u/.

Les recherches sur les glissades de fréquence qui se produisent entre segments phonétiques adjacents ont largement contribué à renforcer l'hypothèse selon laquelle l'identification des consonnes dépendait de quelque relation complexe entre consonnes et voyelles. Ces glissades de fréquence, appelées aussi transitions vocaliques ou simplement transitions, se produisent lorsqu'il y a passage d'un lieu d'articulation à un autre dans la cavité vocale. La transition d'un phonème à un autre est évidemment déterminée par le lieu d'articulation des deux phonèmes. Les transitions nous renseignent donc simultanément sur les lieux d'articulation respectifs de segments phonétiques adjacents.

Les auteurs ont beaucoup insisté sur l'importance des indices transitionnels : «La transition du second formant est un indice majeur pour toutes les consonnes excepté, peut-être, pour les fricatives /s/ et /sh/, et constitue probablement le porteur individuel d'information linguistique le plus important dans le signal sonore.» (Liberman *et al.*, 1967, p. 434.) Des recherches qu'ils conduisirent avec la parole synthétisée, Liberman *et al.* (1967) concluent : «Les indices acoustiques des phonèmes en succession sont à ce point interreliés dans le continuum sonore que les segments de sons définissables ne correspondent pas aux segments du niveau phonétique. De plus, un même phonème dans différents environnements est le plus souvent représenté par des sons tout à fait différents. En bref, il y a absence de correspondance marquée entre son et phonème perçu» (p. 432). Stevens et Halle (1967) ont formulé ce problème en termes légèrement différents : «nous sommes donc confrontés au problème suivant : bien que la parole puisse être décrite de manière très satisfaisante en termes de segments et traits, ces derniers semblent ne pas être directement présents dans le phénomène observable de la parole» (p. 90).

On a donc situé les traits phonémiques distinctifs non plus dans le signal sonore, mais à un niveau phonologique ou linguistique plus abstrait (Chomsky et Halle, 1968). Bien que certains chercheurs, tel Fant (1967), aient continué à soutenir l'hypothèse de l'existence de traits acoustiques distinctifs, les théories actuelles de perception du langage postulent que l'identification des phonèmes correspond à un processus abstrait de restructuration ou de recodage des phonèmes à partir du signal sonore (Liberman, 1970, Stevens et Halle, 1967).

Le présent article suggère une nouvelle théorie selon laquelle la perception de la parole implique l'identification simultanée d'au moins trois types d'indices qualitativement différents : des indices invariants, des indices transitionnels et des indices fournis par l'enveloppe acoustique. Nos observations démontrent que tous les phonèmes consonantiques sont accompagnés de traits acoustiques invariants qui servent à identifier une consonne comme appartenant à une paire ou à une classe de phonèmes, et que dans la majorité des cas, ces traits servent à identifier spécifiquement le phonème. Ces traits invariants relèvent principalement du domaine de la fréquence et nous renseignent sur l'identité de phonèmes individuels. Nous établissons également que les indices transitionnels, tels que les transitions vocaliques mentionnées plus haut, contribuent à l'identification de certains phonèmes. Le rôle principal de ces derniers indices, cependant, est de nous renseigner sur l'ordre temporel des segments phonétiques qui composent une syllabe. Les indices transitionnels aident en outre à maintenir l'intégrité perceptive du signal sonore, lequel est ainsi perçu comme un continuum homogène. Finalement, nous passons en revue les recherches qui démontrent que l'enveloppe acoustique véhicule une information significative sur les phonèmes individuels, de même que sur les traits prosodiques du langage (accent, intonation).

Dans la dernière partie de cet article, nous avancerons que ces différents types d'indices doivent être traités séparément, puisque les trois types d'indices fournissent des informations qui s'étalent sur différentes durées. Nous soutiendrons en outre que les indices invariants et transitionnels sont intégrés de telle sorte qu'ils constituent la base de notre perception des syllabes comme unités, et que les indices fournis par l'enveloppe acoustique sont responsables de l'intégration perceptive des syllabes en unités plus larges.

INDICES INVARIANTS ET TRANSITIONNELS
DANS LA PERCEPTION DE LA PAROLE

Dans cette section, nous examinerons la relation existant entre indices invariants et transitionnels dans la perception de phonèmes consonantiques. Les recherches auxquelles nous allons nous référer suggèrent que les indices invariants et les indices transitionnels soient traités au niveau de la syllabe et qu'ils apportent une information phonétique essentielle à l'identification des phonèmes consonantiques[3].

---

3. La discussion a été limitée principalement aux indices des phonèmes consonantiques. Nous verrons qu'il est évident que, dans bien des cas, la perception des phonèmes consonantiques dépend de l'interaction de phénomènes acoustiques au niveau syllabique. Nous discuterons dans le texte de l'apport de ces phénomènes à la perception. Toutefois, pour plus de clarté et de concision, nous n'avons pas examiné les indices d'identification des voyelles individuelles et des demi-voyelles (/l/, /r/, /w/ et /y/). On trouvera un bref compte rendu de littérature à ce sujet dans Stevens et House (1972).

Les indices invariants consistent en indices acoustiques qui accompagnent un phonème donné quel que soit son environnement vocalique. Un indice invariant est un trait acoustique qui est présent chaque fois qu'un phonème consonantique donné apparaît dans un énoncé et qui fournit de l'information sur l'identité phonétique de la consonne. Les indices transitionnels consistent en glissades de fréquence qui sont partie intégrante de la voyelle articulée avec la consonne. Les indices transitionnels sont généralement perçus comme appartenant à la fois à la consonne et à la voyelle; en d'autres termes, il s'étalent sur une portion importante de la syllabe CV ou VC. La propriété la plus remarquable des indices transitionnels est sans doute leur dépendance du contexte: la structure acoustique des transitions servant à identifier un phonème consonantique particulier est en effet déterminée par la voyelle qui accompagne le phonème.

Un phonème consonantique donné aura ainsi des transitions différentes selon qu'il est suivi de voyelles différentes. C'est ce qu'illustre la figure 1, où des spectrogrammes tracés à la main produisent /di/ et /du/ lorsqu'on les convertit en son. Les indices constitués par les deux bandes stables, ou formants, suffisent pour percevoir les voyelles /i/ et /u/. La transition ascendante précédant le premier (le plus bas) formant indique que le phonème consonantique appartient à la classe des occlusives voisées (Delattre, Liberman et Cooper, 1955). La transition du second formant permet d'identifier le lieu d'articulation de la consonne occlusive (et, par conséquent, de différencier /d/ de /b/ ou de /g/). On peut voir que la transition du second formant, qui sert d'indice pour le phonème /d/, est très différente devant /i/ et /u/.

L'examen des spectrogrammes de syllabes CV anglaises dans le langage réel, révèle qu'à peu d'exceptions près (sur lesquelles nous reviendrons), les syllabes CV comportent et des indices invariants et des indices transitionnels. En fait, les recherches passées en revue incitent à penser que **tous** les phonèmes consonantiques sont accompagnés de traits invariants. Dans certains cas, l'information invariante permet à elle seule d'identifier la consonne en cause; dans d'autres cas, les traits invariants restreignent la perception à une paire ou un triplet de phonèmes possibles. Il est également important de remarquer que chaque syllabe CV présente des traits invariants. Les transitions, tout comme les indices invariants, suffisent dans certains cas à identifier le phonème consonantique, mais ne fournissent, dans d'autres cas, aucune information importante sur l'identité du phonème.

Phonèmes identifiés par des indices invariants

Les fricatives /s/, /z/, /sh/ et /zh/ et les affriquées /ch/ et /j/ se caractérisent toutes par une énergie produisant un bruit ou une friction à certaines fré-

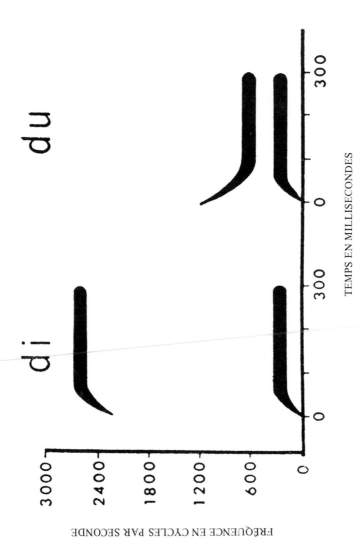

Figure 1 – Spectrogrammes tracés à la main illustrant les différentes transitions vocaliques suffisantes pour produire un /d/ devant /i/ et /u/. (La fréquence est en cycles par seconde et le temps est mesuré en milli-secondes. Tiré de A.M. Liberman, F.S. Cooper, D.P. Shankweiler et M. Studdert-Kennedy, *Psychological Review*, 1967, 74 : 431-461. Reproduit avec l'autorisation de l'American Psychological Association.)

quences spécifiques. Les spectrogrammes de ces phonèmes (figure 2) révèlent que chacun d'eux est accompagné d'une combinaison unique de traits acoustiques. Les indices les plus importants pour la perception des fricatives sont probablement l'amplitude de la distribution spectrale du bruit qui accompagne la consonne. (Heinz et Stevens, 1961; Hughes et Halle, 1956; Strevens, 1960). Ainsi, l'amplitude du bruit permet de différencier /f/ et /θ/ de /s/ et /z/, alors que la fréquence du bruit permet de distinguer /s/ et /z/ de /sh/ et /zh/.

Les affriquées /ch/ et /j/ se distinguent des fricatives /s/, /z/, /sh/ et /zh/ par la brève fermeture du conduit vocal qui précède le relâchement de la consonne affriquée. Cette fermeture entraîne une période de silence relatif sur tout le spectre d'énergie et dure au moins 10 millisecondes (ms). Cette période de silence permet de différencier les affriquées (et les consonnes occlusives) de toutes les autres consonnes.

Lorsqu'un seul mot est prononcé, tel «*shoot*», «*charge*» ou «*jump*», l'indice de fermeture ne peut être utilisé pour discriminer /sh/ et /ch/ ou /j/, puisque dans ce cas chaque phonème est précédé par un silence. Comme on peut le voir à la figure 3, cependant, /sha/, /cha/ et /ja/ diffèrent également quant à la durée du bruit consonantique. On peut le démontrer en retranchant des segments de 10 ms au début de l'attaque de /sha/ : les auditeurs entendent d'abord /cha/, puis /ja/ et finalement /da/ (Huntington et Miller, 1972; Scott, 1971). /j/ se distingue en outre de /sh/ et /ch/ par la présence de voisement et par une attaque plus soudaine. Une variété de traits acoustiques — durée, silence, soudaineté de l'attaque et voisement — permettent aussi à l'auditeur de discriminer /sh/, /ch/ et /j/.

Les phonèmes /s/ et /z/ se différencient des phonèmes /sh/ et /zh/ par la fréquence du bruit consonantique : /s/ et /z/ présentent une bande de fréquence constamment plus élevée que /s/ et /sh/ (Heinz et Stevens, 1961; Hughes et Halle, 1956). La différence qui existe entre /s/ et /z/ et entre /sh/ et /zh/ tient surtout au voisement — /z/ et /zh/ s'accompagnent généralement d'une forte émission d'énergie à environ 700 Hz, causée par un mouvement des cordes vocales qu'on n'observe jamais lors de la production des fricatives sourdes /s/ et /sh/. L'intensité et la durée du bruit peuvent également servir à distinguer le /s/ du /z/ (Denes, 1955).

Les figures 2 et 3 illustrent un autre fait intéressant : les phonèmes consonantiques /s/, /z/, /sh/, /zh/, /ch/ et /j/ sont suivis de transitions vers les formants vocaliques stables. Ces glissades de fréquence (ou transitions), sont très visibles pour chaque phonème (figures 2 et 3), après le bruit consonantique et juste avant les formants vocaliques stables. Puisque le lieu d'articulation pour

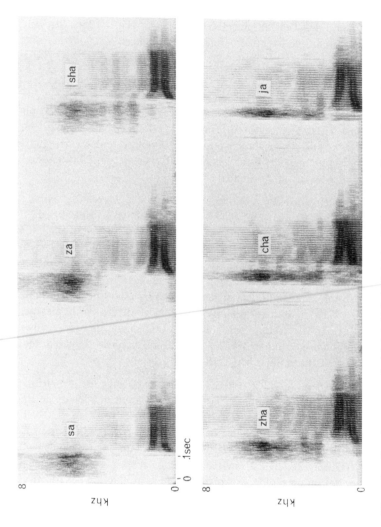

Figure 2 – Spectrogrammes de /s/, /z/, /sh/, /zh/, /ch/ et /j/ devant /a/. (Les différences s'observent dans la distribution spectrale, l'amplitude et la soudaineté d'attaque du bruit consonantique. On peut voir aussi la présence ou l'absence de voisement à basse fréquence. La fréquence est en kilohertz et le temps est en secondes.)

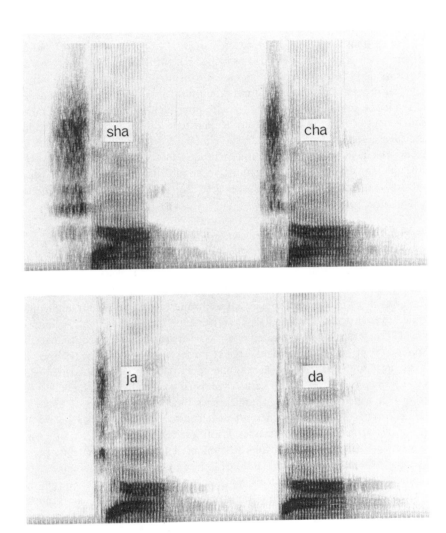

Figure 3 – Spectrogrammes de /sha/, /cha/, /ja/ et /da/. (L'énergie à haute fréquence en initiale est un indice invariant pour chaque consonne. Lorsque cette énergie est supprimée par découpage de bande et que les transitions qu'on voit au début de la résonance vocalique subsistent, les sujets perçoivent un /da/.)

chacun de ces phonèmes est à peu près identique, la transition vers la voyelle /a/ est sensiblement la même pour chaque phonème.

Les transitions qui accompagnent /s/, /z/, /sh/, /zh/, /ch/ et /j/ aident à situer le lieu d'articulation de la consonne. L'identification de ces transitions au cours de la perception de la parole est sans doute une conséquence naturelle du processus perceptif, l'information fournie par la portion invariante de la syllabe se révélant cependant suffisante pour identifier chacune de ces consonnes. Les transitions vocaliques n'apportent donc aucune information **indispensable** à l'identification de ces phonèmes. Harris (1958) a, en effet, démontré que lorsque le bruit consonantique initial des phonèmes /s/, /z/, /sh/ ou /zh/ était suivi de transitions vocaliques inappropriées (qu'on peut introduire par collage de bande), la perception du phonème consonantique n'était aucunement affectée.

Phonèmes identifiés par des indices invariants et transitionnels

La perception des phonèmes /f/, /θ/, /v/, /ð/, /m/ et /n/ requiert l'identification simultanée d'indices invariants et transitionnels. La figure 4 illustre la relation existant entre ces deux types d'indices, pour chacun de ces phonèmes. Les deux phonèmes apparaissant à chaque rangée présentent les mêmes traits invariants. Les fricatives /f/ et /θ/ (comme dans «*thin*») sont accompagnées d'un bruit à basse amplitude et haute fréquence. Leurs contre-parties voisées /v/ et /ð/ (comme dans «*this*») présentent, outre le même bruit à basse amplitude et haute fréquence, une composante voisée à basse fréquence. Les nasales /m/ et /n/ se caractérisent par une seule bande d'énergie de résonance à basse fréquence et par l'absence totale d'énergie à haute fréquence. Les traits invariants permettent de distinguer les paires /f-θ/, /v-ð/ et /m-n/ des autres paires de phonèmes. L'information fournie par les transitions C-V est nécessaire pour pouvoir discriminer les membres de chaque paire (Harris, 1958 ; Malécot, 1956). Comme le montre la figure 4, le premier phonème de chaque paire est articulé à l'avant de la bouche et s'accompagne au niveau du second formant d'une transition ascendante vers le /a/, alors que le second phonème de chaque paire est articulé plus près du centre et s'accompagne d'une transition descendante au niveau du second formant.

Consonnes occlusives

Les consonnes occlusives constituent, du point de vue acoustique comme du point de vue psychologique, la classe de phonèmes la plus intéressante. Étant donné le grand nombre de recherches effectuées sur les consonnes occlusives et les conclusions théoriques qu'on en a tirées, nous allons examiner en détail les indices servant à l'identification des consonnes occlusives.

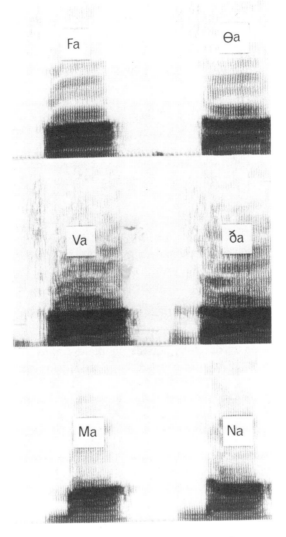

Figure 4 – Spectrogrammes illustrant l'interaction complexe entre les indices invariants et de transition. (Les deux syllabes de chaque rangée ont en commun des indices invariants qui distinguent les deux phonèmes consonantiques de toutes les autres consonnes de l'anglais. Par exemple, /fa/ et /θa/ contiennent un bruit de basse amplitude et haute fréquence, /va/ et /ða/ contiennent aussi ce bruit avec, en plus, une composante voisée, tandis que /ma/ et /na/ s'accompagnent d'une seule bande d'énergie de résonance à basse fréquence. Les deux syllabes de chaque rangée se différencient par rapport au lieu d'articulation, lequel correspond à la courbe de la transition au niveau du second formant. La transition du second formant est ascendante dans les syllabes à gauche et descendante dans les syllabes à droite.)

Caractéristiques générales. Le silence est l'indice qui contribue le plus à la discrimination, dans un énoncé, des consonnes occlusives relativement aux autres phonèmes consonantiques. Les consonnes occlusives sont en effet toujours précédées d'un intervalle de fermeture avant le relâchement de la consonne, et bien que dans certains environnements le voisement se prolonge parfois durant cet intervalle, il y a une période de silence relatif pendant tout le reste du spectre d'énergie, qui dure au moins 10-12 ms. Cet intervalle silencieux est essentiel à l'identification de la consonne occlusive; sans cette période de silence, la consonne ne pourrait être perçue (Halle, Hughes et Radley, 1957).

Lorsqu'une consonne occlusive est produite devant une voyelle, dans une monosyllabe, un certain nombre de variables acoustiques deviennent immédiatement évidentes, comme dans la figure 5. Le relâchement de la consonne s'accompagne d'une explosion qui dure de 5 à 12 ms et qui peut être concentré dans un domaine de fréquence donné. Dans le cas des occlusives voisées /b, d, g/ l'explosion est parfois suivie d'un bref intervalle ouvert (5-25 ms), lequel est très bref pour /b/, moins bref pour /d/ et plus long pour /g/ (Fischer-Jörgensen, 1954, 1972). Dans le cas des occlusives sourdes, /p, t, k/, l'explosion est suivie d'une période d'aspiration plus longue (semblable au bruit d'aspiration du /h/) pouvant durer, en certains cas, jusqu'à 80 ms. Il y a très peu de transition vocalique après /p/, /t/ ou /k/, puisque presque tout le mouvement de l'appareil vocal vers la voyelle se produit durant la période d'aspiration. Il est cependant possible d'observer des transitions durant la portion aspirée de l'occlusive sourde, devant certaines voyelles.

Les consonnes occlusives peuvent être regroupées selon leur mode et leur lieu d'articulation, comme l'illustre le tableau I. Nous examinerons tour à tour, les indices qui servent à reconnaître le mode et le lieu d'articulation des consonnes occlusives.

TABLEAU I
Consonnes occlusives groupées selon le mode et le lieu d'articulation

Mode d'articulation	Lieu d'articulation		
	Antérieur (bilabial)	Palatal (alvéopalatal)	Postérieur (vélaire)
Voisé	/b/	/d/	/g/
Non voisé	/p/	/t/	/k/

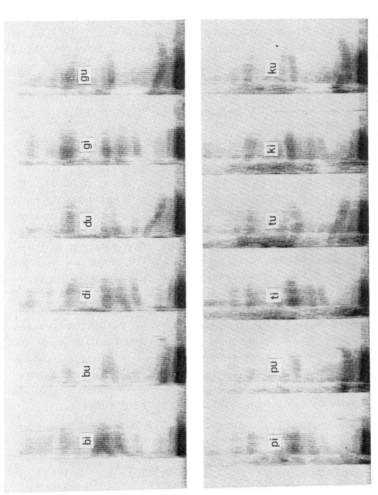

269

Figure 5 — Spectrogrammes d'échantillons parlés des consonnes occlusives voisées (en haut) et sourdes (en bas) devant /i/ et /u/. (La barre verticale au début de chaque consonne indique le début abrupt de l'explosion occlusive. La distribution de fréquence de l'explosion pour chaque occlusive est à remarquer.)

Mode d'articulation – occlusives voisées et occlusives sourdes. Lisker et Abramson (1964, 1967) ont analysé en détail la distinction existant entre les occlusives voisées /b/, /d/ et /g/ et les occlusives sourdes /p/, /t/ et /k/. Ils ont démontré que la durée de l'intervalle qui sépare le début de l'explosion occlusive du voisement permettait de discriminer efficacement les occlusives voisées et sourdes. Lisker et Abramson (1964), par exemple, rapportent comme durée du début du voisement les valeurs suivantes pour les occlusives anglaises en position initiale, dans des mots isolés et dans de courtes phrases (en millisecondes): /b/ - 1, /d/ - 5, /g/ - 20, /p/ - 58, /t/ - 70 et /k/ - 80. Il est aisé de constater, à la lecture de ces valeurs, que l'intervalle précédant le début du voisement est plus long pour les occlusives sourdes /p/, /t/ et /k/ que pour les occlusives voisées /b/, /d/ et /g/, et que cet intervalle s'accroît pour chaque classe de phonèmes, à mesure que le lieu d'articulation se déplace de l'avant vers l'arrière de la cavité vocale.

On a trouvé que, dans le discours courant, les valeurs pour la durée de l'intervalle précédant le voisement étaient plus concentrées que dans des mots isolés et de courtes phrases, à la fois pour les occlusives voisées et pour les occlusives sourdes, et que la distinction entre les deux classes de phonèmes était généralement moins marquée. Cependant, la durée moyenne de l'intervalle était toujours plus importante pour les occlusives sourdes que pour les occlusives voisées et elle croissait à mesure que le lieu d'articulation se déplaçait de l'avant vers l'arrière. La durée de l'intervalle pour /p/, /t/ et /k/ était plus longue en syllabe accentuée que non accentuée, si bien que la distinction entre les sourdes et les voisées était plus marquée en syllabe accentuée. Les valeurs correspondant à la durée de l'intervalle précédant le voisement n'étaient nullement affectées par la position de la consonne dans l'énoncé. En résumé, les mesures acoustiques démontrent que la durée de l'intervalle séparant le début de l'explosion occlusive du voisement, constitue un indice sûr du mode d'articulation des consonnes occlusives en position initiale.

Des tests de perception utilisant la parole naturelle et synthétisée ont également fait ressortir l'importance de la durée de cet intervalle pour la discrimination des catégories voisée et sourde (Abramson et Lisker, 1973, Liberman, Delattre & Cooper, 1958; Lisker & Abramson, 1965). Eimas, Siqueland, Jusczyk et Vigorito (1971) ont par ailleurs démontré, dans une expérience importante, que les réactions de nouveau-nés à différentes durées d'intervalle suivaient un mode catégoriel, ce qui suggère que la classification des consonnes occlusives selon la dimension voisée/sourde correspondrait à une propriété innée du système perceptif humain.

Ces divers résultats portent à croire que la durée de l'intervalle précédant le voisement constitue un indice efficace du mode d'articulation des consonnes occlusives anglaises, lorsque celles-ci sont fortement aspirées. Selon Block et Trager (1942), cette aspiration se produit a) en position initiale devant une voyelle (*pin, tin, kin*); b) en position médiane devant une voyelle accentuée (*appeal, attack, vacation*) et c) en position médiane après toute consonne, à l'exception de /s/.

En position médiane devant une voyelle non accentuée et en position finale, lorsque l'occlusive n'est pas relâchée, d'autres indices assurent la distinction voisée/sourde. En position médiane, les occlusives voisées sont parfois accompagnées d'harmoniques à basse fréquence (voisement) qui s'étendent sur tout l'intervalle de fermeture. Les occlusives sourdes par contre, ne présentent jamais de telles harmoniques. Lisker (1957) a démontré que la durée de l'intervalle de fermeture, en position médiane devant une voyelle non accentuée, suffisait à distinguer les occlusives voisées des occlusives sourdes. Lisker a pu transformer «*ruby*» en «*rupee*» simplement en allongeant la durée de l'intervalle silencieux qui précède le relâchement de l'occlusive. En position finale, lorsque l'occlusive est relâchée (*i. e.* accompagnée d'une explosion, comme dans «*task*», et quelquefois après une voyelle), le relâchement suffit à discriminer les occlusives voisées et sourdes : «Il est clair que le relâchement dans /ptk/ joue un rôle majeur dans la transmission du mode d'articulation, et que le fait que la portion non relâchée de /ptk/ soit minime tandis que celle de /bdg/ est assez importante, suffit en soi à identifier le mode.» (Malécot, 1958, p. 379.) Lorsqu'une consonne occlusive est produite en position finale et n'est pas relâchée, la distinction voisée/sourde dépend de la durée de la voyelle précédant l'occlusive (House & Fairbanks, 1953). Le mode d'articulation des consonnes occlusives est ainsi indiqué par un trait acoustique donné (début du voisement, voisement, durée de fermeture, durée de la voyelle ou relâchement) dans un contexte donné. Si l'indice du mode d'articulation de la consonne occlusive varie selon la position de la syllabe ou l'accentuation de la voyelle qui accompagne l'occlusive, l'indice particulier qui permet de distinguer les consonnes voisées des consonnes sourdes demeure cependant le même dans différents environnements vocaliques, pour chaque position de la syllabe ou chaque cas d'accentuation.

Lieu d'articulation. Nombre de chercheurs se sont penchés avec attention sur les spectrogrammes des consonnes occlusives. Fischer-Jörgensen (1954), entre autres, a analysé 1368 spectrogrammes des consonnes occlusives danoises /b/, /d/, /g/, /p/, /t/ et /k/ devant différentes voyelles et elle a découvert des différences très nettes dans les spectres d'énergie de ces consonnes, qui sont fonction du lieu d'articulation. Pour les occlusives voisées, /d/ avait régulièrement la durée d'explosion la plus longue, /b/, la durée d'explosion la plus courte et /d/, une durée d'explosion intermédiaire. La durée de l'intervalle ouvert (silence relatif) qui suit l'explosion était également plus longue pour /g/ que pour /d/ ou /b/. Fisher-Jörgensen en conclut que /p/, /b/, /d/ et /t/ sont accompagnés de spectres d'énergie caractéristiques, alors que l'explosion et/ou l'aspiration du /k/ et du /g/ sont davantage influencées par les voyelles adjacentes. Halle *et al.* (1957) firent sensiblement les mêmes observations et rapportent que : «La principale concentration d'énergie des occlusives labiales /p/ et /b/ se produit dans les basses fréquences (500-1500 cycles/s). Les occlusives postdentales /t/ et /d/ ont un spectre plat, ou bien un spectre où prédominent les fréquences plus hautes (au-dessus de 400 cycles/s), avec une concentration d'énergie dans la zone des 500 cycles/s. Les occlusives palatales et vélaires /k/ et /g/ ont de fortes concentrations d'énergie dans la zone des fréquences intermédiaires (1500-4000 cycles/s).» (P. 108.)

Les chercheurs des laboratoires Haskins se sont servis d'un synthétiseur de parole afin d'examiner le rôle de certains traits acoustiques dans la perception des consonnes occlusives. Lors d'une expérience fameuse, Liberman *et al.* (1952) analysèrent la contribution d'un seul indice, à savoir la fréquence de l'explosion, à l'identification des occlusives sourdes, /p/, /t/ et /k/. Ils présentèrent aux auditeurs des explosions de 15 ms à différentes fréquences, devant différentes voyelles. Les explosions à plus de 3400 Hz étaient perçues comme /t/ devant toutes les voyelles et les explosions à très basse fréquence (360 Hz) comme /p/ devant toutes les voyelles. Les explosions à fréquence moyenne, par contre, étaient perçues comme /p/ ou /k/, selon la voyelle qui suivait. En ce qui concerne les consonnes sourdes, donc, la fréquence de l'explosion se révèle suffisante pour la perception de /p/ ou /t/ (en l'absence d'autres indices acoustiques), mais non pour la perception de /k/. Schatz (1954), utilisant des explosions de /k/ extraites d'un énoncé naturel, confirma la nature instable de la portion explosive du /k/. Étant donné que l'explosion est essentiellement la même pour les occlusives voisées et sourdes produites à un même lieu d'articulation (*i. e.*, pour les paires homorganiques /b-p/, /d-t/ et /g-k/, Fischer-Jörgensen, 1972, p. 121), il est probable que la fréquence de l'explosion puisse également servir à identifier /b/ et /d/ en position initiale.

Winitz, Scheib et Reeds (1972) retranchèrent dans des énoncés de conversation l'explosion et l'aspiration de /p/, /t/ et /k/ devant ou après les voyelles /i/, /a/ et /u/, et demandèrent à des auditeurs d'identifier les segments ainsi isolés. Ceux-ci furent correctement identifiés le plus souvent de façon non aléatoire (la moyenne était de 70% pour toutes les conditions) en positions initiale et finale. Seules l'explosion et l'aspiration du /k/ devant ou après /i/ furent constamment identifiés de façon incorrecte. Winitz *et al.* observèrent en outre «plusieurs exemples de fréquences d'explosion non ambiguës pour la consonne occlusive» (p. 1317). Il faut cependant noter que la justesse de l'identification des consonnes occlusives produites dans certains environnements vocaliques était plus grande lorsque l'explosion était suivie d'une voyelle durant 100 ms. Malécot (1958) a étudié le rôle des relâchements dans l'identification des occlusives relâchées en finale. Les relâchements présentés isolément furent correctement identifiés dans 83% des cas lorsqu'il s'agissait d'occlusives voisées et dans 80% des cas lorsqu'il s'agissait d'occlusives sourdes (probabilité d'identification aléatoire = 33%).

Liberman, Delattre, Cooper et Gerstman (1954) furent les premiers à examiner la contribution des transitions vocaliques à la perception des consonnes occlusives. Les résultats de cette expérience, dans laquelle ils utilisèrent de la parole synthétisée, ont révélé que la transition du second formant suffit à indiquer le lieu d'articulation des consonnes occlusives devant la plupart des voyelles.

Delattre *et al.* (1955) soutiennent que: «Les transitions du deuxième formant correspondent assez directement aux mouvements articulatoires **à partir du** lieu de production de la consonne **jusqu'à** la position de la voyelle suivante. Puisque le lieu d'articulation pour la production de chaque consonne est fixé en majeure partie, on pourrait s'attendre à ce qu'il existe une position de fréquence fixe correspondante, ou «locus», pour le deuxième formant; nous pourrions alors décrire simplement les diverses transitions du second formant simplement comme des mouvements originant de ce locus acoustique jusqu'au niveau stable de la voyelle, où que cela soit.» (P. 769.) La figure 6 présente le locus de chaque occlusive. Le locus survient à 720 Hz pour /b/ et à 1 800 Hz pour /d/. Pour /g/, le locus survient à près de 3000 Hz devant /i/, /e/, /ɛ/ et /a/ et à des fréquences légèrement plus élevées que le second formant devant /ɔ/, /o/ et /u/. Ce changement dans le locus du second formant de la transition de /g/ est dû au déplacement du lieu d'articulation de cette occlusive devant les voyelles antérieures et postérieures (Halle *et al.*, 1957). On doit également noter que la transition du second formant ne débute pas au locus comme tel, mais tend plutôt dans sa direction. Cela est dû au fait que la vocalisation ne se produit habituellement pas au moment exact où l'occlusive est relâchée, mais plutôt lorsque l'appareil vocal accomplit la transition vers la voyelle.

Les expériences avec la parole synthétisée ont ainsi démontré que la fréquence à laquelle a lieu l'explosion et les transitions du second formant vocalique, servent d'indices du lieu d'articulation de la consonne occlusive. Aucun de ces deux indices, cependant, ne donne suffisamment d'information pour l'identification complète des consonnes occlusives dans tous les envi-

274

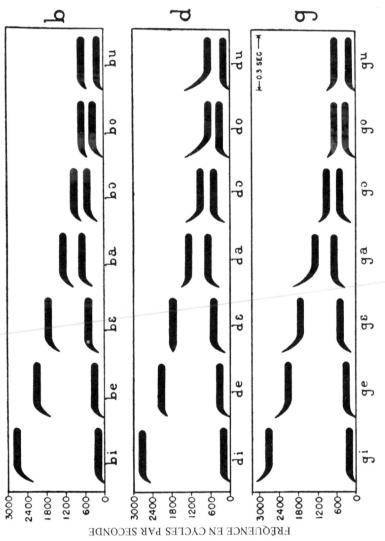

Figure 6 – Spectrogrammes de parole synthétisée montrant les transitions du second formant qui produisent les occlusives voisées devant diverses voyelles. (La fréquence est en cycles par seconde et le temps est en secondes. Tiré de «Acoustic Loci and Transitional Cues for Consonant», par P.C. Delattre, A.M. Liberman et F.S. Cooper, *Journal of the Acoustical Society of America*, 1955, 27: 769-773. Reproduit avec l'autorisation de l'Acoustical Society of America.)

ronnements vocaliques. Il est important de souligner que dans le discours naturel, les transitions vocaliques constituent dans certains cas le seul indice d'identification du lieu d'articulation de l'occlusive : par exemple, en position finale non relâchée, ou en position médiane dans une syllabe non accentuée. Les transitions vocaliques peuvent donc, lorsque accompagnées des indices du mode appropriés, fournir une information phonétique importante sur les consonnes occlusives.

Fisher-Jörgensen (1972) a examiné, dans une série d'expériences avec collage de bandes, la contribution relative de l'explosion, de l'aspiration et des transitions vocaliques, à la perception des occlusives danoises /b/, /d/, /g/, /p/, /t/ et /k/ en position initiale. Les manipulations effectuées comprennent le retranchement de l'explosion, de l'aspiration ou des transitions vocaliques de la syllabe originale, et l'apposition l'un à l'autre des indices individuels en arrangements contradictoires par la transposition de portions de syllabes sur bande enregistrée. Les stimuli ainsi construits furent identifiés par un groupe d'auditeurs naïfs. Les résultats de ces expériences démontrèrent que tous les traits acoustiques examinés contribuaient à la perception des occlusives. De plus, l'importance relative des différents indices changeait en fonction de l'environnement, de sorte que «les explosions sont plus importantes devant /i/ et /u/, alors que devant /a/ ce sont les transitions» (p. 162). Les conclusions qu'établit Fischer-Jörgensen à la suite de ses expériences avec collage de bandes sont particulièrement intéressantes dans le présent contexte :

L'importance de l'explosion initiale devant /i/ et /u/ que nous avons constatée dans cette étude a aussi un certain intérêt pour la théorie générale de la perception de la parole. Liberman a insisté à plusieurs occasions (par ex., 1970) sur le fait que la parole est caractérisée par une transmission parallèle et enchevauchée d'indices (puisque les transitions contiennent de l'information sur les consonnes et les voyelles à la fois) et que l'aspect saillant de la perception de la parole est, par conséquent, le décodage de ces indices imbriqués. Il fait une exception pour les fricatives (l'interchangeabilité du /f/ et du /s/ devant /i/, /a/ et /u/ en danois montre aussi que seul le bruit de friction est décisif ici), mais il aurait pu faire une exception également pour certaines combinaisons d'occlusives et de voyelles. Les exemples les plus fréquemment cités par Liberman sont /b æ g/ et les syllabes /di/ et /du/. /b æ g/ est effectivement un bon exemple, mais il est remarquable que la transition /di/ en danois parlé ne me semble avoir aucune importance pour la perception. On ne peut pas nier qu'on trouve très souvent des indices imbriqués dans la parole et c'est le mérite du groupe de Haskin d'avoir démontré ce phénomène, mais son rôle dans la perception du discours naturel semble avoir été quelque peu exagéré. (P. 164.)

Degré d'invariance des occlusives.   La plupart des expériences rapportées jusqu'ici ont porté sur le rôle de traits acoustiques isolés, dans la perception des
consonnes occlusives. Cette approche tend à dissimuler le fait que les consonnes occlusives sont accompagnées d'un agrégat de traits qui constituent possiblement un ensemble invariant. Fant (1967, p. 124) a soutenu que «les traits
distinctifs du lieu d'articulation palatal des consonnes occlusives doivent
être définis comme l'intégration de différents indices fusionnant en une configuration spectrale homogène...» C'est ce type de configuration acoustique
globale qui subit des distorsions dans les expériences portant sur des traits
acoustiques isolés, tels que les transitions vocaliques, l'explosion ou l'aspiration.

Harris (1953) analysa d'abord la question de l'invariance des phonèmes
consonantiques en transportant au complet le spectre d'énergie d'une consonne, d'une voyelle à une autre. Harris retranchait le bruit consonantique
devant une voyelle et l'accolait à une autre voyelle dont la consonne avait
déjà été retranchée. Les occlusives furent correctement identifiées dans les
pourcentages suivants: /b/ - 87%, /d/ - 78%, /g/ - 78%, /p/ - 33%, /t/ - 95%,
/k/ - 80%. Bien que le /p/ n'ait été correctement identifiée que dans 33%
des cas (probabilité d'identification aléatoire = 5%), il fut aussi le plus souvent incorrectement identifié dans les syllabes non altérées. Harris conclut
qu'«un nombre étonnamment grand de [...] sons consonantiques étaient
correctement identifiés dans un pourcentage élevé de cas» (p. 969).

Une étude réalisée à notre laboratoire avec la technique de collage de
bandes utilisée par Harris, appuie également l'hypothèse de l'existence d'invariants acoustiques pour les consonnes occlusives en position initiale (Cole et
Scott, 1974). Dans cette expérience, on repéra d'abord le début de l'explosion occlusive pour chaque consonne occlusive et l'énergie produite entre
le début de cette explosion et le début des transitions vocaliques fut ensuite
effacée du signal acoustique. Dans les syllabes de contrôle, le bruit consonantique était juxtaposé de nouveau à sa voyelle initiale − /i/ ou /u/ −, après que
les transitions vocaliques aient été éliminées par le retranchement de 50 ms
de voyelle. Dans les syllabes faisant l'objet de l'expérience, le bruit consonantique était transposé entre les voyelles /i/ et /u/ sans transitions. Les figures
7 et 8 offrent des exemples de syllabes expérimentales et de contrôle, pour
chacune des consonnes occlusives. Les résultats du test d'identification, présentés dans le tableau II, révèlent que /b/, /d/, /p/ et /t/ sont correctement
identifiés lorsque la consonne est transposée entre /i/ et /u/. Seul le /g/
transposé entre /i/ et /u/ est incorrectement identifié.

Les résultats d'expériences avec des stimuli linguistiques naturels suggèrent que le groupe de traits acoustiques qui accompagnent les consonnes

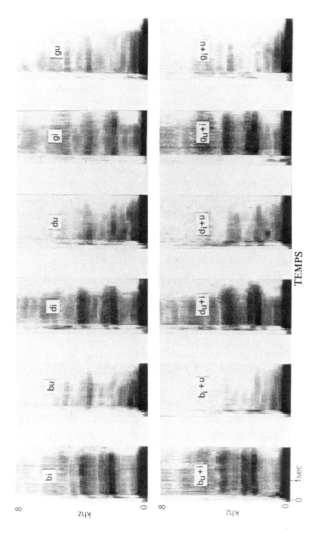

TEMPS

Figure 7 – Spectrogrammes d'occlusives voisées comprenant l'explosion et la voyelle sans transition. (Les stimuli dans la rangée du haut consistent en syllabes dont on a extrait les transitions vocaliques et où l'on a ensuite juxtaposé l'explosion de l'occlusive à la voyelle sans transition qui restait. Remarquons l'absence de transition au début de la voyelle en comparaison des syllabes de la figure 5. Dans les syllabes de la rangée du bas, l'explosion de l'occlusive a été transposée entre un /i/ et un /u/ réalisés sans transition. La fréquence est en kilohertz et le temps est en secondes. Tiré de «The Phantom in the Phoneme: Invariant Characteristics of Stop Consonants», de Ronald A. Cole et Brian Scott, *Perception and Psychophysics*, 1974, 15 : 101-107. Reproduit avec l'autorisation de la Psychonomic Society.)

occlusives en position initiale forment des configurations d'énergie invariantes — du moins pour /b/, /d/, /p/, /t/ et /k/. Lorsque la consonne occlusive
n'est pas relâchée, comme c'est le cas en position médiane dans une syllabe
non accentuée ou dans certaines syllabes finales, l'identification du lieu d'articulation de la consonne dépend alors des transitions aux voyelles adjacentes.

TABLEAU II

Pourcentage d'identification correcte des consonnes transposées

Condition	/b/	/d/	/g/	/p/	/t/	/k/
Contrôle						
/i/	99	100	98	100	99	99
/u/	100	100	100	99	99	99
Transposée						
/i/	96	92	82	98	97	98
/u/	94	99	21	98	89	54

Note: Les consonnes transposées précédant /i/ ont été retranchées d'une bande sur laquelle elles précédaient /u/, et vice-versa. Ces données proviennent de
Cole et Scott, 1974.

Il ressort de la revue des recherches sur les consonnes occlusives que le
mode d'articulation est établi par des indices invariants, tandis que la perception du lieu d'articulation repose sur un ensemble d'indices qui forment des
patrons invariants pour /b/, /d/, /p/, /t/ et /k/, en position initiale, devant une
voyelle en syllabe accentuée et en position finale lorsqu'il y a relâchement,
ainsi que sur des indices transitionnels dans les autres environnements. Il est
clair que la perception des consonnes occlusives nécessite l'intégration à la
fois d'indices invariants et d'indices transitionnels.

Contribution des indices à la perception de la parole

Les recherches passées en revue jusqu'à présent justifient les conclusions suivantes sur les phonèmes consonantiques: a) chacun des phonèmes /s/, /z/,
/sh/, /zh/, /ch/ et /j/ est caractérisé par une configuration invariante de traits
acoustiques; b) les auditeurs peuvent distinguer les paires /m - n/, /f - θ/ et
/v - ð/ de tous les autres phonèmes consonantiques en se fondant sur des
traits invariants, mais des indices transitionnels se révèlent nécessaires pour la

discrimination des membres de chaque paire ; c) des indices invariants transmettent la distinction entre occlusives sourdes et voisées, cependant que la
reconnaissance d'une consonne occlusive particulière exige qu'on ait recours
à des indices invariants ou transitionnels, selon la position de la consonne
dans la syllabe et la position de la syllabe dans l'énoncé.

On peut démontrer le rôle des indices invariants dans la perception de
la parole en construisant des énoncés ne contenant que les phonèmes consonantiques qui sont indiqués par des traits invariants. /s/, /z/, /sh/, /zh/, /ch/ et
/j/ sont ainsi laissés tels quels dans l'énoncé, puisqu'ils sont accompagnés d'indices invariants. Les paires de phonèmes dont la reconnaissance dépend de
l'identification d'indices transitionnels sont amalgamés en un seul phonème.
Aussi, chaque fois que /n/, /θ/ ou /ð/ apparaissent, ils sont remplacés respectivement par /m/, /f/ et /v/. (Le choix du premier membre de chaque paire
se justifie par le fait que les auditeurs perçoivent toujours /m/, /f/ ou /v/ lorsque les transitions sont retranchées des syllabes comprenant /n/, /θ/ ou /ð/.)
Les consonnes occlusives produites en position initiale sont laissées intactes
à l'exception de /g/ qui est remplacé par /b/ chaque fois qu'il apparaît (décision fondée sur les erreurs de substitution observées pour /g/ par Cole et
Scott, 1974). Dans n'importe quelle autre position, toute occlusive voisée est
remplacée arbitrairement par /d/ et toute occlusive non voisée, par /t/. Une
fois que les différentes substitutions ont été complétées et que le discours
ainsi construit est lu à haute voix, l'on obtient des énoncés ne comprenant
que les phonèmes consonantiques contenant des indices invariants. Remarquons qu'aucune transition n'a été retranchée des énoncés ; nous avons simplement éliminé suivant la procédure élaborée par Miller (1956), l'information phonétique fournie par les transitions intervenant dans la perception des
phonèmes consonantiques. Le passage suivant constitue un exemple de ce
que donnerait la lecture à haute voix d'un énoncé ainsi transformé : «*Vis
steech has beem altered so vat whem it is read out loud it contames omly vose
comsomants which are physitally presemt im va steech wave. Motice vat vis
steech is mot very difficult to umderstamd whem it it stotem at mormal
steed*[4].» Nous avons comparé la compréhension d'un discours normal à celle
d'un discours composé de phonèmes consonantiques contenant uniquement
des traits invariants. Au cours de cette expérience, 30 phrases de 7 ou 8 mots
furent choisies au hasard et enregistrées soit telles quelles, soit après modifi-

---

4.   Le passage non modifié se lirait comme suit : «*This speech has been altered so that
when it is read out loud it contains only those consonants which are physically
present in the speech wave. Notice that this speech is not very difficult to understand when it is spoken at normal speed.*» [N.d.t.]

280

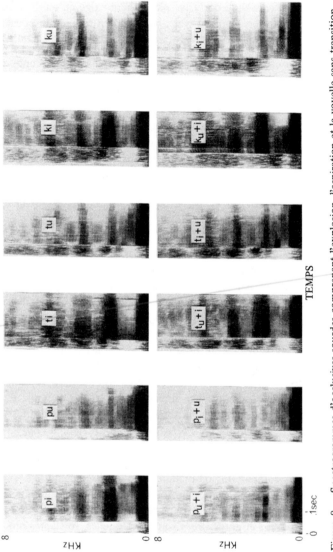

TEMPS

Figure 8 – Spectrogrammes d'occlusives sourdes comprenant l'explosion, l'aspiration et la voyelle sans transition. (Dans la rangée du bas, l'explosion et l'aspiration ont été transposées entre /i/ et /u/. Tiré de «The Phantom in the Phoneme: Invariant Characteristics of Stop Consonants», par Ronald A. Cole et Brian Scott, *Perception and Psychophysics*, 1974, 15: 101-107. Reproduit avec l'autorisation de la Psychonomic Society.)

cation selon les règles de substitution déjà décrites. Ces phrases furent présentées à des auditeurs naïfs qui devaient transcrire chaque phrase, mot pour mot. Les sujets à qui on faisait entendre le discours normal purent transcrire correctement 29,3 phrases en moyenne, tandis que les sujets qui écoutaient les phrases modifiées transcrivirent correctement 27,8 phrases en moyenne. Cette transformation n'entraîne donc visiblement qu'une réduction minime de la compréhension.

Nous avons également constaté que l'élimination de l'information consonantique fournie par les indices invariants avait un effet drastique sur la perception de la parole. Dans cet énoncé, les consonnes occlusives étaient laissées intactes mais tous les autres phonèmes consonantiques étaient remplacés par /b/ ou /d/, selon le lieu d'articulation de la consonne (étant donné que le lieu d'articulation de tous les phonèmes consonantiques est indiqué par les transitions vocaliques). Des énoncés ne contenant que l'information consonantique véhiculée par les transitions vocaliques sont très difficiles à saisir, comme le démontre le passage suivant: «*Did dbeed had bid altered do dat whed it id read out loud it codtaide odly dode cododat whid are bydically prededt id da dbeed wabe. Dotid dat did dbeed id berry dibbicult to uderdtad whed it id dtoked at dorbal dbeed.*» Lorsque les mêmes 30 phrases furent soumises aux sujets pour identification, après que chaque consonne accompagnée de traits invariants ait été remplacée par /b/ ou /d/, ceux-ci ne parvinrent à identifier correctement que 12,7 phrases, en moyenne.

Les résultats de cette expérience suggèrent que les traits invariants fournissent suffisamment d'information pour permettre aux auditeurs d'identifier des phrases anglaises isolées. Il est vrai que les phrases contenaient aussi des voyelles non modifiées, des demi-voyelles et une multitude de traits prosodiques. Il demeure cependant que la suppression de l'information consonantique fournie par les traits invariants a entraîné une diminution de compréhension considérable. On voit donc que les traits invariants des phonèmes consonantiques sont *indispensables* à une perception exacte de la parole, et que les indices consonantiques invariants fournissent à eux seuls suffisamment d'information pour permettre aux auditeurs de comprendre des phrases isolées. Par conséquent, les indices invariants constituent la source d'information principale sur l'identité des phonèmes consonantiques durant la perception de la parole.

Dans cette section, nous avons tenté de mettre en lumière le rôle des traits acoustiques invariants dans la perception de la parole. Nous n'avons nullement cherché à minimiser l'importance des variations contextuelles dans la perception de la parole. La parole est un «input» qui varie continuellement, et le spectre acoustique d'un phonème est toujours influencé, dans une certaine mesure, par son contexte. Ces variations contextuelles transmettent assurément des indications précieuses sur l'identité des segments phonétiques adjacents à l'intérieur d'une syllabe. Nous allons, dans la dernière partie de cet article, essayer de démontrer que différents types d'indices — traits invariants, variations contextuelles et changements dans l'enveloppe acoustique — apportent chacun une information essentielle sur l'énoncé en cours et qu'à un niveau d'analyse donné, chaque type d'indice constitue la source principale d'information. Les recherches rapportées plus haut suggèrent que les traits acoustiques invariants constituent la principale source d'information au niveau phonémique, les indices transitionnels ne fournissant qu'une information secondaire.

LE RÔLE DES TRANSITIONS VOCALIQUES DANS LA PERCEPTION DE L'ORDRE TEMPOREL DANS LA PAROLE

Les recherches récemment réalisées par Warren, Obusek, Farmer et Warren (1969) ont révélé que les auditeurs non entraînés sont incapables de juger de l'ordre temporel d'une série répétée de sons stables d'une courte durée. Ils présentèrent aux sujets participant à ces expériences un cycle répété de 3 sons temporellement adjacents de 200 ms chacun, tels un sifflement, une voyelle, un bourdonnement et un timbre. Bien que les sujets fussent capables de percevoir les sons individuels composant la séquence, leurs jugements sur l'ordre temporel de ces sons ne dépassèrent le niveau aléatoire qu'après que la durée de chaque son ait été augmentée à 700 ms.

La confusion de l'ordre temporel ne se limite pas seulement aux séquences de sons non linguistiques. Warren et Warren (1970) ont aussi rapporté que des sujets étaient incapables de discerner l'ordre temporel d'une suite répétée de 4 voyelles stables durant chacune 200 ms. Cependant, lorsque 4 voyelles de 150 ms étaient produites avec une attaque et une terminaison graduelles, comme dans la parole naturelle, et qu'elles étaient séparées par 50 ms de silence, les sujets identifiaient correctement l'ordre temporel dans presque tous les cas. Les résultats de ces deux expériences sont plutôt surprenants, lorsqu'on connaît la capacité du système auditif à identifier l'ordre temporel des segments phonétiques dans le discours courant. L'auditeur perçoit clairement des paroles prononcées à des rythmes aussi rapides que 40 ou 50 phonèmes par seconde (Foulke et Sticht, 1969) et pourtant, la durée moyenne d'un phonème est de 80 ms dans le discours normal (Efron, 1963). Il existe donc une différence marquée entre notre aptitude à discerner dans les énoncés l'ordre temporel de sons stables et, d'autre part, à juger celui d'une série de segments phonétiques adjacents.

Liberman *et al.* (1967) soutiennent depuis longtemps que la parole constitue un code très spécial et que les indices transitionnels procurent à l'auditeur d'importants renseignements sur la structure phonétique, donc sur l'ordre sériel des segments. Les indices transitionnels pour /da/ et /ad/, par exemple, ont une configuration inverse l'une de l'autre et en tenant compte de ces différences dans la forme acoustique, l'auditeur se trouve renseigné sur la position de /d/ par rapport à la voyelle (Liberman, Mattingly et Turvey, 1972, p. 318).

L'affirmation la plus commune à propos des transitions – à savoir, qu'elles donnent de l'information conjointement sur des segments phonétiques adjacents – nous semble appeler certaines réserves. Les transitions ne fournissent pas d'information conjointe sur l'identité exacte des segments phonétiques, mais sur leur lieu d'articulation, comme l'illustrent les spectrogrammes des mots «*bad*», «*man*» et «*fast*», à la figure 9. La consonne initiale de chacun de ces mots étant articulée à l'avant de la bouche et la consonne finale, au centre, les transitions consonne-voyelle-consonne sont virtuellement identiques pour chacun de ces mots. Aussi l'auditeur doit-il, pour discriminer parmi ces mots, percevoir certains traits acoustiques additionnels. Les consonnes occlusives dans «*bag*», par exemple, doivent être accompagnées de l'intervalle de fermeture avant et après la voyelle. Lorsque les transitions sont précédées ou suivies d'une forme différente d'énergie, telles une friction ou une résonance nasale, c'est un autre phonème qui est perçu. Les transitions vocaliques peuvent donc fournir de l'information sur la position d'un phonème donné par rapport à une voyelle, comme sur son lieu d'articulation. Elles ne permettent pas cependant de préciser exactement de quels segments phonétiques adjacents il s'agit, en l'absence d'autres indices acoustiques.

Les recherches récemment réalisées dans notre laboratoire et les expériences conduites par Albert Bregman à l'Université McGill, suggèrent que les transitions ont encore une autre fonction d'intégration, celui de maintenir l'unité du signal acoustique. Bregman et Campbell (1971) présentèrent à leurs sujets une boucle d'enregistrement consistant en une série alternée de sons à haute et basse fréquences. Les sujets rapportèrent qu'ils percevaient deux continuums auditifs distincts, l'un comprenant les sons à haute fréquence et l'autre, les sons à basse fréquence. Bien que les sujets fussent capables de reconnaître l'ordre des sons composant chaque continuum, ils ne purent cependant discerner l'ordre des sons à haute et basse fréquences lorsque les deux continuums étaient émis ensemble. Ce phénomène, que Bregman appelle décomposition primaire du courant auditif, est conforme à la tendance générale du système auditif à grouper en canaux les stimuli selon leurs caractéristiques physiques (Broadbent, 1958).

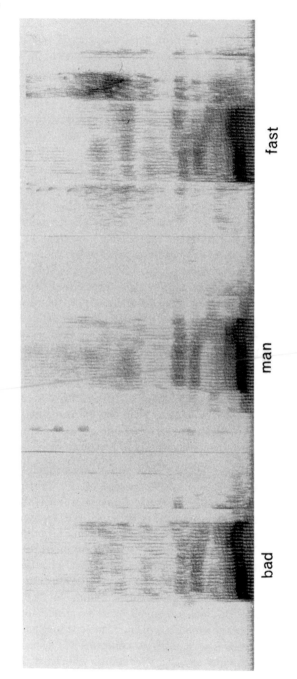

bad   **man**   **fast**

Figure 9 – Spectrogrammes des mots «*bad*», «*man*» et «*fast*». (La portion vocalique de chacun de ces mots est assez semblable – et, en fait, interchangeable, ici.)

S'il est vrai que le système auditif tend à regrouper les stimuli ayant les mêmes caractéristiques de fréquence, comment expliquer alors que le signal linguistique ne se décompose pas en deux continuums différents, l'un qui comprendrait les fricatives et autres explosions à haute fréquence et l'autre, l'énergie de résonance des nasales, voyelles et demi-voyelles? L'hypothèse la plus évidente est que les indices transitionnels empêchent la décomposition du courant auditif. D'ailleurs, Bregman et Dannenbring (1973) ont démontré qu'en raccordant des sons à haute et basse fréquences avec des glissades de fréquence, la décomposition du courant auditif se trouvait réduite.

Nous avons généralisé les résultats de Bregman en les appliquant à la perception de l'ordre temporel des syllabes normales et sans transition. Une syllabe consonne-voyelle normale se compose d'une portion invariante initiale suivie de transitions et de la voyelle; lorsque la portion initiale invariante est supprimée, l'on entend la syllabe consonne occlusive-voyelle qui est signalée par les transitions et par la voyelle. Ainsi, lorsque l'on retranche la portion invariante initiale d'une syllabe articulée à l'avant de la bouche, telles /fa/, /va/ et /ma/, laissant seulement les transitions et la voyelle, l'on entend la syllabe /ba/. Lorsque l'énergie invariante est retranchée de syllabes articulées au centre de la bouche, telles /sa/, /ða/, /θa/, /za/, /sha/, /cha/, /zha/ et /ja/, l'on entend la syllabe /da/. On voit dans la figure 10 les transitions, situées au début de la voyelle, dans les syllabes /sa/, /za/, /sha/, /cha/, /ja/ et /na/. Lorsque la portion invariante initiale de ces syllabes est retranchée par découpage de bande, les auditeurs rapportent qu'ils entendent la syllabe /da/, qui est signalée par l'unité transition-voyelle.

Nous avons pensé que si une seule syllabe était continuellement répétée à des auditeurs au moyen d'une bande d'enregistrement, il devrait éventuellement se produire une décomposition du courant auditif; l'énergie invariante se regrouperait avec ses répétitions antérieures et subséquentes, pour former un premier continuum perceptif et la syllabe comprenant la consonne occlusive en formerait un second.

Afin de vérifier cette hypothèse, des boucles d'enregistrement furent construites avec des syllabes consonne-voyelle et présentées aux sujets, à raison de deux répétitions par seconde. La présentation répétée d'une même consonne-voyelle entraîna la séparation perceptive du bruit consonantique d'avec l'unité transition-voyelle, de sorte que les sujets entendaient le bruit consonantique comme un continuum et la syllabe consonne occlusive-voyelle, comme un autre (Cole & Scott, 1972; Scott, 1971; Scott & Cole, 1972). La syllabe /sa/ était perçue comme se décomposant en «un sifflement plus /da/», et la syllabe /fa/, en «un sifflement de chat plus /ba/».

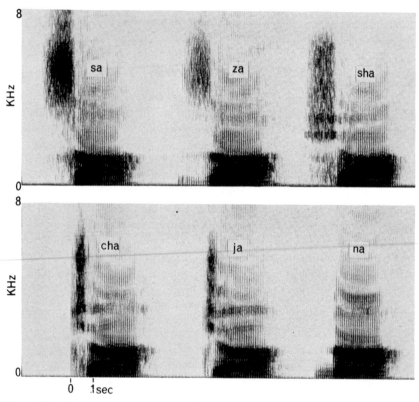

Figure 10 – Spectrogrammes de six phonèmes consonantiques ayant des indices de transition semblables. (La fréquence est en kilohertz et le temps est en secondes.)

Dans une deuxième épreuve, les transitions furent retranchées des sylla-bes choisies et le bruit consonantique initial fut directement accolé à la voyel-le stable. L'élimination des transitions n'affectait pas la reconnaissance des syllabes présentées isolément. Cependant, lorsque ces syllabes étaient présen-tées sur boucle d'enregistrement, les sujets n'entendaient plus la consonne occlusive, mais percevaient seulement la voyelle stable /a/. Les sujets rappor-tèrent en outre qu'ils parvenaient à séparer le bruit consonantique du bruit de la voyelle après seulement 3 ou 4 répétitions de la syllabe, alors que les syllabes normales nécessitaient jusqu'à 60 répétitions avant que se produise la séparation. Les transitions vocaliques servaient donc à empêcher la syllabe de se décomposer en deux continuums auditifs distincts, l'un composé du bruit consonantique et l'autre, de la résonnance vocalique.

Une autre expérience fut conduite afin de vérifier l'hypothèse selon laquelle les transitions vocaliques aideraient à percevoir l'ordre temporel des sons dans le discours (Cole et Scott, 1973). Trois types de stimuli furent pré-parés, avec les mêmes quatre syllabes consonne-voyelle. Dans un premier type, le bruit consonantique de chaque syllabe consonne-voyelle était retran-ché de la voyelle et les quatre bruits consonantiques ainsi isolés étaient ensui-te accolés l'un à l'autre pour former une boucle d'enregistrement. Dans un second type, le bruit consonantique de chaque syllabe était accolé à 75 ms de voyelle stable, et les quatre syllabes ainsi privées de transition étaient acco-lées l'un à l'autre en une boucle d'enregistrement. Dans un troisième type, les syllabes consonne-voyelle étaient réduites à 75 ms de voyelle (incluant les transitions) et accolées l'une à l'autre. Les boucles d'enregistrement consis-taient donc en bruits consonantiques, en syllabes consonne-voyelle sans tran-sition et en syllabes normales de même durée. Les deux derniers types (nor-males et sans transition) sont illustrées à la figure 11. Six boucles d'enregis-trement furent préparées pour chaque type de stimulus, correspondant aux six arrangements possibles des quatre sons. Les 18 boucles résultantes furent présentées aux sujets dans un ordre aléatoire, pendant 30 secondes chacune, pour identification de l'ordre temporel. Enfin, l'expérience fut reprise avec trois différents groupes de syllabes.

Avant de faire entendre les boucles d'enregistrement, on présentait d'abord aux sujets, pour identification, chacun des différents stimuli - bruits consonantiques, syllabes normales et syllabes sans transition. Vingt-six erreurs furent commises au total au cours de cette tâche d'identification pré-expérien-ce, douze avec les bruits consonantiques, six avec les syllabes sans transition et huit avec les syllabes normales. Les syllabes sans transition n'étaient donc pas plus difficiles à identifier que les syllabes normales. Les six sujets ayant commis ces erreurs d'identification furent éliminés pour l'expérience.

288

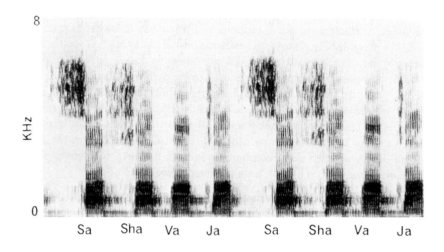

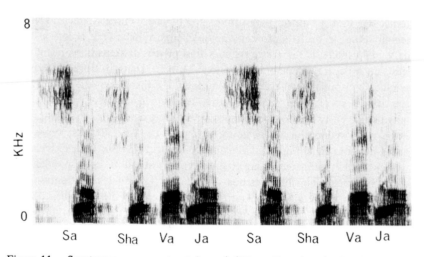

Figure 11 – Spectrogrammes montrant deux répétitions d'une boucle d'enregistrement contenant /sa/, /sha/, /va/ et /ja/. La série du haut présente des syllabes sans transition qui se composent de bruit consonantique rattaché à 75 millisecondes de voyelle sans transition. La série du bas présente le même bruit consonantique suivi des 75 millisecondes initiales de la voyelle originale et on peut voir les transitions vocaliques. La fréquence est en kilohertz.

TABLEAU III

Nombre moyen d'identification correcte des boucles
d'enregistrement pour trois groupes de sons en fonction du type de stimulus

Groupe de sons	Consonne	Consonne-voyelle (sans transition)	Consonne-voyelle (avec transition)
/s, sh, v, j/	1,9	3,1	4,2
/s, sh, v, g/	1,4	3,2	4,0
/s, sh, f, z/	1,5	2,7	3,3

Note: Avec des réponses dues au hasard, il y aurait une boucle d'enregistrement ordonnée correctement dans chacune des conditions, tandis qu'une performance parfaite donnerait une identification correcte des six boucles. Ces données proviennent de Cole et Scott, 1973.

Les résultats, présentés dans le tableau III révèlent qu'il est plus difficile d'ordonner correctement les syllabes sans transition que les syllabes consonne-voyelle normales, et que les bruits consonantiques sont en eux-mêmes très difficiles à identifier. On obtient les mêmes résultats avec les trois groupes de syllabes, et aucune interaction ne se produit entre le type de stimulus et le groupe de syllabes. Ces résultats renforcent donc l'hypothèse selon laquelle les transitions vocaliques aideraient à percevoir l'ordre temporel des sons du discours. Il semble que sans la présence des transitions dans le signal linguistique, la parole serait perçue comme se décomposant en continuums distincts, spécialement lorsqu'elle est émise à un rythme rapide.

L'ENVELOPPE ACOUSTIQUE:
VARIATIONS D'AMPLITUDE ET DE DURÉE

L'enveloppe acoustique est tout simplement le contour du signal acoustique. Elle correspond à la courbe arrondie qui est déterminée par les plus hautes valeurs d'amplitude du signal acoustique. Elle est conséquemment fonction de l'amplitude et de la durée plutôt que de la fréquence. À la figure 12, on peut voir l'enveloppe acoustique de la phrase I am a waveform. L'enveloppe est le contour du signal acoustique tel que déterminé par l'amplitude.

Les facteurs d'amplitude et de durée de la parole ont toujours été considérés comme des aspects secondaires de la perception. Les publications sur la perception de la parole fourmillent d'exemples de l'interaction à différents niveaux de perception de l'amplitude ou de la durée avec la fréquence, inter-

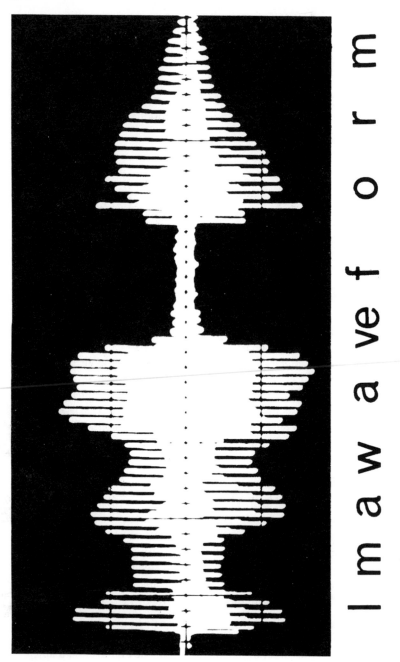

Figure 12 – Image sur écran d'oscilloscope illustrant les variations de l'enveloppe acoustique.

action qui fournit de l'information sur les phonèmes, les syllabes et les traits prosodiques. Dans cette section, nous allons passer en revue certains aspects de l'amplitude et de la durée, à la lumière de l'hypothèse selon laquelle l'enveloppe acoustique serait extraite comme un tout et constituerait un type d'indice discret, au même titre que les indices invariants et transitionnels.

Traits prosodiques

Les publications sur les traits prosodiques de la parole (l'accent, l'intonation) ont établi l'importance de l'amplitude et de la durée considérées soit séparément, soit en relation avec la fréquence. Scholes (1971), par exemple, demanda à des sujets de déterminer l'accent et les pauses du syntagme *«good flies quickly»*, extrait de deux structures de constituants (c'est-à-dire *the good flies quickly past; the good flies quickly passed*). Les résultats indiquèrent que le facteur stratégique dans la détermination de ces jugements était l'amplitude relative. Fry (1955), par contre, compara le rôle de la durée et de l'amplitude relatives dans les jugements d'accent et découvrit que, bien que toutes deux contribuaient à la perception de l'accent, la durée relative constituait un indice plus efficace.

Bolinger et Gerstman (1957) examinèrent un troisième facteur dans la perception de l'accent. Ils démontrèrent que la période de silence entre les syllabes pouvait également servir d'indice de l'accent. La durée du silence et la duréee des syllabes forment ensemble l'indice d'accent que les auteurs appellent «disjoncture». Celle-ci constitue l'un des indices de base pour la différenciation des expressions comme *«lighthouse keeper»* et *«light housekeeper»*.

La hauteur est également un indice à considérer dans les jugements d'accent. Liberman (1960) a étudié le rôle de la hauteur, de l'amplitude et de la durée dans la perception de l'accent; il a découvert que tous trois intervenaient dans les jugements d'accent, bien que pas nécessairement de façon simultanée. Il arrive que deux indices se renforcent mutuellement en l'absence du troisième indice. Licklider (1959) a analysé en détail les raisons pour lesquelles la perception de la hauteur pourrait dépendre, dans une certaine mesure, de l'information contenue dans l'enveloppe acoustique. Lorsque la fréquence fondamentale est masquée ou complètement éliminée d'une onde sonore complexe, la hauteur peut tout de même être perçue grâce à l'information de périodicité transmise par l'enveloppe acoustique.

Il est important de remarquer, lorsque l'on considère les différents facteurs qui transmettent les traits prosodiques, que l'amplitude et la durée constituent toutes deux des indices relatifs. Une mesure isolée de l'amplitude ou de la durée d'un segment donné du signal acoustique ne se révélera donc utile que si elle peut être comparée à d'autres mesures semblables. Que ces indices soient relatifs est intuitivement évident, mais la marge de relativité est surprenante. Summerfield et Haggard (1972), par exemple, ont démontré que même la durée du début du voisement (d'une consonne) est évaluée relativement à la durée moyenne de la syllabe en question et des syllabes adjacentes. Si l'on considère que la perception des traits prosodiques dépend d'une information relative qui recouvre au moins plusieurs syllabes, il devient nécessaire de postuler que l'information concernant la durée et l'amplitude est retenue en mémoire pour une période de temps correspondant à plusieurs syllabes.

L'ensemble de ces données nous autorise à penser que l'enveloppe acoustique est porteuse d'une information linguistique essentielle, du moins au niveau des indices prosodiques.

Traits phonémiques

L'enveloppe acoustique est également riche en information sur la composition phonémique de la parole. Cette information peut agir indépendamment ou se combiner avec l'information sur la fréquence. Les exemples d'information phonétique transmise par l'enveloppe acoustique indépendamment de la fréquence abondent. Ainsi, si l'on allonge la période de silence entre les syllabes dans le mot «*rabid*», l'on entend alors «*rapid*» (Liberman, Harris, Eimas, Lisker, et Bastian, 1961; Likser, 1957). Si l'on introduit une période de silence dans le mot «*slit*» entre les phonèmes /s/ et /l/, l'on entend alors «*split*» (Bastian, Eimas et Liberman, 1961). L'allongement de la durée du silence entre les syllabes dans le mot «*topic*» entraîne la perception d'un double /p/, si bien que l'on entend «*top pick*» (Pickett et Decker, 1960). Ces exemples démontrent que l'information temporelle transmise par l'enveloppe acoustique est souvent indispensable à la discrimination des segments phonémiques spécifiques et ce, même en l'absence complète d'information sur la fréquence.

L'interaction de l'amplitude et de la durée avec la fréquence intervient également dans la discrimination de certains phonèmes. Ainsi, la principale différence entre /s - sh/ et /f - θ/ est l'amplitude relative de la frication (Harris, 1958; Heinz et Stevens, 1961; Strevens, 1960). Les deux facteurs essentiels de différenciations entre les phonèmes /s/, /ch/ et /j/ sont la soudaineté de l'attaque et la durée, deux aspects qui relèvent du domaine de l'amplitude et et du temps. Miller et Nicely (1955) ont soutenu que la durée constituait un trait distinctif pour la reconnaissance des voyelles. La durée est en outre un corrélat physique de la distinction «tendu - relâché» (House, 1961).

L'enveloppe acoustique contribue parfois de façon moins directe à la distinction entre certains phonèmes. Scott (1973) a démontré qu'il est beaucoup plus facile de distinguer /p/ de /k/ à partir d'un écran d'oscilloscope qu'à partir d'une image spectrographique. Ces deux représentations diffèrent surtout en ce que l'oscilloscope transmet principalement l'information contenue dans l'enveloppe acoustique, et le spectrographe, l'information sur la fréquence, comme l'illustre la figure 13.

Les spectres de fréquence de /p/ et de /k/ sont beaucoup plus complexes que ceux des fricatives et ils varient selon l'environnement vocalique (Liberman *et al.*, 1952; Schatz, 1954). Aussi n'est-il pas étonnant que les sujets éprouvent de la difficulté à distinguer entre /p/ et /k/, à partir seulement de l'information sur la fréquence. Ce qui surprend, par contre, c'est que l'information transmise par l'enveloppe acoustique demeure assez constante et qu'elle puisse servir à établir certaines discriminations. Les expériences qui précèdent ont été mentionnées afin de montrer que l'information fournie par l'enveloppe acoustique peut être utilisée pour porter des jugements phonémiques, en l'absence complète d'information sur la fréquence (Bastian *et al.*, 1961; Liberman *et al.*, 1961; Lisker, 1957; Pickett et Decker, 1960), en présence de spectres de fréquence impossibles à distinguer l'un de l'autre (Harris, 1958; Heinz et Stevens, 1961) et même en présence d'information contradictoire sur la fréquence (Scott, 1973).

L'enveloppe acoustique peut encore transmettre de l'information phonémique moins directement que les expériences décrites plus haut ne l'ont démontré. La durée d'une voyelle précédant une consonne dans une seule syllabe permet de déterminer si cette consonne est sourde ou voisée. Cela a été établi pour les occlusives et les fricatives (House, 1961; Peterson et Lehiste, 1960). Tout comme les indices transitionnels, l'enveloppe acoustique peut donc fournir de l'information sur les phonèmes adjacents.

Conclusions. L'importance de l'aspect temporel de la parole semble avoir été quelque peu négligée par les théoriciens actuels de la perception de la parole. D'après Huggins (1972), cela s'expliquerait par le fait que la plupart des recherches effectuées avaient une orientation analytique, concentrée sur les stimuli les plus simples possible et ignorante des caractéristiques propres au discours courant. Quant aux recherches portant sur le discours courant, elles ont fait ressortir l'importance de l'information transmise par l'enveloppe acoustique. Les traits prosodiques sont surtout déterminés par l'amplitude, la durée et la hauteur. Ces trois indices peuvent tous être extraits de l'enveloppe acoustique. Nous avons tenté de démontrer dans cette discussion, que le même type d'information qui est extrait au niveau prosodique est pertinent au niveau phonémique et qu'il provient possiblement d'une même source, c'est-à-dire l'enveloppe acoustique. L'hypothèse comme quoi toute information d'amplitude et de durée serait extraite d'une même source repose sur

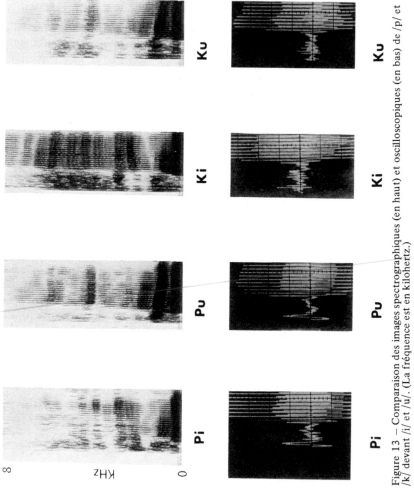

Figure 13 – Comparaison des images spectrographiques (en haut) et oscilloscopiques (en bas) de /p/ et /k/ devant /i/ et /u/. (La fréquence est en kilohertz.)

l'argument déjà avancé selon lequel l'amplitude et la durée sont des indices qui n'ont de signification qu'en termes de rapports. L'enveloppe acoustique constitue un contexte naturel, pour la transmission de l'information relative indispensable au discernement des indices d'amplitude et de durée, que ces indices soient utilisés au niveau des traits prosodiques ou au niveau phonémique.

CONCLUSIONS ET ESQUISSE D'UN MODÈLE

Nous avons décrit dans cet article trois différentes sources d'information présentes dans le signal acoustique : les indices de fréquence d'explosion et d'état stable, les indices transitionnels et les indices de l'enveloppe acoustique. L'existence de trois différents types physiques d'indices n'implique pas nécessairement l'existence de trois différents types de mécanismes de traitement. Il apparaît plausible, cependant, que des types d'information qualitativement différents soient manipulés par des types qualitativement différents de mécanismes de traitement. En fait, il y a des arguments à l'appui de l'hypothèse de trois différents mécanismes de traitement. Les portions invariantes et transitionnelles d'une syllabe sont perçues très différemment lorsque présentées répétitivement (Scott, 1971). Les sujets à qui l'on fait écouter la syllabe /sa/ répétée continuellement, entendent la portion invariante de la syllabe constituée par le bruit consonantique se séparer de la portion vocalique contenant les transitions. La portion invariante est perçue comme un sifflement et la portion vocalique, comme /da/. Les sujets entendent la syllabe /da/ parce que /sa/ et /da/ sont articulés au même endroit et qu'ils ont, par conséquent, les mêmes transitions vocaliques. Lorsque la portion invariante de la syllabe /sa/ cesse d'être perçue comme faisant partie de la syllabe, le système perceptif doit s'appuyer exclusivement sur les indices transitionnels pour identifier le phonème consonantique.

Les résultats suggèrent que la portion vocalique de la syllabe, qui comprend les transitions, est traitée comme une unité syllabique, le bruit invariant étant traité séparément. Cette hypothèse est renforcée par le fait qu'une syllabe composée uniquement de transitions et d'une voyelle, sans bruit invariant d'explosion ou de friction, n'est jamais perçue comme se décomposant en deux unités perceptives distinctes. D'autre part, si l'on présente répétitivement une syllabe sans transitions, il se produit presque immédiatement décomposition, la portion invariante étant perçue comme un continuum perceptif et la portion vocalique, comme un autre. Il est intéressant de noter que lorsque la décomposition survient, la portion invariante de la syllabe apparaît presque toujours comme un «sifflement», un «claquement», ou un «bruit de fond» et la portion vocalique, toujours comme un son linguistique. L'ensemble de ces résultats implique que des processus perceptifs différents entrent en jeu dans la perception des traits acoustiques invariants et des transitions vocaliques, même si ces deux types d'indices peuvent parfois être nécessaires à la perception d'une seule syllabe consonne-voyelle.

Selon Stevens et House (1972), l'information transmise par l'enveloppe acoustique doit être traitée séparément, du fait que chaque langue contient des voyelles qui sont identifiées par leur propriétés spectrales et ne sont pas affectées par leur fréquence fondamentale. Le système auditif peut ainsi séparer la fréquence fondamentale et les propriétés spectrales, et extraire différents renseignements de chacune d'elles. Certaines recherches neurophysiologiques avec des animaux vont dans le sens de cette dernière hypothèse. Davis (1961), par exemple, a montré que lorsque la fréquence d'un stimulus acoustique est de moins de 1000 Hz, les décharges neurales sont synchronisées avec les sommets périodiques de ce signal acoustique. La réponse neurale correspond donc à l'information contenue dans l'enveloppe acoustique plutôt qu'à l'information sur la fréquence, puisque les décharges neurales sont déterminées par les plus hautes valeurs d'amplitude du signal et non par une composante fréquentielle spécifique.

À la lumière de ces recherches et des différences acoustiques que présentent les trois types d'indices, nous sommes justifiés de formuler un modèle de perception de la parole comprenant trois différents processus de traitement au niveau de l'analyse acoustique. Chacun de ces processus doit être intégré aux deux autres de façon à assurer le maximum de redondance et d'information.

Pour bien comprendre les avantages qu'offre un système à triple processus, il serait bon d'imaginer tout d'abord un système à un seul processus, analysant une phrase «parfaite». Celle-ci consisterait en une séquence de phonèmes caractérisés uniquement par des traits invariants. L'analyseur identifierait simplement chaque phonème d'après ses propriétés spécifiques. Un tel processus ne peut malheureusement rendre compte de la perception de la parole et ce, pour deux raisons. Premièrement, dans bien des cas il n'existe pas de correspondance bi-univoque entre un phénomène acoustique et un phonème, et deuxièmement, s'il nous fallait traiter qu'un seul phonème à la fois, ce traitement devrait s'effectuer à un rythme incroyablement rapide. Pour Liberman et al. (1967), la solution de ce problème réside dans le fait que nous pouvons extraire à partir des portions encodées de la parole de l'information sur plusieurs phonèmes simultanément. Nous pouvons ainsi traiter des unités de parole dont la longueur est de l'ordre de la syllabe plutôt que du phonème. Cette procédure représente une épargne de temps considérable en

comparaison avec l'analyse phonème par phonème et favorise, par conséquent, une perception rapide de la parole. Malheureusement, la quantité d'information que transmettent les indices transitionnels sur l'identité phonémique est passablement limitée. Aussi nous faut-il tout de même un analyseur
d'indices invariants pour assurer la perception des phonèmes dont l'identité
ne peut être récupérée par les seuls indices transitionnels.

L'intégration des indices invariants et transitionnels fournit la majeure
partie de l'information nécessaire à la perception, à un rythme convenable,
des composantes de base de la parole. Il reste cependant des facteurs dans
la perception du discours courant, qui ne peuvent s'expliquer à ce niveau.
Le facteur central, dont nous avons déjà discuté, est celui de la relativité des
indices d'amplitude et de durée. Ces derniers ne constituent des aspects conceptuellement intéressants dans la perception de la parole qu'en termes relatifs. Nous croyons avoir montré que ces variables avaient une importance
décisive dans la transmission de différents niveaux d'information linguistique.
Pour que l'information sur l'amplitude et la durée relatives soit utilisable dans
la détermination de l'accent, par exemple, l'information doit être conservée
durant quelques syllabes. Tel est donc le rôle du troisième processus. Toute
l'information nécessaire à la transmission des aspects *relatifs* de la parole peut
être extraite de l'enveloppe acoustique. Par définition, l'enveloppe du signal
acoustique se modifie à un rythme beaucoup plus lent que le signal acoustique lui-même. Un analyseur à capacité limitée pourrait aisément tirer avantage de ce fait en extrayant l'enveloppe du continuum de la parole, extrayant
ainsi toute l'information nécessaire pour faire ces jugements relatifs stratégi-
ques. Il serait, en effet, absurde d'emmagasiner l'ensemble du signal acoustique assez longtemps pour nous permettre de faire nos jugements relatifs sur
l'accent et autres phénomènes du genre. L'économie de temps que représente
l'emmaginage de l'enveloppe acoustique seule, est comparable à l'avantage
que représente l'indice transitionnel sur l'indice invariant. L'enveloppe subit
une perte d'information phonémique spécifique, mais en retour elle transmet
de l'information couvrant un large segment du discours en voie d'émission.

Le modèle à triple processus requiert à la fois que chaque processus
soit intégré aux autres et qu'il fonctionne de façon indépendante. L'intégration est essentielle, car on sait que certains jugements phonémiques ne peuvent se faire qu'en présence d'indices invariants et transitionnels, ou en présence d'indices invariants et d'enveloppe. Quant au fonctionnement indépendant de ces indices, nous en avons déjà discuté. L'avantage inhérent d'un
système à triple processus est que chaque processus peut fonctionner selon un
chronométrage qui lui est propre, ce qui assure une abondance maximale
d'information pour un système d'analyseurs à capacité limitée.

L'intégration des deux indices à fréquence limitée peut s'accomplir approximativement au niveau syllabique. Nous avons déjà établi que les transitions étaient essentielles à l'intégration des portions consonantiques invariantes et des portions vocaliques des syllabes. Le fait que les portions fricatives des syllabes soient rarement perçues comme linguistiques en dehors du contexte syllabique laisserait penser qu'ils agissent davantage comme des modificateurs pour la syllabe, que comme des phonèmes indépendants. L'hypothèse est donc compatible avec les arguments proposés par Liberman *et al.* (1967). Savin et Bever (1970). Massaro (1972). Le présent argument ne repose pas, cependant, sur le postulat que les composantes phonémiques doivent être décodées à partir des indices transitionnels, mais plutôt sur le postulat que toute la portion vocalique, y compris les transitions, agit comme noyau syllabique. Le noyau fournit l'information, sous la forme d'indices transitionnels, sur la localisation des modificateurs invariants dans le signal acoustique. Ce concept était illustré à la figure 9, où l'on a vu que les mots «bad», «fast» et «man» comprenaient tous le même noyau syllabique et se différenciaient par leurs traits invariants. Étant donné que différentes syllabes peuvent avoir le même noyau, il est logique de supposer que le noyau peut être directement perçu à partir du signal acoustique, au lieu d'être dirigé vers le système moteur pour y être décodé en phonèmes distincts.

L'enveloppe acoustique contribue à l'intégration des deux indices de fréquence en aidant à définir les frontières de syllabes (Sargent, Li, et Fu, 1974). De plus, elle favorise la perception en transmettant l'information sur l'amplitude et la durée relatives au niveau syllabique. Le rôle intégrateur le plus important de l'enveloppe est peut-être l'intégration de plusieurs syllabes en un énoncé global, fournissant ainsi la base pour l'extraction des traits prosodiques.

Le modèle à triple processus de la perception de la parole que nous venons d'esquisser est évidemment spéculatif. Le but de ce modèle est d'essayer de rendre compte de l'ensemble considérable des recherches démontrant l'importance de divers indices, qualitativement différents, dont il doit être tenu compte durant la perception de la parole. Nous espérons que les futurs modèles de perception de la parole n'ignoreront pas les aspects multi-dimensionnels de l'«input» acoustique. Ainsi que Hyde (1972, p. 423) l'a écrit : «Le processus de communication de la parole humaine est remarquablement résistant à des facteurs de dégénération très puissants. Il y a évidence comme quoi l'auditeur peut faire usage d'informations provenant d'un grand nombre de sources, en ayant recours à sa connaissance tant instinctive qu'acquise, en fonction de différentes formes d'information transmises par le signal sonore même. Il est très peu probable qu'en développant la capacité de parole, le processus d'évolution ait négligé de l'information pertinente...»

LISTE DES ABRÉVIATIONS
UTILISÉES DANS LA BIBLIOGRAPHIE

Ac.   : Actes
Ass.   : Association
Bul.   : Bulletin
Exper.   : Expérimental / Experimental
J.   : Journal
Lang.   : Langage / Language
Learn.   : Learning
Ling.   : Linguistique / Linguistics
Proc.   : Proceedings
Psych.   : Psychologie / Psychologique / Psychology / Psychological
Psycholing. : Psycholinguistique / Psycholinguistics
Quart.   : Quarterly
Res.   : Research
Rev.   : Revue / Review
Soc.   : Société / Society
Verb.   : Verbal
Univ.   : Université / University

[   ]   : traduction française

BIBLIOGRAPHIE

ABRAMS, K. et T.G. BEVER, 1969, «Syntactic structure modifies attention during speech perception and recognition», *Quart. J. of Exper. Psych.*, 21: 280-290.

ABRAMSON, A.S. et L. LISKER, 1973, «Voice-timing perception in Spanish word-initial stops», *J. of Phonetics*, 1: 1-8.

ATKINSON, R.C. et R.M. SHRIFFIN 1971, «The control of short-term memory», *Scientific American*, 225: 82-91.

AUSTIN, J.L., 1962, *How to do things with words*, New York, Oxford Univ. Press. [*Quand dire, c'est faire*, Paris, Éditions du Seuil, 1970].

AUSUBEL, D.P., 1968, *Educational Psychology: A cognitive View*, New York, Holt, Rinehart et Winston.

BACH, E., 1965, «Structural linguistics and the philosophy of science», *Diogenes*, 51: 111-128.

BACH, E. et R.T. HARMS (dir.), 1968, *Universals in Linguistic Theory*, New York, Holt, Rinehart et Winston.

BAILEY, C.J., B.J. DARDEN et A. DAVIDSON (dir.), 1968, *Papers from the Fourth Regional Meeting: Chicago Linguistic Society*, Univ. de Chicago.

BALLY, Charles, 1944, *Linguistique générale et linguistique française*: 2e éd., Berne, A. Francke S.A.

BARIK, H.C., 1968, «On defining juncture pauses: A note on Boomer's «Hesitation and grammatical encoding», *Lang. and Speech*, 11: 156-159.

BASTIAN, J., P.D. EIMAS et A.M. LIBERMAN, 1961, «Identification and discrimination of a phonemic contrast induced by silent interval», *J. of the Acoustical Soc. of America*, 33: 842.

BERKO, H., 1958, «The child's learning of English morphology», *Word*, 14: 150-157.

BERNSTEIN, B., 1962, «Linguistic codes, hesitation phenomena and intelligence», *Lang. and Speech*, 5: 31-46.

   –   1964, «Elaborated and restricted codes: their social origins and some consequences», *American Anthropologist*, 66 (Part II): 55-69.

BEVER, T.G., 1970, «The cognitive basis for linguistic structures», dans Hayes, J.R. (dir.), p. 279-362.

   –   1975, «Psychologically real grammar emerges because of its role in language acquisition», dans *Proc. of the Georgetown Ling. Roundtable*.

BEVER, T.G., R. KIRK et J. LACKNER, 1969, «An autonomic reflection of syntactic structure», *Neuropsychologica*, 7: 23-28.

BEVER, T.G., J. LACKNER et R. KIRK, 1969, «The underlying structures of sentences are the primary units of immediate speech processing», *Perception and Psycho-*

physics, 5: 225-234 [«Les structures sous-jacentes des phrases sont les unités premières du traitement immédiat du discours», dans Mehler, J. et G. Noizet (dir.), p. 253-277].

BINNICK, R.I., 1970, «Ambiguity and vagueness», *Papers from the Sixth Regional Meeting: Chicago Linguistic Society*, Univ. de Chicago, p. 147-153.

BLAKENSHIP, J. et C. KAY, 1964, «Hesitation phenomena in English speech: a study in distribution», *Word*, 20: 360-372.

BLOCH, B. et G.C. TRAGER, 1942, *Outline of linguistic Analysis*, Ithaca, New York, Ling. Soc. of America.

BLOOM, L.M., 1970, *Language Development: Form and Function in emerging Grammars*, Cambridge, Mass., The M.I.T. Press.

BLOOMFIELD, L., 1933, *Language*, New York, Holt, Rinehart et Winston. [*Le langage*, trad. par Frédéric François, Paris, Payot 1970].

BOLINGER, D.L., 1952, «Linear modification», *Publications of the Modern Lang. Ass.*, 67: 1117-1144.

—   et L.J. GERSTMAN, 1957, «Disjoncture as a cue to constructs», *Word*, 13: 246-255.

BOND, Z.S., 1972, «Phonological units in sentence perception», *Phonetica*, 178: 1-9.

BOOMER, D.S., 1936, «Speech disturbance and body movements in interviews», *J. of Nervous and Mental Disease*, 136: 263-266.

—   1965, «Hesitation and grammatical encoding», *Lang. and Speech*, 8: 148-158.

—   1970, «Review of F. Goldman-Eisler, Psycholinguistics: Experiments in Spontaneous Speech», *Lingua*, 25: 152-164.

BOOMER, D.S. et D.W. GOODRICH, 1961, «Speech disturbance and judged anxiety», *J. of Consultant Psych.*, 25: 160-164.

BRAINE, M.D.S., 1965, «On the basis of phrase structure», *Psych. Rev.* 72: 483-492.

BREGMAN, A.S. et J. CAMPBELL, 1971, «Primary auditory stream segregation and perception of order in rapid sequences of tones», *J. of Exper. Psych.*, 89: 244-249.

BREGMAN, A.S. et G. DANNENBRING, 1973, «The effect of continuity on auditory stream segregation», *Perception and Psychophysics*, 13: 308-312.

BROADBENT, D.»., 1958, *Perception and Communication*, Londres, Pergamon.

—   1972, «On some issues in psycholinguistic theory», *American Psychologist*, 27: 78-81.

BROWN, E., et M.S. MIRON, 1971, «Lexical and syntactic predictors of the distribution of pause time in reading», *J. of Verb. Learn. and Verb. Behavior*, 10: 658-667.

BROWN, R., 1958, *Words and Things*, Glencoe, Illinois, Free Press.

—   1973, *A First Language: the Early Stages*, Cambridge, Mass., Harvard Univ. Press.

BRUNER, J.S., 1957, «On perceptual readiness», *Psych. Rev.*, 64: 123-152.

—   1966, «On cognitive growth: I and II», dans J.S. BRUNER, R.R. OLIVER, P.M. GREENFIELD *et al.* (dir.), *Studies in Cognitive Growth*, New York, Wiley.

BUTTERWORTH, B., 1975, «Hesitation and semantic planning in speech», *J. of Psycholing. Res.*, 4: 74-87.

CARPENTER, P.A. et M.A. JUST, 1975, «Sentence comprehension: a psycholinguistic processing model of verification», *Psych. Rev.*, 82: 45-73.

—   1976, «Models of sentence verification and linguistic comprehension», *Psych. Rev.*, 83: 318-322.

CARROLL, LEWIS, 1956, «What the tortoise said to Achilles», dans J. Newman (dir.), *The World of Mathematics*, New York, Simon and Schuster p. 2402-2405.

CASSOTTA, L., S. FELDSTEIN et J. JAFFE, 1967, «The stability and modificability of individual vocal characteristics in stress and nonstress interviews», *Res. Bul.*, n° 2, New York, William Alanson White Institute.

CHAFE, W., 1970, *Meaning and the Structure of Language*, Chicago, Univ. of Chicago Press.

–   1971, «Discourse structure and human knowledge», Article préparé pour le C.O.B.R.E. Res. Workshop on Lang. Comprehension and the acquisition of Knowledge, Rougemont.

CHAMBERS, J.K., 1970, *Focused Noun Phrases in English Syntax*, thèse de doctorat, Univ. d'Alberta.

CHAPIN P., T. SMITH et A. ABRAMSON, 1972, «Two factors in perceptual segmentation», *J. of Verb. Learn. and Verb. Behavior*, 11 : 164-173.

CHOMSKY, Noam, 1957, *Syntactic Structures*, La Haye, Mouton [*Structures syntaxiques*, trad. de Michel Braudeau, Paris, Éditions du Seuil, 1969].

–   1962, «A transformational approach to syntax», dans A.A. HILL (dir.), *Third Texas Conference on Problems of Linguistic Analysis in English*, The Univ. of Texas Press.

–   1964, «Current issues in linguistic theory», dans J.A. FODOR et J.J. KATZ (dir.), *The Structure of Language: Readings in the Philosophy of Language*, Englewood Cliffs, N.J., Prentice-Hall.

–   1965 *Aspects of the Theory of Syntax*, Cambridge, The M.I.T. Press. [*Aspects de la théorie syntaxique*, trad. de Jean-Claude Milner, Paris, Éditions du Seuil, 1971].

–   1968, *Language and Mind*, New York, Harcourt, Brace and World. [*Le langage et la pensée*, trad. par Louis-Jean Calvet, Paris, Petite bibliothèque Payot, 1970].

–   1969, «Linguistics and Philosophy», dans HOOK, S. (dir.).

–   1970, «Remarks on nominalizations», dans JACOBS, R.A. et P.S. ROSENBAUM (dir.), p. 184-221. [«Remarques sur la nominalisation», dans *Questions de Sémantique*, p. 73-131].

–   1971, «Deep structure, surface structure, and semantic interpretation», dans STEINBERG, D.D. et L.A. JAKOBOVITZ (dir.), p. 183-216. [«Structure profonde, structure de surface et interprétation sémantique», dans *Question de sémantique*, p. 9-72].

–   1971, *Problems of Knowledge and Freedon*, New York, Pantheon, Books.

–   1972, «Some empirical issues in the theory of transformationl grammar», dans S. Peters (dir.), *Goals of Linguistic Theory*, Englewood Cliffs, N.J., Prentice-Hall [«Sur quelques débats empiriques», dans *Questions de sémantique*, p. 133-224].

–   1975, [*Questions de sémantique*, trad. par Bernaud Cerquiglini, Paris, Éditions su Seuil].

–   1975, *Reflections on Language*, New York, Pantheon Books.

CHOMSKY, N. et M. HALLE, 1968, *The Sound Pattern of English*, New York, Harper and Row [*Principes de phonologie générative*, trad. par P. Encrevé, Paris, Éditions du Seuil, 1973].

CLIFTON, C., Jr. et Penelope ODOM, 1966, «Similarity relations among certain English sentence constructions», *Psych. Monographs*, 80, 5.

CLARK, H.H., 1969, «Linguistic processes in deductive reasoning», *Psych. Rev.*, 76 : 387-404 [«Processus linguistiques dans le raisonnement déductif», dans Mehler, J. et G. Noizet (dir.), p. 565-602].

CLARK, H.H., 1970, *How We Understand Negation*, Département de psychologie, Univ. Stanford, Miméographié.

— 1974, «Semantics and comprehension», dans T.A. Sebeok (dir.), *Current Trends in Linguistics*, vol. 12: *Linguistics and Adjacents Arts and Sciences*, La Haye, Mouton.

COHEN, R., 1971, «Differential cerebral processing of noise and verbal stimuli, *Science*, 172: 599-601.

COLE, R.A. et B. SCOTT, 1972, «Phoneme feature detectors», Communication au congrès de l'Eastern Psych. Ass., Boston, Avril.

— 1973, «Perception of temporal order in speech: the role of vowel transitions», *Rev. canadienne de Psych*, 27,4: 441-449.

— 1974, «The phantom in the phoneme: invariant characteristics of stop consonants», *Perception and Psychophysics*, 15: 101-107.

COLEMAN, H.O., 1974, «Intonation and emphasis», *Misc. Phonetica*, 1: 6-26.

COLLINS, A.M. et M.R. QUILLIAN, 1969, «Retrieval time from semantic memory», *J. of Verb. Learn. and Verb. Behavior*, 8: 240-241.

COOK, M., 1969 a, «Anxiety, speech disturbance and speech rate», *British J. of Social and Clinical Psych.*, 8: 13-21.

— 1969 b, «Transition probabilities and the incidence of filled pauses», *Psychonometric Science*, 16,4: 191-192.

CROTHERS, E. et P. SUPPES, 1969, *Experiments in Second-Language Learning*, New York, Academic Press.

CRYSTAL, D., 1969, *Prosodic Systems and Intonation in English*, Cambridge, Angleterre, Cambridge Univ. Press.

DANES, F., 1960, «Sentence intonation from a functional point of view», *Word*, 16: 34-54.

DANKS, J. et S. GLUCKSBERG, 1970, «Psychological scaling of linguistic properties», *Lang. and Speech*, 13: 118-138.

DAVIS, H., 1961, «Peripheral coding of auditory information», dans W.A. Rosenblith (dir.), *Symposium on principles of sensory communication*, Cambridge, Mass., The M.I.T. Press.

DE GROOT, A.D., 1965, *Thought and Choice in Chess*, La Haye, Mouton.

DELATTRE, P.C., A.M. LIBERMAN et F.S. COOPER, 1955, «Acoustic loci and transitional cues for consonant», *J. of The Acoustical Soc. of America*, 7: 769-773.

DENES, P., 1955, «Effect of duration on the perception of voicing», *J. of the Acoustical Soc. of America*, 27: 761-768.

DERBYSHIRE, A.J. et G.A. McCANDLESS, 1964, «Template of EEG responses to sound», *J. of Speech and Hearing Res.*, 7: 95-102.

DERWING, B.L., 1973, *Transformational Grammar as a Theory of Language Acquisition*, Londres, Cambridge Univ. Press.

— 1974, «English pluralization: a testing ground for rule evaluation», Communication faite au congrès annuel de l'Ass. canadienne de ling., Toronto, à paraître dans G.D. Prideaux, B.L. Derwing et W.J. Baker (dir.), *Experimental Linguistics*.

DERWING, B.L. et W.J. BAKER, 1976, *On the Learning of English morphological Rules*, Rapport définitif au Conseil des Arts du Canada, Dossier n° S 73-0387.

DeSAUSSURE, F., 1974, *Cours de linguistique générale*, édition critique préparée par Tullio de Mauro, Paris, Payot, Payothèque.

DOOLING, J.D., 1974, «Rhythm and syntax in sentence perception», *J. of Verb. Learning and Verb. Behavior*, 13: 255-264.

DOWNEY, R. et D. HAKES, 1968, «Some psychological effects of violating linguistic rules, *J. of Verb. Learn. and Verb. Behavior*, 7: 158-161.

DREYFUS, H.L., 1972, *What Computers Can't Do: A Critique of Artificial Reason*, New York, Harper and Row.

DUNKEL, H.B., 1948, *Second-Language Learning*, Boston, Ginn and Co.

EFRON, R., 1963, «Temporal perception, aphasia and déjà vu», *Brain*, 86: 403-424.

EIMAS, P.D., E.R. SIQUELAND, P. JUCSZYK et J. VIGORITO, 1971, «Speech perception in early infancy», *Science*, 171: 303-306.

EMONDS, J.E., 1976, *A Transformational Approach to English Syntax: Root, Structure-Preserving, and Local Transformations*, New York, Academic Press.

ERVIN-TRIPP, S.M. et D.J. SLOBIN, 1966, «Psycholinguistics», *Annual Rev. of Psych.*, 17: 435-474.

ERTESCHIK, N., 1973, *On the Nature of Island Constraints*, Thèse de doctorat, M.I.T.

FANT, G., 1967, «Auditory patterns of speech», dans W. Wathen-Dunn (dir.), *Models for the Perception of Speech and Visual Forms*, Cambridge, Mass., The M.I.T. Press.

FELDMAN, J., 1969, «Some decidability results on grammatical inference and complexity», *Stanford Artificial Intelligence Project*, Rapport AI-93, Univ. Stanford, Calif.

FELDMAR, A., 1969, *Syntactic Structure and Speech Decoding: The Judgement of Sequence in Auditory Events*, Thèse de maîtrise, London, Univ. du Western Ontario.

FELDSTEIN, S., 1964, «Voice patterning of emotional expression», dans J.H. Masserman (dir.), *Development of Research*, New York, Grune & Stratton, p. 193-210.

FERGUSON, G.A., 1966, *Statistical Analysis in Psychology and Education*, New York, McGraw-Hill.

FILLENBAUM, S., 1970, «On the use of memorial techniques to assess syntactic structure», *Psych. Bul.*, 73: 321-237 [«De l'utilisation des techniques mnémoniques pour l'investigation des structures syntaxiques», dans Mehler, J. et G. Noizet (dir.), p. 471-484].

— 1970, «Syntactic locus as a determinant of judged pause duration», *Perception and Psychophysics*, 2: 219-221.

— 1971, «Psycholinguistics», *Annual Review of Psychology*, Palo Alto, Calif., Annual Reviews Inc.

FILLMORE, C.J., 1966, «A proposal concerning English prepositions», dans F.P. Dinneen (dir.), *Report of the 17th Annual Rountable Meeting on Linguistic and Language Studies*, Washington, D.C., Georgetown Univ. Press.

— 1968, «The case for case», dans Bach, E. et R.T. Harms (dir.), p. 1-88.

FIRBAS, J., 1964, «On defining the theme in functional sentence analysis», *Travaux linguistiques de Prague*, 1, Univ. of Alabama Press, p. 267-280.

FISCHER-JÖRGENSEN, E. 1954, «Acoustic analysis of stop consonants», *Misc. Phonetica*, 2: 42-59.

— 1972, «Tape cutting experiments with Danish stop consonants in initial position», *Rapport annuel VII*, Copenhague, Institut de phonétique, Univ. de Copenhague.

FODOR, J.A., 1968, *Psychological Explanation: An Introduction to the Philosophy of Psychology*, New York, Random House.

FODOR, J.A. et T.G. BEVER, 1965, «The psychological reality of linguistics segments», *J. of Verb. Learn. and Verb. Behavior*, 4: 414-420.

FODOR, J.A. et M. GARRETT, 1966, «Some reflections on competence and performance», dans J. Lyons et R.J. Wales (dir.), *Psycholinguistic papers: The Proceedings of The 1966 Edinburgh Conference*, Edimbourg, Edinburgh Univ.
Press.

-    1967, «Some syntactic determinants of sentential complexity», *Perception
and Psychophysics*, 4: 304-306.

FODOR, J.A., T.G. BEVER et M. GARRETT, 1968, *The Development of Psychological Models for Speech Recognition*, Département de psychologie, Mass. Institute of Technology.

-    1974, *The Psychology of Language*, New York, Mc Graw-Hill.

FOSTER, K.I., 1970, «Visual perception of rapidly presented word sequences of varying
complexity», *Perception and Psychophysics*, 8: 215-221.

FOSTER, K.I. et L. RYDER, 1971, «Perceving the structure and meaning of sentences»,
J. of Verb. Learn. and Verb. Behavior, 10: 285-296.

FOULKE, E., 1970, «Methods of controlling the word rate of recorded speech», *The
J. of Communication*, 20: 305-314.

FOULKE, E., C.H. AMSTER, C.Y. NOLAN et R.H. BIXLES, 1962, «The comprehension of rapid speech by the blind», 2: 134-141.

FOULKE, E. et T.G. STICHT, 1967, «The intelligibility and comprehension of time
compressed speech», dans E. Foulke (dir.), *Proc. of the Louisville Conference
on Time compressed Speech*, Louisville, Kent., Univ. of Louisville.

-    1969, «Review of research on the intelligibility and comprehension of acce-
lerated speech», *Psych. Bul.*, 72: 50-62.

FRAISSE, P., 1969, «Why is naming longer than reading?», *Acta Psychologica*, 30:
96-103.

FRAZER, J.G., 1911-1936, *Golden Bough: Study in Magic and Religion*, 13 vol.,
New York, St-Martin.

FRY, D.B., 1955, «Duration and intensity as physical correlates of linguistic stress»,
J. of the Acoustical Soc. of America, 27: 765-768.

-    1968, «Prosodic phenomena», dans B. Malmberg (dir.), *Manual of Phonetics*,
Amsterdam, North-Holland Publ. Co., p. 365-410.

GARNER, W.R., 1966, «To perceive is to know», *American Psychologist*, 21: 11-19.

GARRETT, M.F., 1965, *Syntactic Structure and Judgements of Auditory Events:
A Study of the Perception of Extraneous Noise in Sentences*, Thèse de doctorat, Univ. de l'Illinois.

-    1970, «Does ambiguity complicate the perception of sentences», dans G.B. Flores
d'Arcais et J.M. Levelt (dir.), *Advances in Psycholinguistics*, Amsterdam, North-
Holland Publ. Co., p. 48-60.

GARRETT, M.F., T.G. BEVER et J.A. FODOR, 1966, «The active use of grammar
in speech perception», *Perception and Psychophysics*, 1: 30-32.

GARRETT, M.F. et J.A. FODOR, 1968, «Psychological Theories and linguistic constructs», dans T.R. Dixon et D.L. Horton (dir.), *Verbal Behavior and General
Behavior Theory*, Englewood Cliffs, N.J., Prentice-Hall, p. 451-477.

GIBSON, E.J., 1965, «Learning to read», *Science*, 148: 1066-1072.

GLEITMAN, L.R. et H. GLEITMAN, 1970, *Phrase et Paraphrase: Some innovative
Uses of Language*, New York, W.W. Norton and Co.

GOLD, M., 1967, «Language identification in the limit», *Information and Control*,
10: 447-474.

GOLDMAN-EISLER, F., 1951, «The measurement of time sequences in conversational
behavior», *British J. of Psych.*, 42: 355-362.

GOLDMAN-EISLER, F., 1952, «Individual differences between interviewers and their effect on interviewees' conversational behavior», *J. of Mental Science*, 98: 660-671.

— 1954, «On the variability of the speed of talking and on its relation to the length of utterances in conversations», *British J. of Psych.*, 45: 94.

— 1955, «Speech-breathing activity – a measure of tension and effect during interviews», *British J. of Psych.*, 25: 53-63.

— 1956 a, «Speech-breathing activity and context in psychiatric interviews», *British J. of Psych.*, 29: 95.

— 1956 b, «A contribution to the objective measurement of the cathartic process», *J. Mental Science*, 102: 78-95.

— 1956 c, «The determinants of the rate of speech and their mutual relations», *J. of Psych. Res.*, 2: 137-143.

— 1958 a, «Speech production and the predictability of words in context», *Quart. J. of Exper. Psych.*, 10: 96-106.

— 1958 b, «The predictability of words in context and the length of pauses in speech», *Lang. and Speech*, 1: 226-231.

— 1961 a, «Hesitation and information in speech», dans C. Cherry (dir.), *Information Theory*, Londres, Butterworth, p. 162-174.

— 1961 b, «A comparative study of two hesitation phenomena», *Lang. and Speech*, 4: 18-26.

— 1968, *Psycholinguistics: Experiments in Spontaneous Speech*, New York, Academic Press.

GOODENOUGH, C., 1973, *A Psycholinguistic Investigation of Theme and Information Focus*, Thèse de doctorat, Univ. de Toronto.

GOUGENHEIM, G., 1958, *Dictionnaire fondamental de la langue française*, édition revue et augmentée, Paris, Didier.

GOUGH, P.B., 1965, «Grammatical transformations and speed of understanding», *J. of Verb. Learning and Verb. Behavior*, 5: 107-111.

— 1966, «The verification of sentences: the effects of delay of evidence and sentence length», *J. of Verb. Learning and Verb. Behavior*, 5: 492-496. [«Verification des phrases: Influence du décalage de la preuve et de la longueur de la phrase», dans Mehler, J. et G. Noizet (dir.), p. 487-496.]

GREENE, J., 1972, Psycholinguistics: *Chomsky and Psychology*, Penguin Books.

HADDING-KOCH, K. et M. STUDDERT-KENNEDY, 1964, «An experimental study of some intonation contours», *Phonetica*, 2: 175-210.

HALL-PARTEE, B., 1971, «Linguistic metatheory», dans W.O. Dingwall (dir.), *A Survey of Linguistic Science*, Baltimore, Linguistic Program, Univ. du Maryland, p. 650-670.

HALLE, M., 1961, «On the role of simplicity in linguistic descriptions», dans R. Jakobson (dir.), *Structure of Language and its Mathematical Aspects*, Proc. of the 12th Symposium in Applied Mathematics, Providence, R.I.

HALLE, M., G.W. HUGHES et J.P.H. RADLEY, 1957, «Acoustic properties of stop consonants», *J. of The Acoustical Soc. of America*, 29: 107-116.

HALLIDAY, M.A.K., 1967-1968, «Notes on transitivity and theme in English», *J. of Ling.*, 3: 37-81, 199-244 et 4: 179-215.

— 1970, «Language structure and language function», dans J. Lyons (dir.), *New Horizons in Linguistics*, Penguin Books.

HARRIS, C.M., 1953, «A study of the building blocks in speech», *J. of The Acoustical Soc. of America*, 25: 962-969.

HARRIS, K.S., 1958, «Cues for the discrimination of American English fricatives in spoken syllables», *Lang. and Speech*, 7. 1-7.

HARRIS, Z.S., 1951, *Methods in Structural Linguistics*, Chicago, Univ. of Chicago Press.

HAYES, J.R. (dir.), 1970, *Cognition and The Development of Language*, Wiley and Sons.

HEGEDÜS, L., 1953, «On the problem of pauses in speech», *Acta Linguistica of The Academy of Science of Hungary*, 3 : 1-34.

HEINZ, J.M. et K.N. STEVENS, 1961, «On the properties of voiceless fricatives consonants», *J. of The Acoustical Soc. of America*, 33 : 589-596.

HENDERSON, A.I., 1974, «Time patterns in spontaneous speech-cognitive stride or random walk? A reply to Jaffe *et al.*» *Lang. and Speech*, 17 : 119-125.

HENDERSON, A.I., F. GOLDMAN-EISLER et A. SHARBECK, 1965, «Temporal patterns of cognitive activity and breath control in speech», *Lang. and Speech*, 8 : 236-242.

–   1966, «Sequential temporal patterns in spontaneous speech», *Lang. and Speech*, 9 : 207-216.

HERRIOT, P., 1969, «The comprehension of active and passive sentences as a function of pragmatic expectations», *J. of Verb. Learning and Verb. Behavior*, 8 : 166-169.

HEYTING, A., 1966, *Intuitionism: An Introduction*, 2ᵉ édition, Amsterdam, North-Holland Publ. Co.

HOCKETT, V.H. et K.I. Foster, 1963, «The problem of universals in language», dans J.H. Greenberg (dir.), *Universals of Language*, Cambridge, The M.I.T. Press.

–   1968, *The State of the Art*, La Haye, Mouton.

HOLMES, V.H. et K.I. FOSTER, 1968, *Detection of extraneous signals during sentence recognition*, article non publié, Univ. de Monash, Australie.

–   1972, «Perceptual complexity and underlying sentence structure», *J. of Verb. Learn. and Verb. Behavior*, 11 : 148-156.

HOOK, S. (dir.), 1969, *Language and Philosophy*, New York, New York Univ. Press.

HÖRMAN, H., 1971, *Psycholinguistics*, Springer-Verlag [*Introduction à la psycholinguistique*, trad. par F. Dubois-Charlier, Paris, Larousse, 1972].

HORNBY, P.A., 1972, «The psychological subject and predicate», *Cognitive Psych.*, 3 : 632-642.

HOUSE, A.S., 1961, «On vowel duration in English», *J. of The Acoustical Society of America*, 25 : 105-113.

HOUSEHOLDER, F.W., 1971, *Linguistic Speculations*, Londres, Cambridge Univ. Press.

HSIEH, H.I., 1970, «The psychological reality of tone sandhi rules in Taiwanese», dans *Papers from the Sixth Regional Meeting of the Chicago Linguistic Society*, Chicago, Chicago Ling. Soc.

HUGGINS, A.W.F., 1972, «On the perception of temporal phenomena in speech», *J. of The Acoustical Soc. of America*, 51 : 1279-1290.

HUGHES, G.W. et M. HALLE, 1956, «Spectral properties of fricative consonants», *J. of The Acoustical Soc. of America*, 28 : 303-310.

HUNT, E., 1971, «What kind of computer is man?», *Cognitive Psych.*, 2 : 57-98.

HUTTENLOCHER, J., 1968, «Constructing spatial images: A strategy in reasoning», *Psych. Rev.*, 75 : 550-560.

HYDE, S.R., 1972, «Automatic speech recognition: A critical survey of the literature», dans E. David et P. Denes (dir.), *Human Communication: A Unified View*, New York, Mc Graw Hill.

IVIMEY, G.P., 1975, «The development of English morphology: an acquisition model», *Lang. and Speech*, 18: 120-144.

JACOBS, R.A. et P.S. ROSENBAUM, 1968, *English Transformational Grammar*, Toronto, Blaisdell.

– (dir.), 1970, *Readings in English Transformational Grammar*, Ginn and Co.

JAFFE, J. et S. BRESKIN, 1970, «Temporal patterns of speech and sample size», *J. of Speech and Hearing Res.*, 13: 667-668.

JAFFE, J., S. BRESKIN et L.J. GERSTMAN, 1970, «On the range of sequential constraint in monologue rhythms», *Psychonometric Science*, 19: 233-234.

JAFFE, J. et S. FELDSTEIN, 1970, *Rhythms of Dialogue*, New York, Academic Press.

JAKOBSON, R., G. FANT et M. HALLE, 1952, *Preliminaries to Speech Analysis: The Distinctive Features and Their Correlates*, Rapport technique 13, Acoustics Laboratory, Cambridge, M.I.T.: Publié en 1963, Cambridge, The M.I.T. Press, [«Le concept de trait distinctif», extraits trad. par Yvonne Noizet, dans Mehler, J. et G. Noizet (dir.), p. 129-150].

JESPERSEN, OTTO (1922), *Language, its Nature, Development, and Origin*, Londres, Allen and Unwin.

– 1924, *The Philosophy of Grammar*, Londres, Allen and Unwin, [La philosophie de la grammaire, trad. par Anne-Marie Léonard, Paris, Les Éditions de Minuit, coll. Arguments].

JOHNSON, N.F., 1965, «The Psychological reality of phrase-structure rules», *J. of Verb. Learning and Verb. Behavior*, 4: 469-475.

– 1968, «Sequential verbal behavior», dans R.R. Dixon et D.L. Horton (dir.), *Verbal Behavior and General Behavior Theory*, N.J., Prentice-Hall, p. 421-450.

JOHNSON-LAIRD, P.N., 1974, «Experimental psycholinguistics», dans M.R. Rosenzweig et L.W. Porter (dir.), *Annual Review of Psychology*, vol. 25, Palo Alto, Califor., Annual Reviews Inc.

JOOS, M., 1961, *The Five Clocks*, New York, Harcourt, Brace and World.

KASL, S.V. et G.F. MAHL, 1965, «The relationship of disturbances and hesitations in spontaneous speech to anxiety», *J. of Personal and Social Psych.*, 1: 425-433.

KATZ, J.J., 1964, «Semantic theory and the meaning of «good», *Language*, 39: 170-210.

KATZ, J.J. et P. POSTAL, 1964, *An Integrated Theory of Linguistic Description*, Cambridge, The M.I.T. Press., [*Théorie globale des descriptions linguistiques*, trad. par Jean-Yves Pollock, Mame, coll. Repères, Série Bleue].

KENDLER, H.H. et T.S. KENDLER, 1962, «Vertical and horizontal processes in problem solving», *Psych. Rev.*, 69: 1-16.

KIMBALL, J., 1970, «Remind remains», *Ling. Inquiry*, 1: 511-523.

KIMURA, D., 1967, «Functional asymetry of the brain in dichotic listening», *Cortex*, 3: 163-178.

KIMURA, D. et S. FOLB, 1968, «Neural processing of backward-speech sounds», *Science*, 161: 395-396.

KINSBOURNE, M. et D. HARTLEY, (Mars 1969), «Distinctive feature analysis in children's perception of simple shapes», Communication au congrès de la Soc. for Res. in Child Development, Santa Monica, Calif.

KIPARSKY, P., 1968, «Linguistic universals and linguistic change», dans Bach, E. et R.T. Harms (dir.).

KÖHLER, W., 1929, *Gestalt Psychology*, New York, Liveright, [*Psychologie de la forme*, trad. par Serge Bricianer, Gallimard, «Idées», 1964].

KOUTSOUDAS, A., 1966, *Writing Transformational Grammars*, New York, Mc Graw-Hill.

KOZHEVNIKOV, V.A. et L.A. CHISTOVICH, 1965, *Speech: Articulation and Perception*, Washington, D.C., U.S. Department of Commerce Clearinghouse for Federal Scientific and Technical Information.

KOWAL, S., D.C. O'CONNELL, E.A. O'BRIEN et E.T. BRYANT, 1975, «Temporal aspects or reading and speaking», *American J. of. Psych.*

KOWAL, S., D.C. O'CONNELL et E.J. SABIN, 1975, «Development of temporal patterning and vocal hesitations in spontaneous narratives», *J. of Psycholing. Res.*, 4 : 195-208.

KRAMER, E., 1963, «Judgements of personal characteristics and emotions from non-verbal properties of speech», *Psych. Bul.* 60 : 408-420.

KRAUSE, M.S. et M. PILISUK, 1961, «Anxiety in verbal behavior: a validation study», *J. of Consultant Psych.*, 25 : 414-419.

KUNO, S., 1974, «The position of relative clauses and conjunctions», *Ling. Inquiry*, 5 : 117-136.

LADEFOGED, P. et D. BROADBENT, 1960, «Perception of sequence in auditory events», *Quart. J. of Exper. Psych.*, 12 : 162-170.

LADEFOGED, P. et V. FROMKIN, 1968, «Experiments on competence and performance», *IEEE Transactions on Audio and Electroacoustics*, Au-16, n° 1 :130-136.

LAKOFF, G., 1971, «On generative semantics», dans Steinberg, D.D. et L.A. Jakobovitz (dir.), p. 234-296.

LAKOFF, G et H. THOMPSON, 1975, «Introducing cognitive grammar», dans les Ac. du *First Annual Meeting of the Berkeley Ling. Soc.*, Institute for Human Learning, Univ. de Californie, Berkeley, Calif., 94720.

LALLJEE, M.G. et M. COOK, 1969, «An experimental investigation of the function of filled pauses in speech», *Lang. and Speech*, 12 : 24-28.

LASHLEY, K.S., 1951, «The problem of serial order in behavior», dans L.A. Jeffress (dir.), *Cerebral Mechanisms in Behavior*, New York, Wiley and Sons.

LAY, C.H. et A. PAIVIO, 1969, «The effects of task difficulty and anxiety on hesitations in speech», *Rev. canadienne des sciences du comportement*, 1 : 25-37.

LEES, R.B., 1963, *The Grammar of English Nominalizations*, La Haye, Mouton.

LEVELT, W.J.M., 1970, «Hierarchical chunking in sentence processing», *Perception and Psychophysics*, 8 : 99-103.

LEVIN, H., I. SILVERMAN, 1965, «Hesitation phenomena in children's speech», *Lang. and Speech*, 8 : 67-85.

LEVIN, H., I. SILVERMAN et B.L. FORD, 1967, «Hesitations in children's speech during explanation and description», *J. of Verb. Learning and Verb. Behavior*, 6 : 560-564.

LEVY-BRUHL, L., 1922, *la Mentalité primitive*, Paris, Alcan.

LIBERMAN, A.M., 1970, «The grammars of speech and language», *Cognitive Psych.*, 1 : 301-323.

LIBERMAN, A.M., F.S. COOPER, D.P. SHANKWEILER et M. STUDDERT-KENNEDY, 1967, «Perception of the speech code», *Psych. Rev.*, 74 : 431-461.

LIBERMAN, A.M., P.C. DELATTRE et F.S. COOPER, 1952, «The role of selected stimulus variables in the perception of the unvoiced stop consonants», *American J. of Psych.*, 65 : 497-516.

LIBERMAN, A.M., P.C. DELATTRE et F.S. COOPER, 1958, «Some cues for the distinction between voiced and voiceless stops in initial position», *Lang. and Speech*, 1: 153-167.

LIBERMAN, A.M., P.C. DELATTRE, F.S. COOPER et L.J. GERSTMAN, 1954, «The role of consonant-vowel transitions in the perception of the stop and nasal consonants», *Psych. Monographs*, 68: 1-13.

LIBERMAN, A.M., K.S. HARRIS, P.D. EIMAS, L. LISKER et J. BASTIAN, 1961, «An effect of learning on speech perception: the discrimination of durations of silence with and without phonemic significance», *Lang. and Speech*, 4: 175-195.

LIBERMAN, A.M., I.G. MATTINGLY et M.T. TURVEY, 1972, «Language codes and memory codes», dans A.W. Melton et E. Martin (dir.), *Coding Processes in Human Memory*, New York, Halstead Press.

LICKLIDER, J.C.R., 1959, «Three auditory theories», dans S. Koch (dir.), *Psychology: A study of a Science*, vol. 1, New York, Mc GrawHill.

LIEBERMAN, P., 1965, «On the acoustic basis of perception of intonation by linguists», *Word*, 21: 50-53.

– 1960, «Some acoustic correlates of word stress in American English», *J. of the Acoustical Soc. of America*, 32: 451-454.

LISKER, L., 1957, «Closure duration and the voiced – voiceless distinction in English», *Language*, 33: 42-49.

– 1965, «Stop categorization and voice onset time», *Ac. du cinquième congrès international des sciences phonétiques*, Bâle, Karger.

– 1967, «Some effects of context on voice onset time in English stops», *Lang. and Speech*, 10, 3: 1-28.

LOUNSBURY, F.G., 1954, «Transitional probability, linguistic structure, and systems of habit – family hierarchies», dans C.E. Osgood et T.A. Sebeok (dir.), *Psycholinguistics: A Survey of Theory and Research Problems*, Baltimore, Waverly press, p. 93-101.

LUCHINS, A.S. et E.H. LUCHINS, 1965, *Logical Foundations of Mathematics for behavioral Scientists*, New York, Holt, Rinehart and Winston.

LYONS, J., 1968, *Introduction to Theoretical Linguistics*, Cambridge, Cambridge Univ. Press. [*Linguistique générale: introduction à la linguistique théorique*, trad. par Françoise Dubois-Charlier et David Robinson, Paris, Larousse, «Langue et langage», 1970.]

LYONS, J. et R.J. WALES (dir.), 1968, *Psycholinguistic Papers*, Edimbourg, Edinburgh Univ. Press.

LYNCH, G., 1934, «A phonophotographic study of trained and untrained voices reading factual and dramatic material», *Arch. : Speech*, 1: 9-25.

MACLAY, H. et C.E. OSGOOD, 1959, «Hesitation phenomena in spontaneous English speech», *Word*, 15: 19-44.

MacKAY, D.G., 1966, «To end ambigous sentences», *Perception and Psychophysics*, 1: 426-436.

MacKAY, D.G. et T.G. BEVER, 1967, «In search of ambiguity», *Perception and psychophysics*, 2: 193-200.

MAHL, G.F., 1956 a, «Disturbances and silences in the patient's speech in psychotherapy», *J. of Abnormal and Social Psych.*, 53: 1-15.

– 1956 b, «Disturbances in the patient's speech as a function of anxiety», Communication à l'Eastern Psych. Ass., Atlantic City, N.J., publié dans I. Pool (dir.), *Trends in Content Analysis*, Urbana, Univ. of Illinois Press, 1959, p. 89-130.

MALÉCOT, A., 1956, «Acoustic cues for nasal consonants», *Language*, 32: 274-284.

— 1958, «The role of releases in the identification of the released final stops», *Language*, 34: 370-380.

MARAN, L., 1973, «Classificatory and phonetic features: a note on their relationship», dans M.J. Kenstowicz et C.W. Kisseberth (dir.), *Issues in phonological theory*, La Haye, Mouton, p. 60-74.

MARKS, L. et G.A. MILLER, 1964, «The role of semantic and syntactic constraints in the memorization of English sentences», *J. of Verb. Learning and Verb. Behavior*, 3: 1-5.

MARTIN, E., 1968, «Stimulus meaningfulness and paired-associate transfer», *Psych. Rev.*, 75: 421-441.

MARTIN, E. et K.H. ROBERTS, 1967, «Sentence length and sentence retention in the free-learning situation», *Psychonometric Science*, 8: 535-536.

MARTIN, E., K.H. ROBERTS et A.M. COLLINS, 1968, «Short-term memory for sentences», *J. of Verb. Learning and Verb. Behavior*, 7: 560-566.

MARTIN, J.E., B. KOLODZIEJ et J. GENAY, 1971, «Segmentation of sentences into phonological units as a function of constituent length», *J. of Verb. Learning and Verb. Behavior*, 10: 226-233.

MARTIN, J.G., 1968, «Temporal word sparing and the perception of ordinary, anomalous, and scrambled strings», *J. of Verb. Learning and Verb. Behavior*, 7: 154-157.

— 1970 a, «Rythm-induced judgements of word stress in sentences», *J. of Verb. Learning and Verb. Behavior*, 9: 427-438.

— 1970 b, «On judging pauses in spontaneous speech», *J. of Verb. Learn. and Verb. Behavior*, 9: 75-78.

MARTIN, J.G. et W. STRANGE, 1968, «Perception of hesitations in anomalous speech», *Perception and Psychophysics*, 3: 427-438.

MASSARO, D.W. «Preperceptual images, processing time, and perceptual units in auditory perception», *Psych. Rev.*, 79: 124-125.

MATARAZZO, J.D., A.N. WIENS et G. SASLOW, 1965, «Studies of interview speech behavior», dans L. Krasner et L.P. Ullmann (dir.), *Research in Behavior Modification: New Developments and their Clinical Implications*, New York, Holt, Rinehart and Winston.

MATTHEWS, P.H., 1967, «Review of Chomsky: *Aspects of the Theory* of Syntax», *J. of Ling.*, 3: 119-152.

— 1972, «Some reflections on Latin morphonology», *Transactions of the Philological Soc.*, 59-78.

McCARTHY, J. et P. HAYES, 1969, «Some Philosophical problems from the standpoint of artificial intelligence», *Machine Intelligence 4*, Edimbourg, Univ. of Edinburgh Press.

McCAWLEY, J.D., 1968, «The role of semantics in grammar», dans Bach, E. et R.T. Harms (dir.).

— 1968 a, «Lexical insertion in a transformational grammar without deep structure», dans Bailey, C.J. et col. p. 71-80.

— 1968 b, «Review of Sebeok (dir.): *Current Trends in Linguistics III: Theoretical Foundations*», *Language*, 44: 559-563.

McCAWLEY, J.D., 1971, «*Where do noun phrases come from?*», dans Steinberg, D.D. et L.A. Jakobovitz (dir.): p. 217-231.

MEHLER, J., 1963, «Some effects of grammatical transformations on the recall of English sentences», *J. of Verb. Learning and Verb. Behavior*, 2: 346-351.

MEHLER, J. et T.G. BEVER, 1968, «The study of competence in cognitive psychology», *International J. of Psych.*, 3-4: 273-280.

MEHLER, J. et P. CAREY, 1968, «The interaction of veracity and syntax in processing of sentences», *Perception and Psychophysics*, 3: 109-111.

MEHLER, J. et G. NOIZET (dir.), 1974, *Textes pour une psycholinguistique*, textes traduits par Yvonne Noizet, Paris, La Haye, Mouton.

MENYUK, P., 1969, *Sentences Children Use*, Cambridge, Mass., M.I.T. Press.

MILLER, G.A., 1956, «The perception of speech», dans M. Halle (dir.). *For Roman Jakobson, Essays on the Occasion of his sixtieth Birthday*, La Haye, Mouton.

– 1962, «Decision units in the perception of speech», *IRE Transactions on Information Theory*, IT-8: 81-83.

– 1962, «Some psychological studies of grammar», *American Psychologist*, 17: 748-762.

– 1967, «Psychological approaches to the study of communication» dans D.L. Arm (dir.), *Journeys in Science*, Albuquerque, The Univ. of New Mexico Press, p. 22-73.

MILLER, G.A. et P. NICELY, 1955, «An analysis of perceptual confusions among some English consonants», *J. of The Acoustical Soc. of America*, 27: 338-352 [«Analyse de confusions perceptives entre consonnes anglaises», dans Mehler, J. et G. Noizet (dir.), p. 175-207].

MILLER, G.A., E. GALANTER et K.H. PRIBRAM, 1960, *Plans and The Structure of Behavior*, New York, Holt, Rinehart and Winston.

MILLER, G.A. et N. CHOMSKY, 1963, «Finitary models of language users», dans R.D. Luce et E. Galander (dir.), *Handbook of Mathematical Psychology*, vol. II, New York, Wiley and Sons.

MILLER, G.A., G. HEISE et W. LICHTEN, 1951, «The intelligibility of speech as a function of the context of the test materials», *J. of Exper. Psych.*, 41: 329-335.

MILLER, G.A. et S. ISARD, 1963, «Some perceptual consequences of linguistic rules», *J. of Verb. Learning and Verb. Behavior*, 2: 217-228.

MISHLER, E.G. et N.E. WAXLER, 1970, «Functions of hesitations in the speech of normal families and families of schizophrenic patients», *Lang. and Speech*, 13: 102-117.

MONOD, Jacques, 1970, *Le hasard et la nécessité: essai sur la philosophie naturelle de la biologie moderne*, Paris, Éditions du Seuil.

MONONEN, L.J. et M.R. SEITZ, 1975, «An analysis of contralateral advantage in the transmission of auditory information». Sous presse.

MORTON, J., 1966, «Discussion of «On hearing sentences», dans Lyons, J. et R.J. Wales (dir.).

– 1969, «Interaction of information in word recognition», *Psych. Rev.*, 76: 165-178.

MOSKOWITZ, B.A., 1973, «On the status of vowel shift in English», dans T.E. Moore (dir.), *Cognitive Development and the Acquisition of Language*, New York, Academic Press.

MURRAY, D.C., 1971, «Talk, silence and anxiety», *Psych. Bul.*, 75: 244-260.

MURRAY, E. et J. TIFFIN, 1934, «An analysis of some basic aspects of effective speech», *Arch. Speech*, 1: 61-83.

MYHILL, J., 1952, «Some philosophical implications of mathematical logic», *Rev. of Metaphysics*, 6: 165-198.

NEISSER, U., 1967, *Cognitive Psychology*, New York, Appleton-Century-Crofts.

NEWELL, A. et H.A. SIMON, 1972, *Human Problem Solving*, Englewood Cliffs, N.J., Prentice-Hall.

NORMAN, D.A. et D.E. RUMMELHART, 1975, *Explorations in Cognition*. San Francisco, W.H. Freeman and Co.

NORTHROP, M.S.C., 1947, *The Logic of the Sciences and Humanities*, New York, MacMillan.

O'CONNELL, D.C., S. KOWAL et L. HÖRMAN, 1970, «Semantic determinants of pauses», dans Flore d'Arcais, G.B. et W.J.M. Levelt (dir.), *Advances in Psycholinguistics*, New York, American Elsevier, p. 218-223.

OGDEN, C.K., 1932, *Opposition*, Bloomington, Indiana Univ. press.

OGDEN, C.K. et I.A. RICHARDS, 1923, *The Meaning of Meaning*, New York, Harcourt, Brace and World.

OHALA, M., 1974, «The abstractness controversy: experimental input from Hindi», *Language*, 50: 225-235.

OLSON, D.R., 1970, *Cognitive Development: The Child's Acquisition of Diagonality*, New York, Academic Press.

OLSON, D.R. et N. FILBY, 1972, «On the comprehension of active and passive sentences», *Cognitive Psych.*, 3, 3: 361-81.

OSGOOD, C.E., 1963, «On understanding and creating sentences», *American Psychologist*, 18: 735-751.

— 1968, «Toward a wedding of insufficiencies», dans T.R. Dixon et D.L. Horton (dir.), *Verbal Behavior and General Behavior Theory*, Englewood Cliffs, N.J., Prentice-Hall.

— 1969, «Where do sentences come from?», Urbana, Univ. de l'Illinois, Miméographié.

OSGOOD, C.E. et J.J. JENKINS, 1954, «A psycholinguistic analysis of decoding and encoding», dans Osgood, C.E. et T.A. Sebeok (dir.), *Psycholinguistics: A Survey of Theory and Research Problems*, Baltimore, Waveriey Press, p. 126-153.

OVERMANN, R., 1971, «Processing time as a variable in the comprehension of time-compressed speech», dans E. Foulke (dir.), *Proceedings of the Second Louisville Conference on Rate and/or Frequency-Controlled Speech*, Louisville, Univ. of Louisville, p. 103-118.

PAIVIO, A., 1969, «Mental imagery in associative learning and memory» *Psych. Rev.*, 76: 241-263.

PANEK, D.M. et B. MARTIN, 1959, «The relationship between GSR ans speech disturbances in psychotherapy», *J. of Abnormal and Social Psych.*, 58: 402-405.

PAUL, H., 1891, *Principles of the History of Language*, traduit de l'allemand par H.A. Strong, Londres, Longmans, Green.

PERFETTI, C.A., 1969, «Lexical density and phrase structure depth as variables in in sentence retention», *J. of Verb. Learning and Verb. Behavior*, 8: 719-724.

PETERFALVI, J.M., 1970, *Introduction à la psycholinguistique*, Paris, Presses Universitaires de France.

PETERS, S. et R. RITCHIE, 1969, «A note on the universal base hypothesis», *J. of Ling.*, 5: 150-152.

PETERSON, G.E. et I. LEHISTE, 1960, «Duration of syllables in English», *J. of the Acoustical Soc. of America*, 32: 693-703.

PICKETT, J.M. et L.R. DECKER, 1960, «Time factors in the perception of a double consonant», *Lang. and Speech*, 3: 11-17.

PIKE, K.L., 1945, *The Intonation of American English*, Ann Arbor, University of Michigan Press.

PIQUETTE, Élyse, 1976, «The translator's sensitivity to syntactic ambiguity: a psycholinguistic experiment», *Rev. canadienne de Ling.*, 21, 1: 95-106.

POLYA, G., 1954, *Mathematics and Plausible Reasoning*, vol. I et II, Princeton, N.J., Princeton Univ. Press.

POPE, B., T. BLASS, A.W. SIEGMAN et J. RAHER, 1970, «Anxiety and depression in speech», *J. of consulting and Clinical Psych.*, 35 : 128-133.

POSNER, M.I. et S.J. BOIES, 1971, «Components of attention», *Psych. Rev.*, 78: 391-408.

POSTAL, P.M., 1964, *Constituent Structures*, Indiana Univ. Press.

–   1970, «On the surface verb «remind», *Ling. Inquiry*, 1 : 37-120.

PRESTON, J.M., 1967, «Encoding and decoding in oral communications involving pleasant and unpleasant content», Thèse de doctorat, Univ. du Western Ontario.

PRESTON, J.M. et R.C. GARDNER, 1967, «Dimensions of oral and written language fluency», *J. of Verb. Learning and Verb. Behavior*, 6 : 936-945.

PRIDEAUX, G.D., 1971, «On the notion: «linguistically significant generalization», *Lingua*, 26 : 337-347.

PRIDEAUX, G.D. et W.J. BAKER: À paraître, «The recognition of ambiguity», dans G.D. Prideaux, B.L. Derwing et W.J. Baker (dir.), *Experimental Linguistics*.

PRUCHA, J., 1970, «Problems of generative model in psycholinguistics», Communication faite au Symposium de Linguistique algébrique, Smolenice, Tchécoslovaquie, février.

PYLYSHYN, Z.W., 1972, «Competence and psychological reality», *American Psych.*, 27: 546-552.

–   1973, «What the mind's eye tells the mind's brain: a critique or mental imagery», *Psych. Bul.*, 80 : 1-24.

–   1974, «Minds, machines and phenomenology», *Cognition*, 3 : 57-77.

QUILLIAN, M., 1966, *Semantic Memory*, Thèse de doctorat, Carnegie Institute of Technology [1967, «A propos de concepts: Théorie et simulation de capacités sémantiques de base», dans Mehler. J. et G. Noizet (dir.), p. 637-673.]

QUINE, W.V., 1953, *From a Logical Point of View*, Cambridge, Mass., Harvard Univ. Press.

QUINTING, G., 1971, *Hesitation Phenomena in Adult Aphasic and Normal Speech*, La Haye, Mouton.

RAMSAY, R.W., 1968, «Speech patterns and personality., *Lang. and Speech*, 11 : 54-63.

REBER, A.S. et J. ANDERSON, 1970, «The perception of clicks in linguistic and non-linguistic messages», *Perception and Psychophysics*, 8 : 81-89.

REICHENBACH, H., 1951, *The Rise of Scientific Philosophy*, Berkeley, Univ. of Berkeley Press.

REID, J.R., 1972, *The aural Discrimination of Basic Sentence Types*, Thèse de maîtrise, Univ. d'Alberta.

REYNOLDS, A. et A. PAIVIO, 1968, «Cognitive and emotional determinants of speech», *Rev. canadienne de Ling.*, 22: 164-175.

ROCHESTER, S.R., 1971, *The Significance of Pauses in Decoding Utterances*, Article non publié.

ROCHESTER, S.R. et J.R. GILL, 1973, «Production of complex sentences in monologues and dialogues», *J. of Verb. Learning and Verb. Behavior*, 12 : 203-210.

ROCHESTER, S.R., S. THURSTON et J. RUPP, 1976, «Hesitations as clues to failures in coherence: a study of the thought-disordered speakers», dans S. Rosenberg (dir.), *Sentence Production: Developments in Theory and Research*, New York, Erlbaum (sous presse).

ROMMETVEIT, R., 1968, *Words Meaning and Messages: Theory and Experiments in Psycholinguistics*, New York, Academic Press.

ROSS, J.R., 1966, «Relativization in extraposed clauses», *Report N° NSF-17*, Computional Laboratory, Univ. Harvard, p. V1-V3.

— 1972, «Sloppier and sloppier: a hierarchy of linguistically possible open sentences», Communication faite à l'Atelier de sémantique et linguistique formelles, Univ. du Western Ontario, London, Ontario, Avril.

RUNQUIST, W.N. et V.H. HUTT, 1961, «Verbal concept learning in high school students with pictorial and verbal representation of stimuli», *J. of Educational Psych.*, 52: 108-111.

RYAN, J., 1969, «Grouping and short-term memory: different means and patterns of grouping», *Quart. J. of Exper. Psych.*, 21: 137-147.

— 1969, «Temporal grouping, rehearsal and short-term memory», *Quart. J. of Exper. Psych.*, 21: 148-155.

SALMON, W.C., 1973, «Confirmation», *Scientific American*, 228,5: 75-83.

SALZINGER, K., 1970, «Pleasing linguists: a parable», *J. of Verb. Learning and Verb. Behavior*, 9: 725-727.

SARGENT, D.C., K.P. LI et K.S. FU, 1974, «Syllable detection in continous speech», *J. of The Acoustical Soc. of America*, 55: 410 (résumé).

SASLOW, G. et J.D. MATARAZZO, 1959, «A technique for studying changes in interview behavior», dans E.A. Rubinstein et M.B. Parloff (dir.), *Research in Psychotherapy*, American Psych. Ass., Washington, D.C., p. 125-159.

SAVIN, H.B. et E. PERCHONOCK, 1965, «Grammatical structure and the immediate recall of English sentences», *J. of Verb. Learning and Verb. Behavior*, 4: 348-353.

SAVIN, H.B. et T.G. BEVER, 1970, «The nonperceptual reality of the phoneme», *J. of Verb. Learning and Verb. Behavior*, 9: 295-302.

SHANK, R.C., 1972, «Conceptual dependency: a theory of natural language understanding», *Cognitive Psych.*, 3: 552-631.

SHANK, R.C. et Y. WILKS, 1974, «The goals of linguistic theory revisited», *Lingua*, 34: 301-326.

SCHATZ, C., 1954, «The role of context in perception of stops», *Language*, 30: 47-56.

SCHLESINGER, I.M., 1971, «Production of utterances and language acquisition», dans D.I. Slobin (dir.), *The Ontogenesis of Grammar: a theoretical Symposium*, New York, Academic Press, p. 63-101.

SCHOLES, R.J., 1971, «On the spoken disambiguation of superficially ambiguous sentences», *Lang. and Speech*, 14: 1-11.

SCHOLES, R., D. TEAS, D. NIELSEN et R. IDZICOWSKI, 1969, «An investigation of sensory and motoric activities in the comprehension of sentences», *QPR*, 7: 3.

SCOTT, B., 1971, *The Verbal Transformation Effect as a Function of Embedded Sounds*, Thèse de maîtrise, Univ. de Waterloo, Ontario.

— 1973, «The waveform envelope revisited», Communication faite au congrès de l'Ass. canadienne de Psych., Victoria, Colombie-Britannique.

SCOTT, B. et R. COLE, 1972, «Auditory illusions as caused by embedded sound», *J. of the Acoustical Soc. of America*, 51: 112 (résumé).

SCHWARTZ, J. et J. JAFFE, 1968, «Markovian prediction of sequential temporal patterns in spontaneous speech», *Lang. and Speech*, 11 : 27-30.

SEARLE, J.R., 1969, *Speech Acts: an Essay in the Philosophy of Language*, Londres, Cambridge Univ. Press.

SEITZ, M.R., 1972, *Behavioral and electrophysiological Indicators of the Perception of Clicks Superimposed on Sentences*, Thèse de doctorat, Univ. de Washington, Oregon.

SEITZ, M.R. et B.A. WEBER, 1974, «Effects of response requirements on the location of clicks superimposed on sentences», *Memory and Cognition*, 2 : 43-46.

SHANNON, C.E., 1951, «Prediction and entropy of printed English», *Bell System Technical J.*, 30 : 50-64.

SIEGEL, S., 1956, *Nonparametric Statistics*, New York, Mc Graw Hill.

SIEGMAN, A.W. et B. POPE, 1965 a, «Effects of question specificity and anxiety producing messages on verbal fluency in the initial interview», *J. of Personality and Social Psych.*, 2 : 522-530.

  – 1965 b, «Personality variables associated with productivity and verbal fluency in an initial interview», dans *Proc. of the 73rd Annual Convention of the American Psych. Ass.*, American Psych. Ass., Washington, D.C., p. 273-274.

  – 1966, «Ambiguity and verbal fluency in the TAT», *J. of Consultant Psych.*, 30 : 239-245.

SIMON, H.A. et A. NEWELL, 1964, «Information-processing in computers and man», *American Science*, 52 : 281-300.

SLAMA-CAZACU, T., 1972, *la Psycholinguistique: Lectures*, Paris, Éditions Klincksieck.

SLOBIN, D.I., 1966, «Grammatical transformations and sentence comprehension in childhood and adulthood», *J. of Verb. Learning and Verb. Behavior*, 5 : 219-227.

SMITH, F., 1971, *Understanding Reading*, New York, Holt, Rinehart and Winston.

SMITH, F. et C. GOODENOUGH, 1971, «Effects of context, intonation and voice on the reaction time to sentences», *Lang. and Speech*, 14 : 241-250.

SNELL, B., 1960, *The Discovery of the Mind*, New York, Harper and Row.

SOKOLOV, E.N., 1969, «The modeling properties of the nervous system», dans M. Cole et I. Maltzman (dir.), *A Handbook of Contemporary Soviet Psychology*, New York, Basic Books.

ST. CLAIR, R., 1975, «Review of B.L. Derwing, *Transformational grammar as a theory of language acquisition*», *Foundations of Lang.*, 12 : 441-444.

STEINBERG, D. et R. KROHN, 1975, «The psychological reality of Chomsky and Halle's vowel shift rule», dans E.F.K. Koerner (dir.), *The Transformational-Generative Paradigm and Modern Linguistic Theory*, Amsterdam, John Benjamin, B.V.

STEINBERG, D. et L.A. JOKOBOVITZ (dir.), 1971, *Semantics: An Interdisciplinary Reader in Philosophy, Linguistics and Psychology*, Cambridge, Angl., Cambridge Univ. Press.

STERN, W., 1914, *Psychologie der fruehen Kindheit*, Leipzig, Quelle and Meyer (cité par VYGOTSKY, L.S., 1962, p. 26-27).

STERNBERG, S., 1969, «The discovery of processing stages: Extensions of Donder's method», *Acta Psychologica*, Att. and Perf. II : 276-315.

STEVENS, K. et M. HALLE, 1967, «Remarks on analysis by synthesis and distinctive features», dans W. Wathen-Dunn (dir.), *Models for the Perception of Speech and visual Form*, Cambridge, Mass., The M.I.T. Press.

STEVENS, K.N. et A.S. HOUSE, 1972, «Speech perception», dans J.V. Tobias (dir.), *Foundations of Modern Auditory Theory*, vol. II, New York, Academic Press.

STEVENS, P., 1960, «Spectra of fricative noise in human speech», *Lang. and Speech*, 3 : 32-49.

STOLZ, W., 1967, «A study of the ability to decode grammatically novel sentences», *J. of Verb. Learning and Verb. Behavior*, 6 : 873-887.

STUART, C.I.J.M., 1972, «Analytical and natural linguistics», Article non publié, Département de linguistique, Univ. de l'Alberta.

SUMMERFIELD, A.Q. et M.P. HAGGARD, 1972, «Articulatory rate versus acoustical invariants in speech perception», *J. of The Acoustical Soc. of America*, 52 : 113 (résumé).

SUPPES, P., 1969, «Stimulus-response theory of finite automata», *J. of Mathematical Psych.*, 6 : 327-355.

SUTHERLAND, N.S., 1966, «Discussion on paper by Fodor and Garrett», dans LYONS, J. et R.J. Wales (dir.).

TANENHAUS, M.K., J.M. CARROLL et T.G. BEVER, 1976, «Sentence-picture verification models as theories of sentence comprehension : a critique of Carpenter and Just», *Psych. Rev.*, 83 : 310-317.

TANNENBAUM, P.H., F. WILLIAMS et C.S. HILLIER, 1965, «Word predictability in the environment of hesitations», *J. of Verb. Learning and Verb. Behavior*, 4 : 134-140.

TAYLOR, I., 1969, «Content and structure in sentence production», J. of Verb. *Learning and Verb. Behavior*, 8 : 170-175.

TAYLOR, W.L., 1953, «Cloze procedure» : a new tool for measuring readibility», *J. Quart.*, 30 : 415-433.

TITCHENER, E.B., 1909, *Lectures on the Experimental Psychology of Thought Processes*, New York, Mc Millan Co.

TRABASSO, T., H. ROLLINS et E. SHAUGHNESSY, 1971, «Storage and verification stages in processing concepts», *Cognitive Psych.*, 2, 3 : 239-289.

TRAGER, G.L. et H.L. SMITH Jr., 1951, *An Outline of English Structure*, Studies in Ling., Occasional papers, 3, American Council of Learned Societies, Washington ; Norman, Oklahoma, Battenburg Press.

VAČEK, J., 1966, *The Linguistic School of Prague: An Introduction to its Theory and Practice*, Bloomington, Indiana Univ. Press.

VAUGELAS, Claude Favre de, 1647, *Remarques sur la langue française*, fac similé de l'édition originale, Introd., bibl. et index par Jeanne Streicher, Paris, Librairie E. Droz, 1934.

VELDMAN, D.J., 1967, *Fortran Programing for The Behavioral Sciences*, New York Holt, Rinehart and Winston.

VENNEMAN, T., 1974, «Words and syllables in natural generative grammar», dans A. Bruck, R.A. Fox et M.W. LaGaly (dir.), *Papers from the Parasession on Natural Phonology*, Chicago : Chicago Ling. Soc.

VERHAVE, T., 1972, «The language and mind of a polemicist : some reflections on «Language and Mind», *J. of Psych. Res.*, 1 : 183-195.

VYGOTSKY, L.S., 1962, *Thought and Language*, Cambridge, The M.I.T. Press.

WARREN, R.M., C.J. OBUSEK, R.M. FARMER et R.P. WARREN, 1969, «Auditory sequence : confusion of patterns other than speech or music», *Science*, 164 : 586-587.

WARREN, R.M. et R.P. WARREN, 1970, «Auditory illusions and confusions», *Scientific American*, 223,10 : 30-36.

WATT, W.C., 1970, «On two hypotheses concerning psycholinguistics», dans HAYES, J.R. (dir.).

— 1974, «Mentalism in linguistics II», *Glossa*, 8 : 3-40.

WEINREICH, U., 1963, «On the semantic structure of language», dans J. Greenberg (dir.), *Universals of Language*, Cambridge, The M.I.T. Press.

WESCOTT, M.R., 1968, *Toward a Contemporary Psychology of Intuition*, New York, Holt, Rinehart and Winston.

WHORF, B.L., 1956, *Language, Thought and Reality*, Cambridge, The M.I.T. Press. [*Linguistique et anthropologie*, trad. par Claude Carme, Paris, Éditions Denoël, 1969].

WILKES, A.L. et R.A. KENNEDY, 1970, «Response retrieval in active and passive sentences», *Quart. J. of Exp. Psych.*, 22 : 1-8.

WINGFELD, A. et J.F. KLEIN, 1971, «Syntactic structure and acoustic pattern is speech perception», *Perception and Psychophysics*, 9 : 23-25.

WINITZ, H., M.E. SCHEIB et J.H. REEDS, 1972, «Identification of stops and vowels for the burst portion of /p, t, k/ isolated from conversational speech», *J. of The Acoustical Soc. of America*, 51 : 1309-1317.

WINOGRAD, T., 1972, «Understanding natural language», *Cognitive Psych.*, 3 : 1-191.

WITTGENSTEIN, L., 1958, *Philosophical Investigations*, Oxford, Basil, Blackwell and Mott.

WOODS, W.A., 1970, «Transition network grammars for natural language analysis», *Communication of the ACM* : 13 : 591-606.

WOODWORTH, R.S. et H. SCHLOSBERG, 1938, *Experimental Psychology*, New York, Holt, Rinehart and Winston.

YNGVE, V.H. 1960, «A model and an hypothesis for language structure», *Proc. of the American Philosophical Soc.*, 104 : 444-466. [«Un modèle et une hypothèse pour la structure du langage», dans Mehler, J. et G. Noizet (dir.), p. 365-420.]

ZIMMER, K., 1969, «Psychological correlates of some Turkish morpheme structure rules», *Language*, 45 : 309-321.

TABLE DES MATIÈRES

*Achevé d'imprimer
à Montréal, le 18 mai 1977
par les Ateliers de la Librairie Beauchemin Limitée*